金元全真道碑刻集萃

趙衛東 陳法永 主編

山東大學出版社

圖書在版編目（CIP）數據

金元全真道碑刻集萃 / 趙衛東，陳法永主編. -- 濟南：山東大學出版社, 2020.9
ISBN 978-7-5607-6735-2

Ⅰ. ①金… Ⅱ. ①趙… ②陳… Ⅲ. ①道教－碑刻－匯編－中國－遼宋金元時代 Ⅳ. ①K877.423

中國版本圖書館 CIP 數據核字(2020)第 186283 號

策劃編輯　李　港
責任編輯　郭凱迪
封面設計　王　艷

出版發行　山東大學出版社
社　　址　山東省濟南市山大南路 20 號
郵　　編　250100
發行熱線　（0531）88363008
經　　銷　新華書店
印　　刷　濟南華林彩印有限公司
規　　格　787 毫米×1092 毫米　1/16
　　　　　18 印張　502 千字
版　　次　2020 年 9 月第 1 版
印　　次　2020 年 9 月第 1 次印刷
定　　價　120.00 元

香港青松觀資助項目
山東大學學科高峰計劃——國學（儒學）資助項目

金元全真道碑刻集萃編委會

序

樊光春

由王重陽於金代創立的全真教，迄今已有八百多年的歷史。與道教歷史上曾經存在過的多個教派相比，全真教的歷史算是最短的，它由創教之初的十餘名成員，發展爲與有近兩千年歷史的正一教相比肩且在現代中國最具影響力的道教教派。“全真教”一名大約自元末以後漸爲“全真道”的稱呼所取代，而且從形式上與早於它産生的金丹道紫陽派合流，分别稱爲全真道南、北二宗。

道教是一個難以被西方宗教概念理解的宗教實體，祇有通曉它誕生成長的基本路徑，方可窺見其真實面貌，從而對它的性質作出定義。梳理與道教史相關的原初文獻——以道教經典爲主的當事人的描述和歷代官方以及學者等見證人的評價，可以發現“道教”這個有着兩千多年傳續的宗教文化實體，其運作方式發生過一些微妙的、易於導致外行人誤解的變化。從道教雜而多端的學術與技術雜糅中，我找出了一條一以貫之的主線，這就是在其基本教義基礎上形成的三大社會功能，即教化、服務和傳承華夏文明。對於全真道來説，在這三大社會功能中，“服務”一項或許比正一道稍遜一籌，而另兩項則佔上風。

比如説，全真道乃誕生於原有的天師道信仰和組織基礎之上，完全是爲保存和傳承華夏文脈應運而生的一個教團。衆所周知，華夏文明有着超過五千年的歷史，並且是人類幾大文明中唯一没有中斷的文明。雖説不曾中斷，但不代表不曾面臨滅絶的危險，而且這種危險即使到現代亦未能完全避免。東晋十六國時期，是一個被現代史學家稱爲“民族大融合”的時期——但這是一次慘烈的“融合”，一次幾乎滅族的“融合”。代表愚昧、野蠻的遊牧民族，使用蠻力暴擊農耕文明區域的和平居民，幾乎將中原農耕文明包括生存於這個文明體系中的族群吞噬。居安不思危的政府高官和王公貴族，耽於享樂，熱衷内亂，聽憑“五胡亂華”而無所作爲，偏安一隅，醉生夢死。雖有祖逖和桓温幾度北伐，終不能獲得朝廷的强力支持。乃至於在群胡中孤軍奮戰的漢族政權冉魏，也因得不到外援而覆滅。儒家知識精英，自然跟隨皇族和門閥士族南渡，以苟且偷安爲樂事。衹有無力舉家逃亡的下層知識分子，混跡難民之中，尋找自救的良方。有效方法之一，就是利用人類畏懼神明的天然宗教心理，通過宗教方式去感化野蠻，喚醒其嚮往文明的良知。華夏固有的道教和已經初步漢化的佛教在漢族文人的推動下，在北方有了大發展，直接促進了“夷族”的漢化。如北魏太武帝任用信仰道教的漢族士人崔浩，大力推行漢化改革，馮太后執政後，又進一步强化此一基本國策，直至鮮卑族融入漢族之中。

當王重陽創立全真道之際，中華民族又到了最危險的時候。仍然是遊牧民族再度攻伐中原，中央政府又一次大舉南逃，儒家精英照樣與中央保持一致，在江南歌舞昇平。在南宋的文人和軍人中，尚有許多人力主北伐，可歌可泣，也衹争取到劃江而治。女真與亂華的食人羯族有些不同，他們一開始就主動學習中原文化，在其佔領區實行宋朝的典章制度。在道教碑刻中，有一批金政府的公文，其行文格式和用語，同北宋文書毫無二致。與上次民族危亡時期相同的是，留在北方的草根士人，再次擔負起保衛民族文化的重任，宗教再度成爲興滅繼絶的平臺。大道教（真大道）、太一教和全真道的相繼出現，爲苦難的漢族民衆修建起一個個精神家園。在這些以道觀爲庇護所的公社裏，華夏文化形態得以保存和延續，最終獲得官方的認可，同時間接促進了女真族的漢化過程。

宋金對峙後期，北方又出現一個剽悍的遊牧民族政權。這是一個人類歷史上罕見的“暴發户”，在不到一百年的時間裏，完成了從部落聯盟向國家的過渡。又用二十年的時間，攻佔了亞歐兩大陸數千萬平方公里的土地，儼然成爲一個洲際大帝國。正當它回眸東顧時，大汗想到了後事，偌大一個超級帝國，不知能經營多久，唯有本人長生不死，纔有希望實現江山永固。於是，派人派兵，帶上足够的路費，不遠萬里到宋金輪治區域邀請全真道領袖丘處機講授長生之道。而丘處機目睹戰争造成的苦難，又獲悉蒙古軍隊“燒光”“殺光”“搶光”的戰術，毅然勸諫成吉思汗敬天愛民，不嗜殺人。成吉思汗雖然没有學到長生之術，却從丘處機身上領略到華夏文明的精髓，從此收斂其屠殺無度的戰術，丘處機亦被後世褒讚爲“一言止殺”。從蒙古入主中原到元朝末年，主政者都把學習華夏文明當作自己的首要功課。全真道一度享有準國教的地位，後因與佛教争利失寵，元朝廷又組建了一個玄教來繼任。

自黄老道之後出現過很多教派，尤其是宋金時期出現多個有影響的教派之後，北方唯有全真道一枝獨秀，且在元朝後期大舉南進，同正一道各領道教的半壁江山。這其中有何奥秘呢？答案就在全真道的碑刻裏面。

金興定三年《大金陝州修靈虚觀記》説：“謹按道家源於黄帝、老聃，至列御寇、莊周氏，廓而大之，乃與孔子之道並立，爲教於天下而不廢。……而世之昧者往往泥於糟粕，以爲聃之書滅絶仁義禮樂，不可以訓。馴至晉梁君子，清談亂國，因以異端非聖詆之，過矣！竊嘗論之，今所謂全真氏，雖爲近出，大能備該黄帝老聃之藴，然則涉世制行，殊有可喜者。其遜讓似儒，其勤苦似墨，其慈愛似佛，至於塊守質樸，澹無營爲，則又類夫修混沌者。”劉祖謙《終南山重陽祖師仙跡記》也説：“孔老之教，並行乎中國，根源乎至道……而二家之言，遂争長於天下。是不知天下無二道，聖人不兩心，所以積行立功，建一切法，導迪人心，使之遷善遠罪，洋洋乎大同之域，其於佐理帝王，一也。……今觀終南山重陽祖師，始於業儒，其卒成道，凡接人初機，必先使讀《孝經》《道德經》，又教之以孝謹純一，及其立説，多引六經爲證據，其在文登、寧海、萊州，嘗率其徒演法建會者凡五，皆所以明正心誠意，少私寡欲之理，不主一相，不居一教也。”

這兩篇碑文説了一通道教何以生存的大道理。大意是，源於黄老的道教，歷來同儒家並立爲華夏文明之精神支柱，致力於“導迪人心，使之遷善遠罪，洋洋乎大同之域”。但由於魏晋士人清談誤國，道教受到牽連。加之道教雜而多端，許多人没有看清楚道教最主要的社會功能是弘揚“道”理，被諸如齋醮符籙等服務功能擾亂了視線，以爲道教無非驅邪捉鬼、煉丹採藥而已。直到全真道横空出世，正本清源，復歸老莊，以正視聽。

以碑刻記事言情論理，以期流傳久遠，是華夏文明的一大特色，道教碑刻多存，實在情理之中。而以現存道教碑刻的數量和品質而論，全真道碑刻首屈一指。我們今天研究全真道的歷史，雖有不少紙質文書可資依憑，而碑刻的即時性和權威性往往更勝一籌。對於全真道歷史上的一些疑問，如前述全真道何以應運而生，還有諸如王重陽法脈傳續的“一弟一侄兩個兒”、全真道早期組織網絡的“十八朵金蓮齊芳”，以及丘處機西行預選隨行的十九弟子等，都可以從碑刻中找出答案。這或許就是趙衛東、陳法永兩位先生精選整理《金元全真道碑刻集萃》的價值所在。

2018 年 7 月 31 日

凡　例

一、本書收録陝西、河南、山西、山東金元時期全真道碑刻70餘通，以立碑時間先後排序，其中絶大部分在其他文獻中已有著録。

二、每一碑刻包括名稱、簡介、拓片以及碑文等内容。

三、碑刻名稱爲編者所加，其中包含立碑時間、碑文標題等信息；立碑時間不詳者，衹以碑文標題爲名稱；碑文無標題者，名稱由編者代擬。

四、碑刻簡介包括：碑刻現存地點，立碑時間，撰文、書丹、篆額、立石、刊刻者姓名，碑刻形制，正文、碑額的書體、字徑，碑刻目前狀況等。

五、抄録碑文時，除按照當前出版要求，將舊字形改爲新字形，將書法體、手寫體以及俗體字改爲通行字外，對碑文中的通假字、異體字、碑刻别字、錯别字等未作改動。

六、碑文中殘缺、破損和因漫漶而無法辨認的文字以“□”代替，一個“□”代表一個字，無法確知缺損字數的地方，則以“……”代替；行與行之間以“｣”分開。

七、爲了保持碑文的完整性，對於殘損或漫漶嚴重，但碑文曾有著録的部分碑刻，整理時酌情補全。

目 録

金大定二十三年耀州呂公先生記碑

碑在陝西省銅川市耀州區藥王山，金大定二十三年（1183）立。楊杲撰文，馬昌國跋並書丹，李道濟立石。圓首。高195厘米，寬82.5厘米，厚17厘米。正文楷書，字徑2厘米。額題“耀州呂公先生之記”，楷書，2行，字徑5厘米。碑體完整，文字清晰。

耀州呂公先生記

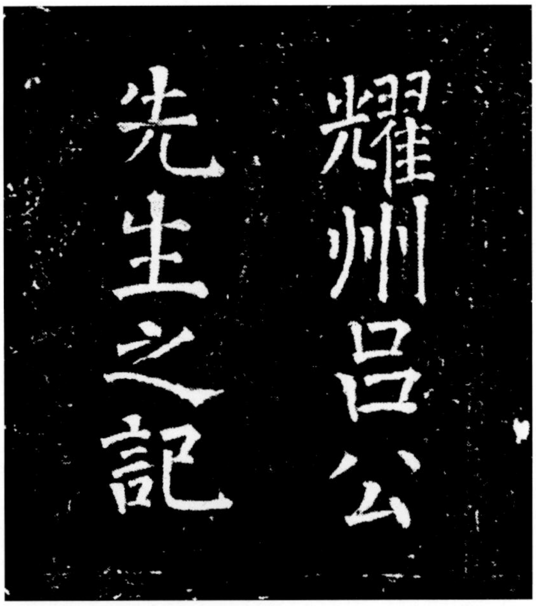

先生姓呂，諱中道，不知何許人也。或云汴京人，亦不知其壽數之多少。人有曾於終南山見先生化埋於石窟中，復見與人執爨，或與人□□□□□」泉縣界九嵕山下荀村北六七里，峯回路轉，有茂林脩竹，異草奇花，陽崗之下，有一龕洞，先生於此棲息焉。昔有水源出此山下，□□一村民□其利」。先生常謂村人曰：此水是西山之水，其源將竭，今即東山有水，爾等肯從吾開東山之泉乎？衆人莫之信焉。後一年，其水果竭，村人或信先生之言行」而請焉。先生遂指一構樹下示其衆曰：泉在此也。衆乃掘之，深未及尺，先生以杖導之，有泉隨而涌出。衆人驚訝，咸知先生非常之人也。其水澆灌一」千餘畝，不減舊泉。又戒人曰：爾等可月致一齋，則享利久遠。村老迄今奉其教焉。先生雖不曾飲酒，貌常若醺醺然。後□酷吏所□，遂□□□□耀州」，來遊華原。周廻顧覽，山水清秀，乃曰：昔孫真人棲隱之地，吾豈可他適？遂於

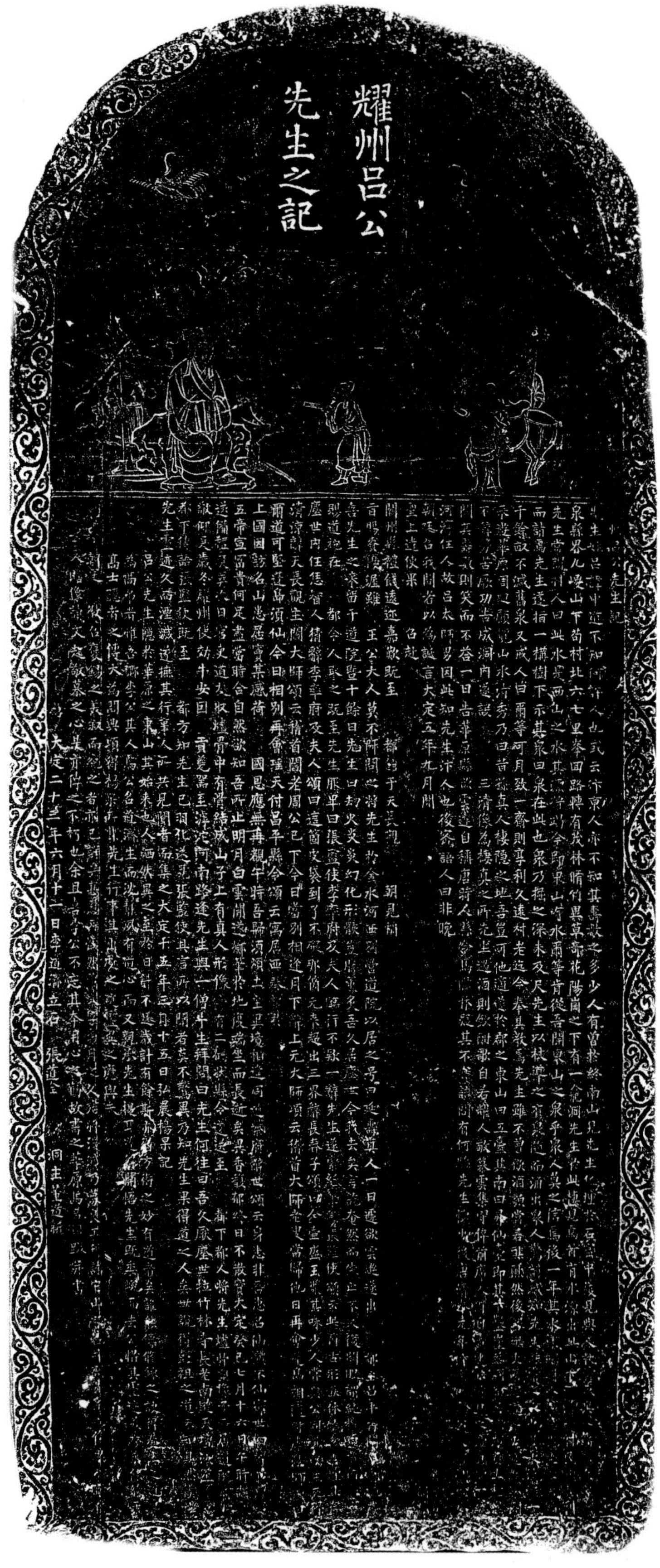
耀州呂公
先生之記

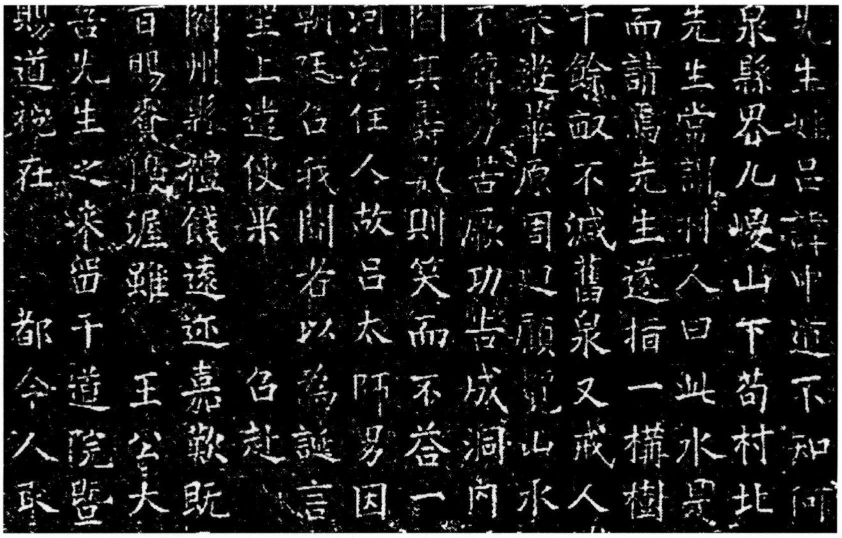

郡之東山曰五臺，其南曰昇仙臺，即其下鑿崖爲洞而□□，乃負土種□」，不辭勞苦。厥功告成，洞内遂設三清像，爲棲真之所。先生遇酒則飲，酣歌自若。耀人敬慕雲集，守倅前席。人有自□逮□道見之□□如一。或」問其壽數，則笑而不答。一日，告華原縣欲雲遊，自稱唐時人。縣令馬儒林疑其不實，詰問有何驗，先生懷出後唐清泰元年汴京□□公□□□金□」河灣住人，故吕太師男。因此知先生汴人也。後密語人曰：非晚」，朝廷召我。聞者以爲誕言。大定五年九月間」，聖上遣使果召赴」闕，州縣禮餞，遠迩嘉歎。既至都，館于天長觀。朝見稱」旨，賜賚優渥，雖王公大人，莫不師問之。將先生於金水河西别營道院以居之，号曰延壽真人。一日，遽欲雲遊，遂出都，至昌平縣□□□□□」喜先生之来，留于道院。暨十餘日，先生曰：劫火炎炎，幻化形骸，豈勝薰炙。吾久居塵世，今我去矣。言訖，奄然而坐亡。不久，復開眼謂純機曰：有所」賜道袍在都，令人取之。既至，先生服畢，曰：張監使、李率府及夫人，臨行不欵一辭。先生遂索紙筆，辭張監使頌云：此箇古形骸，休燒勿去埋，且存」塵世内，任恁智人猜。辭李率府及夫人頌曰：這箇皮袋，到了不礙。那箇元来，超出三界。辭長春子頌曰：金壺盛玉漿，其味少人嘗。與公同□飲，生死得」清凉。辭天長觀主閻大師頌云：稽首閻老，周公已下，今日當别，相逢月下。辭上元大師頌云：稽首大師，老叟當歸。他日再會，蓬島相隨。付□法師頌云」：爾道可堅，蓬島須仙，今日相别，再會瑶天。付昌平縣令頌云：寓居西秦，□於」上國，因訪名山，患居賓某，感荷國恩，應無再覩。

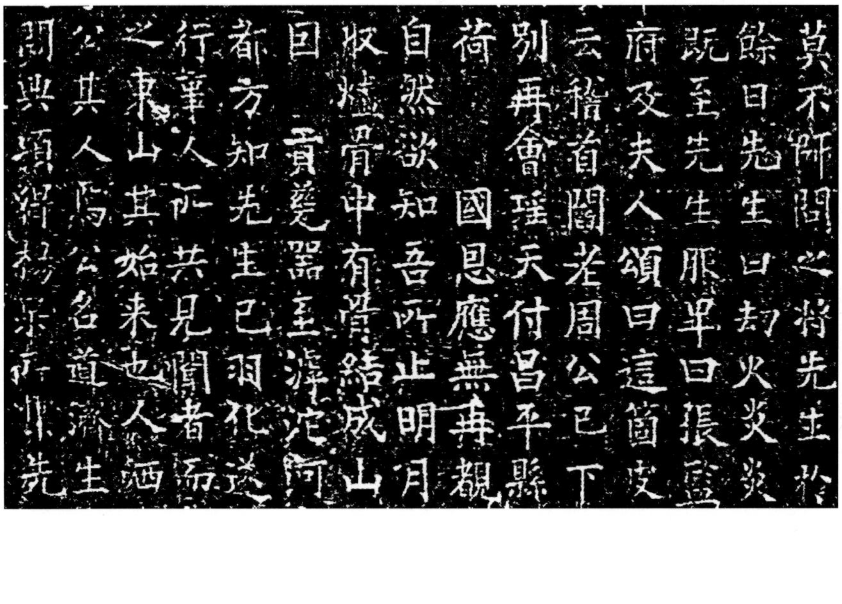

午時吾歸，須煩土主，異境相逢，同遊紫府。辭世頌云：身患非吾患，名仙體不仙。寄世四百載，□□」五帝宣。富貴何足盡，當時合自然。欲知吾所止，明月白雲閒。遂擲筆於地，復端坐而長逝矣。異香馥郁，終日不散。實大定癸巳七月十六日午時。縣□」遂備禮焚葬。次日，官吏道友收爐骨，中有骨結成山子，上有真人形像，傍有二鶴狀。縣令遂送至都下，都人將先生爐骨，塑像于所居道院，□加」敬仰。是歲冬，耀州使効牛安，囘貢瓷器至滹沱河南，路逢先生與一僧，牛生拜問曰：先生何往？曰：吾久厭塵世，拉竹林寺長老南遊天壇，汝至」都下，傳語張監使。既至都，方知先生已羽化，遂見張監使，具言所以，聞者莫不驚異，乃知先生果得道之人矣。世説得彭祖之道，未知其然。僕恐」先生靈迹久而湮滅，遂摭其行事人所共見聞者而集之。大定十五年三月十五日，弘農楊杲記」。

呂公先生隱於華原之東山，其始来也，人洒然異之。至於日計不足，歲計有餘，斯亦得方術之妙，有道者矣。誰能傳修鍊之訣，得養生之道也」？爲高第者，惟吾鄉李公其人焉。公名道濟，生而沈静，夙有道心，而又親承先生提耳，遂得開悟。先生既委蜕而去，公惜其靈迹美譽，未能續于」高士隱者之傳，大爲闕典。頃得楊杲所集先生行事，其出處之迹，靈異之應，與夫」朝廷徵召褒錫之美，叙而紀之者，亦已詳矣，甚慰所懷。然慮文字歲月之久，殆將漫滅，乃募良工，刊諸它山之石。并刻先生之像于碑首，使」人瞻像讀文，起敬慕之心，是亦傳之不朽也。余且喜李公不忘其本，用心之勤，故書之。華原馬昌國跋并書」。

大定二十三年六月十一日，李道濟立石，張道全、洞主董道新」。

金承安五年王重陽無夢令碑

碑在陝西省西安市户縣祖庵鎮重陽宫，金承安五年（1200）立。王重陽撰文並書丹，吕道安、畢知常立石。圭首。高180厘米，寬94厘米，厚27厘米。正文行草，字徑20厘米。額題“無夢令”，行草，單行，字徑20厘米。碑體完整，文字漫漶。

承安五年歲次庚申重陽日，終南山」。

大道長生門户，幾箇」惺惺覺悟。鉛汞緊收」藏，方始澄神絶慮。心」慕心慕，便趋蓬萊仙路」。

重陽子書」。

祖庭靈虚觀主吕道安、畢知常立石」。

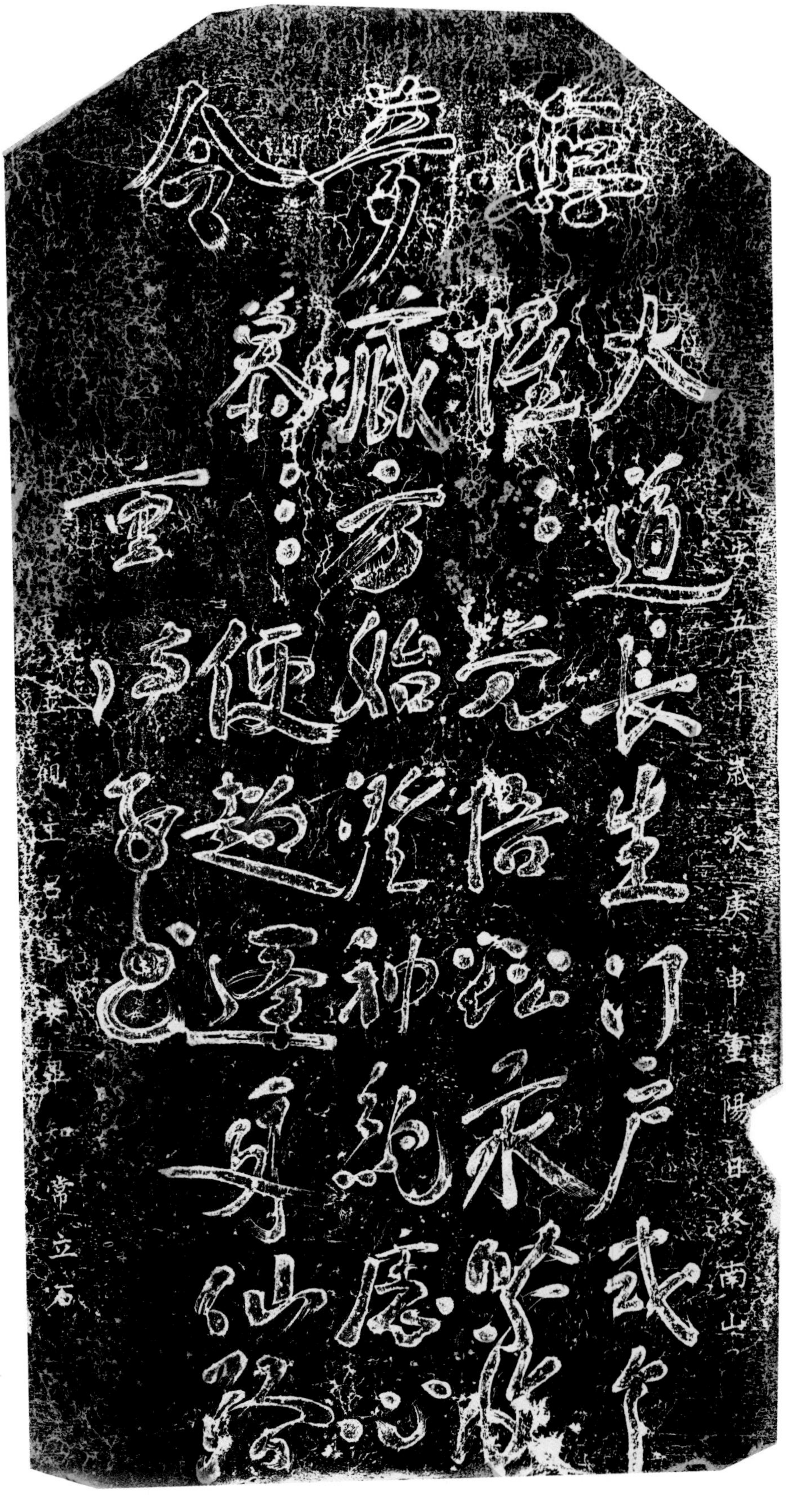

金正大五年重修濟瀆廟記碑

碑在河南省濟源市濟瀆廟，金正大五年（1228）立。種竹老人撰文，梁邦瑞書丹，僕散桓端立石。圓首。高144厘米，寬89厘米，厚21厘米。正文楷書，字徑3厘米。額題“重修濟瀆廟記”，楷書，3行，字徑10厘米。碑體完整，文字清晰。

重修濟瀆廟記

種竹老人譔，河陽梁邦瑞書丹，石匠桑吉、劉通」。

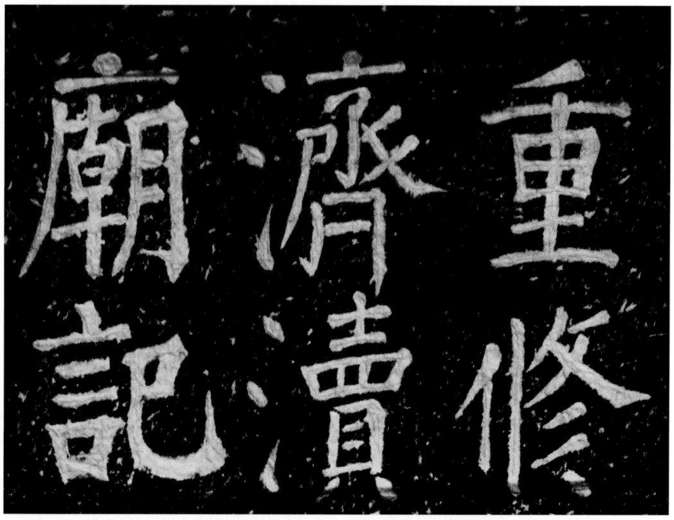

大金正大戊子歲，自前冬不雪，迄今春未雨，二麦頗旱，百姓惶惶然」。皇帝之心，憂民不啻。遣資政大夫中常侍兼上林署提點宫籍監使内侍局」令尚藥直長高佑，載星馳驛，受」命呈香，禱于」濟瀆顯祐清源王。復日至祠，正冠整服，潔體齋心，夙啓」天誠，夜獲嘉應，膏雨已容耕，春雪又及尺。俄有神物出海，領㖷吞酒，朝」闕如」謝。使者廻」京都，異事奏」上，上深敬悦」，賜銀二万五千星，委自孟州長吏防禦使僕散桓端、提控同知納蘭和尚辞職監修」。搆大厦之良材，鳩三昧之妙手，重簷疊甃，操碧繪金，嚴崇」聖像，謹飾從尊，鴛瓦紺天，鳳門輝日。役未十旬，功興萬數，殿廊齋厨，創作一」新也。市民嬉游，無不祝讃。匪靈應之神君，豈可達於」朝廷？非聖明之」天子，莫能肅於廟貌？

重修濟瀆廟記
正大五年六月十五日監修州吏趙源

物成有日，易舊更鮮，聖哉神力！德哉」王言！德耶，聖耶，猶不能盡理述焉」。

正大五年六月十五日，監修州吏趙源，知廟道士楊知謙、李得禎、郭知常、元知一」。

武節將軍行濟源縣令兼管勾河防常平倉事修廟接手官納蘭抄合」，昭勇大將軍遥授歸德府治中兼同知孟州防禦使事上輕車都尉廣平郡開國伯食邑七伯户省部委差監修納蘭和尚」，宣權孟州從宜經略使奉國上將軍知防禦使護軍金源郡開國侯食邑一千户食實封一伯户省部委差提控監修僕散桓端立石」。

（以下碑陰）

補修濟瀆廟隨色人匠于後」：都提控作頭司侯司□木匠馬□」。副提控作頭河陽縣大木匠張成、劉聚宝，陳州劉元」。泥瓦匠作頭威猛軍人王廣」。油漆匠作頭司侯司趙實、威猛軍人潘彦」。畫匠作頭司侯梁邦瑞」。鉅匠作頭河陽縣楊七哥」。監修邑吏齐松」，收掌物判庫□□祐、梁用、張□」。打掃百姓廟院子魏德、白貴、宋謹」。

同立碑濟源縣官」：忠武校尉行縣尉史信」、信武將軍行主簿王貴」、昭信校尉行縣丞安成」。

蒙古定宗元年天壇尊師周仙靈異之碑

碑原在河南省濟源市王屋山天壇上方院，現原碑已佚，僅存拓片，蒙古定宗元年（1246）立。張寧遠撰文，王宏書丹，白浩篆額，王德真等立石。拓片高116厘米，寬65厘米。額篆“天壇尊師周仙靈異之碑”，5行。幅面完整，文字局部漫漶。

天壇尊師周仙靈異之碑

夫道出于天，歷世不變，人弘其道，雖亡若存。蓋靈明點於胷中，逍遥樂於物外……」尊師瑩然子其人也。師本密州膠西縣農家子，十六歲捨俗，因夢警悟，遂禮」長生劉真人爲師。學道則玄妙頓覺，讀書則經史該通，雖諸子百家之説，無所不能，尤精者易象。後悟玉陽、太古二仙之真□，受長春丘真人之……來□□」路汴梁之地。正大間，逢國多難，師以不拘禮法，或有設疑，指爲細人，師亦不爲□姑□之，遂爲吏所捕，解赴樞密院。是時樞密使駙馬都尉□其黄冠野服，蓬首□□」，頗有太古之風，因問以延年術。師答曰：“内固精神，外修陰德。”又内族點檢撒合連問何爲戒行？答曰：“外妻不婚，世嗣不淫，□□壯形，以保其真。”又同簽時公問如□」是安樂法？

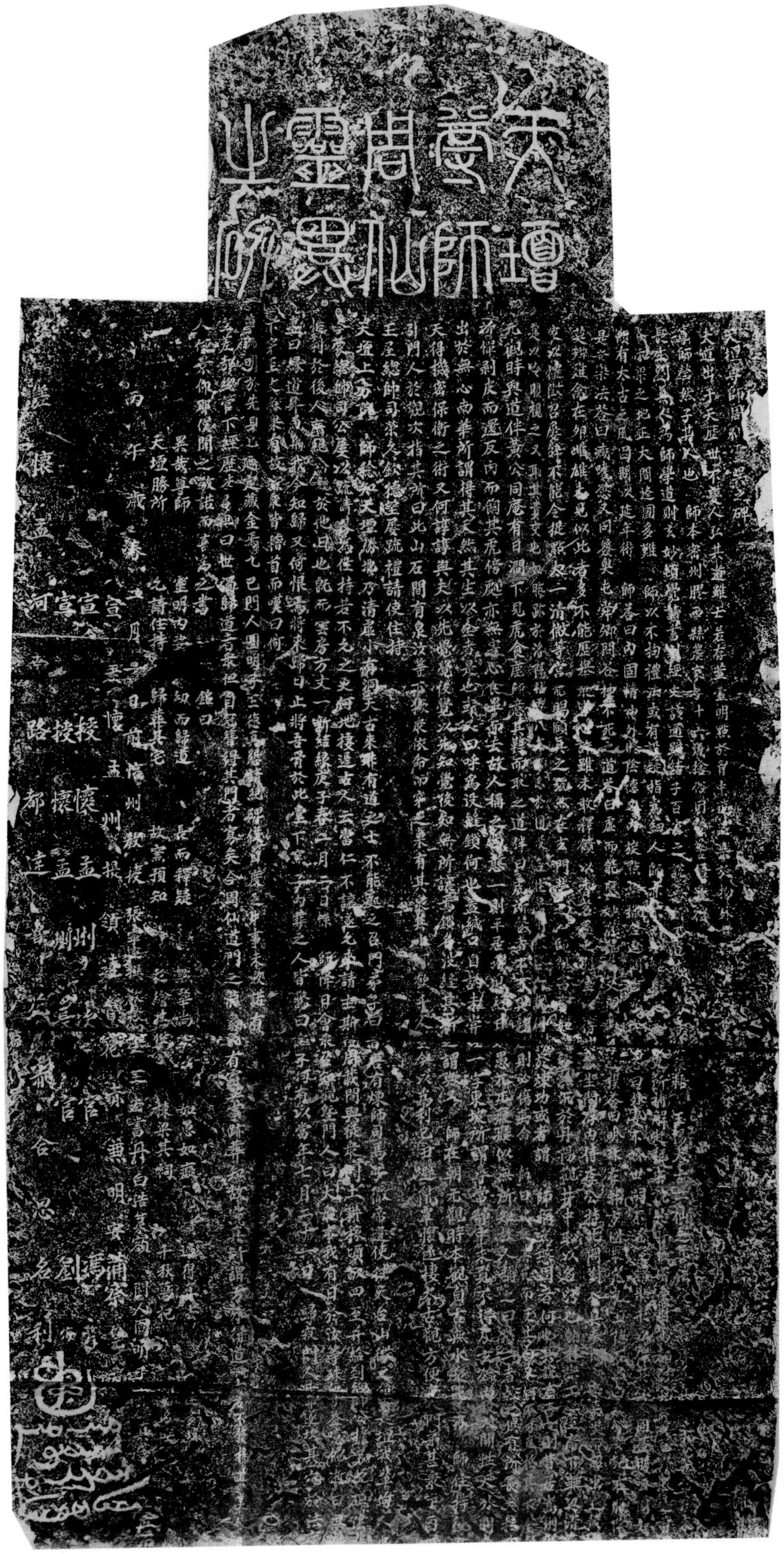

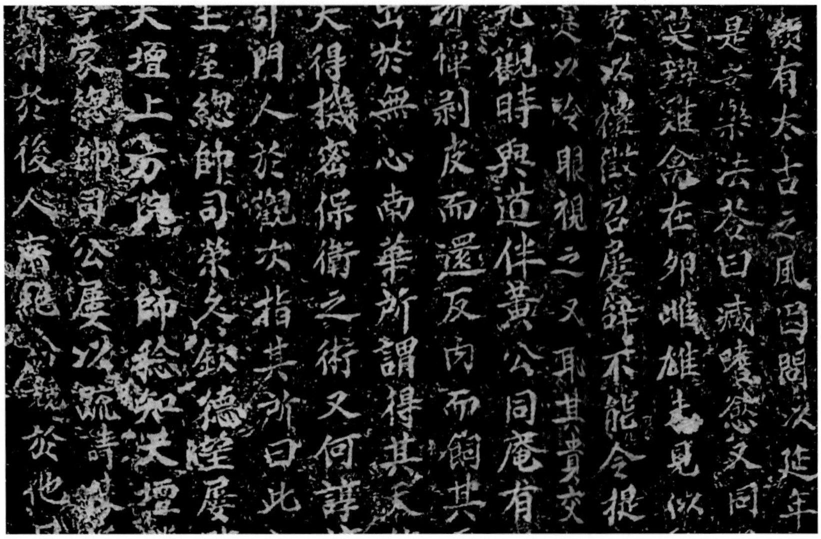

答曰：“減嗜慾。”又同簽奥屯舜卿問谷神不死之道，答曰:“虚而能應，妙存□□。”又問無名之樸，答曰:“明珠在蚌，方圓未定；良玉隱石，黑白未分；嬰兒在胎，陰陽」莫辨；雞禽在卵，雌雄未見。”似此者多，不能歷舉。衆皆□許，雖未敢釋，饋以香茗，置之别室，以待其□。坐間有内侍李公持此問對入具奏聞，帝嘉嘆而詔出之。後□」家以禮徵召，屢辞不能，令提點太一、清微等宫，寵賜“頤真”之號。然在玄門榮之，師視富貴如浮雲，□沉於丹陽觀井中，恥以名污也。翰林宗工，屢至席下，雖與清談」，寔以冷眼視之，又恥其貴交也。如晦跡於洛陽，棲雲八年，不怠於圃役。後住□州，□啓六載，得成於煉功。或者謂，師稱爲“憨周”者何也？其説有二：一則昔居嵩州□」元觀時，與道伴黄公同庵。有日，澗下見虎食鹿，師意其韓而取之。道伴曰：“虎所食者不可與競，競則必傷其命。”師曰：“□取其皮而反其肉，又何不可？”直抵其下，全無」所憚，剥皮而還，反肉而飼。其虎徬處，亦無害心，食畢而去。故人稱之曰“憨”。一則平居□息，終日如愚，兀兀癡癡，似無所知，故人稱之曰“憨”。二者較之，俱有所長，大□□」出於無心，南華所謂“得其天然，其生以全者”是也。或又曰，呼爲“没縫鎖”何也？蓋緘口自訥，未嘗唾一字，東坡所謂尋常静中求覓不得。及玄鑰内投，大開性天，外開□」天，得機密保衛之術，又何諄諄與夫以先覺覺後覺，以先知覺後知，無所讓焉。鎖名“没縫”，其斯之謂歟？又師在朝元觀時，本觀自古無水，衆患遠汲。師住持後，□」引門人於觀次，指其所曰：“此山石間有泉，汝等下撅。”衆依命而穿之，果有其泉，其水可飲千人，至今以爲利。己丑避亂覃懷，遂棲太古觀，方便度人，門弟甚衆。丁酉□」，王屋總帥司榮，久欽德望，屢疏禮請，使住持」天壇上方院。師稔知天壇勝地，乃清虚小有洞天，古來非有道之士不

蒙古定宗三年通真子墓碣銘碑

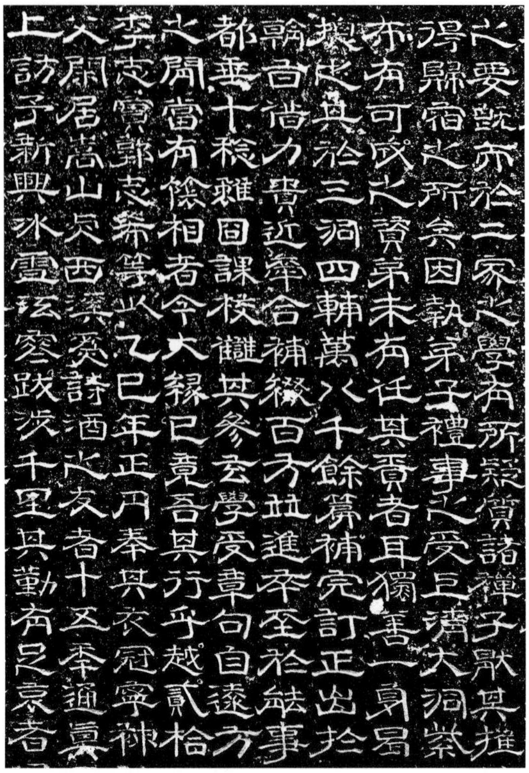

士游。河南破，北歸，遇披雲老師宋公於上黨，略數語即有契，迺嘆曰：“吾」得歸宿之所矣。”因執弟子禮事之，受上清大洞紫虛等籙，且求道藏書縱觀之。披雲爲言：“喪亂之後，圖籍散落無幾，獨管岑者僅存，吾欲力紹絶業，鋟木流」布，有可成之資，弟未有任其責者耳。獨善一身，曷若與天下共之?”通真子載拜曰：“謹受教。”乃立局貳拾有七，役工五伯有奇，通真子校書平陽玄都道院以」摠之。其於三洞四輔，萬八千餘篇，補完訂正，出於其手者爲多。仍增入《金蓮正宗記》《炟霞録》《繹僊》《婺僊》等傳附焉。起丁酉，盡甲辰，中間奉被」朝旨，借力貴近，牽合補綴，百方竝進，卒至於能事顓脫，真風遐布，而通真子之道價亦重於一時矣。通真子記誦該洽，篇什敏捷，樂於提誨，不立厓岸。居玄」都垂十稔，雖日課校讎，其參玄學、受章句，自遠方至者，源源不絶。佗主師席者，皆竊有望洋之嘆焉。藏室既成之五月，謂徒衆言：“寶藏成壞，事關幽顯，冥冥」之間，當有陰相者。今大緣已竟，吾其行乎!”越貳拾五日，夜參半，天無陰翳，忽震雷風烈，大木隨拔。遽沐浴易衣，蜕形於所居之樗櫟堂，得季五十有七。弟子」李志實、郭志希等，以乙巳年正月，奉其衣冠寧神於天壇之麓，披雲之命也。所著《林泉集》二十卷行於代。往予先君子令陵川，予始成童，及識通真子之大」父。閑居嵩山，與西溪爲詩酒之友者十五季。通真子以世契之重，與予道相合而意相得也，故志實輩百拜求爲其師作銘。今季春二月，劉志清者復自濟」上訪予新興，冰雪沍寒，跋涉千里，其勤有足哀者。況於平生之言，乃爲作銘，使刻之松臺。其銘曰：

昔在窮桑發真源，鑿民耳目神始全。遭羅元二坤軸旋，壞劫欲墮未開寿。道山絶業疇當傳，百於苾蒭了大緣。若有人兮請以専」，嚮也易老同初筵。玄綱力挽孰我先，苦節終志孰我堅。綱羅落簡手自編，寒暑不廢朱黄研。琅函瓊笈閟九淵，垂芒八角星日懸」。司功會計盍上遷，乃今出駢烏飛翩。安常處順古所賢，死而不亡豈其然。華陽九障名一焉，豈不委形殆賓天。爲復延康轉靈篇」，爲復蕊珠參七言。爲復虎書校三元，爲復逸度論九玄。寧當馬蹄燒紫炟，寧當麟角夷集絃。寧當千□□□□，寧當七祖歸枯禪」。松臺有銘閱千季，我相夫子非頑僊」。

戊申季九月　日，濟源遇真觀門人唐志清、史志沖、趙志久、楊志素、張志久、史志通……」

□□□□□□□志□□宫李志□、任志□、史志烈、胡志謙、高志清，龍祥觀蘧志玉，洞雲觀李志遠，清樂觀劉志柔，長生觀周志全」。

蒙古海迷失后元年月山伏魯子祠堂記碑

碑在陝西省銅川市耀州區藥王山，蒙古海迷失后元年（1249）立。邳邦用撰文，郭道容書丹，楊恭懿篆額，李素舟、毛素一、王素德等立石，朱志完、戴志安刊。螭首。高193厘米，寬77.5厘米，厚24.5厘米。正文楷書，字徑2～3厘米。圭額篆“伏魯子祠堂記”，2行，字徑9～10厘米。碑體完整，文字清晰。

月山伏魯子祠堂記

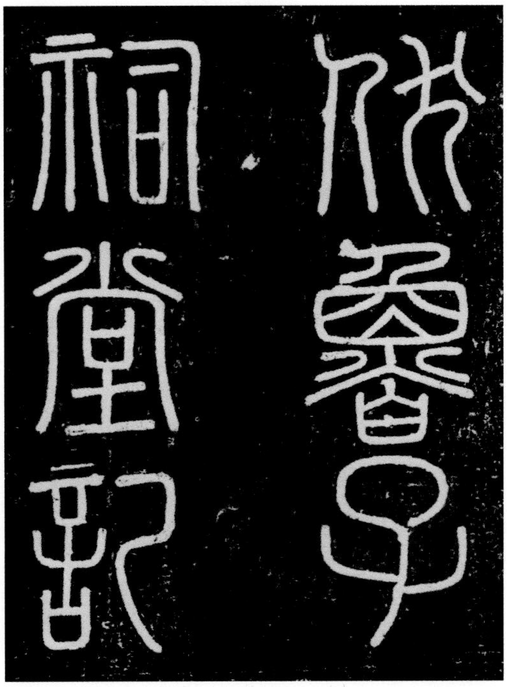

太傅國公府議事官兼三教都提領邳邦用撰，高陸楊恭懿篆額，池陽野人郭道容書丹」。

夫學道者，修天真本然之性而求其全也。伏魯子幼學儒，長學醫，遇真學道，礼」丹陽馬宗師，得求真之訣。樂美原月山、華原鑑山，往來雲扆，持不語行。携鐵甑丐食，大風雨雪不出，大寒暑不」出，或踰旬而不出，神色自若，清明在躬，志氣若神。作爲辭章，應機而得，人咸異之。歸仰而願居席下者，填門溢」户，麾叱不去。若是者三十年，未有所傳授也。泰和初，関中大飢，餓殍盈野。師惻然憫之，乃碎鐵甑，集衆而出言」曰：“學道求真者，修内功外行，雖已行持，然思向道者，未及引援，若災害者未能拯救，是遺外而失所求也。自今」以始，凡造吾門者，當悉誨汝，始隨根器淺深，誘而掖之，俾歸正

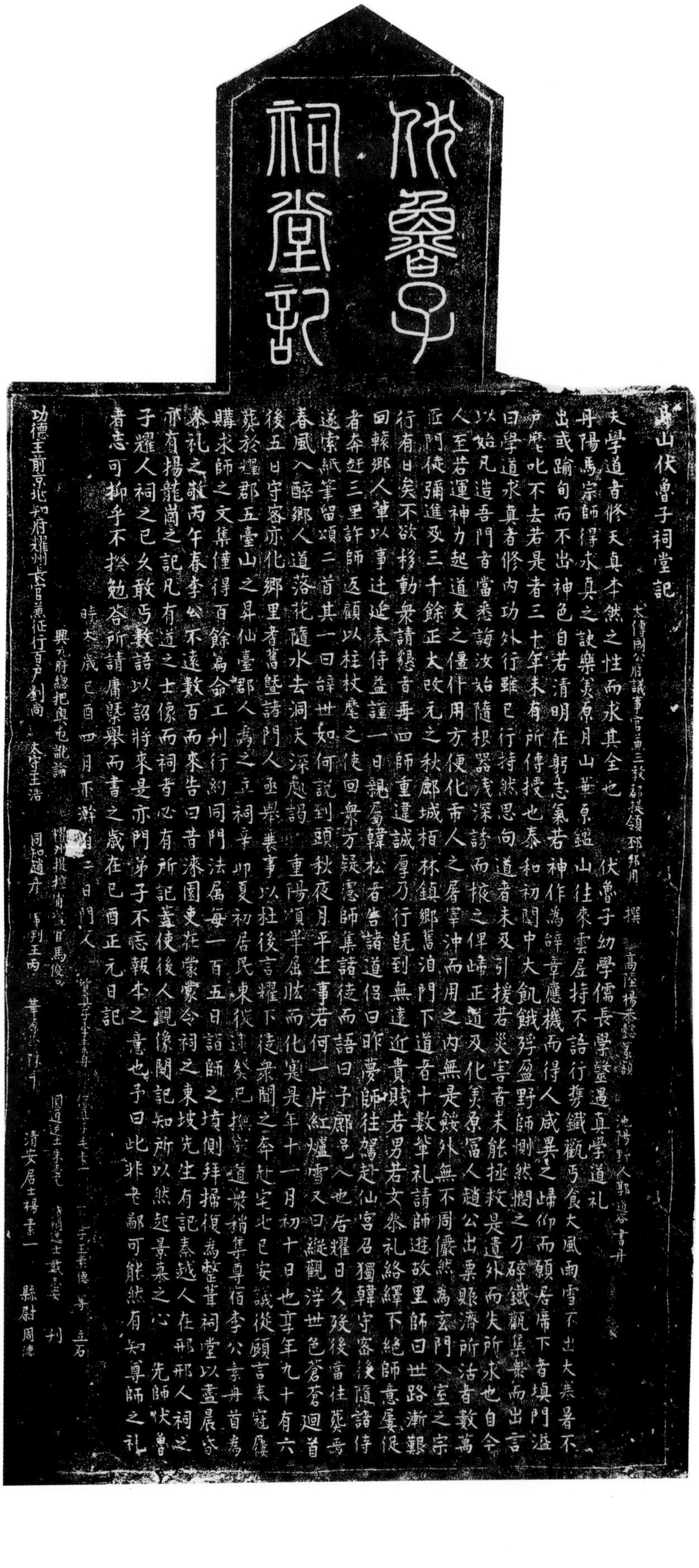
伏曾子祠堂記
嵒山伏曾子祠堂記
太傅剛公府議事官兼三教都提領邳邦用　撰　高陵楊恭懿篆額　池陽野人郭道容書丹
夫學道者修天真本然之性而求其全也　伏曾子幼學儒長學鑒遇真學道礼
丹陽馬宗師得求真之訣樂羑原月山華京鉊山往來雲屋持不語行携鐵瓢丐食大風雨雪不出大寒暑不
出或踰旬而不出神色自若清明在躬志氣若神作為辞章應機而得人咸異之歸仰而願居席下者填門溢
户屢叱不去若是者三十年未有所傳授也泰和初閔中大飢餓殍盈野師惻然憫之乃碎鐵瓢集衆而出言
曰學道求真者修內功外行雖已行持然思向道者未及引援若災害者未能拯救是遺外而失所求也自今
以始凡造吾門者當悉誨汝始隨根器淺深誘而掖之俾歸正道及化羑原富人趙公出粟賑濟所活者數萬
人至若運神力起道友之僵仆用方便化市人之屠宰沖而用之內無是鎩外無不周儼然為玄門入室之宗
匠門徒彌進及三千餘正大改元之秋鄜城栢林鎮鄉舊泊門下道者十數輩礼請師遊故里師曰世路漸艱
行有日矣不欲移動衆請懇者再四師重違誠厚乃行既到無遠近貴賤若男若女參礼絡繹不絶師意屢促
回轅鄉人輦以事迁延奉侍益謹一日魏屬韓松者告諸道侶曰昨夢師往駕赴仙宮召獨韓守容後隨諸侍
者奔赴三里許師返顧以拄杖麾之使回衆方疑慮師集諸徒而語曰予鄜邑人也居耀日久歿後當往葬吾
遂索紙筆留頌二首其一曰辞世如何說到頭秋夜月平生事若何一片紅爐雪又曰縱觀浮世色蒼蒼迴首
春風入醉鄉人道落花隨水去洞天深處詔重陽須臾屈肱而化寔是年十一月初十日也享年九十有六
後五日守容亦化鄉里耆舊暨諸門人丞舉襄事以杜後言耀下徒衆聞之奔赴宅兆已安識從顧言表寇儼
葬於耀郡五臺山之昇仙臺郡人為之立祠辛卯夏初居民東從逮癸巳撥道衆捐集尊宿李公亭舟首為
購求師之文集僅得百餘篇命工刊行約同門法屬每一百五日詣師之墳側拜掃復為整葺祠堂以盡晨昏
參礼之誠丙午春李公不遠數百而來告曰昔漆園吏在蒙蒙令祠之東坡先生有記秦越人在邢邢人祠之
亦有揚龍圖之記凡有道之士像而祠者必有所記蓋使後人觀像閱記知所以然起景慕之心　先師伏曾
子耀人祠之已久敢丐數語以詔將來是亦門弟子不忘報本之意也予曰此非老鄙可能然有知尊師之礼
者志可抑乎不揆勉荅所請庸綮舉而書之歲在己酉正元日記
時大歲己酉四月下澣二日門人　賀真子李素舟　任真子毛志一　□□子王義德　等　立石
興元府總把與屯詭論　權州提控兼管官馬俊□　同道逸士朱志□　清閑逸士戴志安　刊
功德主前京兆知府耀州長官兼征行百户劉尚　太守王浩　同知趙彥　事判王丙　華原縣令□□　清安居士楊素一　縣尉周德

道。”及化美原富人趙公出粟賑濟，所活者數萬」人。至若運神力起道友之僵仆，用方便化市人之屠宰，沖而用之，内無是餒，外無不周，儼然爲玄門入室之宗」匠，門徒彌進及三千餘。正大改元之秋，鄜城栢林鎮鄉舊，洎門下道者十數輩，礼請師遊故里。師曰：“世路漸艱」，行有日矣，不欲移動。”衆請懇者再四，師重違誠厚，乃行。既到，無遠近貴賤，若男若女，叅礼絡繹不絶。師意屢促」回轅，鄉人輩以事迁延，奉侍益謹。一日，親屬韓松者，告諸道侶曰：“昨夢師往駕赴仙宫召，獨韓守密後隨，諸侍」者奔赶三里許，師返顧，以柱杖麾之使回。”衆方疑慮，師集諸徒而語

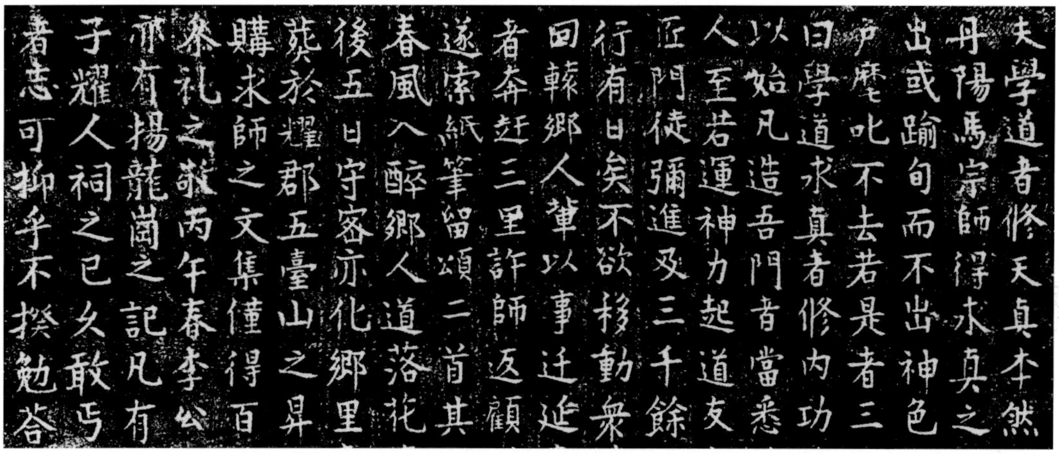
夫學道者修天真本然
丹陽馬宗師得本真之
出或踰旬而不出神色
户麾叱不去若是者三
日學道求真者修内功
以始凡造吾門當悉
人至若運神力起道友
匠門徒彌進及三千餘
行有日矣不欲移動衆
回轅鄉人輩以事迁延
者奔赴三里許師返顧
遂索紙筆留頌二首其
春風入醉鄉人道落花
後五日守密亦化鄉里
葬於耀郡五臺山之昇
購求師之文集僅得百
叅礼之敬丙午春李公
亦有揚龍崗之記凡有
子耀人祠之已久敢丐
者志可抑乎不揆勉答

曰：“予鄜邑人也，居耀日久，歿後當往葬焉」。”遂索紙筆留頌二首。其一曰：辞世如何説，到頭秋夜月。平生事若何，一片紅爐雪。又曰：縱觀浮世色蒼蒼，廻首」春風入醉鄉，人道落花隨水去，洞天深處謁重陽。頌畢，屈肱而化。寔是年十一月初十日也，享年九十有六」。後五日，守密亦化。鄉里耆舊，暨諸門人，亟舉襄事，以杜後言。耀下徒衆聞之奔赴，宅七已安，議從顧言，奉冠屨」葬於耀郡五臺山之昇仙臺，郡人爲之立祠。辛卯夏初，居民東徙。逮癸巳撫定，道衆稍集。尊宿李公素舟，首爲」購求師之文集，僅得百餘篇，命工刊行。約同門法属，每一百五日，詣師之墳側拜掃，復爲整葺祠堂，以盡晨昏」叅礼之敬。丙午春，李公不遠數百而來，告曰：“昔漆園吏在蒙，蒙令祠之，東坡先生有記；秦越人在邢，邢人祠之」，亦有楊龍崗之記。凡有道之士，像而祠者，必有所記，蓋使後人觀像閲記，知所以然，起景慕之心。先師伏魯」子，耀人祠之已久，敢丐數語，以詔將來，是亦門弟子不忘報本之意也。”予曰：“此非老鄙可能，然有知尊師之礼」者，志可抑乎？”不揆勉答所請，庸槩舉而書之。歲在己酉正元日記」。

時太歲己酉四月下澣有二日，門人質真子李素舟、保真子毛素一、玄元子王素德等立石」。

興元府總把奥屯訛論、耀州提控捕盗官馬俊，圓通逸士朱志完、清閑逸士戴志安刊」。

功德主前京兆知府耀州長官兼征行百户劉尚、太守王浩、同知趙彦、軍判王丙、華原令陳千、清安居士楊素一、縣尉周德」。

蒙古海迷失后元年十方重陽萬壽宮記碑

碑在陝西省西安市户縣祖庵鎮重陽宫，蒙古海迷失后元年（1249）立。孫元措篆額，孟攀鱗撰文，張志敬書丹，田大明、田大器、田大成等建，朱志完等鐫。螭首龜趺。通高516厘米，寬156厘米，厚50厘米。正文楷書，字徑3厘米。圭額篆“十方重陽萬壽宫記”，2行，字徑13厘米。碑體完整，文字清晰。

十方重陽萬壽宮記

宣聖五十一代孫襲封衍聖公孔元措篆額，中書省經籍所長官兼陝西都元帥府詳議官孟攀鱗撰，體真玄靖大師長春方丈文侍賜紫張志敬書丹」。

太極未朕，元氣未萌，窈窈冥冥，玄玄默默，至精不可㠯意索，至神不可㠯言詰，廣大無名，字之曰道。天地得之㠯清㠯寧，覆載不窮；日月得之爲光爲明，照臨不衰；陰陽得之有升有降，變化不測；五行得之迭王」迭更，推移不息；四時得之相始相終，運行不忒；萬物得之自本自根，生成不既。是道也，賦之於人，靈明虛静，剛徤純粹，存于内爲理性，見于外爲德行，其體無所不備，其用無所不通。故牢籠天地而順其經，把握」日月而循其軌，提挈陰陽而合其度，斡旋五行而適其正，驅馭四時而叶其序，宰制萬物而遂其品，兹有爲之極矣。屏世智，遺形累，休乎天均，和乎天倪，㠯沖漠棲神，㠯澹泊毓氣，視之㠯心

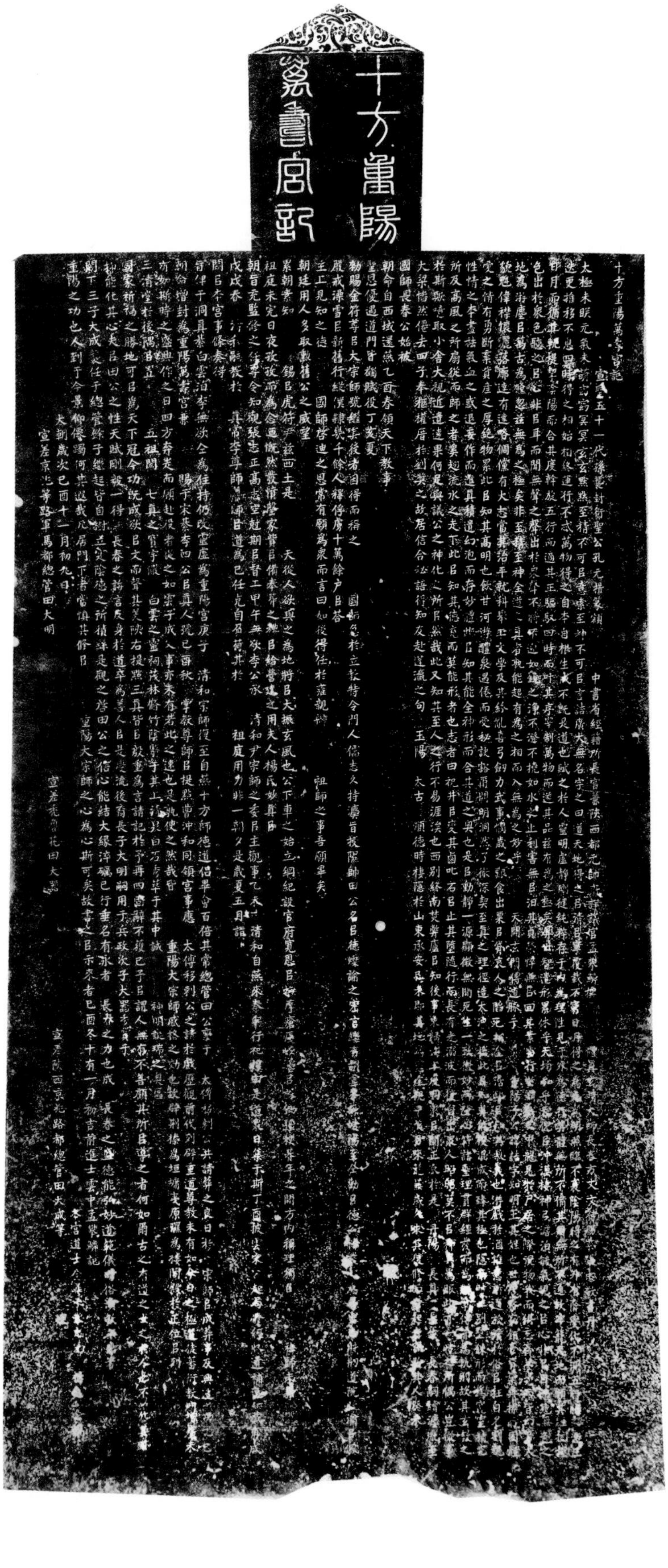

蒙古海迷失后元年十方重陽萬壽宮記碑

非㠯目，而見無色之」色出於衆色，聽之㠯心非㠯耳，而聞無聲之聲出於衆聲，不將不迎如鏡之浄，不澄不撓如水之止，利害無㠯汨其貞，榮悴無㠯回其素，雷行於淵藪之中，龍見於户居之際，混物我而俱忘，齊夢覺而皆幻，㠯大」地爲游塵，㠯萬古爲倏忽，兹無爲之極矣。非至精至神全道之真者，孰能超有爲之相而入無爲之妙乎？天開玄門傳道脉于重陽子。公諱喆，字知明，王其姓也。世居秦，家鉅豪，資禀異，操行固，體」貌魁偉，襟懷灑落，廓達有遠略，倜儻有大志。當其治平，就科舉，工文學；及其紛亂，喜弓劍，力武事。憫歲之艱食出粟㠯貸，哀人之陷死捐金㠯活，此㠯知其氣義也；游戲於酒惟意所適，放曠於俗㠯狂自名，割親」愛之情有勇斷，棄貲産之厚絶物累，此㠯知其高明也；飲甘河，游醴泉，遇僊而受秘訣，豁爾開明，洞然了徹，深契至真之理，徑造太沖之機，此㠯知其能□混成而臻其極也；隱南時，立别墅，鍊形而爲寰室，精究」性情之本，盡袪氣血之惑，退妄作而進真積，遺幻泡而存妙體，此㠯知其能全神形而合其道之奥也；是㠯動静一源，顯微無間，死生一致，徼妙兩全，心符諸聖，理貫群經，發而爲辭章，傳而爲軌則，故其玄教之」所及，高風之所扇，從而師之者奚翅流水之走下，此㠯知其德充而莫能形者也。志者曰：祝井㠯變

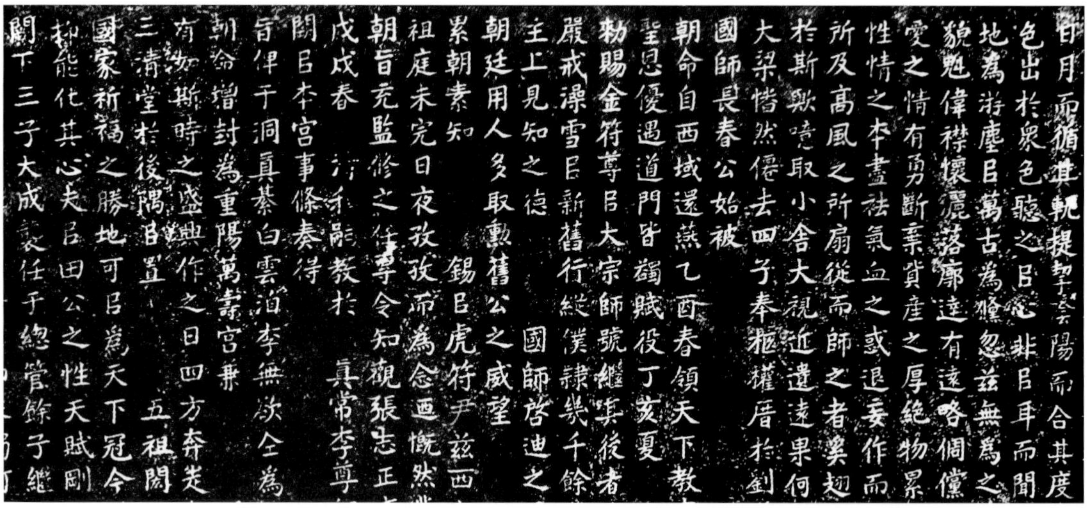
日月而循其軌提挈陰陽而合其度
色出於衆色聽之㠯心非㠯耳而聞
地為游塵㠯萬古為倏忽茲無為之
貌魁偉襟懷灑落廓達有遠略倜儻
愛之情有勇斷棄貲産之厚絶物累
性情之本盡袪氣血之惑退妄作而
所及高風之所扇從而師之者奚翅
於斯歟噫取小舍大視近遺遠果何
大梁惜然僊去四子奉柩權厝於劉
國師長春公始被
朝命自西域還燕乙酉春領天下教
聖恩優遇道門皆蠲賦役丁亥夏
勑賜金符尊㠯大宗師號繼其後者
嚴戒澡雪㠯新舊行縱僕隷幾千餘
主上見知之德　國師啓迪之
朝廷用人多取勳舊公之威望
累朝素知　錫㠯虎符尹茲西
祖庭未完日夜孜孜而為念西慨然
朝旨充監修之任尋令知觀張志正
戊戌春　行化教於　真常李尊
闕㠯本宮事條奏得
旨俾于洞真綦白雲道李無欲仝為
制命增封為重陽萬壽宮兼
有如斯時之盛興作之日四方奔走
三清堂於後隅㠯置　五祖閣
國家祈福之勝地可㠯為天下冠今
抑能化其心夫㠯田公之性天賦剛
闕下三子大成袞任于總管餘子繼

其鹵，叱石㠯止其墮，隨行而長有光，溺波而復自出。衆人昭昭，莫不㠯神異爲服。此亦一時之所偶，公豈從事」於斯歟？噫！取小舍大，視近遺遠，果何足與議公之神化之所㠯然哉？此又知其至人之行不易涯涘也。西别終南，焚弊廬㠯知後事，東歸海上，度羽衆㠯闡正派，於是丹陽、長真、長生、長春嗣續瀍胤。至」大梁惜然僊去，四子奉柩權厝於劉獎之故居，信合《秘語》“得知友、赴蓬瀛”之句。玉陽、太古、順德時棲隱於山東。承安己未，即其地爲靈虚觀。干戈㠯來，荒蕪歲久，求其復修而㠯起者實難其人。癸未」，國師長春公始被」朝命自西域還燕。乙酉春，領天下教事」，聖恩優遇，道門皆蠲賦役。丁亥夏」，勑賜金符，尊㠯大宗師號。繼其後者，因得而稱之。國師急於立教，特令門人儒志久持瀍旨，授隰帥田公名㠯德燦，諭之密言。繼有胡雲峯、孫皓陽至，仝勸㠯德。公悟，發心爲善，出己財，刱道院，疏瀹㠯佩」嚴戒，澡雪㠯新舊行，縱僕隷幾千餘人，釋俘虜十萬餘户，㠯荅」主上見知之德，國師啓迪之恩。常有願，爲衆而言曰：如後得任於雍，親辦祖師之事，吾願畢矣」。朝廷用人，多取勳舊，公之威望」，累朝素知，錫㠯虎符，尹兹西土，是

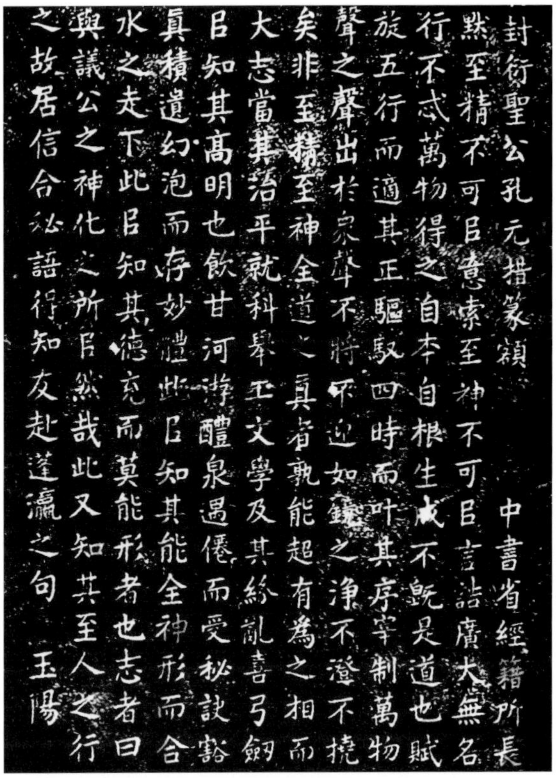

天從人欲，與之爲地，將吕大振玄風也。公下車之始，立綱紀，設官府，寬恩吕撫摩瘡痍，峻瀍吕誅鋤强梗。朞年之間，方内稱理，獨吕祖師未葬」，祖庭未完，日夜孜孜而爲念，廼慨然發憤，罄家貲吕備奉葬之禮、吕給營建之用。夫人楊氏妙真吕」朝旨充監修之任，専令知觀張志正、高志空尅期吕督工。甲午，無欲李公承清和尹宗師之委吕主觀事。乙未，清和自燕來秦，躬行祀禮。由是，道衆日集于斯。丁酉，披雲宋公起局修經，收遺補逸，經藏甫成」。戊戌春，清和嗣教於真常李尊師，尊師吕道爲己任，克自負荷，其於祖庭用力，非一朝夕。是歲夏五月詣」闕，吕本宫事條奏得」旨，俾于洞真、綦白雲洎李無欲仝爲住持，仍改靈虚爲重陽宫。庚子，清和宗師復至自燕，十方師德、道侣畢會，百倍其常。總管田公稟于太傅移剌公，共請葬之良日於宗師，吕成葬事及興造之功。乙巳」，朝命增封爲重陽萬壽宫，兼賜于、宋、綦、李四公吕真人號。己酉秋，掌教尊師吕提點曹沖和同領宫事，應太傅移剌公之請。於戲！歷觀前代列辟，重道尊教，未有如今日之極；道徒蕃衍，教門增廣，未」有如斯時之盛。興作之日，四方奔走，而願赴役者，從之如雲。子成父事，亦未有若此之速也。是孰使之然哉？皆重陽大宗師感格之効也。故辟荆榛爲垣墉，夷原隰爲樓閣。殿於正位吕列」三清，堂於後隅吕置五祖，閎七真之賓宇，儼白雲之靈祠，茂林脩竹陰翳于其上，清泉白石秀萃于其中。誠神明誕瑞之奥區」，國家祈福之勝地，可吕爲天下冠。今功既成，欲吕文而聲其美，陝右提點三真皆吕殷重爲言，請記於予，再四固辭不獲已。予吕謂，人無有不善，顧其所吕導之者何如爾？古之有道之士之於人也，不惟化其跡」，抑能化其心。夫吕田公之性，天賦剛毅，一得長春之誨言，反身於道，卒爲善人。吕是，慶流後裔，長子大明嗣用于兵政，次子大器委質于」闕下，三子大成襲任于總管，餘子繼起皆自樹立，寔陰德之所積。繇是觀之，啓田公之信心，能結大緣，淬礪己行，垂名有永者，長春之力也。成長春之盛德，能弘妙道，範儀時俗，演教無息者」，重陽之功也。人到于今，景仰僊躅，何其遐哉？凡居門下者，當慎其修，吕重陽大宗師之心爲心斯可矣。故書之吕示來者。己酉冬十有一月初吉。前進士雲中孟攀鱗記」。

大朝歲次己酉十一月初九日，本宫道士全真子朱志完、楊□松仝鐫」。

宣差京兆等路軍馬都總管田大明、宣差秃魯花田大器、宣差陝西京兆路都總管田大成等建」。

蒙古海迷失后二年紫微宫懿旨及結瓦殿記碑

碑原在河南省濟源市王屋山紫微宫，現存於濟源市濟瀆廟，蒙古海迷失后二年（1250）立。李志全撰文，錢志道書丹，李成等立石。圓首。高 206 厘米，寬 77 厘米，厚 13 厘米。碑分爲兩截：第一截爲皇后、妃子懿旨，行楷，字徑 3 厘米；第二截爲《天壇十方大紫微宫結瓦殿記》，楷書，字徑 2～2.5厘米。碑體完整，文字清晰。

皇帝聖旨裏依舊行」東宮事」也可令敦大皇后懿旨并」妃子懿旨：

道與平陽府路達魯」花赤管民官：

據沁州管民官杜豐」雕造道藏經并修盖等事，可充」提領大使勾當者。你不得功夫時節」，你的娘子充提領勾當者。兼不以」是何頭下官員人等，無得搔擾」。如違，要罪過者。准此」。

庚子年三月十七日」。

（蒙文略）

本宫道士錢志通摹勒上石」。

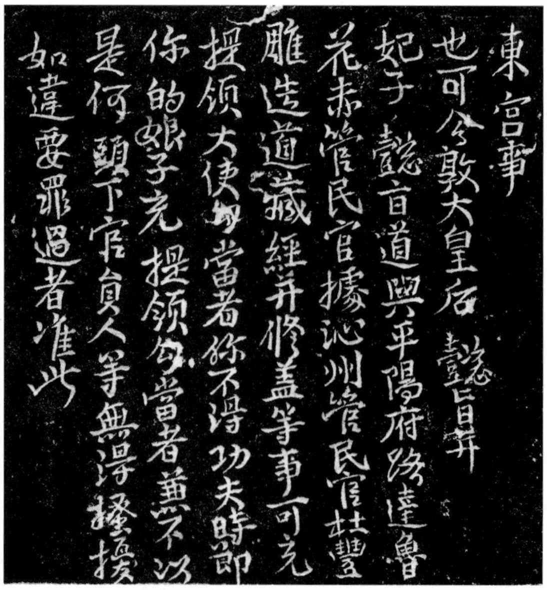
東宮事
也可令敦大皇后 懿旨并
妃子懿旨道與平陽府路達魯
花赤管民官據沁州管民官杜豐
雕造道藏經并修盖等事可充
提領大使勾當者你不得功夫時節
你的娘子充提領勾當者兼不以
是何頭下官員人等無得搔擾
如違要罪過者准此

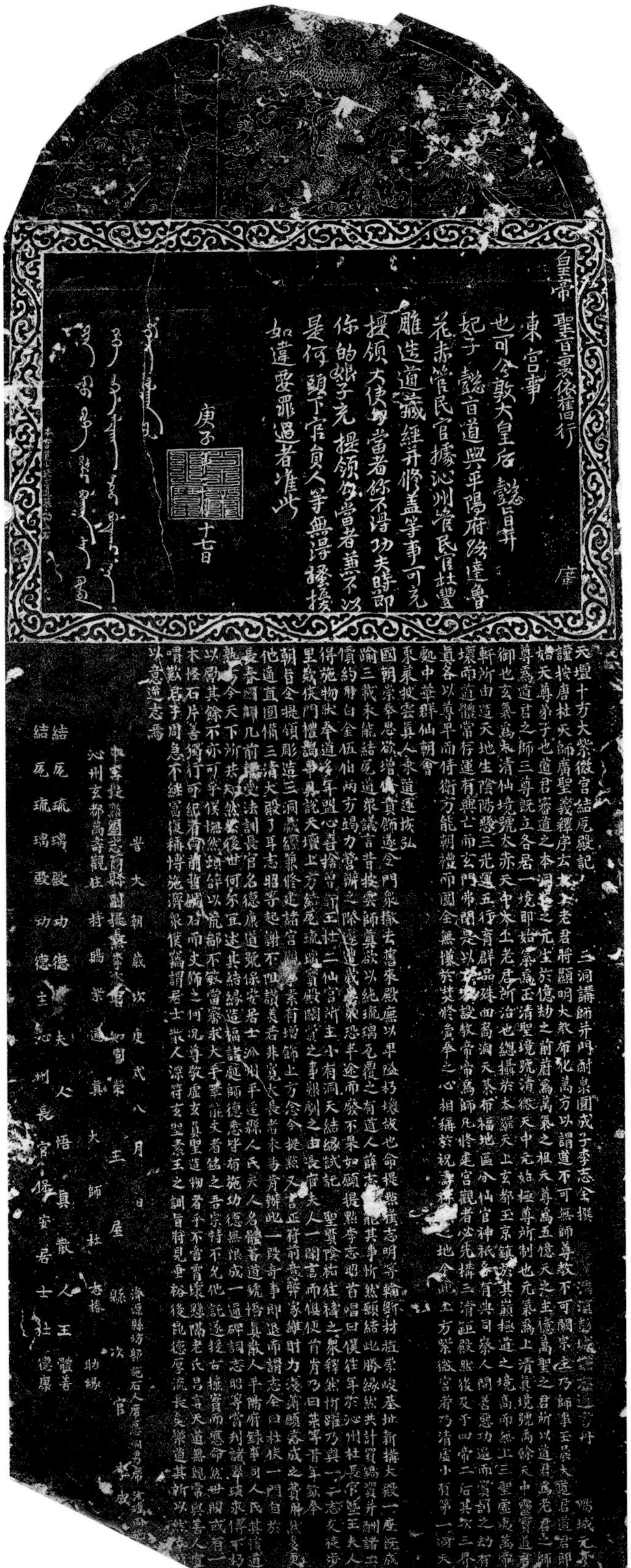

蒙古海迷失后二年紫微宫懿旨及結瓦殿記碑

天壇十方大紫微宮結瓦殿記

三洞講師并門酎泉圓成子李志全撰，濡湏彭城錢志道書丹，陽城元亨刊」。

謹按：唐杜天師《廣聖義釋・序》云：太上老君將顯明大教，布化萬方，以謂道不可無師尊，教不可闕宗主，乃師事玉晨大道君，道君即元」始天尊弟子也。道君審道之本，洞道之元，生於億劫之前，蔚爲萬氣之祖。天尊爲五億天之主，億萬聖之君，所以道君爲老君之師，天」尊爲道君之師。三尊既立，各居一境。即始氣爲玉清聖境，號清微天，中元始極尊所制也。元氣爲上清真境，號禹餘天，中靈寳道君所」御也。玄氣爲太清仙境，號大赤天，中太上老君所治也。總攝於大羅天上，玄都玉京鎮於其巔。極道之境，高而無上；三聖虚夷，萬帝朝」軒。所由造天地、生陰陽、懸三光、運五行、育群品、殊四裔。洞天棊布，福地區分。仙官神祇，各有典司，察人間善惡功過而賞罰之。劫有成」壞，而道體常存；運有興亡，而玄門弗閉。是以多方設教，帝帝爲師。凡修建宫觀者，必先構三清鉅殿，然後及于四帝、二后，其次三界諸」真，各以尊卑而侍衛，方能朝禮而圓全。無慊於焚修侴奉之心，相稱於祝壽祈□之地。今此上方紫微宮者，乃清虚小有第一洞天，優」處中華，群仙朝會」。東萊披雲真人乘道運恢弘」，國朝崇奉，思欲增修賁飾。遂令門衆撤去舊來殿廡，以卑隘朽壞故也。命提點崔志明等輪斲材植，崇峻基址，新搆大殿一座。既成，忽」踰三載未能結瓦。道衆議言，昔披雲師真欲以純琉璃瓦覆之，有道人薛志□能其事，忻然願結此勝緣。然共計買錫資并酬諸工匠」價約用白金伍伯兩。方竭力營辦之際，遽遭歲□，衆恐半途而廢，不果如願。提點李志昭首唱曰："僕往年於沁州杜長官暨王夫人處」得施物狀，奉道多年，盟心喜捨，曾許王、杜二仙官所主小有洞天結緣，試託聖賢陰祐，往禱之。"衆釋然忻躍。乃與一二志友，徒步千」里，欵侯門，禮謁畢，具説天壇上方結瓦琉璃寳殿闕費之事，艱劇之由。長官、夫人一聞言而俱便首肯，乃曰："某等昔年欽奉」朝旨，令提領彫造三洞藏經，兼修建諸宫觀事，素有增飾上方念。今提點又言，正符前意。弊家雖財力淺薄，願落成之。費用然多，更無」他適，直圓備三清大殿了耳。"志昭等起謝，不阻讚美，若非寬大長者，未易肯辦此一段奇事。即退而謂志全曰："杜侯一門，自於」長春國師几前親受法訓。長官名德康，道號保安居士，汾州平遥縣人氏。夫人名體善，道號悟真散人，平陽府録事司人氏。其信道純」熟，方今天下所共知，然於後世何尔？宜述其結緣

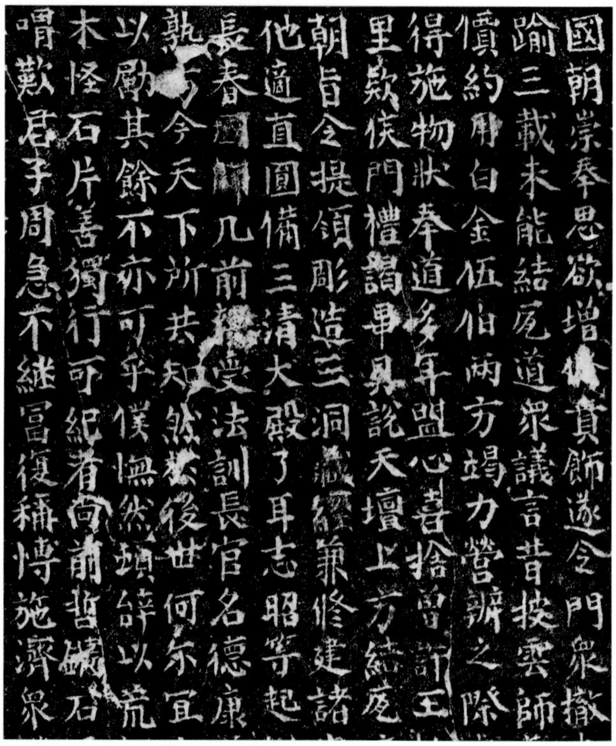
國朝崇奉思欲增修貴飾遂令門衆撤
踰三載未能結瓦道衆議言昔披雲師
價約用白金伍伯兩方竭力營辦之際
得施物狀奉道多年盟心喜捨曾許王
里欵侯門禮謁畢具説天壇上方結瓦
朝旨令提領彫造三洞藏經兼修建諸
他適直圓備三清大殿了耳志昭等起
長春國師几前親受法訓長官名德康
熟方今天下所共知然於後世何尔宜
以勵其餘不亦可乎僕憮然頍辞以荒
木怪石片善獨行可紀者尚前哲鐵石
喟歎君子周急不繼富復稱博施濟衆

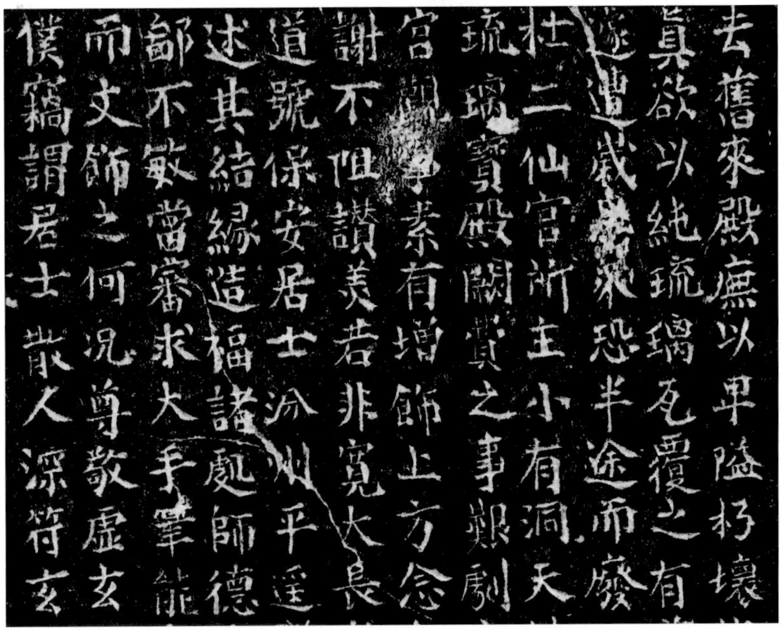

造福諸處師德，悉皆布施功德無限，成一通碑詞。志昭等當刊諸翠琰，永傳不朽，且」以勵其餘，不亦可乎?”僕憮然頓辞以荒鄙不敏，當審求大手筆能文者銘之。吾宗特不允他託，遂援古摭實而應命。然世間或有一奇」木怪石，片善獨行可紀者，尚前哲鐫石而文飾之，何況尊敬虛玄真聖造物者乎? 不啻霄壤懸隔，老氏昌言，天道無親，常與善人。宣聖」喟歎，君子周急不継富，復稱博施濟衆。僕竊謂居士、散人深符玄聖素王之訓旨，將見垂裕後昆，德厚流長矣。樂道其所以然，幸覽」者以意逆志焉」。

旹大朝歲次庚戌八月　日。

濟源縣坊郭施石人席愿同男席汝礪，同施人靳潤」。

本宮提點劉志簡，副提點李志昭，知宮榮，王屋縣次官李成立石」。

沁州玄都萬壽觀住持賜紫通真大師杜志椿助緣」。

結瓦琉璃殿功德主夫人悟真散人王體善」。

結瓦琉璃殿功德主沁州長官保安居士杜德康」。

蒙古憲宗元年累朝崇道恩命碑

碑在陝西省西安市户縣祖庵鎮重陽宫，蒙古憲宗元年（1251）立。李庭撰序，石志堅書丹並篆額，朱志完、張志運刊。螭首。通高396厘米，寬113厘米，厚31厘米。正文楷書，大字字徑2.5厘米，小字字徑1～1.5厘米。主額篆“大蒙古國累朝崇道恩命之碑”，3行，字徑9厘米。碑體基本完整，文字略有漫漶。

成吉思皇帝賜神仙」手詔」:

制曰：天厭中原，驕華太極之性；朕居北野，嗜慾莫生之情。反朴還」淳，去奢從儉。每一衣一食，與牛豎馬圉共弊同饗。視民如赤子，養」士若弟兄，謀素和，恩素畜，練萬衆以身人之先，臨百陣無念我之」後，七載之中成大業，六合之内爲一統。非朕之行有德，蓋金之政」無恒。是以受之天祐，獲承至尊。南連蠻宋，北接回紇，東夏西夷，悉」稱臣佐，念我單于國千載百世已來未之有也。然而任大守重，治」平猶懼有闕。且夫刳舟剡楫，將欲濟江河也；聘賢選佐，將已安天」下也。朕踐祚已來，勤心庶政，而三九之位未見其人。訪聞」丘師先生，體真履規，博物洽聞，探賾窮理，道充德著，懷古君子之」肅風，抱真上人之雅操。久棲巖谷，藏聲隱形。闡」祖師之遺化，坐致有道之士，雲集仙逕，莫可稱數。自干戈而後，伏」知先生猶隱山

蒙古憲宗元年累朝崇道恩命碑

東舊境，朕心仰懷無已。豈不聞渭水同車、茅廬三」顧之事，奈何山川絃闊，有失躬迎之禮。朕但避位側身，齊戒沐浴」，選差近侍官劉仲禄，偹輕騎素車，不遠數千里，謹邀」先生，暫屈仙步，不以沙漠遊遠爲念。或以憂民當世之務，或以恤」朕保身之術，朕親侍仙座，欽惟」先生將咳唾之餘，但授一言，斯可矣。今者聊發朕之微意萬壹，明」於詔章，誠望先生既著大道之端要，善無不應，亦豈違衆」生小願哉！故咨詔示，惟宜知悉」。

五月初一日」。

成吉思皇帝勅真人丘師：

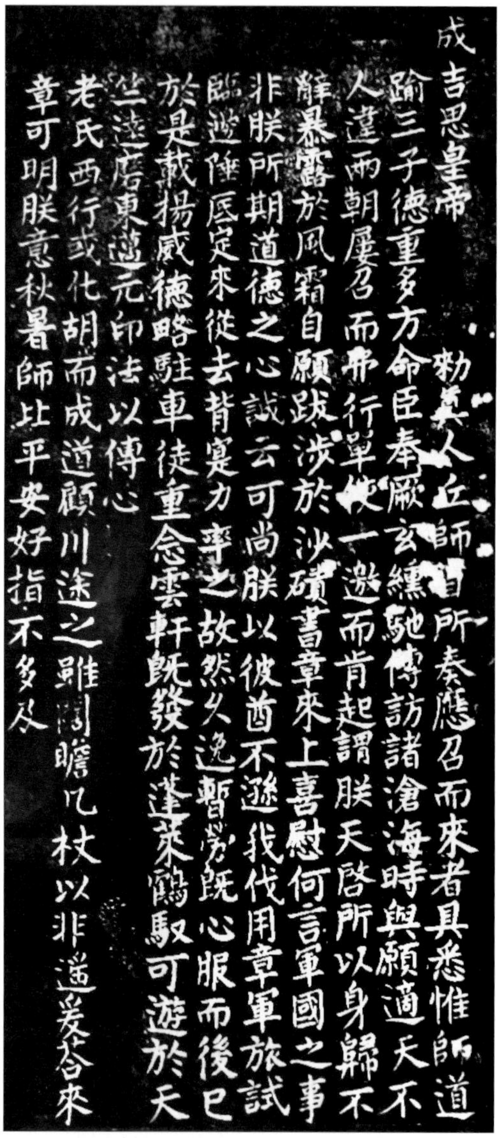
成
吉思皇帝　勅真人丘師省所奏應召而來者具悉惟師道
踰三子德重多方命臣奉厥玄纁馳傳訪諸滄海時與願適天不
人違兩朝屢召而弗行單使一邀而肯起謂朕天啓所以身歸不
辭暴露於風霜自願跋涉於沙磧書章來上喜慰何言軍國之事
非朕所期道德之心誠云可尚朕以彼酋不遜我伐用章軍旅試
臨邊陲底定來從去背寔力率之故然久逸暫勞既心服而後已
於是載揚威德略駐車徒重念雲軒既發於蓬萊鶴馭可遊於天
竺達磨東邁元印法以傳心
老氏西行或化胡而成道顧川途之雖闊瞻几杖以非遥爰荅來
章可明朕意秋暑師比平安好指不多及

省所奏應召而來者具悉，惟師道」踰三子，德重多方。命臣奉厥玄纁，馳傳訪諸滄海。時與願適，天不」人違，兩朝屢召而弗行，單使一邀而肯起。謂朕天啓，所以身歸，不」辭暴露於風霜，自願跋涉於沙磧。書章來上，喜慰何言。軍國之事」，非朕所期，道德之心，誠云可尚。朕以彼酋不遜，我伐用章，軍旅試」臨，邊陲底定。來從去背，寔力率之故然；久逸暫勞，既心服而後已」。於是載揚威德，略駐車徒，重念雲軒既發於蓬萊，鶴馭可遊於天」竺。達磨東邁，元印法以傳心」；老氏西行，或化胡而成道。顧川途之雖闊，瞻几杖以非遥。爰荅來」章，可明朕意。秋暑，師比平安好，指不多及」。

御寶」，十四日」。

皇帝聖旨道與諸處官員每」：

丘神仙應有底修行底院舍等，係逐日念誦」經文，告」天底人每，與」皇帝祝壽萬萬歲者。所據大小差發税賦，都教休」着者。據」丘神仙底應係出家門人等隨處院舍，都教」免了差發税賦者。其外詐推出家，影占差發」底人每，告到官司治罪断按。主者奉到如此」，不得違錯，湏至給付照用者」。

右付神仙門下收執，照使所據」，神仙應係出家門人精嚴住持院子底」人等，並免差發税賦。准此」。

御寶」，癸未羊兒年三月　日」。

宣差阿里鮮面奉」成吉思皇帝聖旨」：

丘神仙奏知來底公事是也𠻘好，我前時已有」聖旨文字與你，來教你天下應有底出家善」人都管着者，好底歹底」，丘神仙你就便理會，只你識者，奉到如此」。

癸未年九月二十四日」。

皇帝聖旨：

你已先」成吉思皇帝聖旨裏，道人每内中不喫酒肉無妻男」底人告」天者，不是那般底人喫酒喫肉有妻男呵，仙孔八合」識你不揀擇出来那甚麽，你底言語不信底」人你識者，粱米你每年依例送得來者。准此」。

御寶」，乙未年七月初一日」。

皇帝聖旨道與清和真人尹志平、仙孔八合識李志」常：

我於合剌和林蓋觀院来，你每揀選德行」清高道人，教就来告」天住持，仰所在去處賫發遞送来者。准此」。

御寶」，乙未年七月初九日」。

天地氣力」闊端太子令旨，道與京兆府路□哥黑馬達魯花赤管」民官田拔都魯，并管軍大小官員等：

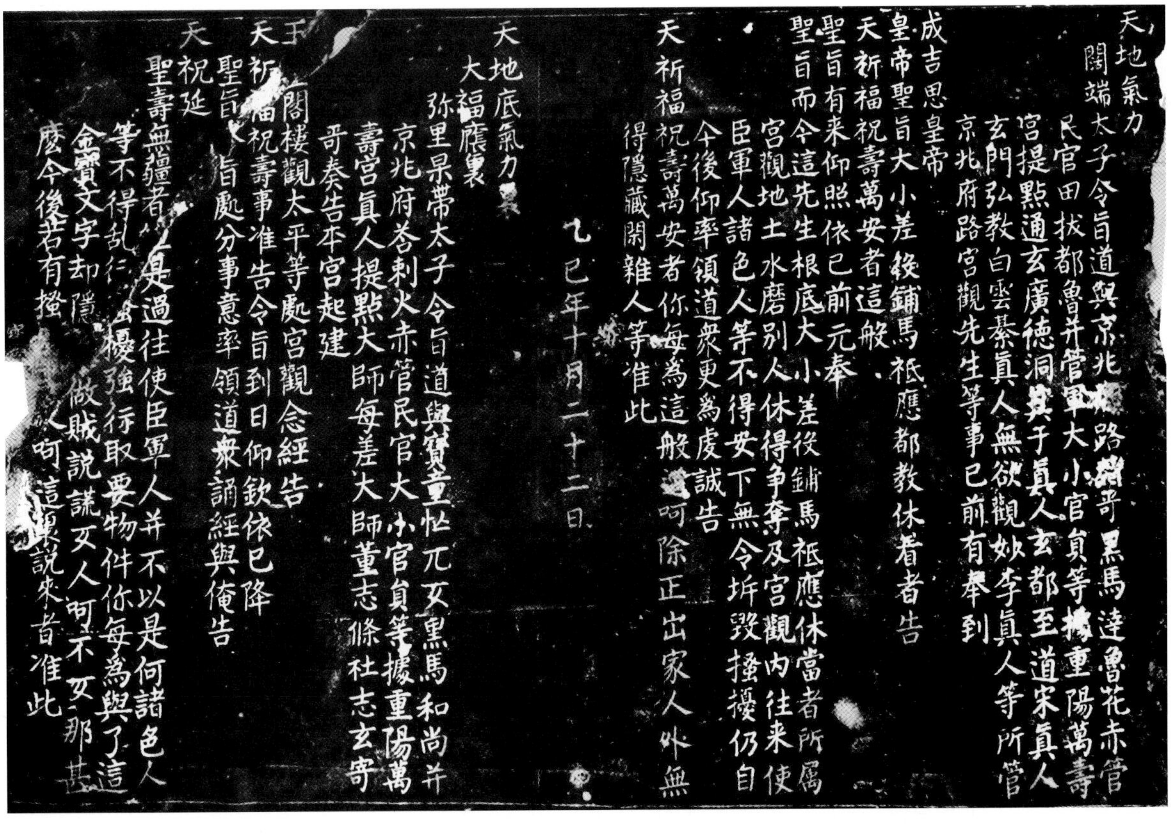

據重陽萬壽」宮提點通玄廣德洞真于真人、玄都至道宋真人」、玄門弘教白雲綦真人、無欲觀妙李真人等所管」京兆府路宮觀先生等事，已前有奉到」成吉思皇帝」，皇帝聖旨，大小差役、鋪馬祇應都教休着者，告」天祈福祝壽萬安者，這般」聖旨有来，仰照依已前元奉」聖旨。而今這先生根底大小差役、鋪馬祇應休當者，所属」宮觀地土、水磨，别人休得争奪，及宮觀内往来使」臣、軍人、諸色人等不得安下，無令拆毁搔擾。仍自」今後，仰率領道衆，更爲虔誠告」天祈福祝壽萬安者。你每爲這般道呵，除正出家人外，無」得隱藏閑雜人等。准此」。

寶」，乙巳年十月二十二日」。

天地底氣力裏」大福廕裏」弥里杲帶太子令旨，道與寶童忚兀歹黒馬和尚并」京兆府荅剌火赤管民官大小官員等：

據重陽萬」壽宮真人提點大師每差大師董志條、杜志玄寄」哥奏告：本宮起建」玉皇閣、樓觀、太平等處宮觀，念經告」天祈福祝壽事，准告。令旨到日，仰欽依已降」聖旨、令旨處分事意，率領道衆誦經與俺告」天祝延」聖壽無疆者。但是過往使臣、軍人，并不以是何諸色人」等，不得乱行搔擾，强行取要物件。你每爲與了這」金寶文字，却隱匿做賊説謊歹人呵，不歹那甚」麽。今後若有搔擾底人呵，這裏説來者。准此」。

寶」，庚戌年十一月十九日」。

大蒙古國累朝崇道之碑并序

恭惟」國家受大命一海内，雖以」武功平暴乱，而」尊德嚮道皆出於至誠。殆」天啓其心，將使以清浄無爲之教」，仁黔首而階太平，延」社稷無疆之福。嗚呼，休哉！自」聖祖龍飛，駐六軍於西域」，遣使萬里遠聘」丘公，虚己温顔以訪至道，一時對」揚之際，玄言妙理，仰合」神機。所以」眷顧綢繆，終始不替。逮乎」重明繼照，追配」前休，化及」宮闈，亦克敬奉。由是」湛恩渥澤，涵浸」玄門矣。維重陽萬壽宮，實」祖師修證之地，故」朝庭注意爲尤重。累年以来，所受」詔旨，爛然盈篋。真人于志道、綦志」遠、李志遠、曹志陽，皆以耆年宿望」，爲一代宗師。佩服」德音，懼有失墜，今迺命工刻石，以」傳永久，亦庶幾使後世有以知」大朝崇道之意云。己酉三月初七」日，草茅賤臣李庭拜手稽首謹序」。

古燕道士臣石志堅書并篆額」。

本宮道士臣朱志完」、本宮道士臣張志運同刊」。

大朝歲次辛亥七月初九日，終南」十方大重陽萬壽宮立石」。

蒙古憲宗二年有唐吕真人祠堂記碑

碑在山西省運城市芮城縣永樂宫，蒙古憲宗二年（1252）重立。袁從乂撰文，彭志祖書丹，郝志謹刊刻，潘德冲等重立。高 71 厘米，寬 84 厘米。正文楷書，字徑 2.5 厘米。碑體完整，文字清晰。

有唐吕真人祠堂記

□泉彭志祖重書丹，蜀都郝志謹重刊」。

雷首之陽，大河之北，山川蘊秀，土膏林鬱，粹精之氣鍾鑄於人，必」生高僊大賢，古来聖跡布列條陽者居多。永樂鎮東北隅，行百步」許，曰招賢里，通道之北即有唐得道吕公之故居也。鄉人慕其德」，因舊址而廟貌之，歲時享祀甚謹嚴。真人自成道以来，有重名於」天下，凡譚及神仙者，必曰鍾吕也。惜乎，《唐書》偶遺其傳，所紀異事」，獨見於圖經野史而已。徧閲□□，得吕真人詩數百篇，辝意高妙」，氣象豪放，非煙火食人所能擬議也。又考其得道之由，粗得大槩」。真人諱嵓，字洞賓，道號純陽子，世爲河中永樂人，禮部侍郎渭即」其祖也。當敬宗寶曆元年，舉進士甲科中選，未及調官。時季春，出」遊澧水上，遇漢隱士鍾離公，公見其風

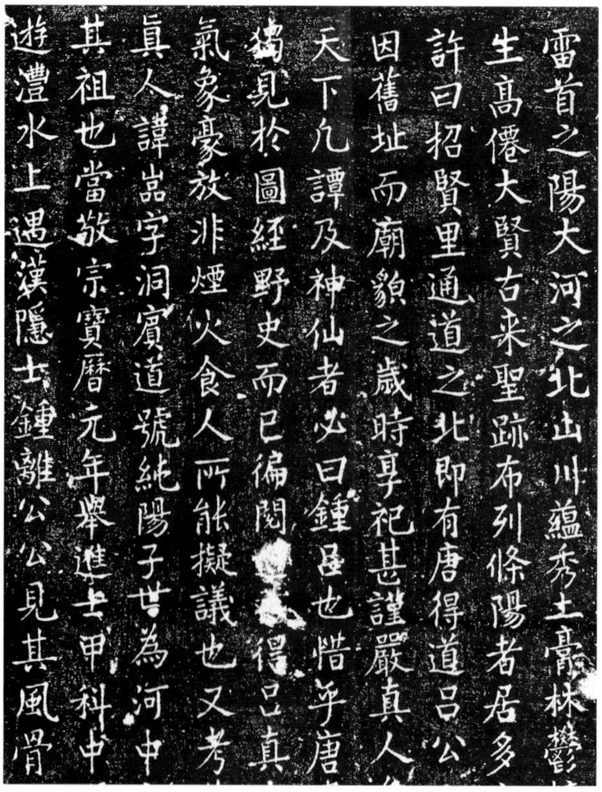

骨不凡，誘以僊道。真人傾」心懇禱，乃口授内丹秘旨及天遁劍法。於是謝絶塵累，遂結茅于」廬山，與鉅鹿魏子明、楚人梁伯真爲方外友，同進隱學，俱登仙位」。常有詩曰：“朝遊北海暮蒼梧，袖裏青蛇膽氣麄。三入岳陽人不識」，朗吟飛過洞庭湖。”此言劍術有徵也。昔謁金母於龜臺，廻憩平凉」度王生事，今有石刻存焉；遊華岳，會飲陳希夷事，見載道籍。其出」處，神異甚衆，姑載其一二焉。僕自幼齡卜築王官，去真人鄉曲不」及百里，雖加景仰，然未伸香火之供，恒以爲慊。頃歲暮秋，會條陰」兵亂，因避地芮之西郊，始獲展敬祠下。永樂鎮道契袁公益，且以」祠堂記見祝，僕雖無文，不敢固讓，謹述其始末云。

有唐呂真人祠堂記
雷首之陽大河之北山川蘊秀土厚林鬱粹精之氣鍾鑄於人必
生高僊大賢古来聖跡布列條陽者居多永樂鎮東北隅行百步
許曰招賢里通道之北即有唐呂公之故居也鄉人慕其德
因舊址而廟貌之歲時享祀甚謹嚴真人自成道以来有重名於
天下凡譚及神仙者必曰鍾呂也惜乎唐書偶遺其傳所紀異事
獨見於圖經野史而已偏閱呂真人詩數百篇辭意高妙
氣象豪放非煙火食人所能擬議也又考其得道之由粗得大槩
真人諱嵒字洞賓道號純陽子廿為河中永樂人禮部侍郎渭即
其祖也當敬宗寳曆元年舉進士甲科中選未及調官時季春出
遊澧水上遇漢隱士鍾離公公見其風骨不凡誘以僊道真人傾
心懇禱乃口授內丹秘旨及天遁劒法於是謝絕塵累遂結茅于
廬山與鉅鹿魏子明楚人梁伯真為方外友同進隱學俱登仙位
常有詩曰朝遊北海暮蒼梧袖裏青蛇膽氣麄三入岳陽人不識
朗吟飛過洞庭湖此言劒術有徵也昔謁金母於龜臺迴憩平凉
度王生事今有石刻存焉遊華岳會飲陳希夷事見載其出
處神異甚衆姑載其一二焉僕自幼齡卜築王官去真人鄉曲不
及百里雖加景仰然未伸香火之供恒以為慊頃歲暮秋會條陰
兵亂因避地芮之西郊始獲展敬祠下永樂鎮道契袁公益且
祠堂記見祝僕雖無文不敢固讓謹述其始末云興定六年二月
清明後二日虞田布衣袁從乂用之記
大金正大五年二月初六日里人楊士榮張龤郝英楊仁段復榮立石
此祠堂記乃藏雲先生袁用之所譔里人進士段元亨書丹桑泉馬柔刊字金之
末年為劫火所裂幸而文意且完恐其歲久湮没於是復鐫于石以示来者庶傳無窮
大朝歲在壬子孟夏十四日十方大純陽萬壽宮提點沖和大師潘德沖等重立

興定六年二月」清明後二日，虞田布衣袁從乂用之記」。

大金正大五年二月初六日，里人楊士榮、張龤、郝英、楊仁、段復榮立石」。

此祠堂記乃藏雲先生袁用之所譔，里人進士段元亨書丹，桑泉馬柔刊字。金之」末年爲劫火所裂，幸而文意且完，恐其歲久湮没，於是復鐫于石，以示来者，庶傳無窮」。

大朝歲在壬子孟夏十四日，十方大純陽萬壽宮提點沖和大師潘德沖等重立」。

蒙古憲宗四年重陽成道宮記碑

碑在陝西省西安市户縣祖庵鎮重陽宮，蒙古憲宗四年（1254）立。馮志亨撰文，李道謙書丹並篆額，梁守一、潘志素立石，龐志和鐫字。螭首龜趺。通高382厘米，螭首高110厘米，趺座高52厘米；碑身寬105厘米，厚37厘米。正文楷書，字徑3厘米。圭額篆“重陽成道宮記”，2行，字徑12厘米。碑體完整，文字清晰。

重陽成道宮記

宣差國學總教佐玄寂照大師教門都道録權管教門事馮志亨撰。

葆真大師提舉終南山重陽萬壽宮事權陝西五路興元府教門提點李道謙書篆」。

京兆西終南有里曰南時，中有重陽成道宮焉。蓋大定初」，全真祖師重陽真人始悟道時，自掘一穴，起封數尺如馬獵之狀，以活死人墓名之，手植四梨八海棠於四周，人問其故，乃曰：吾真風將來大闡，四維八宏無所不至之日，要使人知從」此一墓而始之也。居二年，遷劉蔣，後常有三五道衆葺庵而守之。正大初，全陽真人周全道清明自幽來，致祭於劉蔣祖師之塋，忽念及祖師修練變化成道之地，不可使之蕪没，胷中」慨然起修葺之心，弗克自已，若有神使之然者。俄一人請齋，問之，知其爲此庵道士，遂與之俱來庵中。道衆乞借光揚之力，周異其密與己

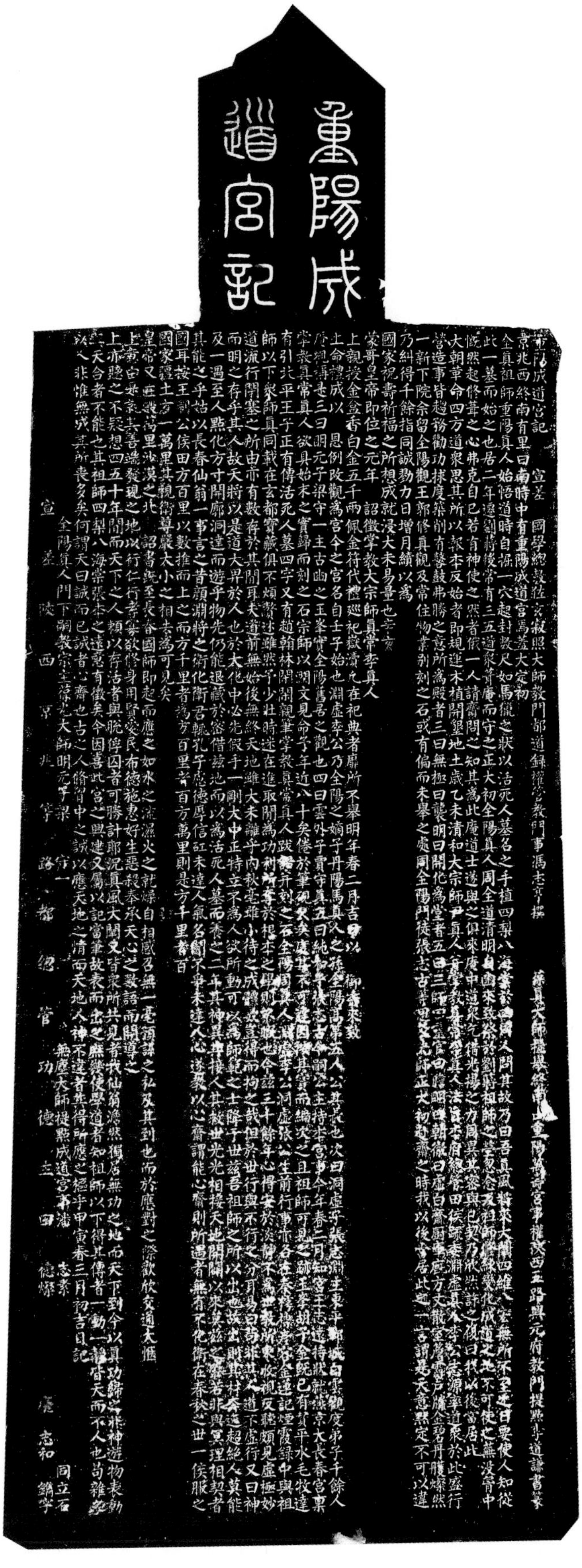

蒙古憲宗四年重陽成道宮記碑

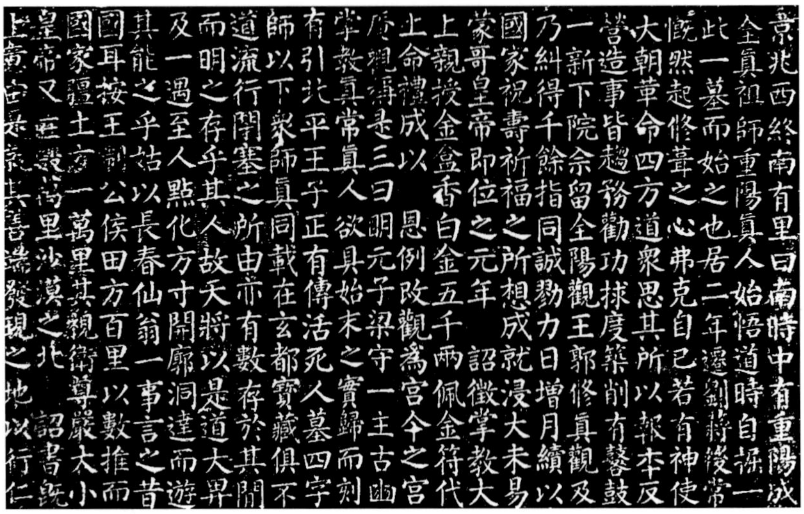

契，乃欣然許之。復曰：我以後當居此」。大朝革命，四方道衆思其所以報本反始者，即規運木植，開墾地土。歲乙未，清和大宗師尹真人并掌教真常李真人法旨，本府總管田侯疏，委淵虚真人李公志源率道衆於此盛行」營造事，皆趨務勸功，捄度築削，有鼛鼓弗勝之意。所爲殿者三，曰無極，曰襲明，曰開化；爲堂者五，曰三師，曰靈官，曰瞻明，曰朝徹，曰虚白；齋、厨、庫、廄，方丈散室，簷霤户牖，金碧丹雘，燦然」一新。下院佘留全陽觀、王郭修真觀及常住物業别刻之石。或有偏而未舉之處，周全陽門徒張志古等，思及先師正大初赴齋之時，我以後當居此之一言，謂是天意默定，不可以違」。乃糾得千餘指，同誠戮力，日增月績，以爲」國家祝壽祈福之所，想成就浸大未易量也。辛亥」，蒙哥皇帝即位之元年，詔徵掌教大宗師真常李真人」，上親授金盒香、白金五千兩，佩金符，代禮巡祀嶽瀆。凡在祀典者，靡所不舉。明年春二月吉日，以御香來致」，上命禮成以恩例改觀爲宫，今之宫名自壬子始也。淵虚李公乃全陽之嫡子，丹陽馬真人之孫。全陽高第五人，公其長也。次曰洞虚子張志淵，主東平鄆城白雲觀，度弟子千餘人」，庵觀稱是。三曰明元子梁守一，主古豳之玉峯，實全陽舊居之觀也。四曰雲外子賈守真。五曰純和子張志古，今嗣公主持本宫事。今年春二月，知宫王志遠持狀就燕京大長春宫，禀」掌教真常真人，欲具始末之實，歸而刻之石。宗師以潤文見命，予年近八十矣，倦於筆硯久矣，度其不可違，因按其實而編次之。且祖師可見之跡，玉峯胡子金既已有贊，平水毛牧達」有引，北平王子正有傳，“活死人墓”四字又有趙翰林閑閑親筆，掌教真常真人跋語并刻之石；全陽周真人、淵虚李公、洞虚張公生前行事，亦各在秦梣櫟彦容《金蓮記》《煙霞録》中，與祖」師以下衆師真同載在《玄都寶藏》，俱不煩贅述。雖然予少壯時迷在進取，閒爲功利所奪，於根本之學則不暇也。今兹三十餘年，心得安於淡静，不爲世教所束，收視反聽，

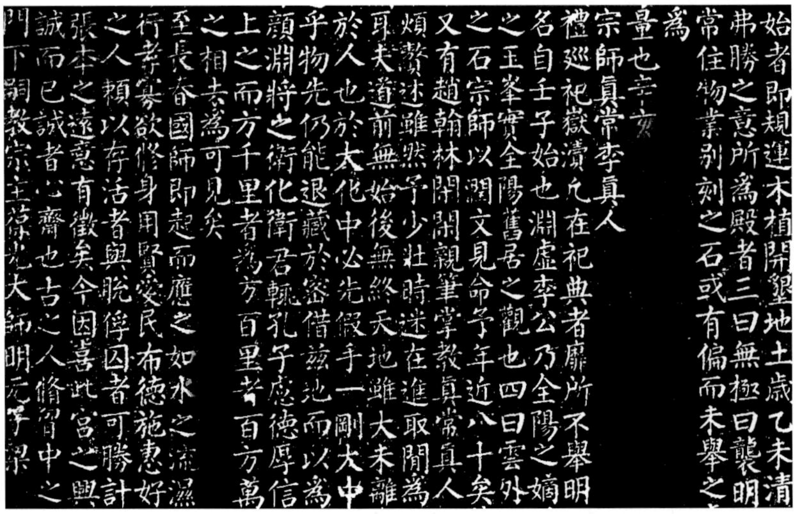

頗見虚極妙」道流行閉塞之所由，亦有數存於其閒耳。夫道，前無始，後無終，天地雖大未離乎內，秋毫雖小待之成體，數豈得而拘之哉？但於世行與不行之分耳。《易》曰：苟非其人，道不虚行。又曰：神」而明之，存乎其人。故天將以是道大畀於人也，於大化中必先假手一剛大、中正、特立，不爲人欲所動，可以爲師範之士降于世，玆吾祖師之所以出也。故出則其材奔逸超絶，人莫能」及，一遇至人點化，方寸開廓洞達而遊乎物先，仍能退藏於密，借玆地而以爲活死人墓，而養之二年，其神異、其接人、其救世，光光相接。天地開闢以來，莫玆之盛。若非與冥理相契者」，其能之乎？姑以長春仙翁一事言之。昔顔淵將之衛化衛君輒，孔子慮德厚信矼，未達人氣，名聞不争，未達人心，遂教以心齋。謂能心齋，則所遇者無有不化。衛在春秋之世，一侯服之」國耳。按王制，公侯田方百里，以數推而上之，而方千里者爲方百里者百，方萬里者則是方千里者百」。國家疆土方一萬里，其視衛尊嚴大小之相去爲可見矣」。皇帝又在數萬里沙漠之北，詔書既至，長春國師即起而應之，如水之流濕，火之就燥，自相感召，無一毫預謀之私。及其到也，而於應對之際歡欣交通，大愜」上意。由是就其善端發現之地，以行仁行孝，寡欲修身，用賢愛民，布德施惠，好生惡殺，奉承天心之數語而開導之」，上亦聽之不疑。想四五十年閒，而天下之人賴以存活者與脱俘囚者可勝計耶？況真風大闡，又皆衆所共見者。我仙翁澹然獨居無功之地，而天下到今以真功歸之，非神遊物表動」與天合者不能也。其祖師四梨八海棠張本之遠意有徵矣。今因喜此宮之興建，又屬以記當筆，故表而出之，庶幾使學道者知祖師以下得其傳者，一動一静，皆天而不人也。苟雜之」以人，非惟無成，其所喪多矣。何謂天？曰誠而已。誠者，心齋也。古之人脩胷中之誠以應天地之情，而天、地、人、神不違者，其得所應之樞乎？甲寅春三月初吉日記」。

全陽真人門下嗣教宗主葆光大師明元子梁守一、無塵大師提點成道宮事潘志素同立石」。

宣差陝西京兆等路都緫管功德主田德燦。

龐志和鐫字」。

蒙古憲宗六年無欲觀妙真人李先生碑

碑在陝西省西安市户縣祖庵鎮重陽宫，蒙古憲宗六年（1256）立。何道寧撰文，李道謙書丹，駱天驤篆額，王志正鐫字。螭首龜趺。通高 396 厘米，螭首高 110 厘米，趺座高 48 厘米；碑身寬 107 厘米，厚 37 厘米。正文楷書，字徑 2.5 厘米。圭額篆“終南山重陽宫無欲觀妙真人李君之碑”，4 行，字徑 9 厘米。碑體完整，文字清晰。

終南山重陽萬壽宮無欲觀妙真人李先生碑并序

宣差宗玄大師提點陝西五路興元路教門兼領重陽萬壽宮事何道寧撰。

司天臺筭曆官駱天驤篆額」。

葆真大師提舉重陽萬壽宮事權陝西五路興元路教門提點李道謙書」。

釣六鰲於東海者，不爲鯢鰌而垂鈎，採合抱於鄧林者，不爲拱把而加斧，苟志於大，區區細務不較也。今觀無欲行實，其超出物表之志，蓋類是歟？公族姓李，諱仲美，原月山人。父珍，職官，醞」有子四人，公其次，生於大定己丑。五歲始能步。及長，聰慧邁倫，慷慨特達，毅然以正直自負。里閈有狡獪者，每正辭折之，人望而畏服。嘗肆意酒間，視舉世爲不足玩。年三十七，乃幡然曰：“與」其汩没塵坌中，孰若擺脱

蒙古憲宗六年無欲觀妙真人李先生碑

方外邪?”時全真教方行，意欲從師而未知所向，適碧虚楊先生主重陽祖庭事，乃往見之。碧虚素得人於眉睫間，知其爲玄門重器，然天屬所繫，度其有難解於心」者，且令還歸，但勉以積善而已。公抵家，與諸親友决，謝妻子而去。其妻訕之，笑而不顧。其父見而呵責，公婉其辭，曉之以理性之事，父徐省悟，亦欲向道，乃同詣碧虚門下。碧虚以公識量不」凡，命名守寧及無欲子号。公蓬頭弊衣，行丐於市，時人謂之酒李先生。日用間，惟以濟人利物爲己任。至於幽微之理，允造其極。大安庚午，秦境大旱，居民阻飢，公謂其屬曰：餓莩如此，安忍」坐視?同邑趙三郎富甲關中，公詣其門，備訴田里艱棘之狀，三郎悟，乃發廪粟付公賙賑。公與齊志道等晝夜舂爨，以給貧病，日不減百人。井水適涸，衆憂之，公密禱于神，鑿泉得水，設濟至」秋斂而罷。公素不欲彰名，懼人知己，即日西行。已而有司奏聞，特賜三郎爲潤國長者。未幾，入興平環居，以千日爲約，其静中妙用，見《長安集》。至期，渠河使夾谷公及耆老數輩，就環懇請，以」縣南龍祥觀委公爲主，公諾之。居五年，至興定庚辰，住終南樓觀。五年，又遷京兆之丹霞。尋蒙師旨，主營建三原碧虚觀事。所寓之地，皆有成規。正大戊子春，碧虚於祖庭丈室，謂公可以倚」重，舉以自代。關中搔動，公及軍民避亂于南山，粮盡，人相魚肉，幾及我公，或曰：此酒李先生，素有道者也。因携持出山，遂得免焉。庚寅春，如南陽，依附者衆。會沖虚李公、洞真于公在汴，沖虚」奏請住持丹陽觀。癸巳，汴京款附于」我朝，俄而忽起異議，無辜者皆坐誅。公與一長老止水泊中，迫於兇焰，長老悚慄不能自持，公止之曰：“我輩平日所行，正爲此耳。死生常事，夫何畏焉?”有頃，以故而免。城中絶糧，人争北渡，津」人固拒，飢溺者以萬計。公請洞真先登，因以陰騭開諭津人，餘皆獲濟。公繼達新衛，門徒望風輻湊，今之靈虚、天慶創成榮觀，自此始也。明年，領衆適燕，時清和尹公掌教，每會道衆議祖庭」緣事，皆推公爲能，公謝不逮。復奏請住持重陽宫兼任提點陝西教門事，更名志遠，祖以厚賵。公東行而歸，過齊過魯過

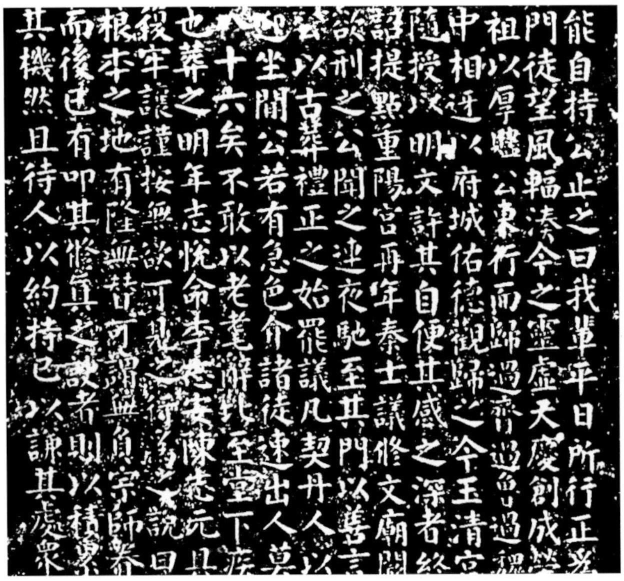

魏，自侯伯以下皆夾道祇迎，有以庵觀奉之者，有願爲弟子者，有以」財施者，公得之不以一毫私己，悉歸之祖庭。京兆田侯德燦聞公西歸，督佐官就河中相迓，以府城佑德觀歸之，今玉清宮是也。時關中甫定，暴很相煽，公以仁言誘掖，稍稍格心。比年南征」，俘縶來者不絶，公詢其主，有好善者，多端勸諭，引而歸道，有不可必致者，乃議貨取，隨授以明文，許其自便，其感之深者，終不忍去。公嘗往來於祖庭、玉清之間，然規畫調度，未嘗不拳拳於」祖庭。丙申秋，受清和師書督祖師葬事，掌教真常宗師又任以祖庭之職。冬十月，詔提點重陽宮。再年，秦士議修文廟，闕瓦，郎中邳邦用輩請於公，公盡給之，士皆稱嘆。庚子春三月，被」旨特賜無欲觀妙真人号。秋七月，河北郝公總管家隸百餘，陰謀南遁，得其顯狀，盡欲刑之。公聞之，連夜馳至其門，以善言誨導，亡者皆免。明年，城中群小數百，結連私逸，權府韓淵密知其」情，議尸諸市以令衆，感公一言，但殲其魁渠。太傅移剌寶儉，其母死，欲以二婢爲殉，公以古葬禮正之，始罷議。凡契丹人以人殉死者，弊因以革。丙午春」，詔燕京作普天醮，公預焉。夏四月，歸自衛，汴京長官復請住丹陽，棲雲王公具禮郊迎，坐間公若有急色，介諸徒速出，人莫知其然。甫登舟，南軍已擁京門，其先見類如此。明年還宮，秋八月」朝旨加玄微真人号，尋又被冠服之寵。甲寅春，宗師以國家醮

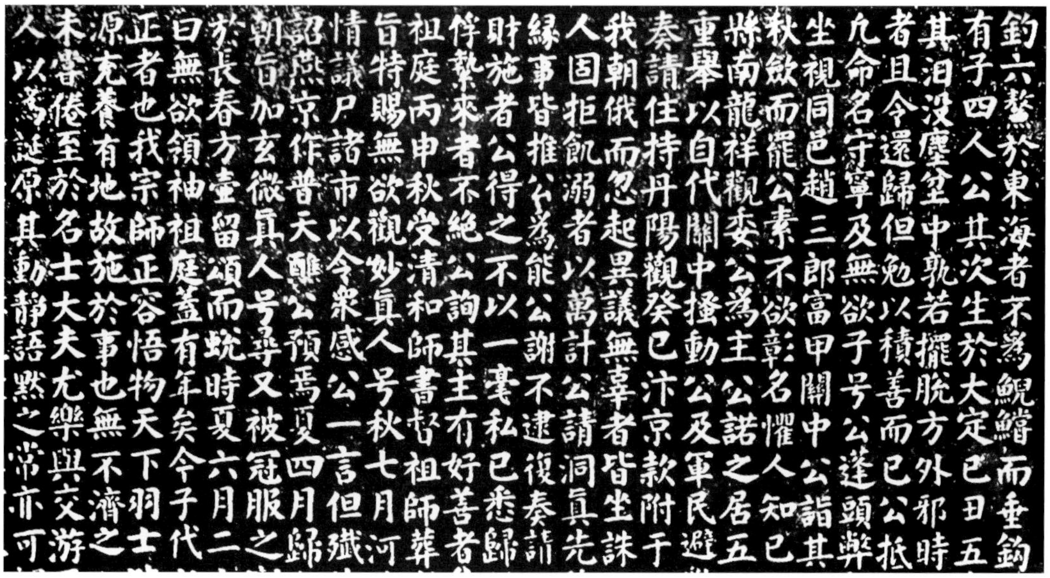

事具書招致，年已八十六矣，不敢以老耄辭。比至堂下，疾篤，以後事付于法弟衍真大師張志悦，以其徒拜宗師爲大度師」，於長春方壺留頌而蜕，時夏六月二十六日也。諸徒奉柩西歸，附葬于終南祖塋，禮也。葬之明年，志悦命李志安、陳志元具行狀請于宗師，欲刻諸石。道寧適有事于堂下，宗師就命當筆，且」曰："無欲領袖祖庭，蓋有年矣，今子代之，始終行實，子必熟知，其文之也固宜。"道寧不復牢讓，謹按無欲可見之行，爲之説曰：有主持玄教之大人，不可無輔翼玄教之仁人。大人者正己而物」正者也，我宗師正容悟物，天下羽士皆觀而化。無欲公輔弼其教，以仁存心，俾祖師根本之地有隆無替，可謂無負宗師眷倚之意。蓋公之爲人，禀剛大正直之氣，持特立獨行之操，傳授有」源，充養有地。故施於事也，無不濟之以仁，遇患難則身先之，

見人急難，必盡力救援而後已。有叩其修真之訣者，則以積累勉勵之，其可與談性命事者，每至夜分不寐。雖與童子言，亦諄諄」未嘗倦。至於名士大夫，尤樂與交游而相忘形骸。與人接談，又能度其高下而切中其機。然且待人以約，持己以謙。其處衆也，威而不猛，和而不流。在環堵四五年間，神變之妙，欲直書之，恐」人以爲誕。原其動静語默之常，亦可謂閒世異人者矣，故碑之而無慊。乃贊之曰」：

偉歟李公，專氣致柔，其守也堅，其行也周。解紛庶務，而善計不籌，一志不撓，而仙爲之儔。若人者，將厭世擾攘，而追帝鄉之游邪！吾知其了了諸緣，而嗒然乎歸休也」。

丙辰歲十二月初十日同州定國□節度……立石。

門人王志正鐫字」。

蒙古憲宗六年唐太宗賜真人頌碑

碑在陝西省銅川市耀州區藥王山，蒙古憲宗六年（1256）立。李世民頌詞，楊聰書丹，邳邦用跋，李素舟立石，張志和刊。螭首龜趺。高204厘米，寬70厘米，厚25厘米。碑體完整，文字清晰。

唐太宗賜真人頌

五泉閑客楊聰書」。

鑿開徑路，名魁大醫。羽翼三」聖，調和四時。降龍伏虎，拯衰」救危。巍巍堂堂，百代之師」。

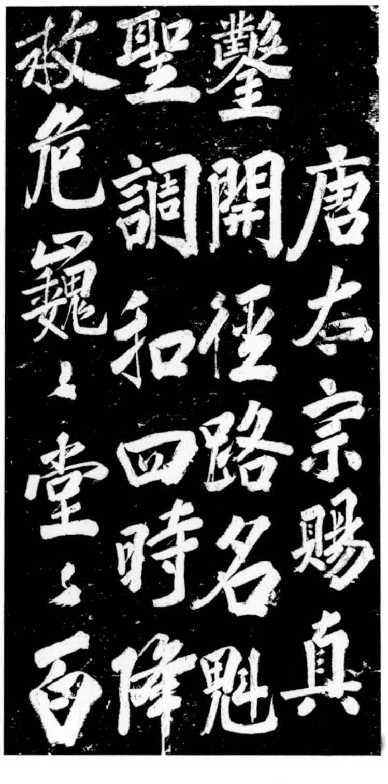

方外友華下李濟道，好古有爲之士也。以先師居有唐孫真人舊隱，殿堂歲久損壞，完復一新。凡碑刻缺裂不完者」，必移之他石。在觀有大定癸卯間縣宰完顔宗壁所書太宗賜真人頌碣，火裂而損甚，將移之未暇。癸卯歲，郡人」駱志全礼山主李公入道山居。忽以數力擡舁而来，告曰：不幸雙目暴尔失明，又反胃，飲食不納，苦楚不禁，唯自盡可免」。濟道止之曰：人之疾苦，必以藥餌救，料又有祈請之事。况真人醫術冠絶唐代，所留方論，後人用之無不獲効。今遺象」在堂，若誠心禱之，豈無應驗？志全敬受教，置水一鉢於真人前，銘心致禱，以水煮粥，食之不反吐，粥食漸進，不兩旬疾」平。志全愈加誠敬。一日卧北窗下，告之道伴曰：我見窗欞上白四指許。所見日加，一月後，兩眼復明，一方驚歎。四月初」，濟道過舍而請曰：將移頌石，敢告數字以識歲月，俻道前事。予歎曰：有是哉，異

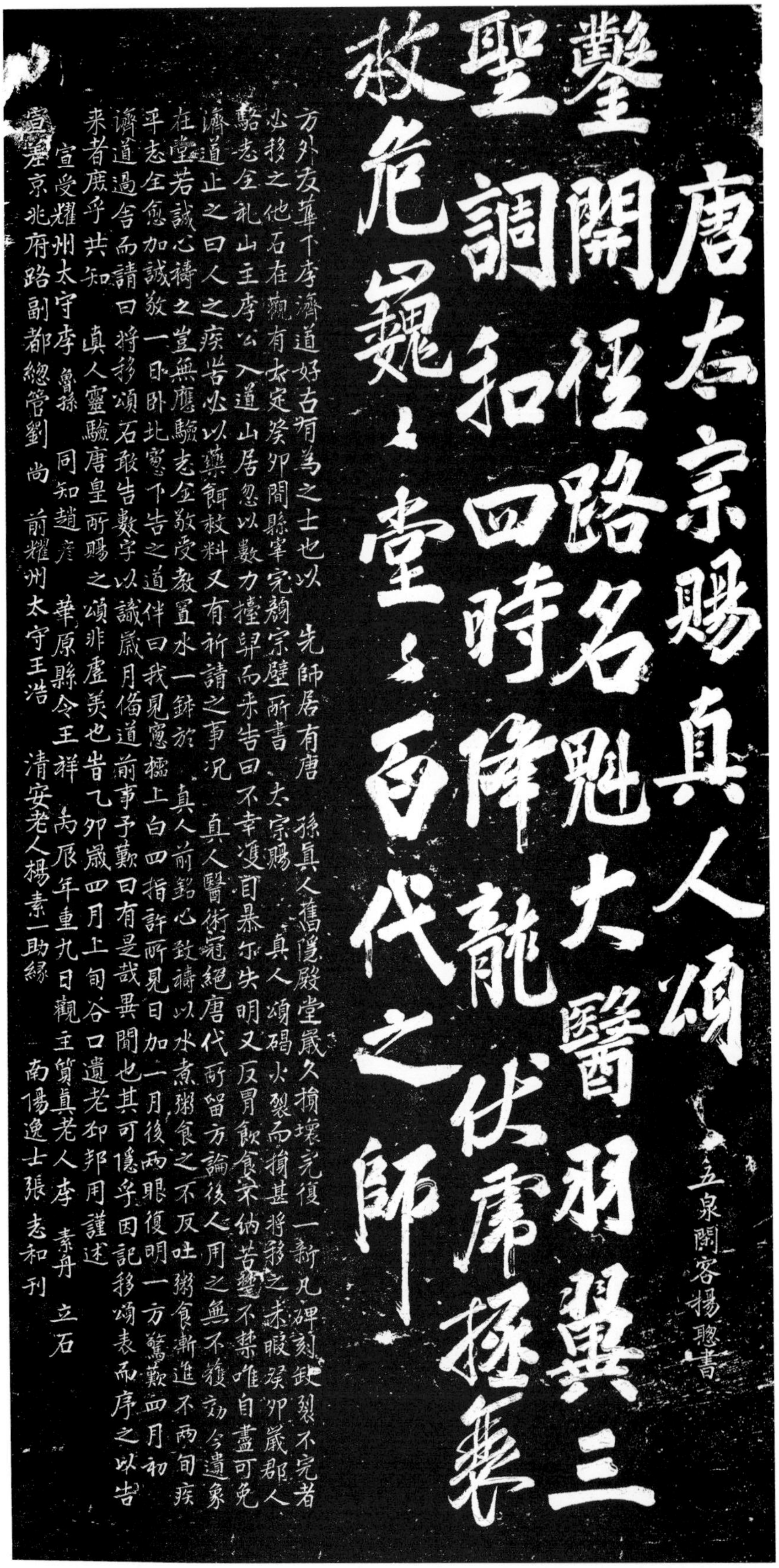

唐太宗賜真人頌
鑿開徑路名魁大醫羽翼三
聖調和四時降龍伏虎拯衰
救危巍巍堂堂百代之師
玉泉閑客楊聰書

方外友華下李濟道好古有為之士也以 先師居有唐 孫真人舊隱殿堂歲久損壞完復一新凡碑刻缺裂不完者
必移之他石在觀有太定癸卯閒縣宰完顏宗璧所書 太宗賜 真人頌碣火裂而損甚將移之未暇癸卯歲郡人
駱志全礼山主李公入道山居忽以數力檯舁而來告曰不幸瞍目暴尔失明又反胃飲食案納苦蘗不禁唯自盡可免
濟道止之曰人之疾苦必以藥餌救料又有祈請之事況 真人醫術冠絕唐代所留方論後人用之無不獲効今遺象
在堂若誠心禱之豈無應驗志全敬受教置水一鉢於 真人前銘心致禱以水煮粥食之不反吐粥食漸進不兩旬疾
平志全愈加誠敬一日卧北窗下告之道伴曰我見窗櫺上白四指許所見日加一月後兩眼復明一方驚歎四月初
濟道過舍而請曰將移頌石敢告數字以識歲月備道前事予歎曰有是哉異聞也其可隱乎因記移頌表而序之以告
来者庶乎共知 真人靈驗唐皇所賜之頌非虛美也旹乙卯歲四月上旬谷口遺老郄邦用謹述
宣受耀州太守李魯孫 同知趙彥 華原縣令王祥 丙辰年重九日觀主賀真老人李素舟 立石
宣差京兆府路副都總管劉尚 前耀州太守王浩 清安老人楊素一助緣 南陽逸士張志和刊

聞也，其可隱乎！因記移頌表而序之，以告」来者，庶乎共知真人靈驗，唐皇所賜之頌，非虚美也。旹乙卯歲四月上旬，谷口遺老邳邦用謹述」。

宣受耀州太守李魯孫、同知趙彦、華原縣令王祥，丙辰年重九日觀主質真老人李素舟立石」。

宣差京兆府路副都總管劉尚、前耀州太守王浩、清安老人楊素一助緣，南陽逸士張志和刊」。

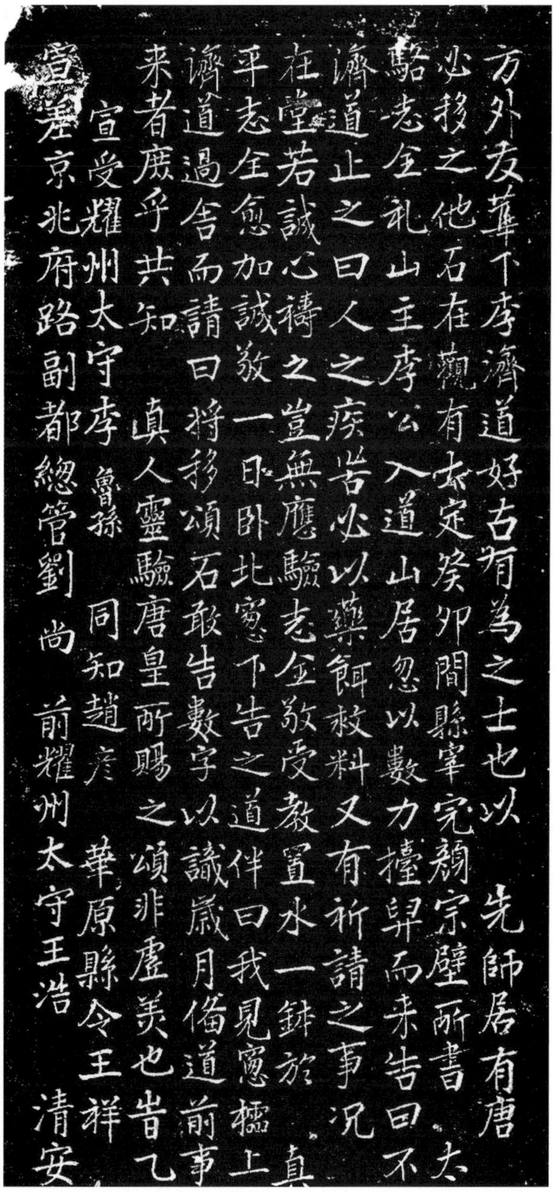

蒙古中統元年孫真人福壽論碑

碑在陝西省銅川市耀州區藥王山，蒙古中統元年（1260）立。《福壽論》，孫思邈撰，楊聰書丹，張志和刊；《碑陰序》，吴天祥撰文，王珪書丹，羅志遠上石，王志慧刊。圓首。通高 165 厘米，碑身高 126 厘米，寬 76 厘米，厚 16 厘米。正文楷書，字徑 2～2.5 厘米。額篆“孫真人福壽論”，2 行，字徑 6 厘米。碑體完整，文字清晰。

福壽論

唐處士孫思邈撰」。

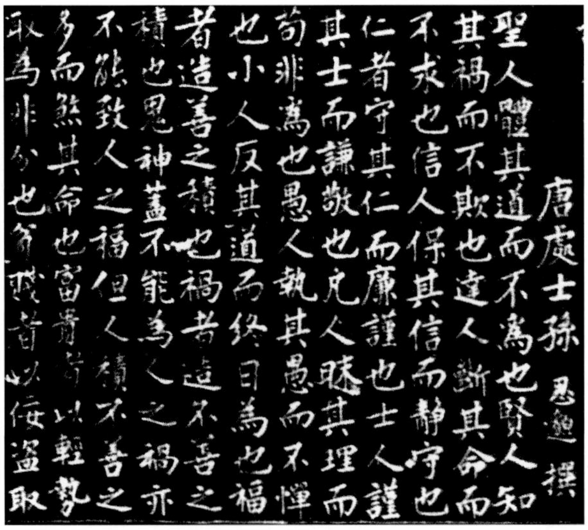
唐處士孫思邈撰
聖人體其道而不為也賢人知
其禍而不欺也達人斷其命而
不求也信人保其信而靜守也
仁者守其仁而廉謹也士人謹
其士而謙敬也凡人昧其理而
苟非為也愚人執其愚而不憚
也小人反其道而終日為也福
者造善之積也禍者造不善之
積也鬼神蓋不能為人之禍亦
不能致人之福但人積不善之
多而煞其命也富貴者以輕勢
取為非分也貧賤者以佞盜取

聖人體其道而不爲也，賢人知」其禍而不欺也，達人斷其命而」不求也，信人保其信而静守也」，仁者守其仁而廉謹也，士人謹」其士而謙敬也，凡人昧其理而」苟非爲也，愚人執其愚而不憚」也，小人反其道而終日爲也。福」者，造善之積也；禍者，造不善之」積也。鬼神，蓋不能爲人之禍，亦」不能致人之福，但人積不善之」多而煞其命也。富貴者，以輕勢」取，爲非分也；貧賤者，以佞盗取」，非分也。神而記之，人不知也。夫神」記者」，明有陰籍之因。又按《黄庭内景》云：夫人有万餘神，主身三」尸九蟲，善惡童子録之奏上，况有陰冥之籍也。愚癡之」人，神不足；神」有餘者，聖人也。亦不可一二咎而奪其」人命也，亦有爵被人輕謗，及暴」見貶黜，削其名籍，遭其横病者」，多理輔不法所致也。理輔不正」不死者，其壽餘禄未盡也；正理」輔而死者，筭盡也。貧者多壽，富」者多促。貧者多壽，以貧窮自困」，而常不足，不可罰壽；富者多促」，而奢侈有餘，所以折其命也，乃」天損有餘而補不足。亦有貧賤」、飢凍、曝露其屍不葬者，心不吉」之人也。德不足，是以貧焉；心不」足，是以死焉。天雖然不煞，自取其」斃也。不合居人間，承天地之覆」載，戴日月之照臨，此非人者也」。故有官爵之非分，車馬之非分」，妻妾之非分；已上謂之不仁之非分也。有屋宇之」非分，粟帛之非分，衣食之非分」，貨易之非分。已上謂之不儉之非分也。則神而記」之，三年、五年、十年、二十年不過」此，過此，神而追之，則死矣。官爵」之非分者，崎嶇而居之，賄賂而」得之，德薄而執其位，躁求而竊」其禄，求其躁，取而必强，强而取」之，非分也，即有災焉、病焉、死焉」，神已記之，人不知也。車馬之非」分，市馬恡其價，而馬欲其良，水」草而不時，鞭勒而過度，奔走而」不節，不知驅馳之疲，不知遠近」之乏，不護嶮阻之路，畜不能言」，天衰力竭，此非分也，神已記之」，人不知也。妻妾之非分者，所愛」既多，費用必廣，淫泆之道，必在」驕奢，金翠之有餘，蘭膏之有棄」，惡賤其紋綵，猒飫其珍羞，人爲」之難，尒爲之易，人爲之苦，尒爲」之樂，

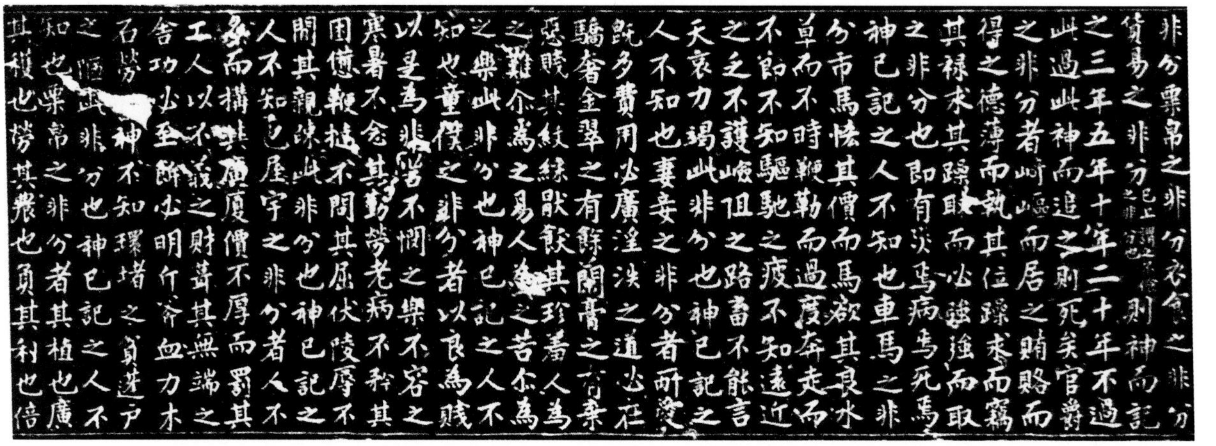

此非分也，神已記之，人不」知也。童僕之非分者，以良爲賤」，以是爲非，苦不憫之，樂不容之」，寒暑不念其勤勞，老病不矜其」困憊，鞭撻不問其屈伏，陵辱不」問其親疎，此非分也，神已記之」，人不知也。屋宇之非分者，人不」多而構其廣厦，價不厚而罰其」工人，以不義之財，葺其無端之」舍，功必至，飾必明，斤斧血力，木」石勞□神，不知環堵之貧、蓬户」之陋，此非分也，神已記之，人不」知也。粟帛之非分者，其植也廣」，其穫也勞，其農也負，其利也倍」，蓄乎巨廩，動餘歲年，盜賊之羈」縻，雀鼠之巢穴，及乎困農負債」，利陷深冤，此非分也，神已記之」，人不知也。衣食之非分者，紋綵」有餘，餘而更製，箱篋之無限，貧」寒之不施，不念倮露之凌寒，布」素之不足，以致蠹魚鼠口，香黀」腐爛，此非分也，神已記之，人不」知也。飲食之非分者，一食而須」其水陸，一飲而取其絃歌，其食」也寡，其費也多，民之糠糲不充」，此以膻膩有棄，縱其僕妾，委擲」塗塗，此非分也，神已記之，人不」知也。貨易之利厚，不爲非分，利」外剋人，此爲非分。接得非常之」利者，祥也。小人不可以輕而受」之，其所鬻者賤，所價者貴，彼之」愚而我之賊。賊而得之者，禍也」；倖而得之者，災也；分而得之者」，吉也；屈而得之者，福也。夫人之」死，非因依也，非痾瘵也，蓋以積」不仁之多，造不善之廣，神而追」之則矣。人若能補其過，悔其咎」，布仁惠之恩，垂憫恤之念，德達」幽冥，可以存矣，尚不能逃其往」

福壽論
唐處士孫思邈撰

負之災；不然者，其禍日多，其壽」日促，金之得盈，福之已竭，且無」義之富，血属共之，上之困焉，下」之喪焉。如此者，於我如浮雲，不」足以爲富也。人若奉陰德而不」欺者，聖人知之，賢人護之，天乃」愛之，人以悦之，鬼神敬之。居其」富而不失其富，居其貴而不失」其貴，禍不及也，壽不折矣，攻劫」之患去矣，水火之災除矣，必可」保生全天壽也」。

福壽論」。

耀州五臺山」静明觀主質真老人李素舟」，伏見」真人《福壽論》，雖載於」《道藏》，而少見行於世者，又」憫其時人，而積善者少，而」積惡者多，故以此論刻諸」石，庶廣傳於世，而不泯絶。抑」使後之見闻者，改惡從善」者耳。歲在丙辰秋九月望」日。

觀下李素美、毛素一、曹素圭、同志和、駱志全、葉志英、秦志一、王志慧、王志安、鄭志安、李志松、羅志遠、劉德童、師堅童同立石。

助缘人：池陽清安老人楊素一、雲陽縣湛然逸士淡坤、前同官縣令楊茂、清真子似志荣。

五泉闲客楊聰書丹」。

南陽逸士張志和刊」。

（以下碑陰）

碑陰序

華原王珪書丹」。

耀州之東，有山曰五臺，而西者曰昇仙臺。其臺之北有洞，廼」吕公真人棲真之所也。粤自前金以來，屢經兵火，堂宇聖容，煨燼俱無矣。迨至戊午之秋九月既望，有隨從」皇太弟穆哥大王府下靈應壽安真人李元亨，行降」御香，至于静明觀，遊於五臺真人棲真之所也。其洞隤墜，其中碑誌有焉。公喟然嘆曰：時有否泰，物有廢興，日往月來」，碑潛于下，真人遺跡，泯然無聞。於是衆議遷碑於其觀上，庶有補于將來。一日，華山質真子李公詣于」縣廨，煮茗焚香而言曰：五臺者，寔耀州之福地也，疇昔大唐孫、吕二真人養道修真之所也。繼後，韓真人仙塋」亦興於斯。由是就于觀内新創」吕真人祠堂，塑繪儀像，重立元碑於其前，一一具偹，庶使四方觀之，真人事

碑陰序　華原王珪書丹
耀州之東有山曰五臺而西者曰昇仙臺其臺之北有洞廼
呂公真人棲真之所也粤自前金以來屢經兵火堂宇　聖容煨燼俱無矣迨至戊午之秋九月既望有道從
皇太弟穆哥大王府下靈應壽安真人李元亨行降
御香至于靜明觀遊於五臺真人棲真之所也其洞隤墜其中碑誌有焉公喟然嘆曰時有否泰物有廢興日往月來
碑潛于下　真人遺跡泯然無聞於是衆議遷碑於其觀上庶有補于將來一日華山質真子李公詣于
縣廨衰茗焚香而言曰五臺者寔耀州之福地也疇昔大唐孫呂二真人養道修真之所也繼後韓真人仙塋
亦興於斯由是就于觀內新創
呂真人祠堂塑繪儀像重立元碑於其前一一俱備庶使四方觀之真人事跡爍然一新矣今日仰干　化筆
欲序遷碑立堂之由鐫之碑陰不亦可乎予應之曰將欲廢之必固興之聽子之言察子之志不爲小矣於
是乎書
旹大朝歲在上章涒灘夾鍾清明日　耀州州學正懷城老人吳天祥吉夫序
移碑道衆　董志正　秦志一　張志和　張志朴　梁志柔　李志松　邵志恒　鄭志安　劉道□
馮志順　劉道瑋　朱丹童　助緣道衆　二明真子暢志通　薛志英
道遙子李素美　寂虛子曹素圭　華山質真子李素舟　知觀羅志遠　上石
華原縣令王祥　華原縣丞王仲元　耀州商酒都監張榮　同監惠恩
宣授耀州太守李魯孫　耀州同知強公洪　耀州軍判衛瑋　清谿老人楊素一
宣差京兆路前副都總管劉尚　前耀州太守王浩　前同知趙彥　潼川逸士王志慧　刊
助緣女冠田守素　木匠張德堅

跡，燦然一新矣。今日仰于化筆」，欲序遷碑立堂之由，鐫之碑陰，不亦可乎？予應之曰：將欲廢之，必固興之，聽子之言，察子之志，不爲小矣。於」是乎書。旹大朝歲在上章涒灘夾鍾清明日，耀州州學正懷城老人吴天祥吉夫序」。

移碑道衆：董志正、秦志一、張志和、張志朴、梁志柔、李志松、邵志恒、鄭志安、劉道清、馮志順、劉道璋、朱丹童。

助緣道衆：明真子暢志通、葉志英、逍遥子李素美、寂虚子曹素圭、華山質真子李素舟，知觀羅志遠上石。

華原縣令王祥，華原縣承王仲元、耀州商酒都監張荣，同監惠恩、宣授耀州太守李魯孫，耀州同知强公浹、耀州軍判衛璋、清谿老人楊素一、宣差京兆路前副都總管劉尚、前耀州太守王浩、前同知趙彦，潼川逸士王志慧刊。

助緣女冠田守素，木匠張德堅。

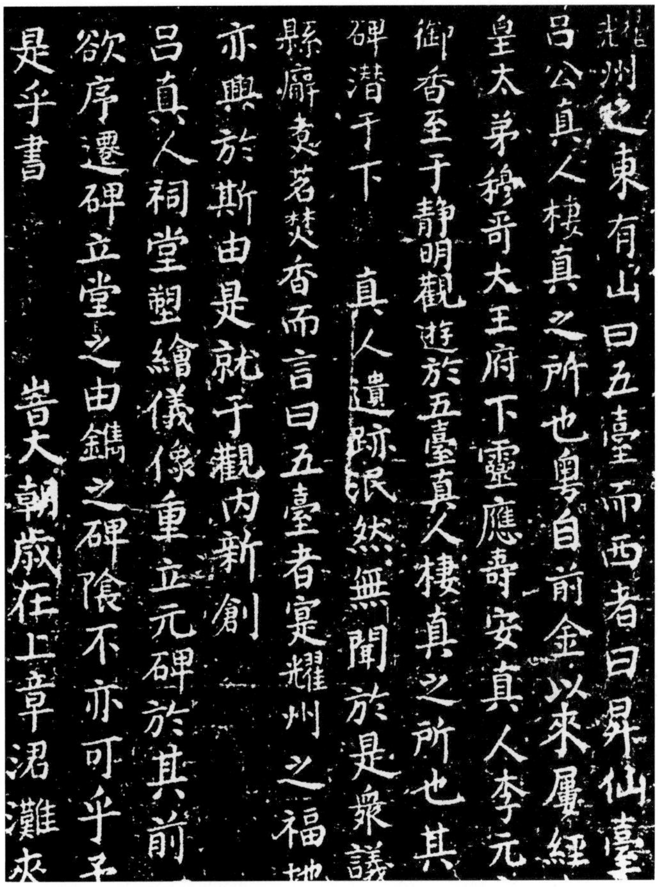
耀州之東有山曰五臺而西者曰昇仙臺
吕公真人棲真之所也粤自前金以來屢經
皇太弟穆哥大王府下靈應壽安真人李元
御香至于靜明觀遊於五臺真人棲真之所也其
碑潛于下　真人遺跡泯然無聞於是衆議
縣廨蕘茗焚香而言曰五臺者寔耀州之福地
亦興於斯由是就于觀内新創
吕真人祠堂塑繪儀像重立元碑於其前
欲序遷碑立堂之由鐫之碑陰不亦可乎
是乎書　旹大朝歲在上章涒灘夾

蒙古中統三年碧虛楊真人碑

碑在陝西省西安市户縣祖庵鎮重陽宫，蒙古中統三年（1262）立。禹謙撰文，李道謙書丹並篆額，張志悦立石，陳志元鐫字。螭首方座。通高386厘米，螭首高95厘米，座高43厘米；碑身寬119厘米，厚37厘米。正文楷書，字徑2.5～3厘米。圭額篆“終南山重陽宫碧虛楊真人碑”，3行，字徑9厘米。碑體完整，文字清晰。

終南山重陽萬壽宫碧虛楊真人碑

河東禹謙撰」。

葆真大師京兆府路道録提舉重陽萬壽宫事賜紫李道謙書篆」。

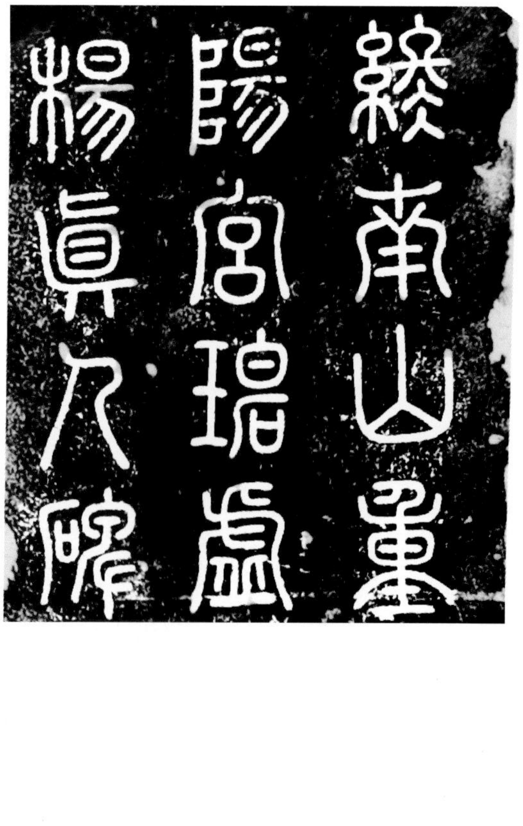

全真之教尚矣，肇自」重陽，逮夫丹陽、長真、長生、長春而後，支分派列，各有所宗。出丹陽之門而能大其傳者，碧虛師其人也。師諱明真，字謙之，族楊氏，世居滎陽。顯祖順，以戎事署修武」校尉。父蕃，潛德不耀，徙居三原之趙曲。故人孫從之善占候，私謂蕃曰：浮山之南，瑞氣時見，君家累世修積，必生異人。應此嘉兆，至天德庚午十一月十八日師乃生，母劉氏，懷胎」十八月。師少失所怙，及長勇健絶衆，習父業養母。因賈於平陽，慉然自悟，謂其侶曰：人情大不遠，彼此惟利是視，不過競蝸角之資耳，吾終不以所養害其所養。遂捐

終南山重
陽宮碧虛
楊真人碑

己資，抵家與」諸親決，往從丹陽于祖庭。謹事既久，賜今之法名道号，并秘語五篇。已而，所習冰釋，衲毳不襟，頭蓬不櫛，面垢不滌，行歌道舞，似痴似狂，人以楊害風名之。嘗携馬杓丐食取給」，人又以楊馬杓呼之，師俱受之不辱。坐府署頒春亭下持不語者十二年，人問則對之以手，腹餒則行乞于市。至承安改元，陝西路統軍使完顔輔國公慕其高潔，築室師事。歲庚」申，漕使高嘉議爲疾所中，更醫莫療，夢紙襖先生撰之，立愈。既覺，詢之左右，即於頒春亭下强請。入見，嘉議視之，其形克肖。明年，完顔驃騎公疾垂膏肓，或告以嘉議夢中之證，因」再三寵召，師詣寢榻，布真氣，畫手字，焚而飲之，疾乃瘳。二公備禮爲謝，皆揮手固却。既而，求法水者如林，人有捋其紙襖而療疾者，疾亦遄愈。嘉議感其靈驗，盡禮而師事之，擇地」而庵居之，今府城丹霞觀是也。自是詩章酬和不輟，嘉議又爲碑記以光其德，至有獨能繼祖師遺風之句。志者曰：撮土爲香而翠煙靄出，呪水注井而震雷迅發，變化駭異，類此」者多，兹蓋一時之偶耳，故不悉録。至於龍虎大丹之訣，則見於《長安集》，語默動静之常，則見於語録，俱傳於世。師經營祖庭餘二十年，承安中與吕沖虚輸貨于有司，買額曰"靈虚」觀"，今名"重陽萬壽宫"。有高嘉議所撰碑記具在。出師之門者九千百其衆，有如楊四先生、無欲李公、高陵王公、新豐李公、下邽李公、曹李先生及邢、鄭、焦、董之儔，皆自堂入奥，可爲」後進釋疑辨惑，師待之如伯仲爾，時已有十師叔之稱。就如無欲公志遠，尤其翹楚者。故師琢磨譴訶之訓，益致其嚴。有願受度爲弟子者，必厲色疾視，而以所執拐杖毆之數下」，能忍則受之，察其頗有難色則麾之，其不輕於予進如此。正大戊子夏，師自京兆抵鳳翔，辭諸故舊，嘗言永訣之意，衆皆疑之。還宫，又訣於諸老。六月十一日，萃其徒衆，丁寧撫諭」，付後事於無欲。是夕，留頌而蜕，春秋七十有九。初，富山宋先生素與師不平，其比化也，師往言别，宋見之恍然如夢寐間，及往視之，則師已逝矣，

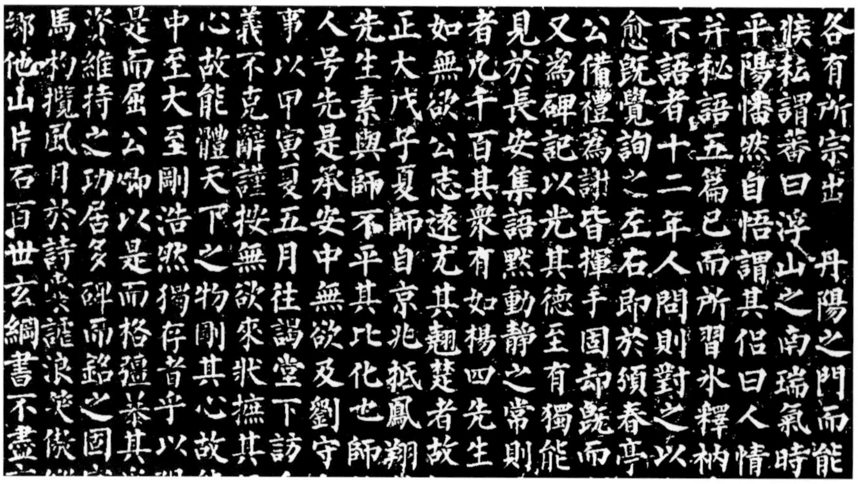

聞者驚駭。次年，葬于宫之乾地，從」師命也。壬子春三月，掌教真常宗師追贈碧虛毅烈真人号。先是承安中，無欲及劉守中、守謹、李志静、王志覺輩，即師之故居剏爲道院，榜以“碧虛觀”。喪亂以來，百廢具舉，又謀」銘功紀德，以期不腐。時無欲領陝西五路教門及重陽宫事，以甲寅夏五月往謁堂下，訪禹謙于燕之客舍，具道真常宗師之意，懇徵文石。未幾，無欲歸化。明年夏六

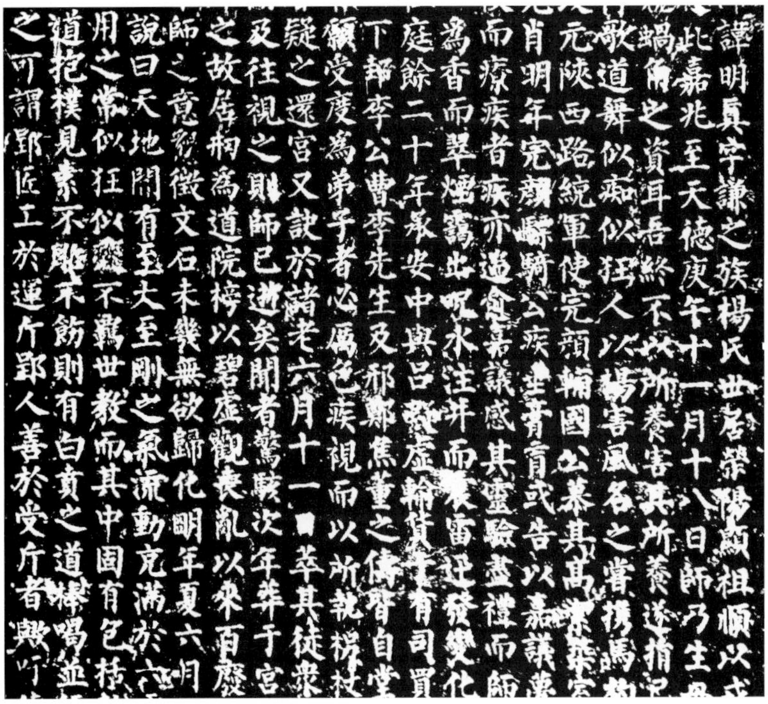

月，嗣教衍真」大師張志悦，再以禮禱，僕迫於真常宗師、無欲李公之命，義不克辭，謹按無欲來狀，摭其行事之著見者編次之。試爲之説曰：天地間有至大至剛之氣，流動充滿於六虛八極之」表，而鐘萃於生人方寸之微，特顧其充養者何如耳。大其心故能體天下之物，剛其心故能歷天下之變。今觀碧虛師日用之常，似狂似痴，不羈世教，而其中固有包括乾坤之量」。至於惡聲惡色，人所易動，師則視之不見，聽之不聞，非智中至大至剛浩然獨存者乎？以陽鍊陰，乃凝於神，則有純乾之道；抱樸見素，不雕不飭，則有白賁之道；棒喝並行，寔繁有」徒，則有顯比之道；首創祖庭，不居其功，則有勞謙之道。以是而屈公卿，以是而格彊暴，其爲教也至矣。無欲又從而光大之，可謂郢匠工於運斤，郢人善於受斤者歟？吁！使」重陽、丹陽全真之教流傳於數千百載之下，碧虛師師資維持之功居多，碑而銘之固宜」。

浮山老仙，骨相堂堂，道中標製，物外簪裳。納乾坤於馬杓，攬風月於詩囊。謔浪笑傲，縱肆誕荒，其古之所謂楚狂者邪！地可動，志不可動，孰爲乎剛？石可轉，心不可轉，孰爲乎」方？祝螟蛉於速化，企鸞鶴之高翔，乘彼白雲，倏歸故鄉。他山片石，百世玄綱，書不盡言，言不盡意，維以志疇昔之行藏」。

中統三年十一月癸未朔十八日庚子，衍真大師提點終南山重陽萬壽宫事賜紫門人張志悦立石。
三原縣令李伯禄、縣丞辛恩施石，郝德安、唐古歹、白達同施石。
門人陳志元鎸字」。

蒙古中統五年濟祠投龍簡靈應記碑

碑在河南省濟源市濟瀆廟，蒙古中統五年（1264）立。李國撰文，劉鐸書丹。圓首。高124厘米，寬68厘米，厚21厘米。正文楷書，字徑2厘米。碑頂部殘缺，文字清晰。

濟祠投龍簡靈應記

懷孟路教授權提學官李國譔」。

前博州勸農撿察官劉鐸書丹」。

皇帝握樞臨極五年，于茲」神武遠加，聖澤廣被，際天所覆，悉皆臣服，上下咸穌，中外交泰，寔荷」上帝之賜、百靈之相也」。宸躬寅畏，思所以報。式属祈穀之春，申明祀事，廼命真人張誠明即」燕都長春宮設金籙周天大醮七晝夜。升壇之際，彩雲玄鶴，聯祥來」應，若合符契。醮

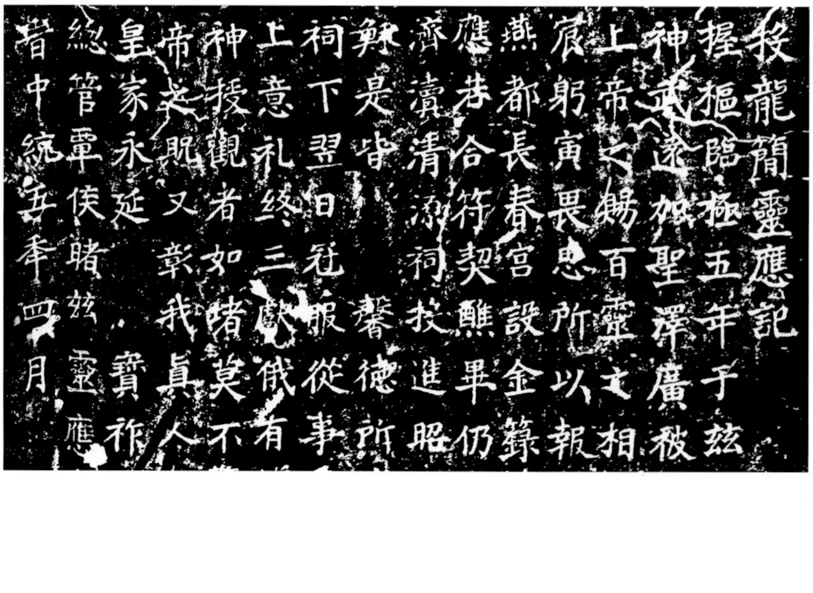

濟祠投龍簡靈應記　懷孟路教授攝提學官李□撰　前懷州勸農檢察官劉□書丹

皇帝握樞臨極五年于茲
神武遂加聖澤廣被際天所覆悉皆臣服上下咸龢中外交泰定河
上帝之賜百靈之相也
宸躬寅畏思所以報式屬祈穀之春申明祀事迺命真人張誠明即
燕都長春宮設金籙周天大醮七晝夜外擇之際□□玄□□□珠
應昔合符契醮畢仍遣誠明齋奉金玉龍簡紺璧等物詣
濟瀆清源祠投進昭其信也星車就途甘澍隨降遠□霑足民物昭
貺是皆馨德所感而致也越四月十七日甫届
祠下翌日冠服從事虔祀再三敷陳
上意禮終三獻俄有醇醪湧出若有
神授觀者如堵莫不驚異意其蒼
帝之貺又彰我真人之誠然豈特此而已哉將允保佑
皇家永延寶祚使雨暘時若歲稔三登人享□適當于今
總管覃侯睹茲靈應命僕為記以備佗日史官之採□焉
時中統五年四月　日記　提點濟瀆廟事李着　知廟□□
濟源縣令兼管□□□□瑞　□□立石

濟源縣提領王□
宣授孟州長官范□
宣授懷孟路治中楊□
宣授懷孟路總管覃□
宣差懷孟路都達魯花赤
宣差奉御投龍簡使阿剌黑失
宣賜玄門嗣教大宗師光先體道誠明真人張志敬

畢，仍遣誠明齎奉金玉龍簡、紐璧等物，詣」濟瀆清源祠投進，昭其信也。星車就途，甘澍隨降，遠近霑足，民物昭」穌，是皆馨德所感而致也。越四月十七日，甫届」祠下。翌日，冠服從事，虔祝再三，敷陳」上意。礼終三獻，俄有罇醪湧出，若有」神授。觀者如堵，莫不驚異，意其荅」帝之貺，又彰我真人之誠。然豈特此而已哉！將見保佑」皇家永延寶祚，使雨暘時若，歲格三登，太平之日，適當于今矣」。總管覃侯，睹兹靈應，命僕爲記，以備佗日史官之採摭云」。

旹中統五秊四月　日記，提點濟瀆廟事李若存，知廟事郭若能」。

濟源縣令兼□□□庭瑞立石」。

濟源縣提領王□□」。

宣授孟州長官范真」。

宣授懷孟路治中楊仁風」。

宣授懷孟路總管覃澄」。

宣差懷孟路都達魯花赤□撒丁」。

宣差奉御投龍簡使阿喇黑失海□」。

宣賜玄門嗣教大宗師光先體道誠明真人張志敬」。

蒙古中統五年特賜耀州五臺山静明宫並加真人號記碑

碑在陝西省銅川市耀州區藥王山，蒙古中統五年（1264）立。羅志遠立石。殘高159厘米，寬84厘米，厚20厘米。正文楷書，字徑2～3厘米。額篆“特賜耀州五臺山静明宫並加真人號記”，4行，字徑6～7厘米。碑上部殘損，文字清晰。

上天氣力裏」，皇帝福廕裏」，昌童大王令旨：道與京兆等路宣撫司」、延安達魯花赤管民官，據朝元宫」妙覺純素開教韓真人所属宫觀」、地土、房舍，照依」大聖旨體例，過往使臣、軍馬、打捕鷹房人」等，休安下者，不揀甚休得奪要者」。大聖旨裏，和尚、先生、也里可温、達失蠻，不」當大小差發地税、商税，告」天祈福者。這般有來，如今與」皇帝俺每祈福者。這韓真人根底，執把」文字與了也。這的每却不得倚仗印」信文字夾帶别人，做分外勾當。准此」。

中統二年□□三日」龍門口發行」。

司天臺筭曆官管勾駱天驤書」。

上天氣力裏」，皇帝福廕裏」，昌童大王令旨：道與京兆府宣慰司、達魯花」赤管民官，據耀州

特賜耀州
五臺山靜
真人號記
皇帝福廕裏
昌童太王令旨道與京兆等路宣撫司
延安達魯花赤管民官據朝元宮
地土房舍照依
大聖旨體例過往使臣軍馬打捕鷹房人
等休安下者不揀甚休得奪要者
大聖旨裏和尚先生也里可温達失蠻不
當大小差發地稅商稅告
天祈福者這般有來如今與
皇帝俺每祈福者這韓真人根底執把
文字與了也這的每却不得倚仗仰
信文字夾帶別人做分外勾當准此
中統二
三日
門口發行
華原縣令兼軍民彈壓王
上天氣力裏
皇帝福廕裏
昌童大王令旨道與京兆府宣慰司達魯花
赤管民官據耀州五臺山靜
大聖旨躰例過往使臣軍馬打捕鷹房人等
休安下者不揀甚麽休奪要者
大聖旨裏先生和尚也里可温達失蠻不當大
小差發地稅商稅鋪馬祗應告
天祈福者這般有來如今與
皇帝俺每祈福者弘教真人根底與了執
把文字也這的每却不得倚仗文字夾
帶別人做分外勾當准此
中統三
日發行
司候司

五臺山静明宫紫微宫」質真子大方弘教真人李素舟，通真觀」清真子保光大師薛志堅、知觀王志遠，玄」真觀實光子通微大師曹志和、清真大」師駱志全，洞真觀清真子通微大師佀志」榮，所属大小宫觀、地土、産業、房舍，照依」大聖旨躰例，過往使臣、軍馬、打捕鷹房人等」，休安下者，不揀甚磨休奪要者」。大聖旨裏，先生、和尚、也里可温、達失蠻，不當大」小差發、地税、商税、鋪馬，衹應告」天祈福者。這般有來，如今與」皇帝俺每祈福者。弘教真人根底，與了執」把文字也。這的每却不得倚仗文字夾」帶别人，做分外勾當。准此」。

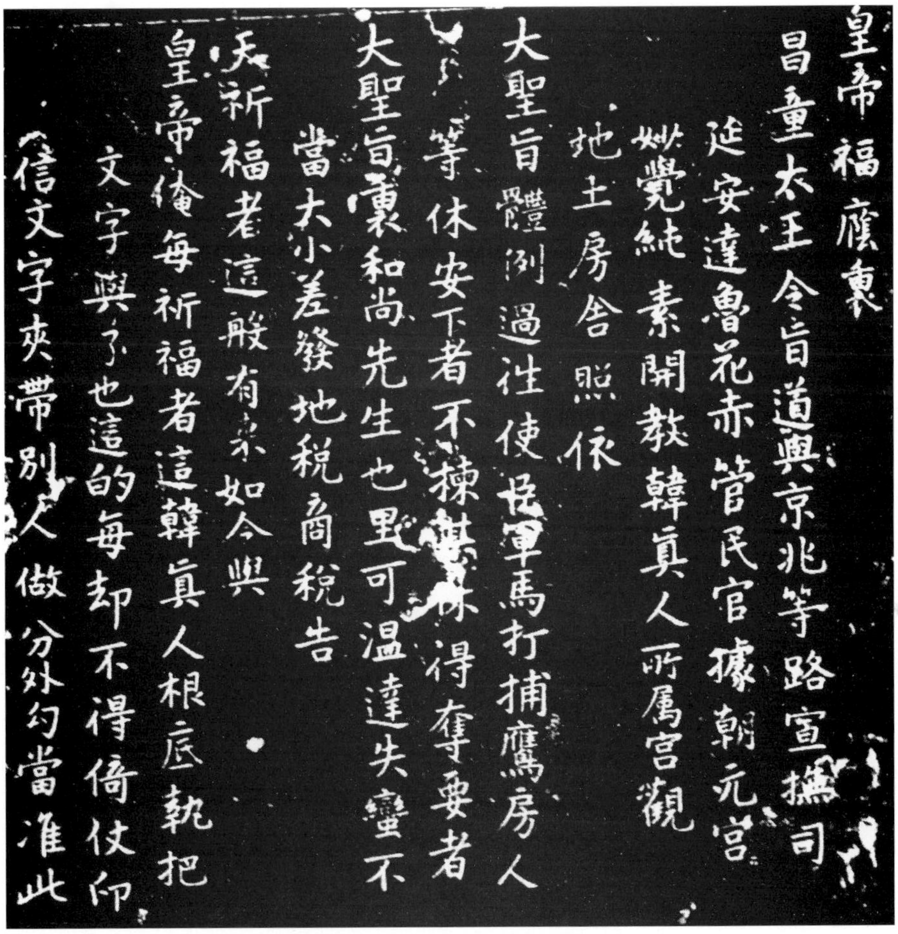
皇帝福廕裏
昌童太王令旨道與京兆等路宣撫司
延安達魯花赤管民官據朝元宮
妙覺純素開教韓真人所屬宮觀
地土房舍照依
大聖旨體例過往使臣軍馬打捕鷹房人
等休安下者不揀甚麼休得奪要者
大聖旨裏和尚先生也里可溫達失蠻不
當大小差發地稅商稅
天祈福者這般有來如今與
皇帝俺每祈福者這韓真人根底執把
文字與了也這的每却不得倚仗印
信文字夾帶別人做分外勾當准此

中統三年□□□日嵝行」。

中統甲子七夕日知宫道士羅志遠立石」。

同知耀州軍州事强八□，華原縣丞兼捕盗事王仲，宣授耀州長官李魯□，華原縣令兼軍民彈壓王□、司候司□進同妻姜氏施石，王□□摹刊」。

蒙古至元元年清和妙道廣化真人尹宗師碑

碑在陝西省西安市户縣祖庵鎮重陽宫，蒙古至元元年（1264）立。弋轂撰文，負擇書丹，李㼆篆額，楊志松刊，張志敬建。龜趺。通高 355 厘米，趺座高 60 厘米；碑身寬 140 厘米，厚 38 厘米。正文楷書，字徑 2.5 厘米。碑體完整，文字清晰。

玄門掌教清和妙道廣化真人尹宗師碑銘并序

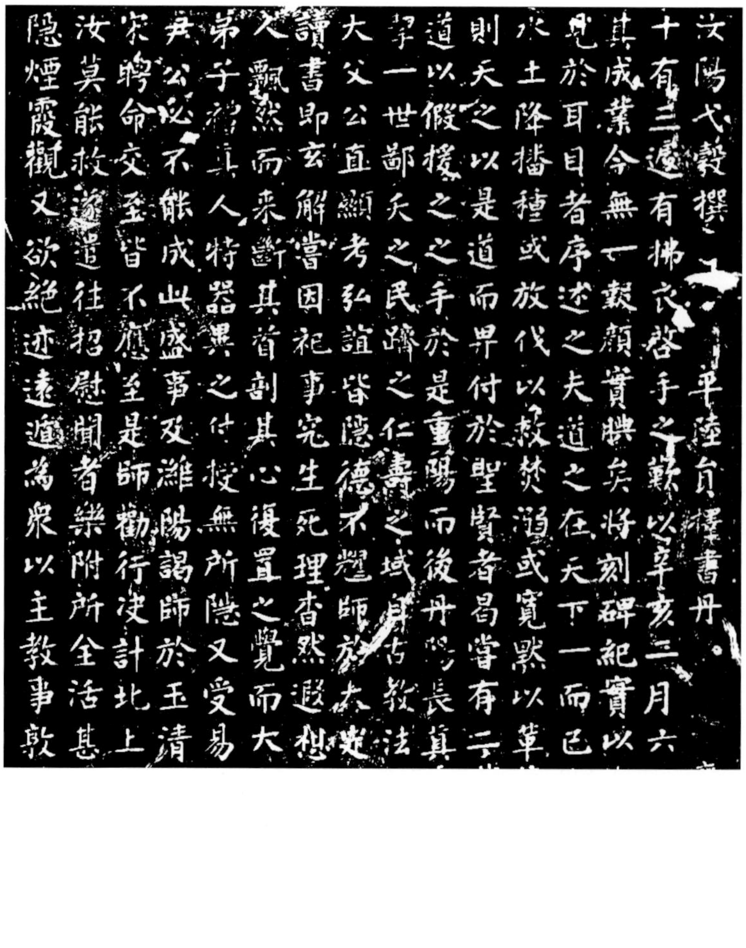

汝陽弋轂撰，平陸負擇書丹，襄山李㼆篆額，門人楊志松刊」。

宗師，全真嗣教六世祖也。自守真緒，風化鼎盛，什百於疇昔。形器之域，古今同盡，春秋八十有三，遽有拂衣啓手之歎，以辛亥二月六日昇于大房山清和宫之正寢。寧神五華山者，幾十稔矣。嗣教誠明張公一日語衆曰：清和師思報」祖師之恩，遂大葬之禮，仍即其福地，並建宫宇，勝槩甲天下，弘闡祖道，功越古今。吾儕享其成業，今無一報，顔實腆矣。將刻碑紀實，以詔無窮，若何？僉曰：唯。遂以中統三年冬十月吉日，徵文於汝陽弋

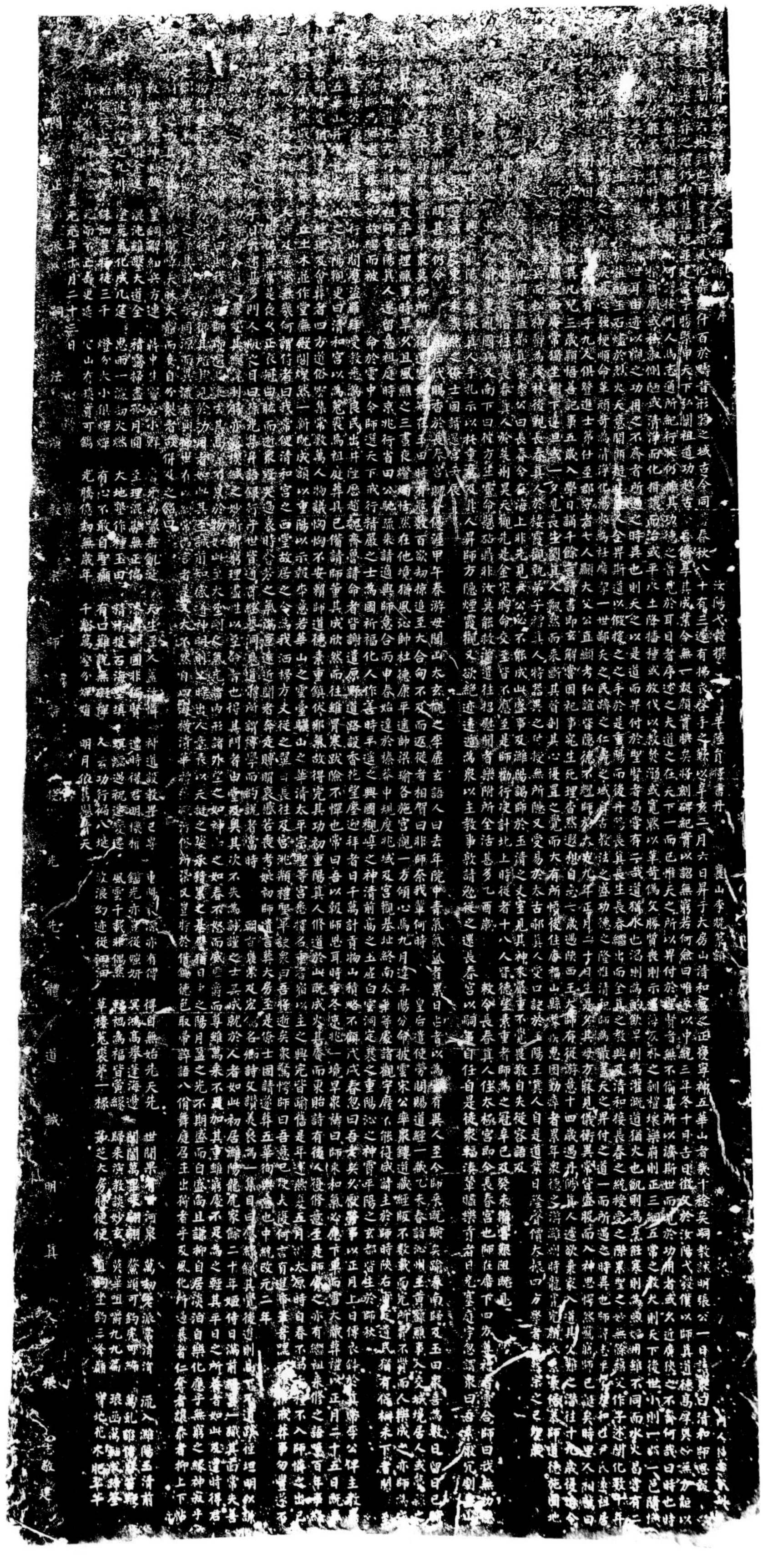

蒙古至元元年清和妙道廣化真人尹宗師碑

瑴。僕以師真道德高厚，奥妙無方，詎以」荒踈淺淺者所能窺測形容哉？固讓不可，謹按門人馬志通所紀行狀，仍摭其功德之著見於耳目者序述之。夫道之在天下一而已，惟天之所以畀付於聖賢者，無不備其所以濟斯世而見於功用者，或久近廣狹之不齊，何哉？曰：時也。時」非聖賢所能必，能不滯其時而已。或拱揖廊廟，或私淑側陋，或清浄而化、揖讓而治，或平水土、降播種，或放伐以救焚溺，或寬默以革苛僞。文勝質喪，則示還淳反朴之訓；禮壞樂崩，則正三綱五常之教。大則天下後世，小則一都一邑，隨機」應變，與物推移，要不過乎徇道以濟斯世耳。由迹以觀之，功用之不齊者，所遇之時異也。則天之以是道而畀付於聖賢者，曷嘗有二哉？道猶水也，渴則爲酌飲，旱則爲灌溉；道猶火也，飢則爲烹飪，寒則爲煦嫗。用雖不同，而水火曷嘗有二」哉？頃以金籙迄運，喪亂並興，黔黎殄於菹醢，玉石爐於烈火，天意開顧，挺生至人，全畀斯道，以假援之之手，於是重陽而後，丹陽、長真、長生、長春繼出，而全真之教興。及清和接長春之統，授受之際，累聖之妙無餘藴。父作子述，闡化數十年」，徒侶遍天下，聞望重朝野。風之所靡，狠戾易心，强梗順命，革頑苛爲清浄，化湯火爲衽席，挈一世鄙夭之民，躋之仁壽之域。自古教法之盛，功德之隆，惟清和師爲最，蓋天之畀付之道一，而所遇之時異也。師諱志平，字大和，姓尹氏，遠祖居」滄州，前宋時有官萊州者，因家焉。顯高祖妣有子九人，俱登進士第，仕至郡守者七人。顯大父公直，顯考弘誼，皆隱德不耀。師於大定九年正月二十日生。是夕，其母方寐，見儀衛異常，皆盛服而入，神思愕然，驚寤，師已誕矣。時里人相驚曰」：尹氏宅火。奔救之，至則無火。稍長，舉止異凡兒，三歲穎悟善記事，五歲入學，日誦千餘言，讀書即玄解。嘗因祀事究生死理，杳然遐想自忘。七歲遇陝西王大師，有從游意。十四歲遇丹陽真人，遽欲棄家入道，其父難之，潛往。十九歲，復迫令」還家，錮之，竟逃出再三，始從之。住昌邑縣之西庵，常獨坐樹下達旦。或一夕，見長生劉真人飄然而来，斷其首，剖其心，復置之，覺而大有所悟。後住庵福山縣，養疾惠困，勤瘁者累年，衆德之。游濰州，時龍虎完顔氏素豪倨，慕師道德，施園地」創觀曰玉清，率家人尊事之，今觀廢於兵，而松檜鬱爲茂林。後覲長春真人於棲霞觀，執弟子禮，真人特器異之，付授無所隱。又受易於太古郝真人，受口訣於玉陽王真人。自是道業日隆，聲價大振，四方學者翕然宗之。

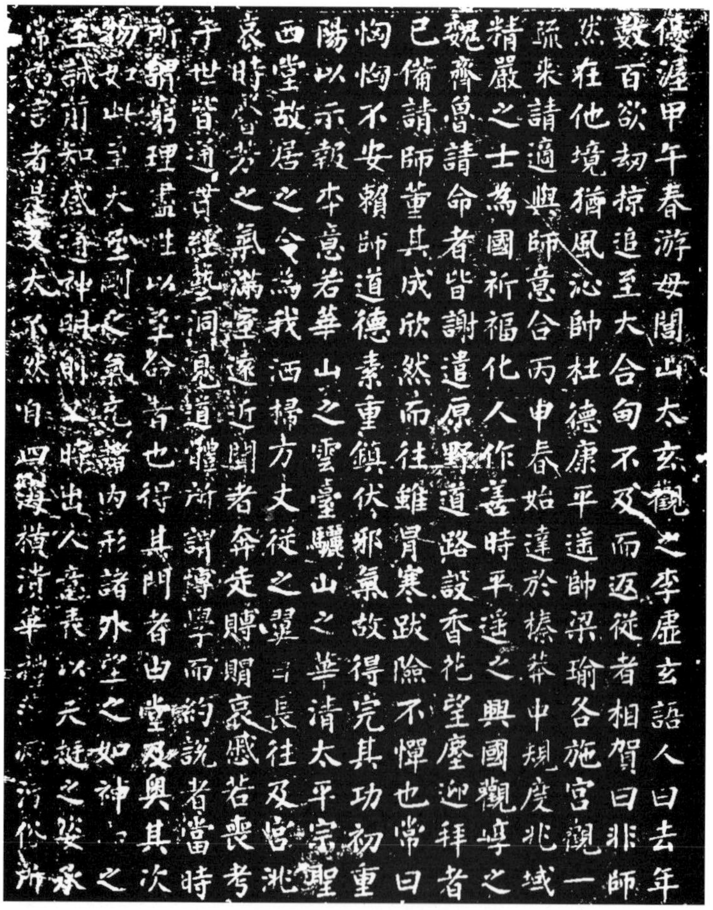

己卯歲」，太祖皇帝遣使官劉仲禄徵長春真人。仲禄及益都，真常李公曰：長春今在海上，非先見尹公，必不能成此盛事。及濰陽，謁師於玉清之丈室，見其神采嚴重，不覺畏敬，自失從容。語及」詔旨，師大喜曰：將以斯道覺斯民，今其時矣。遂偕往覲長春真人於萊州昊天觀。先是金、宋聘命交至，皆不應，至是師勸行，决計北上。時從者十八人，皆德望素重者，師爲之冠。辛巳及癸未，備嘗艱阻。既見」帝於西印度，奏對稱旨。還及雲中，真人聞山東亂，國兵又南下，曰：彼方生靈命懸砧鼎，非汝莫能救。遂遣往招慰，聞者樂附，所全活甚多。乙酉歲，敕令長春真人住太極宮，即今長春宮也。師在席下，四方尊禮者雲合。師曰：我無功德」，敢與享此供奉乎？遂辭退，住德興之龍陽觀。屢承真人手札，示以托重意。及真人昇，師方隱煙霞觀，又欲絶迹遠遁，爲衆以主教事敦請，勉從之，還長春宮，以嗣事自任。自是，徒衆輻湊，輦賮樂貢者日充塞庭宇。忽謂衆曰：吾素厭冗劇，喜山」林。遂因平欒請主醮事，而出遁景州之東山。未幾，燕之僚士固請還宫。壬辰」，帝南征還，師迎見於順天，慰問甚厚，仍令皇后代賜香於長春宮，貺賚優渥。甲午春，游毋閭山，太玄觀之李虚玄語人曰：去年院中青氣氤氳者累日，占者以爲當有異人至。今師来，既驗矣。踰春南歸，及玉田，衆喜，爲數日留。日已晡」，遽促駕兼夜行五十餘里，舍豐草中，衆莫知所以。後還宮，始知在玉田時，有寇數百欲刼掠，追至大合甸，不及而返。從者相賀曰：非師奈我輩何。時皇后遣使勞問，賜道經一藏。乙未春，詣沁州，主黄籙醮事。入交城境，居人或夢縣之」地祇曰：真人来，當警衛無虞。及平遥理醮事，時旱久且風，醮之三晝夜，燈燭恬然，在他境猶風。沁帥杜德康、平遥帥梁瑜各施宫觀，一方傾心焉。九月達平陽，分命披雲宋公率衆鏤道藏經版，不數載而完，所費不貲，而人樂成之，亦師爲之」張本。師以此道化大行，歸功祖師重陽真人，遂留意祖庭。時京兆行省田公馳疏来請，適與師意合。丙申春，始達，於榛莽中規度兆域及宫觀基址。終南、太華等處諸觀宇，廢不能復，咸請主於師。時陝右甫定，遺民猶有保栅未下者，聞師至」，相先歸附。師爲撫慰，皆按堵如故。繼而被命於雲中，令師選天下戒行精嚴之士，爲國祈福，化人作善。時平遥之興國觀、崞之神清、前高之玉虚白雲洞、定襄之重陽、沁之神霄、平陽之

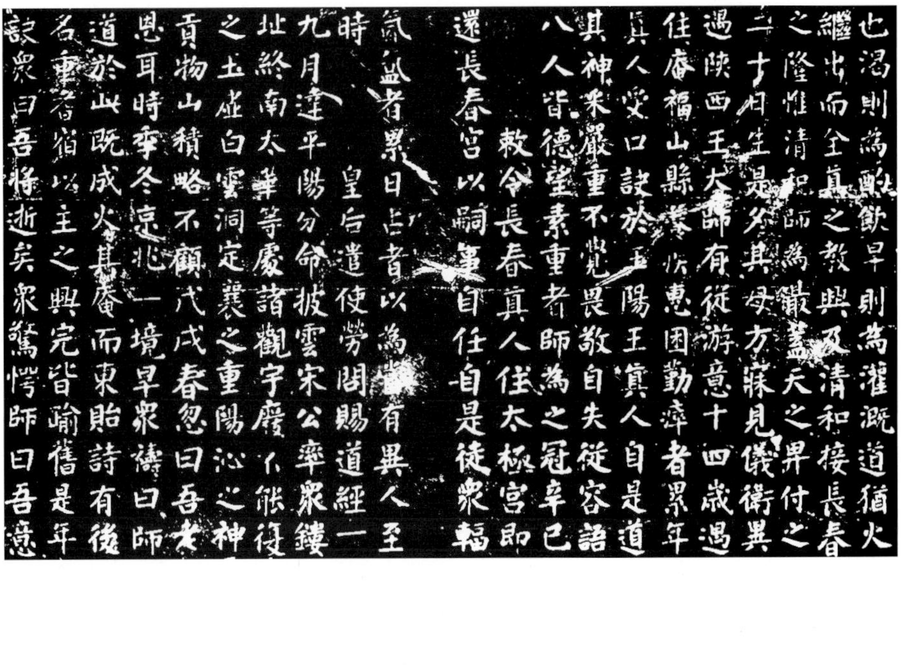
也渴則爲酌飲旱則爲灌溉道猶火
繼出而全真之教與及清和接長春
之隆惟清和師爲嚴蓋天之界付之
二十日生是夕其母方寐見儀衛異
遇陝西王大師有從游意十四歲遇
住庵福山縣養恬惠困勤瘁者累年
眞人受口訣於玉陽王眞人自是道
其神采嚴重不覺畏敬自失從容語
八人皆德望素重者師爲之冠辛巳
　　　敕令長春眞人住太極宮即
還長春宮以嗣事自任自是徒衆輻
氣氳者累日占者以爲當有異人至
時　　皇后遣使勞問賜道經一
九月達平陽分命披雲宋公率衆鏤
址終南太華等處諸觀宇廢不能復
之玉虛白雲洞定襄之重陽沁之神
貢物山積略不顧戊戌春忽曰吾老
恩耳時季冬京兆一境旱衆禱曰師
道於此既成火其菴而東貽詩有後
名重者猶以主之興完皆踰舊是年
[illegible]衆曰吾將逝矣衆驚愕師曰吾意

玄都，皆主於師。秋」，帝命中書楊公召還燕，道經太行山間，羣盗羅拜受教，悉爲良民。出井陘，歷趙魏齊魯，請命者皆謝遣，原野道路設香花，望塵迎拜者日千萬計，貢物山積，略不顧。戊戌春，忽曰：吾老矣，久厭勞事。以正月上日，傳衣鉢於真常李公，俾主教事」。乃卜築五華山，并增葺大房山之真陽觀，更曰清和宫，以爲菟裘焉。祖庭葬具已備，請師董其成，欣然而往，雖冒寒跋險不憚也。常曰：吾以報師恩耳。時季冬，京兆一境旱，衆禱曰：師来，和氣必應。下車而雪，大葴葬禮，以正月二十五日既事」。時陝右雖甫定，猶爲邊鄙重地，經理及會葬者，四方道俗雲集，常數萬人，物議恟恟不安，賴師道德素重，鎮伏邪氣，故得完其功。初，重陽真人修道於此，既成，火其庵而東，貽詩有後人復修意，至是師賡之，亦有繼祖来修之語。噫！百年事終」始吻合，豈偶然哉。於是，剪蕪平丘，土木並作，堂廡殿閣，燦然一新。既成，額以重陽，以示報本意。若華山之雲臺、驪山之華清，太平、宗聖等宫，悉擇名重耆宿以主之，興完皆踰舊。是年還燕，夏五月過太原，時自春不雨，禾種不入。師憐之，出己」帑物爲香火費，爲民祈禱，雨大沛。及還燕，無幾何，謂侍者曰：我常便清和宫之西堂，故居之。今爲我洒掃方丈。從之，翼日長往。及宫，洮頮禮聖畢，訣衆曰：吾將逝矣。衆驚愕。師曰：吾意已决，夫復何言？有進帋筆者，嘿不應，惟戒葬事勿豐。遂不」食，但飲水啜茶，危坐談道，語音雄暢異常。是夜久，正衣冠，曲肱而逝。衆毁哭過哀，時馨芳之氣滿室，遠近聞者，奔走賻賵，哀感若喪考妣。初，師遺言葬大房，至是僚士固請，遂葬五華，徇輿意也。中統改元二年」，詔贈清和妙道廣化真人。師平日著述甚多，門人版之，目曰《葆光集》，并語録行于世。皆通貫經藝，洞見道體，所謂博學而約説者。當時朝旨褒崇，及宏儒名卿詩文讃美，裒爲一集，目曰《應緣録》。其覺後進則高下不遺，蹊徑坦明，以謙」遜勤約爲治心之要，以踐履功行爲入道之基。及其縱説，則時亦露機緘之妙，所謂窮理盡性以至命者也。得其門者由堂及奥，其次不失爲誠謹之士，其成就於人者如此。初居濰陽龍虎家，餘二十年，姬侍日滿前，終莫一識其面。常失善」馬，獲其盗，物色既驗，盗畏罪不承曰：此我馬也。師即還馬縱去，其高潔不累於物如此。至大至剛之氣充諸内、形諸外，望之如神，即之如春，不怒而威，匪爵而尊，雖萬乘不足加其重，雖窮處不足爲之輕，其平日之所養者如此。及遭時得君」，權道濟物，祥風時雨，覆及遠方，跂行喙息，罔不得其所，其見於功用者如此。其至誠前知，感通神明，則又時出人意表。以天挺之姿，承積累之基，譬猶日中之陽，月盈之光，不期盛而自盛，尚且謙抑自居，淡泊自樂，化應乎無窮之

緣，神寂乎」寥廓之鄉，體用兼備，無過不及之弊，其諸異乎同源而異流者與？抑世有以綱常爲言者，是又大不然。自四海横潰，華禮蕩滅，污俗所染，又豈特於借鋤德色，取帚誶語，八佾舞庭，召王出狩者乎？及風化所過，暴者仁，奪者讓，泰者抑，上下帖」然，此於綱常之助，其功豈易量哉？僕悼夫昧大體而妄自分裂者，故併及之。銘曰」：

叔世運厄坤軸旋，皇綱解紐兵方連，鼎中生靈若小鮮，磨牙萬喙垂飢涎。天生至人蓋汝憐，神道設教畀己專，重陽發源亦有傳，得自無始先天先。世間果有甘河泉，萬刼老派常涓涓，流入濰陽玉清前」，灌溉六葉開金蓮。混沌雖鑿大道全，積靄掃盡孤月圓，至理混融無正偏，漆園鄭圃非獨賢。遭時得君明機權，鑑光亦豈從媸妍，冥鴻高舉蓬海邊，閶闔萬里来翩翩。鰲頭可釣虎可編，萬虬誰信容笞鞭」，頹波力障廻九川，塗炭氣化成几筵。惠雨一灑刼火燃，大地墾作種玉田，精衛投石海空填，螟蠕遇祝速變遷。風雲千載非偶然，轉禍爲福皆夤緣，歸来演教談妙玄，英華咀嚼九九篇。琅函萬軸成蹄筌」，始信天上無癡仙，洙泗豈特徒三千，燈分大小倶燀燀。有心不敢自聖癲，有口難説無礙禪，人云功行徧八埏，波浪幻迹從沺沺。草樓菟裘茅一椽，茹芝大房腹便便，直鉤坐釣三峰巔，寶地花木肥芊芊」。青山不礙行雲煙，死而不亡壽更延，它山有琰實可鐫，光騰億刼無歲年，千谿萬壑分嬋娟，明月依舊懸青天」。

至元元年十月二十三日」。

玄門正派嗣法演教宗師特授光先體道誠明真人張志敬建」。

蒙古至元五年重修岱嶽廟記碑

碑原在濟源市坡頭鎮泰山廟，拓片今存於北京大學圖書館。蒙古至元五年（1268）立。寇元德撰文，王恕書丹並篆額，樂聚、劉正等立石，元真刊。拓片高 137 厘米，寬 65 厘米。正文楷書。額篆“重修聖帝廟記”，3 行。幅面完整，文字清晰。

大朝孟州濟源縣故河清店重修岱嶽廟記

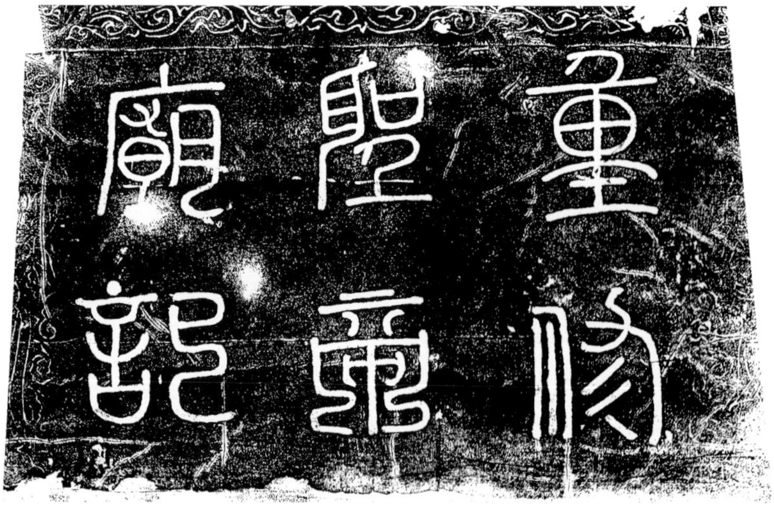

國朝將有事於南，以天塹泛太行之木，集於夷門，用爲戰艦之材。不肖適丁覃懷佐貳之責，方被」命董役，於是乎往來深山大澤之中。一日，過濟源之故里，其西百步許峻嶺之巔，忽觀廟貌一區，勢極雄壯，攀緣而上」，迫視其額，乃」岱嶽聖帝之祠爾。載瞻載拜，周覽徘徊。其地面瞰黃流，背依齊嶺，陰陰萬木以森圍，列列諸峯而環繞，河山之勝」，萃於目前。噫！寔神明之所居也。頃之西邁，解鞍憩于蓼塢，有二三耆艾扶杖歡迎，以尊酒相慰。提控劉正者因語及」天兵南下之事，當此居民十喪八九，繼而饑饉荐臻殘滅者百無一存焉。村落丘墟，赤地千里，所謂」嶽廟者亦已頹毀者多矣。此時嘗啓願心，如得保庇餘生，復見太平之兆，必須重葺爾。自後海波一息，兵不揚威」，一人永樂於無爲，萬類皆

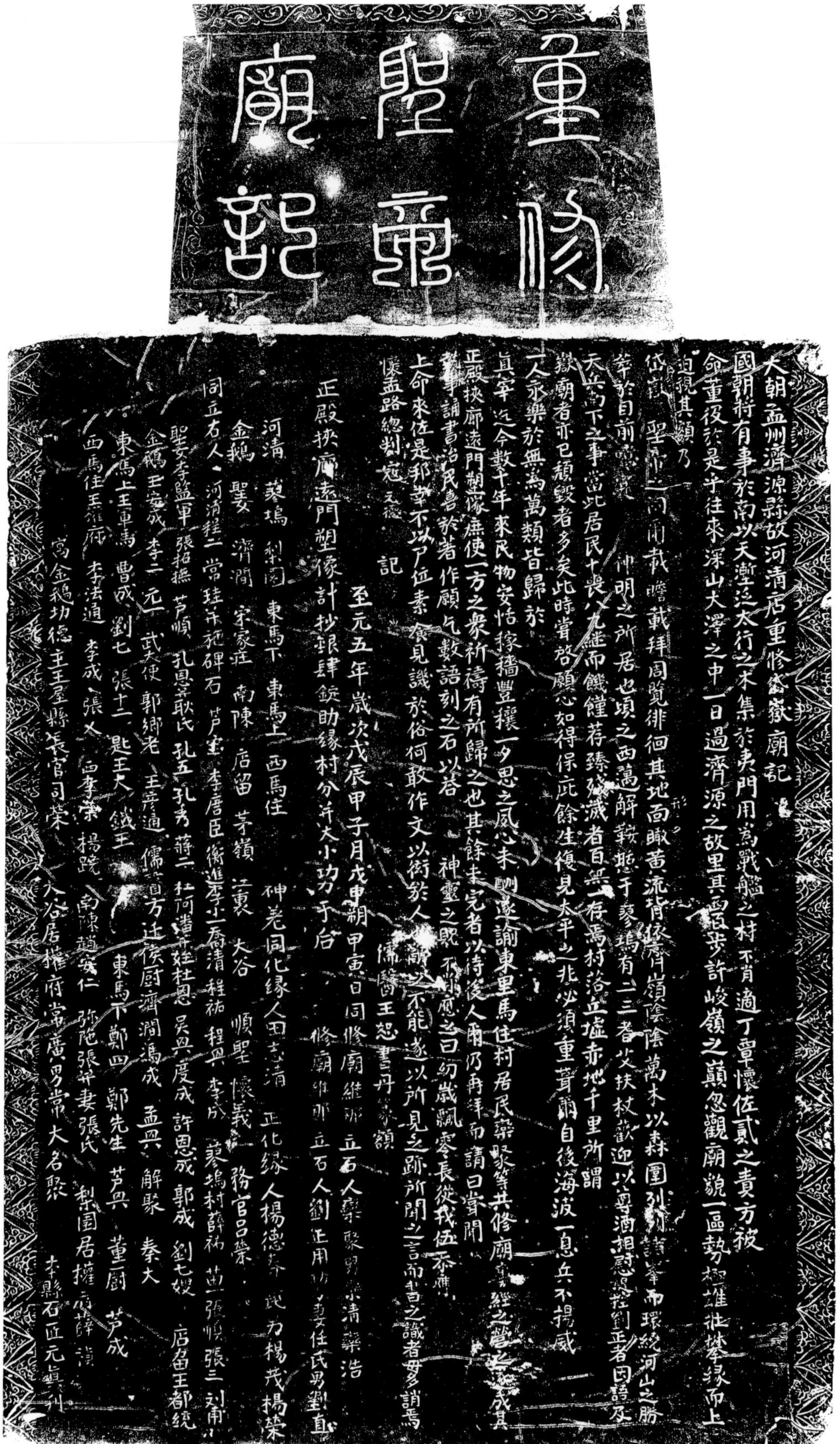

蒙古至元五年重修岱嶽廟記碑

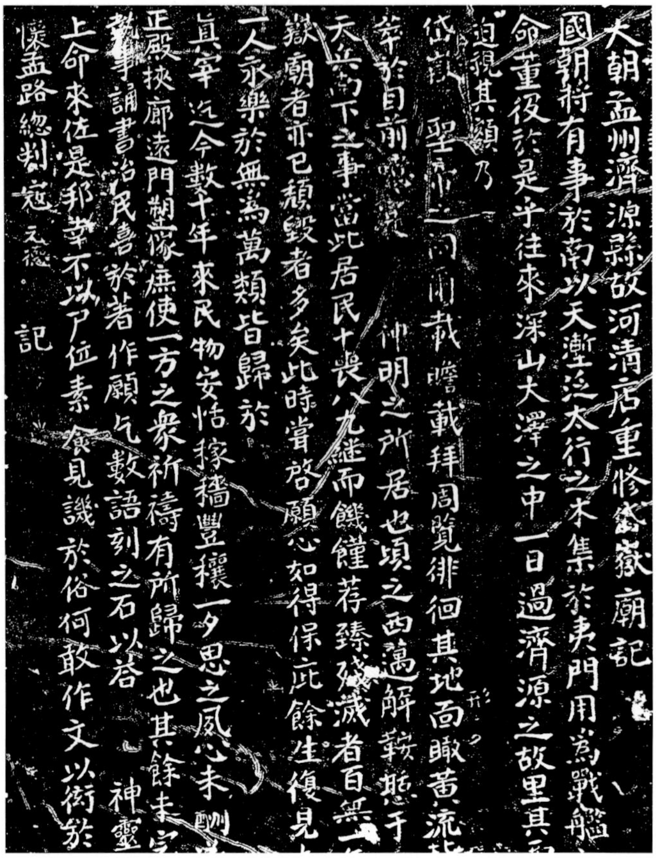

歸於」真宰。迄今數十年來，民物安恬，稼穡豐穰。一夕，思之夙心未酬，遂諭東里馬住村居民樂聚等共修廟事。經之營之，遂成其」正殿、挾廊、遠門、塑像，庶使一方之衆祈禱有所歸之也，其餘未完者以待後人爾。仍再拜而請曰：嘗聞」執事誦書治民，喜於著作，願乞數語刻之石，以荅神靈之貺。不肖應之曰：幼歲飄零，長從戎伍，忝膺」上命來佐是邦，幸不以尸位素飡見譏於俗，何敢作文以衒於人也。辭之不能，遂以所見之跡、所聞之言而書之，識者毋多誚焉」。

懷孟路總判寇元德記，儒醫王恕書丹篆額」。

至元五年歲次戊辰甲子月戊申朔甲寅日，同修廟維那立石人樂聚、男樂清、樂浩」，修廟維那立石人劉正用功力、妻任氏、男劉直」。

正殿、挾廊、遠門、塑像計抄銀肆錠，助緣村分并大小功力于后」：

河清、蓼塢、梨園、東馬下、東馬上、西馬住，神養同化緣人田志清，正化緣人楊德春，義男楊茂、楊榮。

金鵝、聖女、濟澗、宋家莊、南陳、店留、茅嶺、江裏、大谷、順聖、懷義、務官吕榮。

同立石人：河清程二、常珪并施碑石。芦宝、李唐臣、衡進、李小一、喬清、程祐、程興、李成。蓼塢村薛祐、苗一、張順、張三、刘甫。

聖女李監軍、張招撫、芦順、孔恩并耿氏、孔五、孔秀、蔣二、杜阿潘并姪杜恩、吴興、度成、許恩成、郭成、劉七嫂。店留王都統。

金鵝王安成、李二、元一、武大使、郭鄉老、王彦通，儒醫方迁、侯厨。濟澗馮成、孟興、解聚、秦大。

東馬上王軍馬、曹成、劉七、張十二、匙王大、鐵王。東馬下鄭四、鄭先生、芦興、董厨、芦成。

西馬住王權府、李法通、李成、張乂。西李榮、楊蹺。南陳趙安仁、弥陁張并妻張氏。梨園居權府薛禎。

寓金鵝功德主王屋縣長官司榮、大谷居權府常廣、男常大名聚。本縣石匠元真刊」。

蒙古至元七年濟瀆投龍簡記碑

碑在河南省濟源市濟瀆廟，蒙古至元七年（1270）立。楊果撰文，奥屯希魯、麻合馬、帖木兒不花立石。圓首。高118厘米，寬57厘米。正文楷書，字徑2~2.5厘米。額篆“大朝濟瀆投龍簡記”，4行，字徑8厘米。碑體完整，文字清晰。

濟瀆投龍簡記

今主上即位之後，常以邊境未清、蝗旱間作爲憂，故夙夜兢兢，深自克責，謂」不有大祈禳，無以荅」上天譴告之意。擇此十月」，命嗣教誠明真人張志敬於中都大長春宫建」金籙普天大醮七晝夜，凡星辰三千六百分位，以奉」御忽都于思等攝行其禮。自十五日爲始，至二十一日乃罷。是時，天晴氣淑」，萬籟沉寂，其簪舄環珮之儀，香燈酒菓之供，近代以來，曾莫之覩有此嚴肅」，神其吐之乎？復」命奉御嚴忠祐、掌籍張志僊、提舉李志微詣」濟瀆水府，於閏十一月初一日作醮六十四分位，投送金龍玉簡，標記善功」，禮也。自兹之後，將見」國祚延長，五穀豐登，四邊寧謐，我」主上奉天誠教之所致也。覩此盛德之事，敢不再拜書？

至元七年閏月五日」，前叅知政事少中大夫懷孟路總管楊果記」。

承務郎總判懷孟路事奥屯希魯」，武德將軍同知懷孟路事麻合馬」，少中大夫懷孟路達魯花赤帖木兒不花立石」。

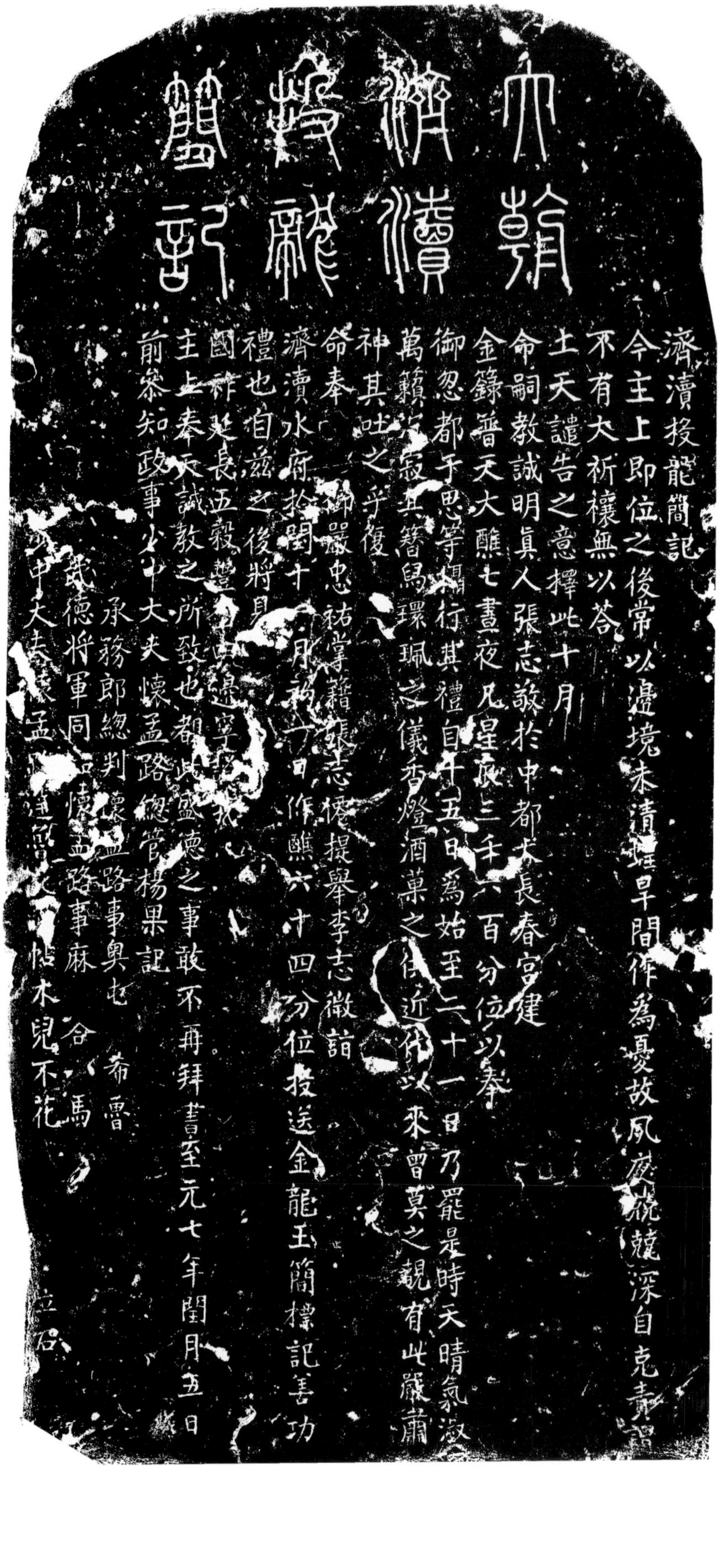

大朝濟瀆投龍簡記

濟瀆投龍簡記
今主上即位之後常以邊境未清連年間作爲憂故夙夜焦競深自克責
不有大祈禳無以答
上天譴告之意擇此十月
命嗣教誠明真人張志敬於中都大長春宮建
金籙普天大醮七晝夜凡星辰三千六百分位以奉
御忽都于思等躬行其禮自十五日爲始至二十一日乃罷是時天晴氣淑
萬籟寂其簪爲環珮之儀香燈酒菓之伴近代以來曾莫之覩有此嚴肅
神其吐之乎復
命奉　御嚴忠祐掌籍張志僊提舉李志徽詣
濟瀆水府於閏十一月初十日作醮六十四分位投送金龍玉簡標記善功
禮也自茲之後將見
國祚延長五穀豐登邊寧
主上奉天誠敬之所致也都此盛德之事敢不再拜書至元七年閏月五日
前參知政事少中大夫懷孟路總管楊果記
承務郎總判懷孟路事奥屯　希魯
武德將軍同知懷孟路事麻合馬
少中大夫懷孟路達魯花赤怙木兒不花
立石

元至元九年玄門掌教誠明真人道行碑

碑在陝西省西安市户縣祖庵鎮重陽宫，元至元九年（1272）立。王磐撰文，商挺題額，賈庭臣書丹，王志坦立石，湯洪刊。螭首方座。螭首高127厘米，寬119厘米；碑身高257厘米，寬116厘米，厚39厘米。正文楷書，字徑3厘米。圭額題“玄門掌教誠明真人道行之碑”，3行，隸書，字徑9厘米。碑體完整，文字清晰。

玄門嗣法掌教宗師誠明真人道行碑銘并序

翰林學士嘉議大夫知制誥兼同修國史王磐撰」。

中奉大夫歬中書省叅知政事樞密副使商挺題額。

陝西五路西蜀四川行中書省左右司員外郎賈庭臣書丹」。

師姓張氏，諱志敬，字義卿，燕京安次人。幼清臞，骨骼巉巖，寡言笑，不喜葷茹，見道士輒歡喜迎接，聞讀道經則諦聽不忍去。父母相謂曰：此兒其有方外之宿緣」乎？八歲送入長春宫，禮真常李真人爲師，給使左右，朝夕未嘗離。真常本儒者，喜文學，而師性敏悟，善誦習，工書翰，又謹飭如成人，故真常愛之特異。恕齋王先」生以詩名當世，而清高絶俗，棲止道宫，真常命師從之學。方丈西有堂曰萃玄，側有小樓，積書萬卷，人莫得到，真常以鎖鑰付師，恣所窺覽。師資禀既異，所以涵」養成就之者，

玄門掌教誠明真人道行之碑

又有本源，宜其所造超詣而不凡也。甲寅歲，以師提點教門事。後兩年，真常示化，易簀之際，衆以後事爲請，真常曰：志敬在，諸君何慮焉。哭臨既畢」，衆環師而拜，内外翕然欽服。中統三季，朝廷賜之」制書，其詞曰：玄門掌教真人張志敬，自童子身著道士服，志行修潔，問學淹該，甫逾不惑之年，純作難能之事，增光前輩，垂法後人，特賜號光先

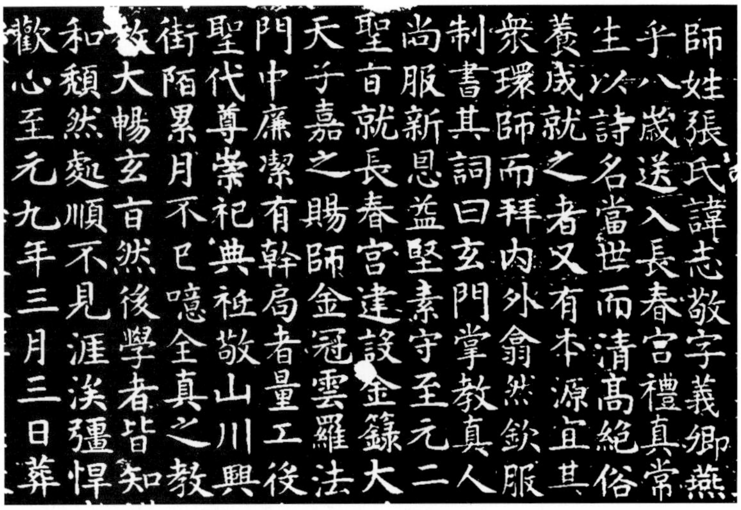

體道誠明真人」。尚服新恩，益堅素守。至元二年」，聖旨就長春宮建設金籙大醮三千六百分位。行事之日，有群鶴翔舞，下掠壇墠，去而復来者累日」。天子嘉之，賜師金冠雲羅法服一襲，仍命翰林詞臣作瑞應記，刻之碑石。嶽瀆廟貌，罹金季兵火之餘，率多摧毀，内府出元寶鈔十萬緡付師，顧工繕修。師擇道」門中廉潔有幹局者，量工役多寡，給以錢幣，使各任其事。或剗瓦礫而更造，或補罅漏而增修，凢再易寒暑，四嶽一瀆，五廟完成，盡還舊觀。方將礱磨貞石，叙」聖代尊崇祀典，祇敬山川，興壞起廢之盛美。而師忽感微疾，以至元七年冬十一月十有七日化，享年五十有一。京師士大夫、遠方道俗奉香火致奠禮者，填塞」街陌，累月不已。噫！全真之教，以識心見性爲宗，損己利物爲行，不資叅學，不立文字，自重陽王真人至李真常凢三傳，學者漸知讀書不以文字爲障蔽。及師掌」教，大暢玄旨，然後學者皆知講論經典，涵泳義理，爲真實入門。當嗣法之初，先輩師德存者尚多，師以晚進，躐出其上，中心不能無少望焉。師德度深厚，氣貌温」和，頹然處順，不見涯涘，彊悍者服其謙恭，驕矜者慙其退讓，故初雖少咈，久乃怗然。加以持身精謹，遇物通方，京師賢士大夫及四方賔客，所與遊者，靡不得其」歡心。至元九年三月三日，葬五華山道院東襄。事畢，提點劉志敦持行狀，致嗣教真人王志坦之命来求文，謹次弟其行實之大略，而繫以銘辭。銘曰」：

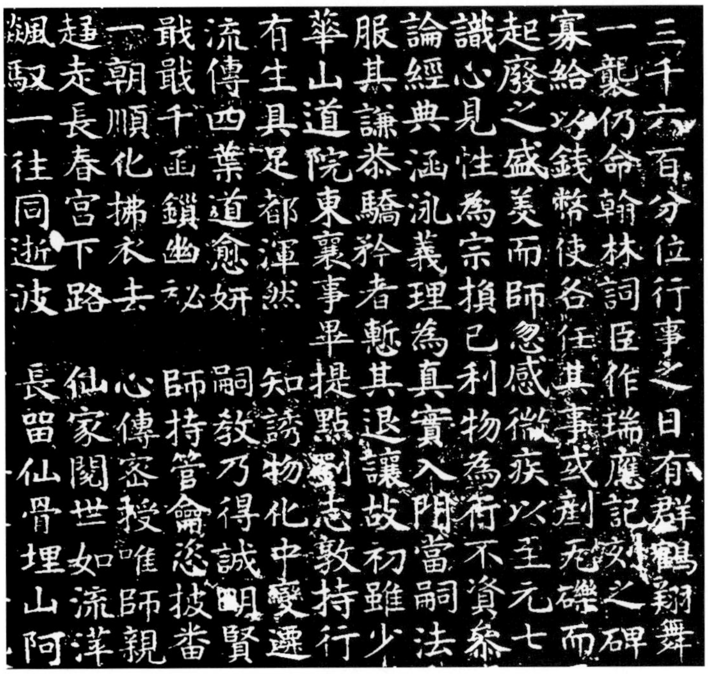

降衷秉彝同此天，有生具足都渾然，知誘物化中變遷，大朴乃始淪虧偏。爰有至人起秦川，不修不爲口忘言，希風遠暨東海壖」，一駈學者歸淳源。流傳四葉道愈妍，嗣教乃得誠明賢，誠明早有青霞志，善根宿植資禀異。髫丫初入長春宫，三千道流仰標致」。萃玄堂深人絶蹟，戢戢千函鎖幽祕，師持管龠恣披番，萬卷汪洋在胷臆。捷趨徑造艮苦辛，博中得約道萬真。真常門人徧天下」，齒尊緣熟非無人。一朝順化拂衣去，心傳密授唯師親，將壇高築拜韓信，千古盛事驚三軍。學道由来在心悟，行輩不拘年早暮」，羽服黄冠十萬餘，趨走長春宫下路。仙家閲世如流萍，空裏浮雲聚散輕，適向市朝觀物變，忽乘鸞鶴上青冥。玉泉西北煙霞多」，五華山色高崔嵬，飆馭一往同逝波，長留仙骨埋山阿，千秋風雨荒雲蘿，墳前豐碑字不訛」。

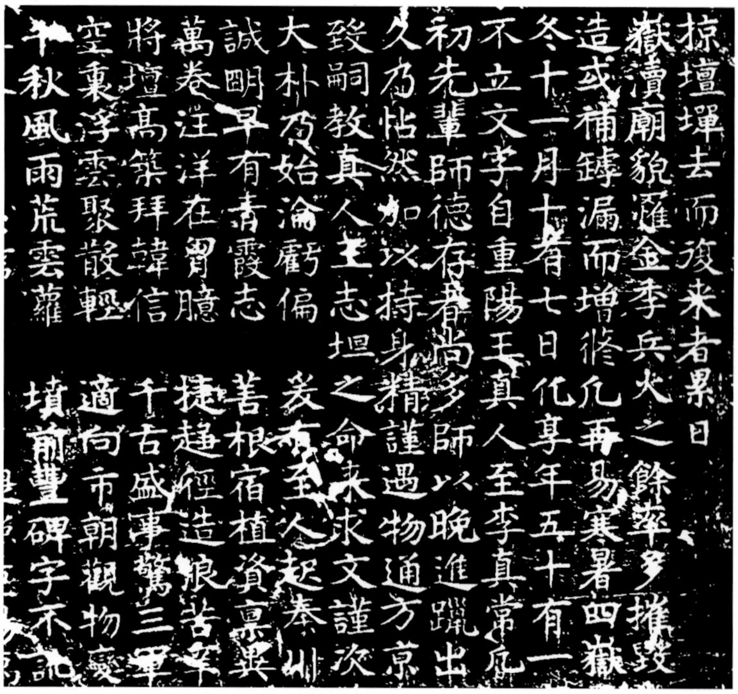
掠壇墠去而後来者累日
嶽瀆廟貌羅金李兵火之餘萃多摧毀
造或補鑄漏而增脩凡再易寒暑四嶽
冬十一月十有七日化享年五十有一
不立文字自重陽王真人至李真常凡
初先輩師德存者尚多師以晚進蹤出
久爲怙然加以持身精謹遇物通方京
致嗣教真人王志坦之命來求文謹次
大朴乃始淪虧偏　爰有至人起秦川
誠明早有青霞志　善根宿植資禀異
萬卷汪洋在胷臆　捷趨徑造艱苦辛
將壇高築拜韓信　千古盛事驚三軍
空裏浮雲聚散輕　適向市朝觀物變
千秋風雨荒雲蘿　墳前豐碑字不訛

提點重陽萬壽宫事悟真了一襲明真人申志信。

提點重陽萬壽宫事衍真復朴純素真人張志悦」。

陝西等路兼興元府道門提點兼領重陽萬壽宫事洞觀普濟廣德圓明真人高道寬」。

大元國至元九年歲次壬申九月丙辰朔重九日甲子，嗣法掌教純真真人王志坦立石。

高六逸民晚進湯洪刊」。

元至元十一年玄都至道崇文明化真人道行碑

碑在山西省運城市芮城縣永樂宫，元至元十一年（1274）立。商挺撰文，王博文書丹，田介篆額，張珎鐫字，祁志誠立石。螭首龜趺。通高509厘米，螭首高145厘米，趺座高64厘米；碑身高299厘米，寬123厘米，厚44厘米。正文楷書，字徑2.5～3厘米。額篆“宋祖師祠堂碑”，2行，字徑10厘米。碑體完整，文字清晰。

玄都至道崇文明化真人道行之碑

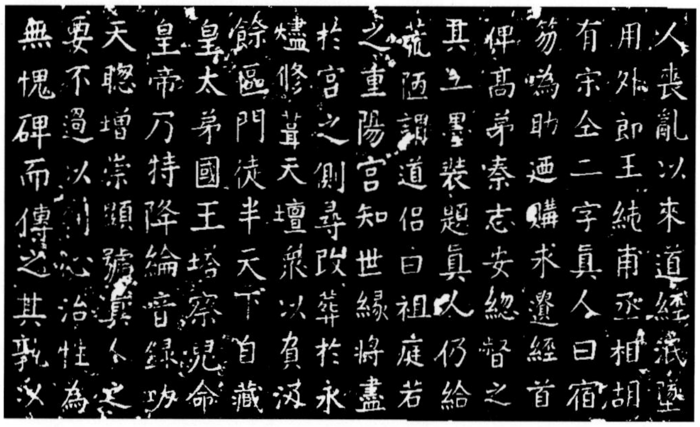

龍門石工張珎鐫」。

正奉大夫叅知政事同簽樞密院事商挺撰」。

嘉議大夫河東山西道提刑按察使王博文書」。

中順大夫中書給事中田介篆額」。

道無爲也，無不爲也，推而行之，存乎其人。昔雕戈未偃，玉宇尚摇，然而玄元之教風動萬宇。興造功業，顧皆前代之所未遑。其間主張是□□□□□□□絶俗之□乃可以臻此。故玄通弘教披雲」真人即其人歟？真人姓宋氏，諱德方，字廣道，披雲其號也。世爲莱之掖縣人。始生之夕，有光燭於户外。弱不好弄，穎悟過人。嘗春行野外，□□□□□□□□母曰□□桃也，因以啖之，自尔不喜世間」

事。年十二，詢母以不死之術。時長生真人演教武官，母因遣問之。長生異其風骨，留侍几杖，遂不復歸家。居數歲，一日獨遊蔬圃中，爲□□□□□□□□袂去之□□□語人，人笑其癡。長生呼真人戒」曰：聊以此相試，慎勿以人言教之。真人益感悟。後事玉陽，始占道士籍。未幾，遂事長春國師於棲霞」。聖祖龍飛之十年，歲在庚辰，長春承詔赴闕，擇侍行之士，得十八人，真人其一也。甲申，還燕，時海衆皆躬塵劳，真人燕處，每以琴書自娛。或以廢事爲□，長春曰：□人異日塵劳，非若輩所及。因語真」人：喪亂以來，道經泯墜，予嘗有意於完復。以事體至大，有所未暇，他日汝宜任之。且汝緣當在西南，慎無忘也。丁亥，長春羽化，清和嗣教，玄門之事，真人寔提點之。未幾，出主崞山醮事，又主平陽醮事」，用外郎王純甫、丞相胡公之請也。先是真人假寐之際，神游空山中，所見頽垣廢址而已，既又覽之，則樓閣壯麗，非人間所有。甲午，歷太原之西山，偶抵一道宫，荒涼極目，乃嚮神游時所見。拂拭石刻」，有“宋仝”二字。真人曰：“宿緣無可逃者。”因留居之。曾不三年，輪奂一新，遂爲西州偉觀。是時，風行汾晋，所至車馬填咽。真人繹念長春之語，道緣其在此乎？慨然以興復藏室爲任。丞相胡公奉白金三十」笏爲助。廼購求遺經，首於平陽晋絳置四局以事刊鏤。東宫合西解獎其勤劬，令侍臣齊公賜真人以披雲之號。繼於秦中爲九局，太原七、潞澤二、懷洛五，總爲二十七局。局置通□之士，典其讎校」，俾高弟秦志安

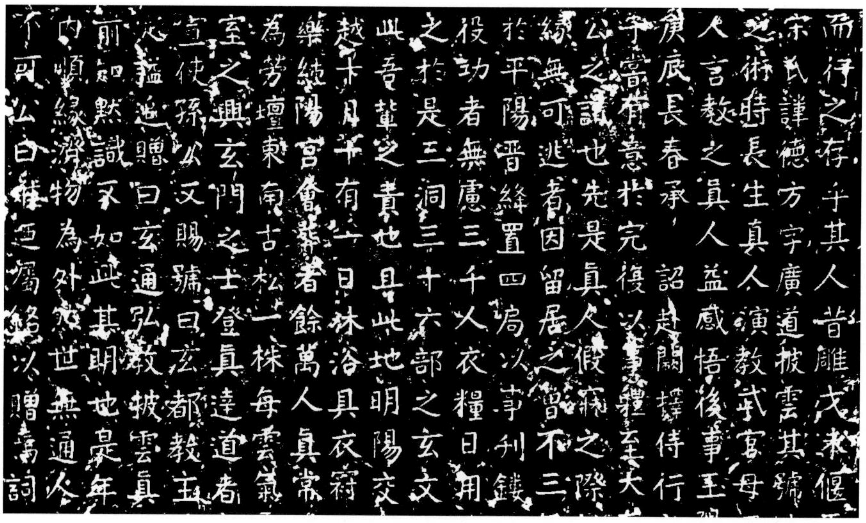

總督之。役功者無慮三千人，衣糧日用，皆取給於真人之身，首尾九六載乃畢。又釐爲六局，以爲印造之所。真人首製三十藏，藏之名山洞府。既而諸方附印者又百餘家。雖楮札自備」，其工墨裝題，真人仍給之。於是三洞三十六部之玄文，四輔一十二義之奥典，浩浩乎与天地流通，日星並耀矣。儲宫闒端聞厥功告成，又加以玄都至道之稱。庚子，真人廼謁純陽祠於永樂，嘆其」荒陋，謂道侶曰：“祖庭若此，吾輩之責也。且此地明陽交會之所，當有異人輩出。盍易祠爲宫，上光祖德，下啓後人。”咸稽首再拜，以主持爲請，真人允之。迄今回廊邃殿，真□□張本焉。丁未，歸息乎終南」之重陽宫。知世緣將盡，越十月十有一日，沐浴具衣冠，集道衆於待鶴亭，援筆賦詩云：“喝散迷雲，驅廻宿霧，萬法無私，千峰獨步。明月清風快意哉，一聲長嘯還家去。”遂怡然而逝，春秋六十有四。權厝」於宫之側，尋改葬於永樂純陽宫。會葬者餘萬人，真常大宗師命提點潘公司

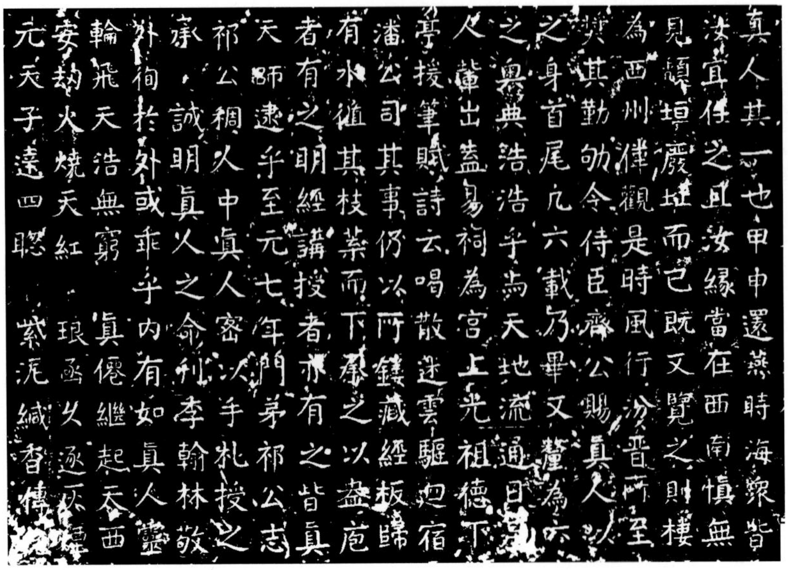

其事，仍以所鏤藏經板歸之祠下。真人靈異甚多。嘗闡醮於重陽宫，方冬春之交，芍藥爲之盛開。徹醮之夕，真文不火而」燼。修葺天壇，衆以負汲爲労，壇東南古松一株，每雲氣覆其上，輒滂然有水，循其枝葉而下，承之以盎，庖廚㙒飾，隨所用多寡皆給，事畢，其水亦竭。平生所學，觀《樂全集》，有不可掩者。興造宫觀大小百」餘區，門徒半天下。自藏室之興，玄門之士，登真達道者有之，窮理盡性者有之，明經講授者亦有之，皆真人作成之力。辛亥，皇太弟旭烈特遣宣差唐古石，贈真人以披雲天師之號。至元丙寅」，皇太弟國王塔察兒命宣使孫公，又賜號曰玄都教主流通至道披雲天師。逮乎至元七年，門弟祁公志誠狀真人行事，請於天朝」。皇帝乃特降綸音，録功定謚，追贈曰玄通弘教披雲真人。嗚呼，盛哉！初，祁公稠人中，真人密以手札授之，諭以後事。真人既殁，不辜所託，竟能感達」天聰，增崇顯號。真人之前知默識，又如此其明也。是年冬十月，祁公既承誠明真人之命，刊李翰林敬齋所製藏室碑文，有訪於予，爲先師道行，仍將書之他石，可乎？不可乎？抵謂古之所謂道者」，要不過以刳心治性爲内，順緣濟物爲外，然世無通人，治於内或膠於外，徇於外或乖乎内，有如真人靈光内暎，心与天游，彂其緒餘，猶足以揭奕代之筌蹄，鑿含靈之耳目。謚曰玄通弘教，在真人爲」無愧。碑而傳之，其孰以不可。公曰：唯。迺屬銘以贈焉。詞曰」：

道輪飛天浩無窮，真僊繼起天西東，有来披雲扇宗風，襟懷縹渺玄中龍。從師遠覲明光宫，蓬山草木迴春濃」，西南得朋文在中，王公倒屣瞻僊容。大安劫火燒天紅，琅函久逐灰煙空，一朝吐氣如長虹，萬指已獻雕鏤功。雲紛霞錯光横縱，湘藤墨盡南山松」，金童司籥玉女封，千古萬古開盲聾。至元天子達四聰，紫泥緘香傳九重，鴻名日月摩蒼穹。後人繩繩躡芳蹤，森羅法席鳴皷鍾，前功無替丘山崇」。

大元至元十一年歲次甲戌三月　日」。

玄門演道大宗師存神應化洞明真人祁志誠立石」。

□都功德主前沁州長官保安居士謚沁陽公杜德康、夫人悟真散人王體善」。

特進神仙演道大宗師玄門掌教重玄藴奥弘仁廣義大真人完顔德明重刊」。

元至元十二年重陽子王真人全真教祖碑

碑在陝西省西安市户縣祖庵鎮重陽宫，元至元十二年（1275）立。金源璹撰文，李道謙書丹並篆額，高道寬、申志信、張志悦立石。螭首方座。通高512厘米，螭首高132厘米，座高46厘米；碑身寬148厘米，厚50厘米。正文楷書，字徑3.5厘米。圭額篆“終南山神仙重陽王真人全真教祖碑”，3行，字徑12厘米。碑體完整，文字清晰。

終南山神仙重陽子王真人全真教祖碑

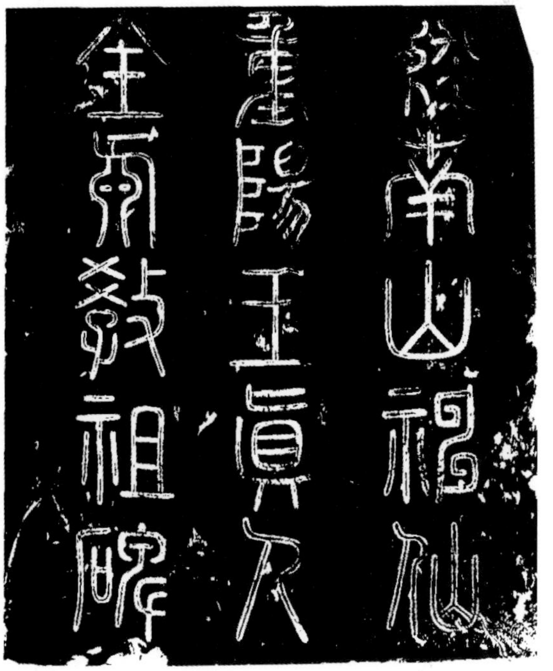

前金皇叔開府儀同三司上柱國密國公金源璹譔，葆真玄靖大師前諸路道教提舉李道謙書篆」。

皇圖啓運，必生異人，大定隆興，道圓賢哲。夫三教各有至言妙理，釋教得佛之心者，達磨也，其教名之曰禪；儒教傳孔子之家學者，子思也，其書名之曰《中庸》；道教通五千言之至理，不言而傳，不行而到，居太上老」子無爲真常之道者，重陽子王先生也，其教名之曰全真。屏去妄幻，獨全其真者，神仙也。先生名喆，字知明，應現於咸陽大魏村。仙母孕二十四月又十八日生，按二十四氣，餘土氣而成真人也。先生美鬚髯，大目，身長」六尺餘寸，氣豪言辯，以此得衆。家業豐厚，以粟貸貧人，惠之者半，其濟物之心，略可見矣。弱冠修進士舉業，籍京兆府學，又善

終南山神仙重陽子王真人全真教祖碑

武略。聖朝天眷間，收復陝西，英豪獲用，先生於是捐文場，應武舉，易名德威，字世雄，其志」足可以知。還被道氣充餘，善根積著，天遣文武之進兩無成焉。於是慨然入道，改今之名字矣。會廢齊攝事，秦民未附，歲又饑饉，時有群寇劫先生家財一空，其大父訴之統府，大索於鄰里三百餘户，其所亡者金幣，頗」復得焉。又獲賊之渠魁，先生勉之曰：“此乃鄉黨飢荒，譬如乞諸其鄰者，亦非真盜也，安忍陷於死地?”縱捨使去。里人以此敬仰先生愈甚。咸陽、醴泉二邑，賴先生得安。是後，於終南劉蔣村刱別業居之，置家事不問」。半醉高吟曰：“昔日龐居士，如今王害風。”於是鄉里見先生，曰“害風來也”，先生即應之，蓋因自命而人云。正隆己卯季夏既望，於甘河鎮醉中啗肉，有兩衣氊者繼至屠肆中，其二人形質一同。先生驚異，從至僻處，虔禱作」禮。其二仙徐而言曰：“此子可教矣。”遂授以口訣。其後愈狂，詠詩曰：“四旬八上始遭逢，口訣傳來便有功。”明年，再遇於醴泉，邀飲肆中酒家。問之鄉貫年姓，荅曰：“濮人，年二十有二，姓則不知也。”其異歟！留歌頌五，命先生」讀餘火之，文載《全真集》中。自此棄妻子，攜幼女送姻家，曰：“他家人口，我與養大。”弗議婚禮，留之而去。又爲詩，故以猥賤語詈辱其子孫，其末後句云：“相違

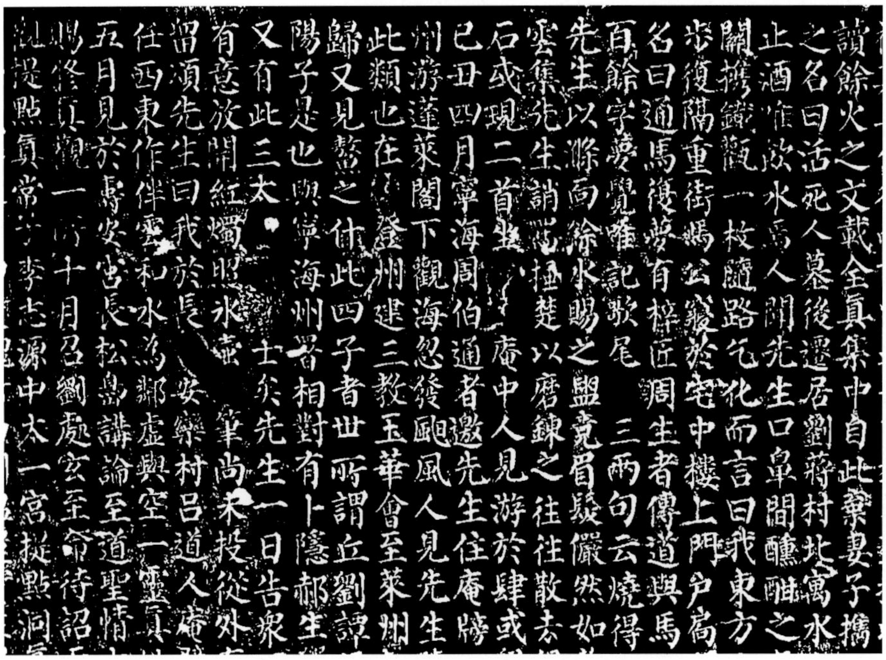

地肺成歡樂，撞入南京便得真。”後別號重陽子，於南時村作穴室居」之，名曰“活死人墓”。後還居劉蔣村北，寓水中坻。凡肆口而發，皆塵外語，鄉人唯以害風謔，而未始詢其意。遇游則挈一壺，行歌且飲，有乞飲者亦不拒。或以壺取水與人，但覺其醸香冽異常。後復遇至人，飲以神瀵，因」止酒，唯飲水焉。人聞先生口鼻間醺酣之氣，而已醉矣。大定丁亥四月，忽自焚其菴，村民驚救，見先生狂舞於火邊，其歌語傳中具載。又云“三年之後，別有人來修此庵”，口占詩有“修庵人未比我風流”之句。凌晨東邁過」關，携鐵罐一枚，隨路乞化，而言曰：“我東方有緣爾。”七月，至山東寧海州。郡豪有馬從義者，先夢南園仙鶴飛翥，未幾先生至。馬公信猶未篤，先生於鶴起處築全真庵，鎖門百日化之。或食或不食，又絶水火。庵至馬宅幾百」步，復隔重街，馬公寢於

宅中，樓上門户扃閉，先生遇夜親對談論，不知從何而來。人欲寫其神，左目右轉，右目左轉，或見老少肥瘠，黄朱青白，形色無定，人不能狀之。馬夢母曰：有客吕馬通者，未嘗語人。次日，先生訓馬公」名曰通。馬復夢有梓匠周生者，傳道與馬，即犇乃尊，有關中之行。被席出家，見一道士入族人馬户曹邸。馬亦隨入，見先生與道士對坐，有馬九官人者，求術於二老。先生目公曰："教馬哥代我。"於是馬公誦歌一首，約二」百餘字。夢覺，唯記歌尾三兩句云："燒得白，煉得黄，便是長生不死方。"翌日，先生訓馬公法名曰鈺，号丹陽子。又夢隨先生入山，及旦，先生便呼公曰"山侗"。至於出神入夢，感化非一。有譚玉者，患大風疾垂死，乞爲弟子」，先生以滌面餘

水賜之，盥竟，眉髪儼然如舊，頓覺道氣蕭洒，訓名處端，号長真子。又有登州棲霞縣丘哥者，幼亡父母，未嘗讀書，來禮先生，使掌文翰，自後日記千餘字，亦善吟詠，訓名處機，号長春子者是也。後願禮師者」雲集，先生誚罵捶楚以磨鍊之，往往散去，得先生道者，馬、譚、丘而已。八年三月，鑿洞崑崳山，於嶺上採石爲用，不意有巨石飛落，人皆悚慄，先生振威大喝，其石屹然而止，山間樵蘇者懽呼作禮，遠近服其神變。又或餐瓦」石，或現二首坐庵中，人見游於肆，或留之飯，預言來餽者何。神通應物，不可槩舉。至八月間，遷居文登姜氏庵。在張氏家食，童子輩見目前琉璃、瑪瑙、珍珠衆寶，競來乞取，餘人則不能見。於文登建"三教七寶會"。九年」己丑四月，寧海周伯通者邀先生住庵，牓曰"金蓮堂"。夜有神光，照曜如晝，人以爲火灾，近之，見先生行光明中。寧海水至鹹鹵，先生呪庵之井，至今人享其甘潔。於是就庵建"三教金蓮會"。至福山縣，又立"三教三光會"。至登」州，游蓬萊閣下觀海，忽發颶風，人見先生隨風吹入海中，驚訝間，有頃復躍出，唯遺失簪冠而已。移時，却見逐水波汎汎而出。或言先生目秀者，即示以病眸。或誇先生無漏者，即於州衙前登溷。凡爲變異，人不可測者，皆」此類也。在登州建"三教玉華會"，至萊州起"三教平等會"。凡立會，必以"三教"名之者，厥有旨哉？先生者，蓋子思、達磨之徒歟？足見其沖虛明妙，寂静圓融，不獨居一教也。萊人從之者衆，獨納劉處玄者，号長生子。有"鈞罷將」歸又見鰲"之什。此四子者，世所謂丘、劉、譚、馬也。又於寧海途中，先生擲油傘於空，傘乘風而起，至查山王處一庵，其傘始墜，至擲處已二百餘里也。其

傘柄内有“𥘉陽子”号。王自髫齔間，嘗遇玄庭宫主空中警化，今呼云“玉」陽子”是也。與寧海州署相對，有卜隱郝生鬻肆。先生倒坐於其間，郝曰：“請先生迴頭。”先生曰：“爾不迴頭。”拂袖而去。郝亦隨悟，乃廣寧郝大通也。馬公之妻孫不二者，亦同入道，早明心地，世云“孫仙姑”者。四哲之亞，先生門人」又有此三大士矣。先生一日告衆曰：“時將至矣，明日西行。”道友乞詩詞，自旦至夜。留詩曰：“登途上路不由吾，雲霧相招本性甦。萬里清風常作伴，一輪明月每爲徒。山青水緑程程送，酒白粱黄旋旋沽。今夜一杯如」有意，放開紅燭照冰壺。”筆尚未投，從外有史公者來送酒，一座大驚。先生勸人誦《道德》《清静》經、《般若心經》及《孝經》，云可以修證。明日，率馬公等四人徑入大梁，於磁王家旅邸中宿止。時遇歲除，與衆别曰：“我將歸矣。”衆乞」留頌，先生曰：“我於長安樂村吕道人庵壁上書矣。”枕左肱而逝。衆皆號慟，先生復

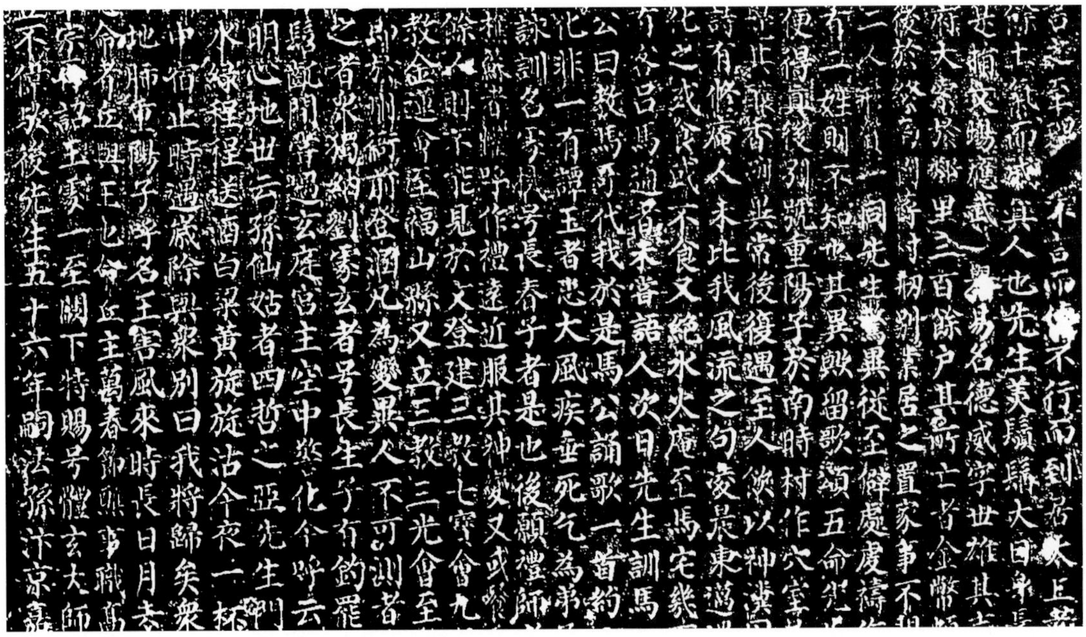

起曰：“何哭乎?”於是呼馬公附耳密語，使向關中化人入道。至十年庚寅正月四日，口授頌曰：“地肺重陽子，呼名王害風。來時長日月，去後」任西東。作伴雲和水，爲鄰虚與空。一靈真性在，不與衆人同。”頌畢，儼然而終。是後馬公傳道，四海大行。伏遇世宗皇帝，知先生道德高明，二十八年戊申二月，遣使訪其門人，應命者丘與王也。命丘主萬春節醮事，職高功」。五月，見於壽安宫長松島，講論至道，聖情大悦，命居於官庵。又命塑純陽、重陽、丹陽三師像於官庵正位。丘累進詩曲，其辭備載《皤磎集》中。八月，懇辞還山。至承安丁巳六月，章宗再詔王處一至闕下，特賜号體玄大師，及」賜修真觀一所。十月，召劉處玄至，命待詔天長觀。自重陽、丹陽、長春暨諸師，皆有文集傳於世。嗚呼！先生起西州，化行山東，道滿於天下，名聞天子，開發後人，使盡逍遥之遊，豈不偉欤！後先生五十六年，嗣法孫汴京嘉祥」觀提點真常子李志源、中太一宫提點洞真子于善慶二大士，真實道行，弘揚祖道者也，殷勤求文于玉陽子友人樗軒居士，居士援筆而爲之銘曰」：

咸陽之屬，曰大魏村。山川温麗，實生異人。幼之發秀，長而不群。工乎談笑，妙於斯文。又善騎射，健勇絶倫。以文非時，復意于武。戡定禍亂，志欲斯舉。文武二進，天不我與。蓋公宿緣，道氣爲主。慨然入道，真仙自遇。頃」刻授之，口訣秘語。人呼害風，先生承當。或歌或舞，以酒徜徉。維摩非病，接輿不狂。肆口而發，皆成文章。燒却菴舍，拂袖關中。乞化而往，全真道東。寧海因緣，萊陽通融。亟顯神異，東人畢從。陶汰真實，杜絶虚假。鍛煉」百端，捶楚怒罵。餘鄗解散，四子傳化。四子爲誰，丘劉譚馬。德其亞者，王郝與孫。共成七賢，賛我真人。玉陽長春，大啓其門。遭遇聖朝，爲王之賓。先生高蹈，望若星雲。瀛海渺然，仙跡宛存。此道大行，逍遥乎真」。

至元乙亥歲中元日，陝西五路西蜀四川道教提點兼領重陽萬壽宫事洞觀普濟圓明真人高道寬、重陽萬壽宫提點悟真了一襲明真人申志信、衍真復朴純素真人張志悦立石，長安虚静大師□□□□□」。

功德主昭勇大將軍京兆路總管兼府尹兼諸軍奥魯營繕司大使趙炳、營繕司副使王海、京兆等路採石提舉謝澤、副提舉段德續」。

元至元十二年全陽周尊師道行碑

碑在陝西省西安市户縣祖庵鎮重陽宫，元至元十二年（1275）立。李道謙撰文，孫德彧篆額，陳德定書丹，李志源立石，陳志元刊。螭首龜趺。通高326厘米，螭首高85厘米，趺座高46厘米；碑身寬100厘米，厚29厘米。正文楷書，字徑3厘米。圭額篆“全陽周尊師碑”，2行，字徑12厘米。碑體完整，文字清晰。

終南山重陽成道宫全陽真人周尊師道行碑並序

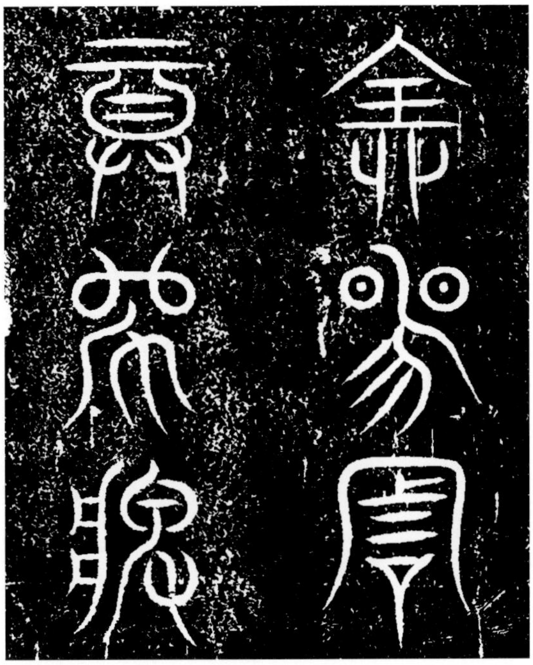

武信陳志元刊」。

前諸路道教都提舉葆真玄靖大師筠溪天樂先生李道謙撰，門下三洞講經開玄崇道大師孫德彧篆額，祖庭道士棲玄致道大師陳德定書丹」。

至元甲戌歲秋九月壬午，終南山重陽成道宫提點吴志恒來劉蔣祖庭之筠溪，再拜稽首曰：我先師全陽周君，道高德著，福大緣深，願得子之文刻石，以傳來世。余以不」敏辭而弗許也。謹按藏室所收《金蓮記》，及豈崗李公君瑞作師墓銘，并向者洞真真人于君常談師之言行而編次之。師姓周氏，諱全道，世爲古豳之巨室，亂後譜牒遺墜」，故世系莫得其詳。生於皇統乙丑十二月二十二日，自幼語默進止若成人，狀貌奇古，神情雅澹。夙喪其父，生理蕭索，竭力以事母。母忽感奇疾，百療

不愈，師割股與藥同」進，厥疾乃瘳，鄉黨以孝聞。年及冠，里人有以子妻之者，師婉其辭而却之。及母氏之終天也，哀毁過禮，幾於滅性，歎曰：吾嘗聞道家有言，一子進道，九祖登仙。欲報罔極之」恩，無踰於此。時大定癸巳歲，聞丹陽宗師環居終南祖庵，弘演真教，師徑詣席下，求受道要。丹陽納之，俾與弟子列，自薪水春爨，皆使親歷。師恭服勤勞，數年匪懈。丹陽察」其有受道之志，一旦召入環室，付之真訣，及賜以全陽子号。師既得法，克己鍊心，行其所受。如是又數載，合堂雲衆莫不服其踐履之實。無幾何，丹陽謂曰：邠近邊鄙，教化」難通，汝當往居，以弘吾道。師承命而行，卜菴玉峯山下，頤神養浩，積德累功，與人子言教之孝，與人弟言告之順，貪者誨以廉，懦者諭以立，各因其根性淺深，皆蒙啓發」。至於疲癃殘疾、惸獨鰥寡而無告者，收養於

庵中。由是閭里士庶日益敬仰，邠人爲之遷善。壬寅，丹陽鶴馭東歸，師每至清明，必躬詣終南祖庭致祭，歲以爲常。貞祐間，羌」人陷邠，師亦在虜中，雖被俘縶，其精進道業略不少渝。羌識其異人，遂釋之。厥後四方來詣門請益受教者，奚止滿户外之屨，度弟子僅千人，俱令各立方所，誘掖」後進。元光末，尚書左丞張公信甫出鎮邠郡，素忌師名，一日詣庵叩其所修，師告以道德性命之理。公喜其誠，出而語人曰：周全陽有道者也。翌日設齋，仍贈以袍履，時遣」人候問起居。師亦常往來寓居長安縣之漢高祖廟，統軍完顏公待以師禮。正大戊子復還邠，以十月十有七日命衆作齋，召嗣法門人圓明子李志源洎諸上足囑之曰」：終南南時村活死人墓，祖師開化鍊真之地，吾欲增葺以彰仙迹，奈世態如此，不可强爲也。他日升平之後，汝輩各當勉力，以成吾志。言訖，命侍者焚香，令衆誦《清静經》，師」危坐澄聽，甫竟三過，枕左肱而逝，春秋八十有四。葬於玉峯庵側。士人王才卿者，與師爲莫逆友，時住慶陽，方」天兵圍城甚急，忽夢師布衣藜杖造門而至曰：吾今特來與公相别。軒冕儻寄，不堪久戀，此身一失，再得實難。珍重而去。未幾，圍解，王乃訪人，始知師入夢告别之日，乃返」真之辰也。遽解印綬，黜妻子，樂道以終其身。先承安戊午歲，東魯鄆城縣洞虚子張志淵者，嘗兩夢神人持白刃叱之曰：爾年將盡，胡爲不參師學道以脱速死耶？

既覺，心」神恍惚，因詣郭西郊，行以暢其情。適見一道者麻衣草屨，軀幹魁偉，飄然西來，就張言曰：汝有宿緣，故來相接。即於道傍樹陰教以烹鉛鍊汞密語，仍解以麻絛贈之，且曰」：敬之哉，無忘吾訓。三十年後，當有吾門弟來此與汝相會，是時汝得與師真共結大緣矣。張問其姓名，答曰：吾關中周全陽也。俄失所在。張乃警悟，遂易衣入道，後於」濟州刱白雲觀，度門弟數百人，悉立庵觀於齊魯之間。壬辰，六軍下河南，李圓明挈衆北渡，於東阿縣築棲真觀居之，張聞往見，告以向日遇師之故，圓明出師畫」像示之，張焚香致拜曰：此正吾向者所遇師也。即遞相印可，以圓明爲道□焉。乙未，關中撫定，圓明追念師之遺命，率法屬門衆百餘西歸於南時村，創重陽成道宮，張」洞虛屢輦金幣以資其用。不十載，雄搆壯締，庨豁可觀。辛丑春，清和真人會葬祖師畢，命門人捧師仙柩葬於劉蔣之仙蜕園。壬子，掌教真常李君奉」朝命追贈全陽廣德弘化真人号。師仁慈憫物，惠愛困窮，處己儉薄而厚於施設。每以謙沖自守，不恃其成而居物先，其嗇氣頤神之妙，乃平日素習，雖須臾不少替。迨」乎應緣扶教，則任物之自然，而門徒輻集，權貴欽崇，非以計謀而致其事。仙宮道觀所在，俱有成績。兀坐終日，望之儼然而不見惰容，及其即之，熙然如陽和生物，使人」虛往而實歸。老氏之三寶，南華之真人行，師兼而有之，可謂聖門之達者歟！系之銘曰」：

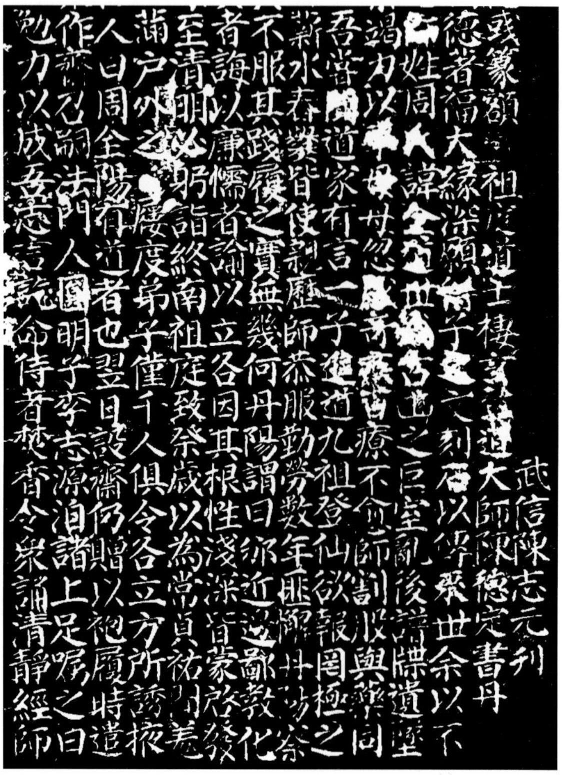

嗟若全陽，玄門之綱，天姿英偉，上性昭彰，松筠節操，鐵石肝腸，釋塵緣而求道要，適玄化之浸昌。三髻宗師，授以靈章，心淵而明，氣大而剛，神宇泰定，發乎天光，七」載而心符聖教，九年而妙契真常。承命而行，演道故鄉，郊人先饋，奚啻五漿，示神變而警張，入夢魂而別王，駕一氣之鴻濛，恣八表以翱翔。遊紫府，宴華堂，朝」上帝，禮元皇，混太虛以莫測，齊浩劫以無疆。門徒道友，思之不忘，搆祠而設像，暮燈而朝香，紀遺烈而刻貞珉，將爲萬世而傳其芳也」。

至元十二年下元日，本宗提點圓明惠照沖素大師吴志恒、提舉明真安静大師孟志常、提舉沖静大師楊志謙、提舉明真大師段志元、知宫宋志瑞」、前本宫提點明元葆光大師梁守一、前本宫提點無塵大師潘素濟、前本宫提點通真大師王志遠、前知宫了真子王志瑞」、前滕兖濟三州道門提點洞虛普惠真人張志淵」、前本宫尊宿悟真大師賈守真、前本宫尊宿純和希真大師張志古、提領祝志淵」、全陽尊師嗣□圓明洪□淵虛真人前提舉重陽萬壽宫事李志源立石」。

元至元十三年重陽祖師仙跡記碑

碑在陝西省西安市户縣祖庵鎮重陽宫，元至元十三年（1276）立。劉祖謙撰文，姚燧書丹並題額，高道寬、申志信、張志悦立石，何志清開字。螭首方座。通高525厘米，螭首高115厘米，座高48厘米；碑身寬136厘米，厚39厘米。正文楷書，字徑4厘米。圭額題“終南山重陽祖師仙迹記”，2行，隸書，字徑10厘米。碑體完整，文字清晰。

終南山重陽祖師仙跡記

何志清開字」。

孔老之教，竝行乎中國，根源乎至道，際六合，無内外，極萬物，無洪纖，真理常全，無有欠餘，固不可以淺識窺測。或者剖彊名之原，指成器之跡，互相排斥，是」此而非彼，而二家之言，遂争長于天下，是不知天下無二道，聖人不兩心。所以積行立功，建一切瀍，導迪人心，使之遷善遠罪，洋洋乎大同之域，其於佐理」帝王一也。爲老氏者曰“吾寶慈儉”，又曰“常善救物”，與夫孔聖本仁祖義之説，若合符契。今觀終南山重陽祖師，始於業儒，其卒成道；凡接人初機，必先使讀」《孝經》《道德經》，又教之以孝謹純一；及其立説，多引六經爲證據；其在文登、寧海、萊州，嘗率其徒演瀍建會者凡五；皆所以明正心誠意、少思寡欲之理，不主」一相，不居一教也。師咸陽人，姓王氏，名

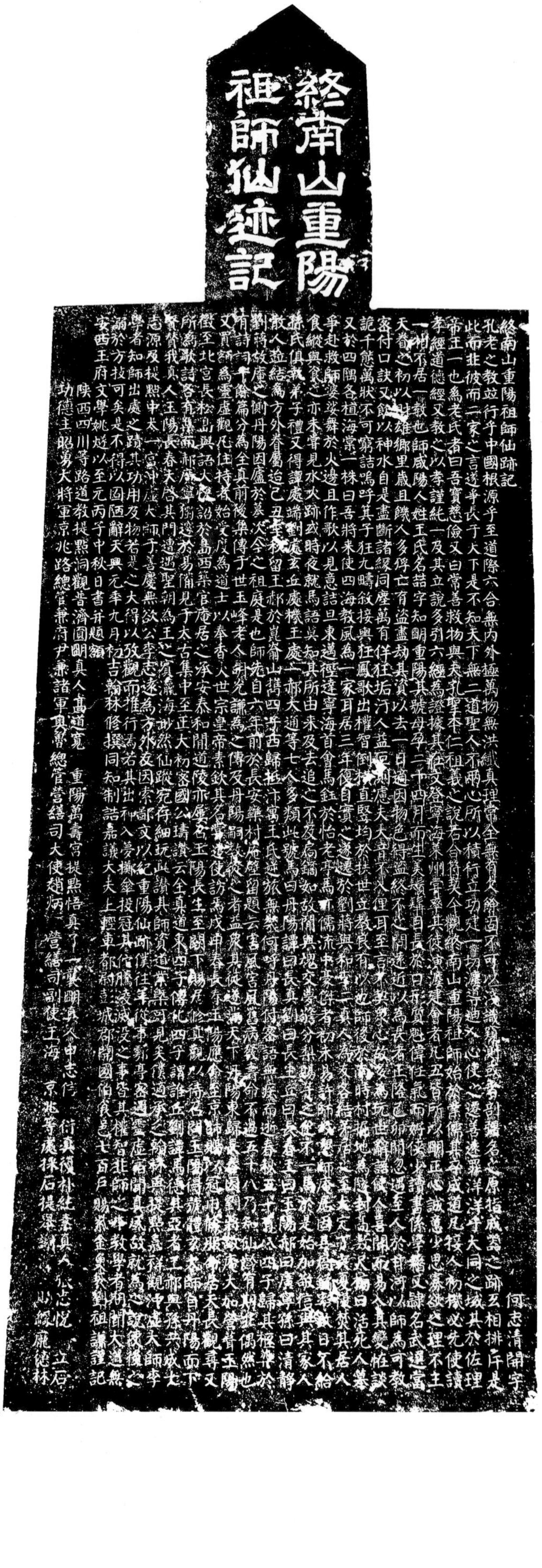
終南山重陽祖師仙跡記

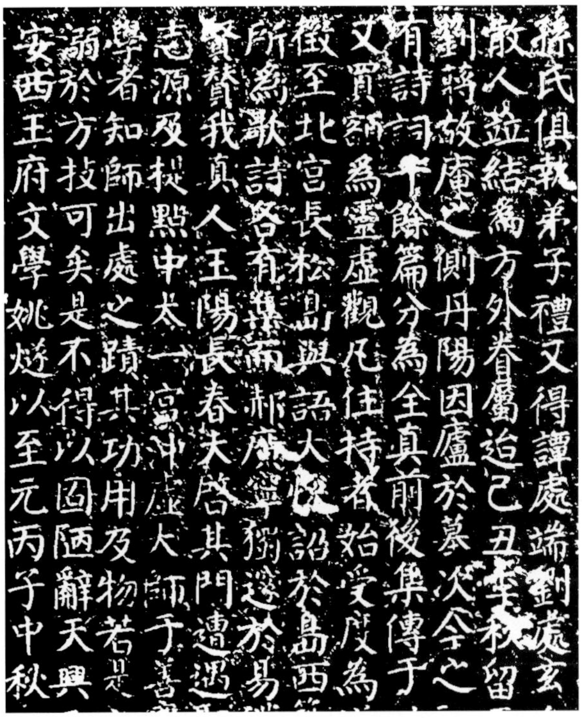

孫氏俱執弟子禮又得譚處端劉處玄
散人竝結爲方外眷屬迨己丑季秋留
劉蔣故庵之側丹陽因廬於墓次今之
有詩詞千餘篇分爲全真前後集傳于
又買額爲靈虛觀凡住持者始受度爲
徵至北宮長松島與語大悦詔於島西
所爲歌詩各有集而郝廣寧獨遯於易
贊我真人王陽長春大啓其門遭遇
志源及提點中太一宮沖虛大師于善
學者知師出處之蹟其功用及物若是
溺於方技可矣是不得以固陋辭天興
安西王府文學姚燧以至元丙子中秋

喆，字知明，重陽其號。母孕二十四月而生。美鬚髯，目長於口，形質魁偉，任氣而好俠。少讀書，係學籍，又隸名武選。當」天眷之初，以財雄鄉里。歲且饑，人多殍亡，有盜盡劫其資以去。一日適因物色得盜，終不之問，遠近以爲長者。正隆己卯間，忽遇至人於甘河，以師爲可教」，密付口訣，又飲以神水。自是盡斷諸緣，同塵萬有，佯狂垢汙，人益叵測。慮夫大音不入俚耳，至言不契衆心，故多爲玩世辭語，使人喜聞而易入。其變恠談」詭，千態萬狀，不可窮詰。嗚呼！箕子狂，九疇叙；接輿狂，鳳歌出。權智倒横直竪，均於扶世立教，良有以也。師後於南時村掘地爲隧，封高數尺，榜曰“活死人墓」”。又於四隅各植海棠一株，曰：“吾將来使四海教風爲一家耳。”居三年，復自實之，遂遷於劉蔣，與和、李二真人爲友，各結茅居之。至大定丁亥夏，復焚其居，人」争赴救，師婆娑舞於火邊，且作歌以見意。詰旦東邁，徑達寧海，首會馬鈺於怡老亭。馬亦儒流中豪傑者，初未易許師，故鎖師庵居，固其扃鐍，率數日不給」食，縱與食之，亦未嘗見水火跡。或時夜就馬語，莫知其所由来，及去，追之不及，扃鐍如故。閒與魂交夢警，分梨賜芋之化不一。馬於是始加敬信，與其家人」孫氏俱執弟子禮。又得譚處端、劉處玄、丘處機、王處一、郝大通等七人，多類此。號馬曰丹陽，譚曰長真，劉曰長生，丘曰長春，王曰玉陽，郝曰廣寧，孫曰清静」散人，竝結爲方外眷屬。迨己丑季秋，留王、郝於崑崙山，擕四子西歸。抵汴，寓王氏逆旅。無幾何，呼丹陽付密語，無疾而逝，春秋五十有八。四子歸其柩，葬於」劉蔣故庵之側，丹陽因廬於墓次，今之祖庭是也。師先自六年前於長安欒村庵壁留題云：“害風害風舊病發，壽命不過五十八。”乃知仙齡有期，非偶然也」。有詩詞千餘篇，分爲全真前後集傳于世，玉峰老人胡光謙爲之傳。及丹陽嗣教，從之者益衆，其徒遂滿天下。丹陽東歸，長春因劉蔣故庵，大加營葺，玉陽」又買額爲靈虛觀，

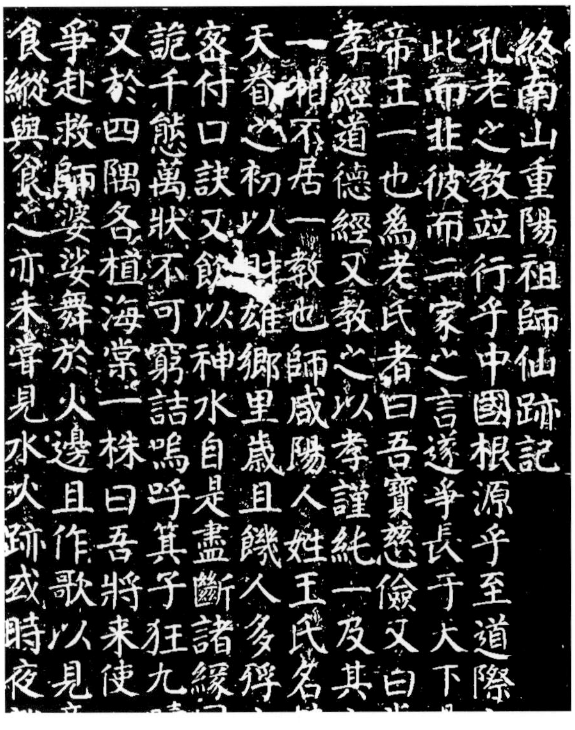

終南山重陽祖師仙跡記
孔老之教竝行乎中國根源乎至道際
此而非彼而二家之言遂爭長于大下
帝王一也爲老氏者曰吾寶慈儉又曰
孝經道德經又教之以孝謹純一及其
一相不居一教也師咸陽人姓王氏名
天眷之初以財雄鄉里歲且饑人多殍
客付口訣又飲以神水自是盡斷諸緣
詭千態萬狀不可窮詰嗚呼箕子狂九
又於四隅各植海棠一株曰吾將来使
爭赴救師婆娑舞於火邊且作歌以見
食縱與食之亦未嘗見水火跡或時夜

凡住持者，始受度爲道士，以奉香火。世宗皇帝素欽其名，嘗遣使訪焉。戊申春，長春、玉陽應命至京師，賜以冠巾絛服，命居天長觀。尋又」徵至北宮長松島，與語，大悦，詔於島西築官庵居之。承安、泰和間，道陵亦屢召玉陽、長生至闕下，賜居修真觀，以待召問。玉陽得號體玄大師。自丹陽而下」，所爲歌詩各有集，而郝廣寧獨邃於易，備見于《太古集》中。至正大初，密國公璹讚云：“全真道東，四子傳化。四子謂誰？丘劉譚馬，德其亞者，王郝與孫，共成七」賢。賛我真人，玉陽長春，大啓其門，遭遇聖朝，爲王之賓。瀛海渺然，仙蹤宛存。”細玩此讚，其師資道業，槩可見矣。僕適承乏翰林，與提點嘉祥觀沖虚大師李」志源，及提點中太一宫沖虚大師于善慶、無欲公李志遠爲方外友，因索鄙文以紀重陽仙跡。僕往年從事鄠亭，密邇靈虚，宿聞真風，故就爲之説，使後之」學者知師出處之蹟，其功用及物若是之大，得以攷觀而推行焉。若其出神入夢，擲傘投冠，其佗騰凌滅没之事，皆其權智，非師之本教。學者期聞大道，無」溺於方技可矣。是不得以固陋辭。天興元季九月初吉，翰林修撰同知制誥嘉議大夫上輕車都尉彭城郡開國伯食邑七百户賜紫金魚袋劉祖謙謹記」。

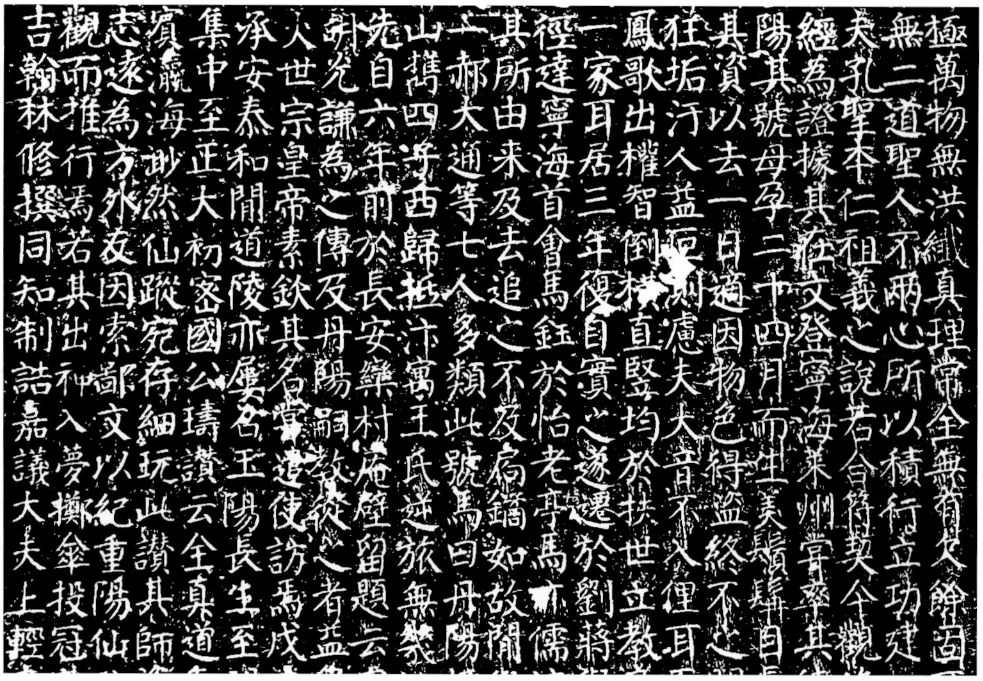
極萬物無洪纖真理常全
無二道聖人不兩心所以立功建
矣孔聖本仁祖義之説若合符契今觀
經爲證據其在文登寧海萊州嘗率其
陽其號母孕二十四月而生美鬚髯
其資以去一日遇因物色得盜終不之
狂垢汙人益
鳳歌出權智倒
一家耳居三年復自實之遂遷於劉蔣
徑達寧海首會馬鈺於怡老亭馬
其所由來及去追之不及扃鐍如故閑
郝太通等七人多類此號馬曰丹陽
山攜四子西歸抵汴寓王氏逆旅無
先自六年前於長安
爲之傳及丹陽嗣教從之者益
人世宗皇帝素欽其名嘗遣使訪焉戊
承安泰和間道陵亦屢召玉陽長生至
集中至正大初密國公璹讚云全真道
賓瀛海渺然仙蹤宛存細玩此讚其師
志遠爲方外友因索鄙文以紀重陽仙
觀而推行焉若其出神入夢擲傘投冠
吉翰林修撰同知制誥嘉議大夫上輕

安西王府文學姚燧以至元丙子中秋日書并題額」。

陝西四川等路道教提點洞觀普濟圓明真人高道寬，重陽萬壽宫提點悟真了一襲明真人申志信，衍真復朴純素真人張志悦立石」。

功德主昭勇大將軍京兆路緫管兼府尹兼諸軍奥魯緫管營繕司大使趙炳，營繕司副使王海，京兆等處採石提舉謝澤，助緣龐德林」。

元至元十五年圓明真人高公道行碑

碑在陝西省西安市户縣祖庵鎮重陽宫，元至元十五年（1278）立。姚燧撰文，權璹書丹，蕭㪺篆額，張居安鎸。螭首方座。通高340厘米，螭首高95厘米，座高46厘米；碑身寬113厘米，厚36厘米。正文楷書，字徑2.5厘米。圭額篆“圓明真人高公碑銘”，2行，字徑8厘米。碑體完整，文字清晰。

□□□提點陝西四川道教兼領重陽萬壽宫事洞觀普濟圓明真人高公道行碑並序

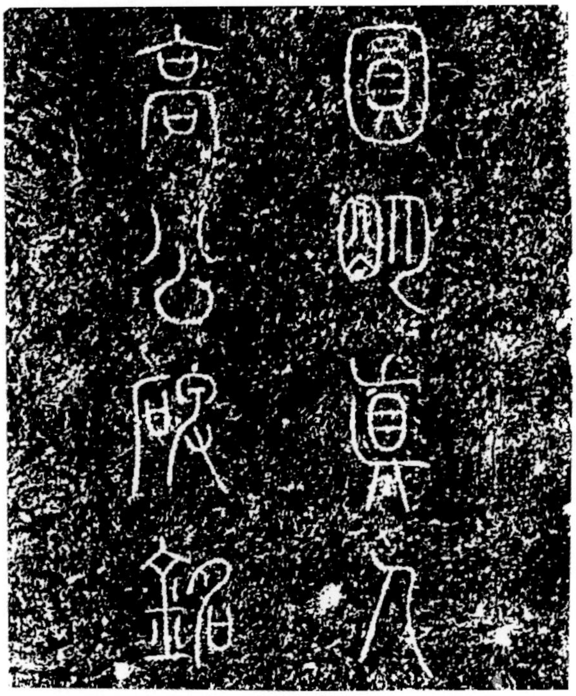

安西王府文學兼提舉陝西四川中興等路學校事姚燧撰，王府典書權璹書，青社蕭㪺篆額」。

我元自」太祖聖武皇帝視丘長春有道，聘爲玄門宗，厥後」太、定、憲三宗及」今皇帝，皆禀孝自天，善繼以述。雖長春返真，不虚其位，命尹清和、李真常、張誠明、王純真與今祁洞明嗣爲而迭居之，如丘在」太祖世。其徒認□縣官崇禮斯道之盛，語其師之居不敢斥，必曰堂下。然堂下治京師，而祖師之藏，與夫成道之廬，則在今終南山之劉蔣。自堂下視之，猶木根」而水源，必茂浚乎此，乃始不憂傳脉之不盛。故凡四方走幣堂下爲香火之奉者，必割畀而實之祖庭，待以興化弘教之須。豈惟是爲然，惟人亦然。苟可以任興化弘教」

圓明真人
高公碑銘

之責，亦必擢置祖庭，受事之陳，不令拱手肆志於無用之地。嗚呼！才有大細，故任有重輕，德有著微，故居有久近。自秦而夏而梁而蜀，治轄恒半堂下，其任如彼其重」也。自庚子從洞真入關，今兹四十秊，職道教者獨再紀其居如此其久也。則夫爲才之大，爲德之著，尚恃言説而始白之人邪。君姓高氏，諱道寬，字裕之，應之懷仁人」。其世夙豪於財，而系則不祥。幼業讀書，能通大義焉。長爲吏長安，丁内外艱，始棄室爲黄冠。師其從受學三人，始則安蓬萊瀹其源，繼則李沖虚大其流，終則于」洞真會其融而導其歸。故游洞真門最久，洞真亦恃君有受而克大其傳也。既告以道德之微言，又授上清紫虚之籙，賜號圓明子，署知重陽萬壽宫及提點甘河遇仙」宫。歲壬子，真常擢爲京兆道録者十年。中統辛酉，誠明薦之」朝，制以爲提點陝西興元等路道教兼領重陽萬壽宫事。至元辛未，純真易子爲尊師，加知常抱德於圓明之上。丙子」，天后」、皇子安西王各賜黄金雲羅冠服一被，教令又益以西蜀道教，猶仍圓明第易知常抱德爲洞觀普濟，尊師爲真人。以明年丁丑春正月廿有五日上征，逆而推之，盡金明」昌乙卯秋七月十有九日，爲閲春秋八十有三，而藏冠屨於仙蜕之園云。其年五月，嗣真人李天樂實狀其行，俾道録郭志祥持示燧曰：真人之德，宜顯詩之，將維子是請也」。燧曰：嗣真人與道録之言不可辭讓，況及先真人風槩之一際乎？迺遂詩之，其辭曰：

緊昔君生，應之懷仁，後由兵興，避走而秦。幼知讀書，長而試吏，束於親存，供爲子事。棘棘時艱，風樹悲纏，迺斬慈愛，壹志求仙。中夜耿炏，天門啓奥，瓊屋磊嵬，飛揚葆纛。是」皆平日，積想之爲，初匪高高，善幻爲斯。以君達觀，能不是覺，蓋以自信，精神之確。伊誰云師，迺即安君，望粗有見，要眇靳聞。久之于于，東亂汴水，丹陽之孫，沖虚是倚。及門」不屑，示教多方，軋以擊摧，觀其競彊。納以濁垢，察其茹受，積久不移，用視持守。投畀井臼，臧獲所難，人勉於暫，君久益安。積信沖虚，待目日改，作新授付，已密有在。洞真徵」車，既牽既膏，庭議且虞，翩其避逃。迺敕沖虚，悃欵相布，使就其徒，擇爲行輔。沖虚戒君，中使與西，曰惟若人，丹陽耳提。穴石吴嶽，聞道日躋，彼伏鵠卵，知求魯雞，子今幸際」，猶升有梯。竟偕洞真，自隴而汴，趨風後塵，聞見再變。洞真留主，中太一宫，君遂不去，几舄與同。玉步既改，君始北邁，結廬德興，規以自晦。洞真逾燕，挈徒而東，衍教白霫，召」君來從。曰子爲道，輕世自足，偃蹇雲山，其過乖物。其反子者，同塵無眣，徵逐府寺，其歸附炎。二者揆道，無一而可，由先失人，後則忘我。安知至人，與世斡流，峻其靈臺，與理」充周。余也誰昔，子外之病，教之無爲，恬澹虚静。上而人天，性命之原，欲子内服，玄聖之言。子守是説，膠轕拘礙，囿於一小，曾未聞大。修身有得，及物利生，鈞之爲德，何害竝」行。勉出疇應，無憚而退，若金用礪，磨鈍而鋭，小子識之，劬心自荷。君拜稽首，受訓不那，又從會葬，祖師劉蔣。關中剑兵，所在榛莽，白骨陵丘，熊虎爲群。作室幾時，雄樓切雲」，後爲終南，勝槩之甲。君時佐用，身任寡乏。行裒四方，言能動頑。虚馬與輿，出以實還。勞則夥矣，略而不有，鼓鍾于宫，譽者盈口。洞真示期，可振玄風，署知重陽，甘河兩宫。真」常拔之，俾録道教，廣員千里，實長京兆。蝟礫琳宫，簡其條章，草靡風行，教益奮張。誠明奏制，提點延慶，隴秦山南，治轄之廣。孰非開府，皇子異

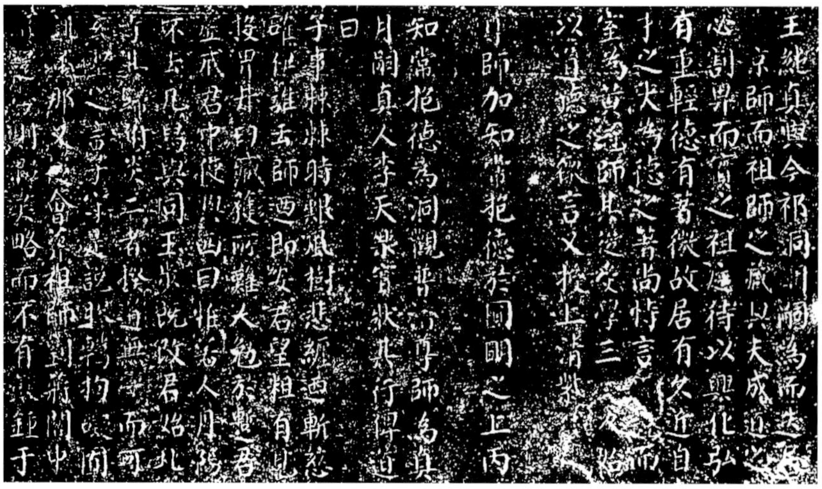

諸，裂地之多，古先有無」。帝曰欽哉，汝有河外，官維其能，承制自拜。迺降教令，益之兩川，蜀凡道流，曰始願焉。嘗觀爲治，教難政易，政恃賞刑，民有勸避。教以導民，孝弟之興，難也烏在，身先未能」。矧乎教道，難者之又，如適斷髮，鬻髢求售。彼捐彝倫，何有於師，無賞以詠，無刑以隨。來則受之，去不越逐，摠摠而居，從厥攸欲。自非其道，不令而從，孰久不斁，賤貴歸心。嗟」君居此，歷逾再紀，年八十三，隤乎順委。冠屨安墳，仙蜕有園，誰其嗣君，君有顧言。既謂天樂，子余所厚，匪我私之，子蘊之茂。畀汝印奩，賜服命書，子欲不取，人疇汝踰。高」風日邈，皇子悼怛，即命天樂，從君顧託。立君之位，師君之爲，猗哉皇子，終始君知。北山之石，貫古不朽，有龜作趺，有螭絡首。于以樹之，清渭之陰，刻此銘詩，式耀来今」。

至元十五年五月重午日建」。

長安虚静大師張居安鐫」。

元至元十六年隴州龍門景福山玉宸宮記碑

碑在陝西省寶雞市隴縣龍門洞，元至元十六年（1279）立。王道明撰文，王贇書丹並篆額，吕志徽等立石。螭首。首身原爲一體，現斷爲兩截。碑通高 145 厘米，碑身高 92 厘米，寬 60 厘米，厚 13 厘米。圭額篆“玉宸宮記”，2 行，字徑 9.5 厘米。正文楷書，字徑 1.5 ~2.5 厘米。碑陰題名楷書，字徑 2 厘米。碑體基本完整，碑陽文字清晰，碑陰文字漫漶。

隴州龍門景福山玉宸宮記

田中靈臺逸士王道明撰」。

前平涼知府守京兆路同知總管府事王贇書丹篆額」。

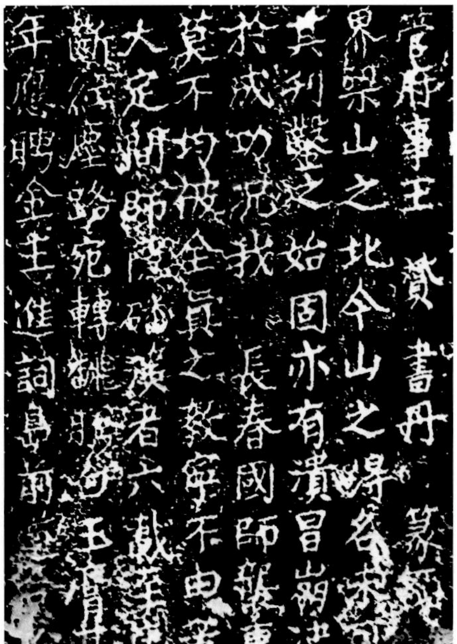

隴之西陲，有山曰龍門，按《夏書》“導河積石，至于龍門”，則在河東西界，梁山之北。今山之得名，未可」詳究，豈不以導岍及岐？凡名山大川，莫非禹跡者歟？自今觀之，方其刊鑿之始，固亦有潰冒崩决」可畏之患。惟龍山志堅忍，不爲櫛風沐雨、手胼足胝少變，然後至於成功。况我長春國師，襲重」陽僊派，稟籥玄風，梯航庶俗，東漸海，西踰秦，南極淮甸，北際沙漠，莫不均被全真之教，寧不由苦」其心志，勞其筋骨，動心忍性，以增益其所不能者耶？謹按仙史，金大定間，師隱磻溪者六載，至甲」子，遷龍門，兀坐雲龕，尅苦煉性，今長春洞存焉。嘗有詩曰“周流截斷紅塵路，宛轉飜勝白玉膏”，其」内境操修之要，從可知矣。不下山者七載，至丙午復

入終南。迨次年，應聘金主，進詞烏前，道合□」□，化行於下；最後奉詔」□元，一言悟聖，天下黔黎咸拜更生之賜。究其源委，盖是山棲迹煉養有以基之。嗚呼！□□□」□思禹□龍門，豈不念有長春者乎？至元丙寅，門下法孫賀志真與廣道子張志寬者，協議興構」。鐫巖樓曰全真；竪二閣，一曰藏經，一曰朝元；靈官祠倚其左，上下相望，皆以穴石架□□巘竦」□爲之煙霞洞之前後，羽流居之，于以嗣國師之香火，祈□」國家之景福，故山以景福名之。己卯春，廣道之徒吕志微訪僕靈臺，求□宫記。且曰：是山修繕積」有秊矣，然無一字以誌，實所闕然，敢以爲請。僕以未嘗足履其境，不能詳述爲辭。吕出一圖見□」，請之益堅。乃披圖詢其所以，則曰：山之東南曰鳳爪，西南曰朝元，俗傳此禹王舊所闢也。日月洞」，□漢婁景所居也，一水所自，三鄉其源也；八卦亭、棊子石，鍾吕游憩之蹤也；定心峯、傳道石，重陽」示現之所也；青龍湫，則元君靈應之澤也；甘露泉，則丹陽飲漱之跡也；榜宫以玉宸之號者，掌教」金坡王真人所命也；施地以充宫之別業者，平凉帥王公及隴帥馬氏也。其大蓋如是。僕自戊戌」居隴，經五載，不能一造龍門，每以爲慊。今蒙以文見委，竊喜載名其上，淂與師祖結緣，有榮耀者」，用是不敢固辭。若夫躡雲嶠、登霞梯，儻遂素志其天成地設之勝槩，尚當一援筆賦之。

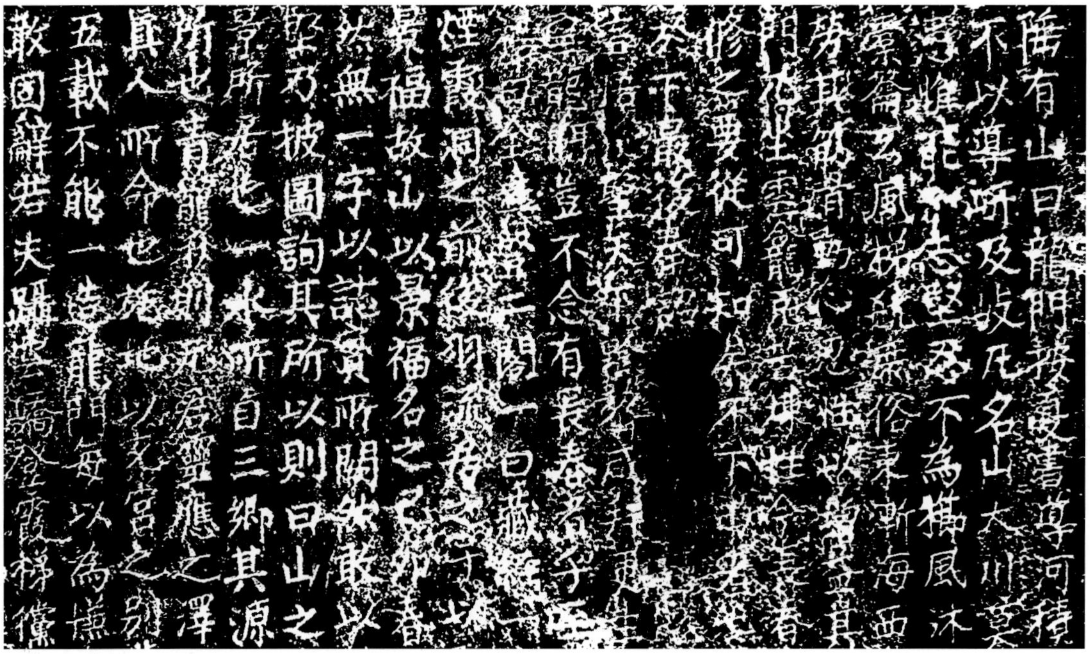

至元十六」年清明日記。

提點弘真大師張志寬，副提點賀志真，知宫周志方，副知宫滿志若」，門人楊志素、何志弱，宫門上下提點吕志微等立石」。

功德主前平凉府元帥王，功德主前隴州元帥馬妙信、元師蒙古歹、元帥壽童、元帥慶童」。

元至元十六年棲雲王真人開澇水記碑

碑在陝西省西安市户縣祖庵鎮重陽宫，元至元十六年（1279）立。薛友諒撰文並篆額，孫德彧書丹，張居安刊。圓首方座。高249厘米，寬94厘米，厚28厘米。正文楷書，字徑3.5厘米。額篆“棲雲真人開澇水記”，2行，字徑10厘米。碑體完整，文字清晰。

棲雲王真人開澇水記

虚静大師賜紫張居安刊」。

終南澇谷之水，關中名水也。淵源浩瀚，隨地形之高下，批崖赴壑，枝分其流，去山一舍，徑入于渭。然無疏導」之功，初不能爲民用。丁未春，棲雲真人王公，領門衆百餘，祀香」祖師之重陽宫，至自汴梁，尋館于會仙堂之西廡。愛其山水明秀，一日杖藜緩步，周覽四境，語其徒曰：“兹地」形勝，其有如此，宫垣之西，甘水翼之，已爲壯觀。若使一水由東而来，環抱是宫，可謂雙龍盤護，真萬世之福」田也，其可得乎？”即与一二尊宿，親爲

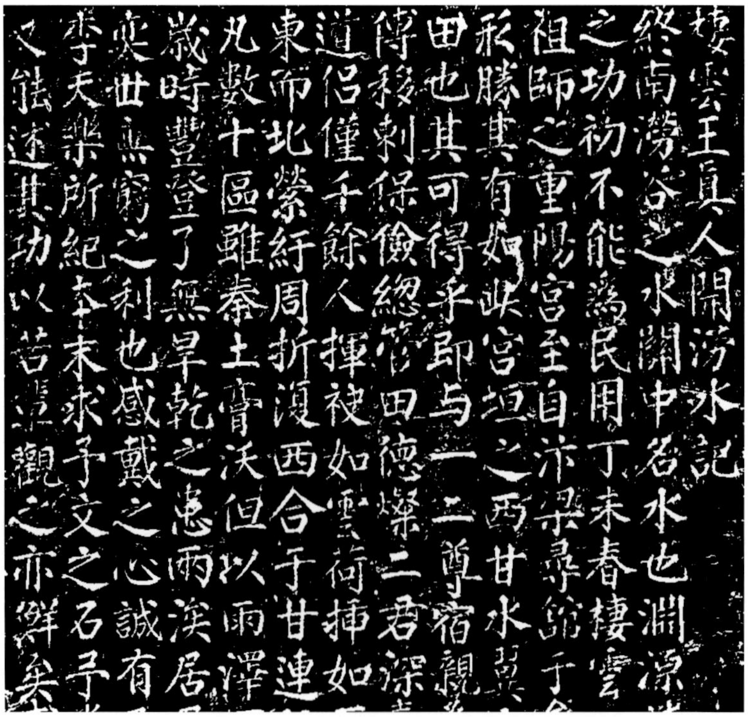
棲雲王真人開澇水記
終南澇谷之水關中名水也淵源
之功初不能爲民用丁未春棲雲
祖師之重陽宫至自汴梁尋館于
形勝其有如此宫垣之西甘水翼
田也其可得乎即与一二尊宿親
傳移剌保儉總管田德燦二君深
道侶僅千餘人揮袂如雲荷插如
東而北縈紆周折復西合于甘連
凡數十區雖秦土膏沃但以雨澤
歲時豐登了無旱乾之患雨潦居
來世無窮之利也感戴之心誠有
李天樂所紀本末求予文之石予
之能述其功以昭示觀之亦鮮矣

棲雲真人開澇水記
棲雲王真人開澇水記

按視，抵東南澇谷之口，行度其地，可鑿渠引而致之。於是，聞諸時官，太」傅移剌保儉、總管田德燦二君深嘉賞焉，遂給以府檄，明諭鄉井民庶，應有所犯地土，無致梗塞。公廼鳩會」道侶，僅千餘人，揮袂如雲，荷插如雨，趨役赴功，其事具舉，曾不三旬，大有告成之慶。澇之水源源而來，自宮」東而北，縈紆周折，復西合于甘，連延二十餘里，穿村度落，蓮塘柳岸，蔬圃稻畦，蕭然有江鄉風景。上下營磨」，凡數十區。雖秦土膏沃，但以雨澤不恒，多害耕作。自時厥後，衆集其居，農勤其務，闢荆榛之野，爲桑麻之地」，歲時豐登，了無旱乾之患。兩涘居民舉爪加額曰："非王公真人之力，則弗能如是。豈特爲吾生一時之幸，寔」奕世無窮之利也。"感戴之心，誠有不能已者。至元己卯，公之高弟安西道録吴道素，持秦蜀道教提點真人」李天樂所紀本末，求予文之石。予嘗以後學荒謬，不足發揚盛事之萬一。然而吴君之事師也，既不忘其本」，又能述其功，以若輩觀之，亦鮮矣。感其義而勉爲之記。且古之人一言一話，有補於時者必載之傳記，况公」處虚寂淵默之境，不挾權勢，不取民財，以孑然之身，利及後人者，斯亦有功于時哉。向使不爲羽衣之流」，朝廷儻加録用，推是心而行其道，則必大利於」國家天下者，又奚止潤色道門而已邪？噫！身寵家温，恬戹民上，使覿公之行事，得無少愧於中歟？公諱志謹」，曹州東明人，自幼入道，師太古郝宗師，淂全真性命之傳，以高明博大之器，爲時推重。嘗遊歷四方，每」至其處，輒以興利濟人爲己任，故受公之賜者不可以數計。中統辛酉」，我朝超贈惠慈利物至德真人，奇迹偉行，生平尤多，獨以有功于後世生民者書之，餘不書」。

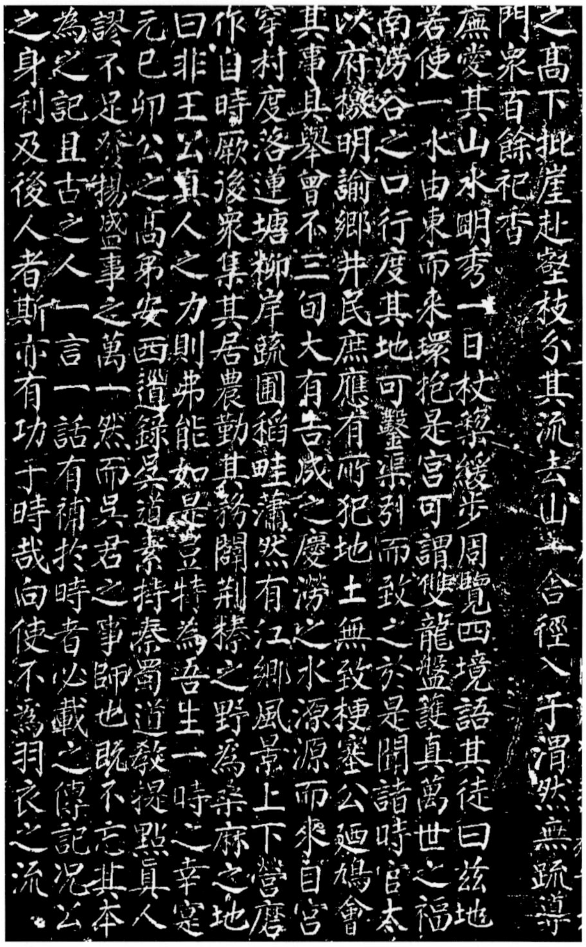
之高下批崖赴壑枝分其流去山合徑入于渭然無跡導
門衆百餘祀香
廡愛其山水明秀一日杖藜緩步周覽四境語其徒曰茲地
若使一水由東而來環抱是宮可謂雙龍盤護真萬世之福
南澇谷之口行度其地可鑿渠引而致之於是聞諸時官太
以府檄明諭鄉井民庶應有所犯地土無致梗塞公廼鳩會
其事具舉曾不三旬大有告成之慶澇之水源源而來自宮
穿村度落蓮塘柳岸蔬圃稻畦蕭然有江鄉風景上下營磨
作自時厥後衆集其居農勤其務闢荆榛之野爲桑麻之地
曰非王公真人之力則弗能如是豈特爲吾生一時之幸寔
元己卯公之高弟安西道録吴道素持秦蜀道教提點真人
謬不足發揚盛事之萬一然而吴君之事師也既不忘其本
爲之記且古之人一言一話有補於時者必載之傳記况公
之身利及後人者斯亦有功于時哉向使不爲羽衣之流

安西王府記室參軍薛友諒撰并篆額。

開玄崇道大師安西路道門提點重紫孫德彧書」。

大元至元十六年歲次己卯中元日立石」。

正議大夫陝西等路行尚書省參知政事趙仁榮」。

元至元十七年通微真人蒲察尊師傳碑

碑在陝西省寶雞市千陽縣城區，元至元十七年（1280）立。李道謙撰文，楊志春書丹並篆額，鮑道元立石，安悟玄刊。圓首。高 227 厘米，寬 92.5 厘米，厚 32 厘米。正文楷書，字徑 3 厘米。圭額篆“通微真人蒲察尊師傳”，3 行，字徑 10 厘米。碑體完整，文字清晰。

通微真人蒲察尊師傳

終南筠溪天樂道人李道謙編，三洞經籙法師知常子楊志春書丹并篆額，安悟玄刊」。

師姓浦察氏，諱道淵，通微子，道號也。家世上京，乃祖以金朝開國佐命功封世襲千户，遂爲燕都之巨室。上世以威武起家，故宗系」莫得其詳。師於天德四年壬申歲生，氣禀特異，方在襁褓，乳母嘗以葷口哺之，必泣哇而後已。迨齠齔間，遇道像輒自瞻拜，敬慕不」肯去，見羽士過門，必延致於家，特爲設齋供養之。年既冠，父母欲議婚，師聞之，跪告於前曰：“塵俗之事，性非所願，乃所好則神仙輕」舉之業。”父母責之曰：“吾家世襲簪纓，賴子以承門廕，寧容有是請耶？”遂擇良配定之。及結約之日，預夜，母夢婦縗絰而入，驚且問曰」：“何故此服之不祥？”婦

通玄真人蒲察尊師傳

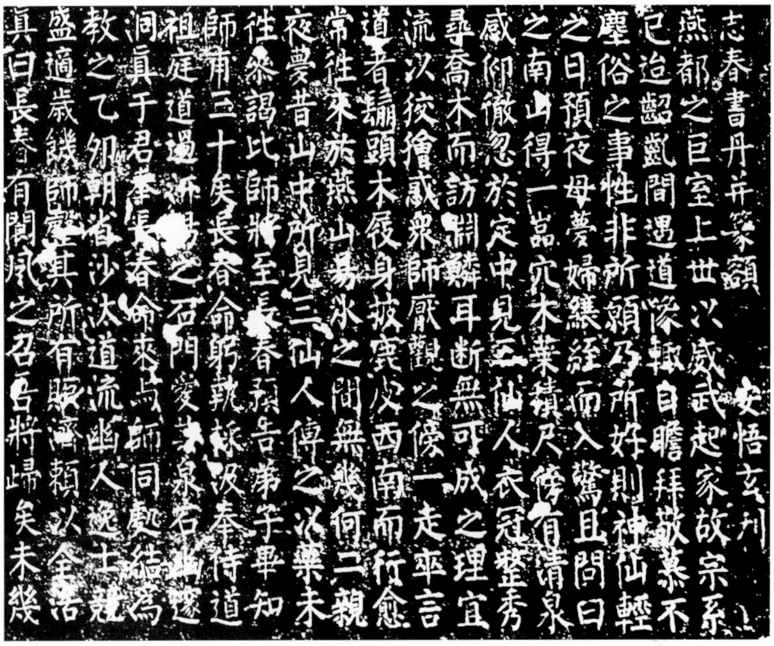
志春書丹并篆額　安悟玄州
燕都之巨室上世以威武起家故宗系
已迨𨒅戲間遇道篆輒自瞻拜敬慕不
塵俗之事性非所頗好則神仙輕
之日預夜母夢婦縗絰而入驚且問曰
之南山得一嵒穴木葉積尺傍有清泉
感仰徹忽於定中見三仙人衣冠整秀
尋喬木而訪淵鱗耳斷無可成之理宜
流以狡獪惑衆師厭觀之傍一走卒言
道者鬅頭木屐身披鹿皮西南而行愈
常往來於燕山易水之間無幾何二親
夜夢昔山中所見三仙人傳之以藥未
往糸謁比師將至長春預告弟子畢知
師甫三十矣長春命躬執採汲奉侍道
祖庭道過汧陽之石門愛其泉石幽邃
洞真于君奉長春命來与師同處結爲
教之乙卯朝省沙汰道流幽人逸士競
盛適歲饑師竭其所有賑濟賴以全活
真曰長春有闕東之召旨將歸矣未幾

曰：“夫新喪矣。”既覺，母曰：“是婦不利於吾兒。”遽絶其姻。師即私遁於灅陽之南山，得一嵒穴，木葉積尺，傍有清泉」，就爲棲遯之所，惟啗栢飲水而已。數月，樵者見之，告於山下居民，争相供奉。師丹心潛會，精感仰徹，忽於定中見三仙人衣冠整秀」，飄然而來，曰：“聞子好道，故來相過。夫道無師不度，道貴有傳。子今塊坐於斯，以求至道，殆猶尋喬木而訪淵鱗耳，断無可成之理，宜」速下山求師可也。”師乃還家，已逾歲矣。由是求師學道之心愈切。一日於燕市中見貨藥道流，以狡獪惑衆，師厭觀之。傍一走卒言」曰：“此妄人耳，吾關西有丘師父者，真神仙人。”師聞之，延於肆而飲之酒，詢得其詳。是夜，夢一道者鬅頭木屐，身披鹿皮，西南而行，愈」逐而愈不及，遂泣呼之。道者回顧曰：“子慕道雖勤，因緣未契，後年三十可相見也。”覺而誌之，常往來於燕山易水之間。無幾何，二親」俱下世，方舅氏得官長安，因從入關。舅氏又欲擇姻，師於一室自潔其形以免。政瘡㾾之際，夜夢昔山中所見三仙人傳之以藥，未」及旬而愈。時清明，因游興慶池，遇女冠劉瓊，問長春宗師所在。瓊曰：“吾師今隱隴山。”翌日，徑往糸謁，比師將至，長春預告弟子畢知」常曰：“有自燕都來受教者。”須臾師至，見長春鬅頭木屐，克肖向夢中所遇，時大定之辛丑歲，師甫三十矣。長春命躬執採汲，奉侍道」侶，勤勞既久，屢蒙印可，於道大有所得。丙午，京兆統軍夾谷公因師請長春下隴山，居終南祖庭，道過汧陽之石門，愛其泉石幽邃」，乞地數畝，築全真堂，留師居之。師徜徉林麓，棲真養浩，以行其所受之道。明昌辛亥夏，寧海洞真于君奉長春命來与師同處，結爲」方

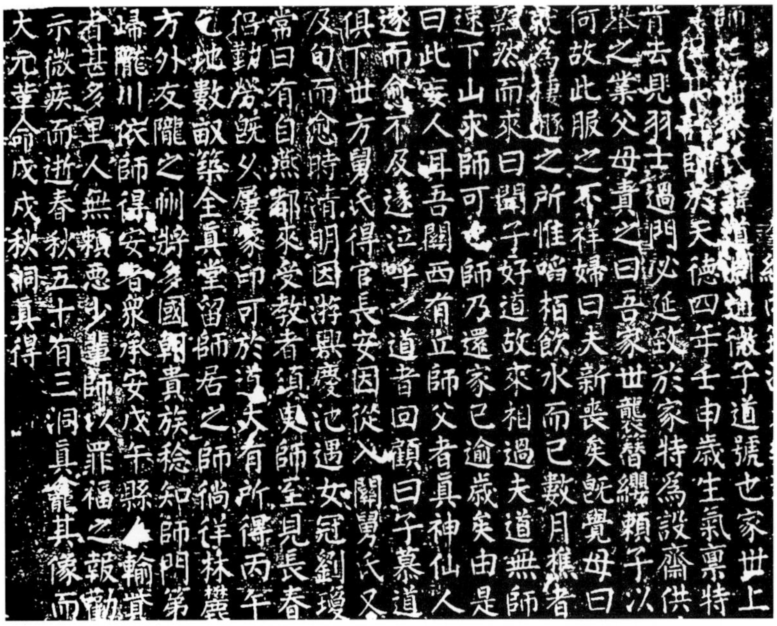
天德四年壬申歲生氣稟特
去見羽士過門必延致於家特爲設齋供
業之業父母貴之曰吾家世襲簪纓賴子以
何故此服之不祥婦曰夫新喪矣既覺母曰
緣爲棲遯之所惟啗栢飲水而已數月樵者
然而來曰聞子好道故來相過夫道無師
速下山求師可也師乃還家已逾歲矣由是
曰此妄人耳吾關西有丘師父者真神仙人
逐而愈不及遂泣呼之道者回顧曰子慕道
俱下世方舅氏得官長安因從入關舅氏又
及旬而愈時清明因游興慶池遇女冠劉瓊
常曰有自燕都來受教者須臾師至見長春
侶勤勞既久屢蒙印可於道大有所得丙午
乞地數畝築全真堂留師居之師徜徉林麓
方外友隴之州游多國朝貴族稔知師門第
婦隴川依師得安者衆承安戊午縣輸貫
者甚多里人無賴悪少輩師以罪福之報勸
示微疾而逝春秋五十有三洞真龕其像而
大元革命戊戌秋洞真得

外友。隴之州將多國朝貴族，稔知師門第，及慕其高潔，時來叅拜，師必以愛民崇道之語教之。乙卯，朝省沙汰道流，幽人逸士，競」歸隴川，依師得安者衆。承安戊午，縣人輸貲禮部，就全真堂

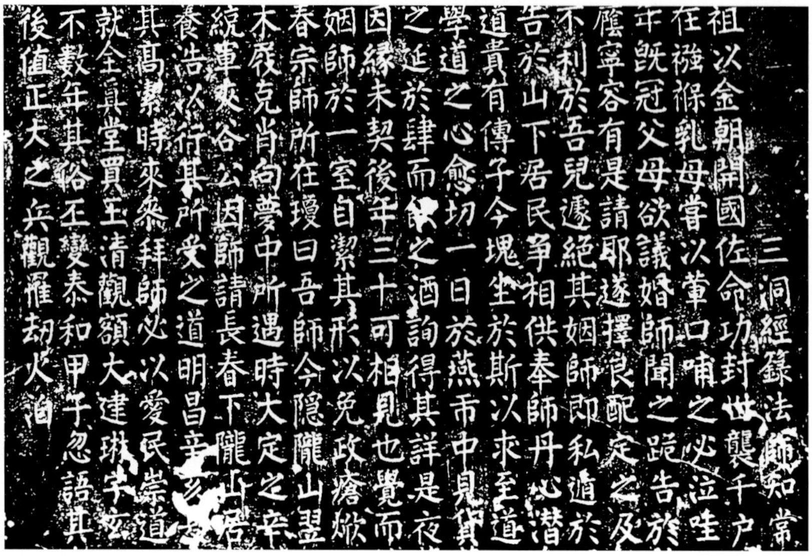

買玉清觀額，大建琳宇，玄化鼎盛。適歲饑，師罄其所有賑濟，賴以全活」者甚多。里人無賴惡少輩，師以罪福之報勸諭之，不數年，其俗丕變。泰和甲子，忽語其友洞真曰：“長春有閬風之召，吾將歸矣。”未幾」，示微疾而逝，春秋五十有三。洞真龕其像而事之，後值正大之兵，觀罹劫火。洎」大元革命戊戌秋，洞真得」旨住持終南重陽宮，主領陝右教事，遣門人興復玉清遺址，仍命改葬師於宮北之天池。自掩壙之初，群鶴翔舞其上，已事而去，萬」目共瞻，以爲異事。歲辛亥，掌教真常李君奉」朝命追贈圓明普惠通微真人之號云」。

……歲在庚辰端五吉日，提點真静大師鮑道元立石」。

……宣授定遠大將軍乾州軍民元帥開州守鎮萬户劉善慶，施主千户緱惠，室人雷氏」。

元至元年間崇道聖訓王言碑

碑在陝西省西安市户縣祖庵鎮重陽宫，元至元十七年（1280）或其後立。螭首。通高369厘米，寬117厘米，厚31厘米。圭額篆“大元崇道聖訓王言”，2行，字徑9厘米。碑以蒙漢兩文刻，漢文楷書，字徑2～2.5厘米。碑體完整，文字漫漶。

（蒙文略）

長生天氣力裏」，大福廕護助裏」，皇帝聖旨。

管軍官人每根底、軍人每根底、管城子」達魯花赤官人每根底、過往使臣每根底」，宣諭的」聖旨」。

成吉思皇帝、哈罕皇帝聖旨裏：和尚、也里可温、先」生、達失蠻，不揀甚麽差發休着，告」天祝壽者麽道有來，如今依着已前的」聖旨體例，不揀甚麽差發休着，告」天祝壽者麽道，這李道謙、高真人替頭裏做提點」，陝西五路西蜀四川有的先生每根底爲」頭兒行者麽道。這李提點把着行的」聖旨與來。這的每宫觀裏、房舍裏，使臣休安下者」。不揀甚麽人倚氣力休住坐者。宫觀裏休」斷公事者，休頓放官粮者，不揀甚麽休放」者。鋪馬祇應休與者。地税、商税休着者。但」屬宫觀的水土、竹葦、水磨、園林、解典庫、浴」堂、店舍、鋪席、麴、醋等，不揀甚麽差發休要」者。更，没」俺每的明白聖旨，推稱諸投下，先生每根底，不揀」甚麽休索要者，先生每也休與者。更，先生」每不揀有甚麽

大元崇道
聖訓王言

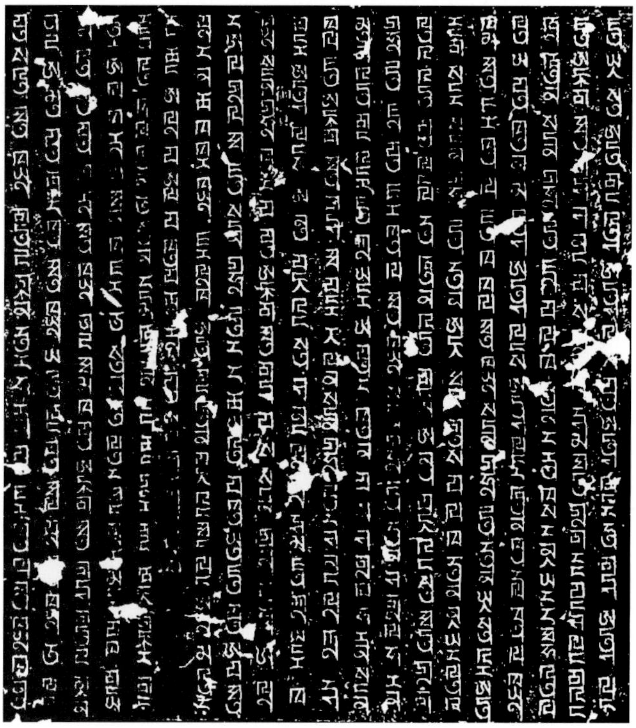

公事呵，這李提點依理歸」斷者。你每這衆先生每，依着這李提點言」語裏，依理行踏者。更，俗人每，先生每根底」休理問者。先生每與俗人每有争告的言」語呵，倚付了的先生每的頭兒與管民官」一同理問歸斷者。不依先生體例，行做解」勾當的、做賊説謊的先生每，管城子達魯」花赤官人每根底分付與者。這李提點倚」付來麽道，無體例勾當休行者。行呵」，俺每根底奏者。不揀説甚麽呵」，俺每識也者」，聖旨俺每的。

龍兒年十一月初五日」，大都有的時分寫來」。

長生天氣力裏」，皇帝福廕裏」，皇子安西王令旨。

葆真大師前諸路道教提」舉李道謙，比及」聞奏已來，可提點陝西五路西蜀四川道教句」當。准此」。

至元十四年五月　日」。

（蒙文略）

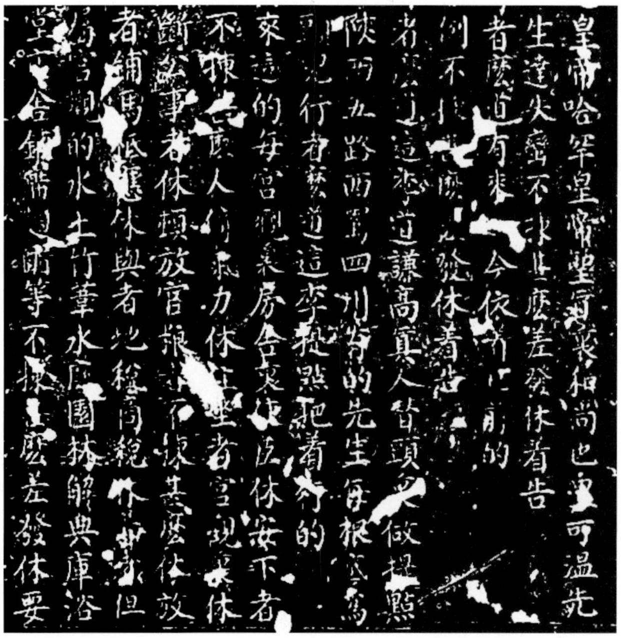

長生天氣力裏」，皇帝聖旨。

葆真大師諸路道教提舉李道謙，可」授陝西五路西蜀四川道教提點兼領」重陽萬壽宫事。宜令李道謙。

准此」。

至元十七年正月　日」。

（蒙文略）

長生天氣力裏」，皇帝福廕裏」，皇子安西王令旨，諭道教提點李道謙」：

我國家祖宗列聖相傳，莫不以敬」天崇道，奕世受祐。王祖師得全真之道，教法開弘」。丘神仙盡啓沃之誠，玄風慶會。是以」

先朝眷遇，恩命優崇。凡厥道流，商税地税，應干差」役，咸與蠲免。醋酵亦從食用」。

今皇帝聖旨，亦依舊例，繼世相承，以爲定制。邇者」荐膺」帝命，分莅西秦，封建以來，于今五載。高真人率所」屬道衆修醮告」天，屢獲靈應，故嘗贈以金冠錦服。今已羽化，繼傳」者必選其人。以爾李道謙道行素著，文學」該通，深明三籙之玄科，確守一純之浄戒」。得丹陽之正統，踐洞真之遺言，不有褒崇」，曷爲奬率。可授提點陝西五路西蜀四川」道教兼領重陽萬壽宫事，別賜金冠法服」。仰益勵操修，以彰殊績。仍戒諭所屬道衆」，宜令傾心報」國，精意告」天，朝夕誦持，慇勤進道，無負」我朝敬」天崇道之心，祖師立教度人之意。若有違條犯戒」、紊亂道風者，惟爾汰擇，其慎之焉。無忽」。

至元十四年六月　日」。

（蒙文略）

元至元十八年長春演道主教真人内傳碑

碑在陝西省寶雞市陳滄區磻溪鎮楊家店村磻溪宫遺址，元至元十八年（1281）立。李道謙撰文並篆額，袁志安書丹，方志正等立石。螭首。高254厘米，寬119厘米，厚33厘米。正文楷書，字徑2厘米。主額篆“全真第五代宗師長春真人丘君内傳”，3行，字徑9～10厘米。碑體完整，文字清晰。

全真第五代宗師長春演道主教真人内傳

師姓丘氏，諱處機，字通密，道號長春子，登州棲霞縣人，世爲顯族。生於皇統八年戊辰正月十九日，幼而聰敏，識量不群。大定六年丙戌，師甫十九，悟世空華，即棄家學道，潛居崑崳山。七年，聞重陽祖師寓寧海馬氏全真庵，即往師」焉。重陽贈之詩云：“細密金鱗戲碧流，能尋香餌會吞鉤，被予緩緩收綸線，拽入蓬萊永自由。”又賜今之名號，其器重可見。八年春，祖師挈居煙霞洞。九年冬，與丹陽、長真、長生從祖師遊汴梁。祖師日夕訓誨，比之餘人尤加切至。明季」春，祖師羽化，師與長真、長生從丹陽入關。十二年，復詣汴護喪，葬之終南劉蔣村，廬墓三年，各任所適。十四年秋，師居西虢之磻溪，修真鍊行，日丐一飡，晝夜不寐者六載。二十年，遷居隴山之龍門，

全真第五代
宗師長春真

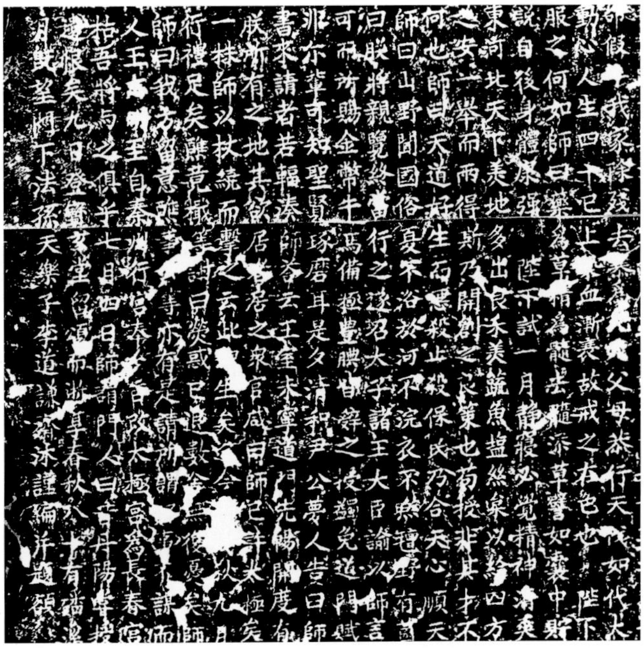

守志如在磻溪日。二十二年，官中」有牒發事，師至祖庭，丹陽付以後事東歸，師即還隴山。二十六年冬，京兆統軍夾谷公禮請居終南祖庭，載揚玄化。過汧陽之石門，覽泉石佳勝，築全真堂，即今玉清宮也。二十八年春二月，興陵召至燕都，請問至道。師以“寡欲，修身」之要；保民，治國之本”對。上嘉納之，蒙賜以巾冠袍縧，勑館於天長觀。十一日，命主萬春節醮事，奉旨令有司就城北修庵，塑純陽、重陽、丹陽三師像，綵繪供具，靡不精備。夏四月，菴成，命徒居之，以便咨問。五月，召見於長松島。秋七月」，復召見，師剖析天人之理，進瑤臺第一層曲，又應制五篇。明日，賜上林桃。師不食茶果十餘年，至是一啖之，重上賜也。八月，得旨還終南。賜錢十萬，辭不受。冬，盤桓山陽，剏蘇門之資福、修武之清真、孟州之嶽雲，又增置洛陽雲溪之」地。二十九年春二月，西還祖庭，大建琳宇。明昌二年，東歸棲霞，即祖宅剏太虛觀。二年冬，主醮於芝陽，五年秋，醮於福山，俱有聖降天光之瑞。泰和七年，元妃施道經一藏，驛送太虛。貞祐間，師居登州。時宣宗幸汴，强梗蜂聚，互相魚」肉，師爲撫諭，民乃得安。有司以聞，朝廷賜自然應化弘教大師號，仍命東平監軍王庭玉護師歸汴京。師曰：“天道運行，無敢違也。”不

起。未幾，齊魯陷宋。己卯，師居萊州昊天觀。一日靜中作而言曰：“西北天命所与，他日必當一往，生靈」庶可相援。”秋八月，宋主遣使來召，亦不起。州牧勸行，師曰：“吾之出處，非若輩可知。至時恐不能留爾。”是歲五月」，聖元太祖聖武皇帝自奈蠻國遣近侍劉仲禄賫詔請師。八月，仲禄抵燕，聞師在萊州，適益都安撫司遣行人吳燕等計事中山，就爲前導。十二月，達東萊，傳所以宣召之旨，師慨然而起。庚辰正月十八日，選門弟子一十八人」從行。二月入燕，行省石抹公館於玉虛觀。仲禄先遣曷剌馳奏，師亦奉表以聞。四月，作醮於太極宮，登寶玄堂傳

戒，有鶴自西北來。焚簡之際，一簡飛空，五鶴翔舞其上。明日北行，道出居庸關，遇群盜，皆羅拜於前曰：無驚父師。五月」，至德興龍陽觀，中元日醮，午後傳戒，衆露坐暑甚。須臾雲覆其上，狀若圓蓋，事畢方散。觀中井水僅給百人，是時汲之不竭。八月，太傅移剌公請居宣德之朝元觀。十月，曷剌進表回，有詔促行，又敕仲禄無使真人飢且勞，可扶」持緩来，其禮敬如此。辛巳二月八日，道俗餞於西郊，至有擁馬首而泣者曰：“師云萬里外，何時復獲瞻拜？”師曰：“三載歸矣。”五月朔，抵陸局河。七月，至阿不罕山，鎮海来迎，言前有大山廣澤，不可以車。師留弟子宋道安等九人立棲霞」觀，率趙九古輩九人輕騎而往。中秋日抵金山，至白骨甸。昔云此地天氣陰黯，魑魅爲祟，過者必以血塗馬首厭之。師笑曰：“道人何憂此？”過之卒無所見。抵陰山，王官、士庶、道釋數百来迓。十一月，至邪迷思干大城之北，太師移剌公」及蒙古帥首載酒以迎，冬居算端氏之

新宫。壬午三月上旬，阿里鮮至自行在，傳旨宣諭仲禄、鎮海，仍敕萬户播魯赤以甲士千人衛師過鐵門。四月五日，達于行宫，舍館定，入見。上賜坐，勞之曰：“他國徵聘皆不應，今遠踰萬」里而来，朕甚嘉焉。”對曰：“山野詔而起者，天也。”略語，上重其誠實，設二帳於御幄之右，以師居之。擇以十四日問道。將及期，有報山賊之叛，上乃親征，不果，改卜十月吉。七月初，師遣阿里鮮奉表諫上止殺、赦叛」，上悦。八月七日使回，傳旨請師西行。二十二日見上於太師城南，承旨令師扈帳殿以行。十月望日，上齋莊設庭燎，虛前席，以太師阿海洎阿里鮮譯語，請問長生之道。師曰：“夫道生天育地，日月星辰，鬼神人物，皆從道生」。人止知天之大，不知道之大也。山野生平棄親出家，惟學此耳。道生天地，輕清者爲天，天陽也，属火；重濁者爲地，地陰也，屬水。天地既闢，人禀元氣而生，負陰而抱陽。陽男也，屬火，女陰也，属水。惟陰能消陽，水能剋火，故養生者首戒」乎色。夫經營衣食則勞乎思慮，雖散乎氣，而散之少；貪婪色欲則耗乎精神，亦散其氣，而散之多。夫學道之人，澄心遣欲，固精守神，唯鍊乎陽，是致陰消而陽全，則昇乎天

而爲仙，如火之炎上也。凡俗之人，以酒爲漿，以妄爲常，恣情」遂欲，損精耗神，是致陽衰而陰盛，則沉於地而爲鬼，如水之流下也。夫神爲氣子，氣爲神母，氣經目爲淚，經鼻爲膿，經舌爲津，經外爲汗，經内爲血，經骨爲髓，經腎爲精。氣全則生，氣散則死，氣盛則壯，氣衰則老。常使氣不散，則如子」之有母，氣散則如子之喪□母，何恃何怙？夫修真者，如轉石上山，愈高而愈難，跬步顛沛，前功俱廢。以其難爲，故舉世莫之爲也。背道逐欲者，如輥石下山，愈卑而愈易，斯須隕墜，一去無回。以其易爲，故舉世從之。山野前所謂修鍊」之道，皆常人之事。若夫天子之説，又異於是。陛下本天人耳，皇天眷命，假手我家，除殘去暴，爲元元父母，恭行天伐。如代大匠斲，克艱克難，功成限畢，復昇天位。在世之日，切宜減聲色嗜欲，自然聖體安康，睿筭遐遠耳。夫古」人以繼嗣而娶，先聖孔子、孟子亦各有子。孔子四十而不惑，孟子四十不動心，人生四十已上，氣血漸衰，故戒之在色也。陛下春秋已及上壽，聖子神孫，枝蔓多廣，但能節欲保身，則幾於道矣。昔黄帝嘗問道於廣成，廣成告以無」勞汝形，無摇汝精，無使汝思慮營營。此言是也。"

上又問："有進長生藥者，服之何如？"師曰："藥爲草，精爲髓。去髓添草，譬如囊中貯金，旋去金而添鐵，久之金盡，囊之雖滿，但遺鐵耳。服藥之理，何異乎是。昔金世宗皇帝即位之後，色欲」過節，不勝衰憊。每朝會，令二人掖之而行。亦嘗請余問養生之道，余如前説，自後身體康强。陛下試一月静寢，必覺精神清爽，筋骨强健。天子雖富有四海，飲食起居，珍玩貨財，亦當依分，不宜過差。海外之國不啻億兆，奇珍異寶」，比比出之，皆不及中國天垂經教，世出異人，治國治身之道，爲之大備。山東河北，天下美地，多出良禾美蔬，魚塩絲枲，以給四方之用。自古得之者爲大，所以歷代有國者惟重此地耳。今盡爲陛下所有，奈何兵火相繼，流散未集」。宜選清幹官爲之撫治，量免三年賦役，使軍國足金帛之用，黔黎復蘇息之安。一舉而兩得，斯乃開創之良策也。苟授非其才，不徒無益，反以爲害。其修身養命之道，治國保民之理，山野略陳梗槩，用之捨之，在宸衷之斷耳」。"上嘉納其言，自是不時召見，與之論話。一日，上問曰："師每言勸朕止殺，何也？"師曰："天道好生而惡殺。止殺保民，乃合天心。順天者，天必眷祐，降福我家。况民無常懷，惟德是懷，民無常歸，惟仁是歸。若爲子孫計者，無如布德推恩，依」仁由義，自然六合之大業可成，億兆之洪基可保。”上悦，又問以雷震事。師曰：“山野聞國俗夏不浴於河，不浣衣，不瞰氊，野有菌，禁其採，畏天威也。然非奉天之至道。嘗聞三千之罪，莫大於不孝。今聞國俗於父母未知孝道」。上乘威德，可戒其衆。”上悦曰：“神仙前後之語，悉合朕心。”命左右書之策，曰：“朕將親覽，終當行之。”遂召太子、諸王、大臣，諭以師言曰：“天俾神仙爲朕説此，汝輩各當銘諸心。”神仙之稱，肇於此矣。癸未二月七日，因入見而辤」。上曰：“少俟數日，從前道話有所未解者，朕悟即行。”三月七日，又入辤，制可。而所賜金幣、牛馬，備極豐腆，皆辤之。授蠲免道門賦役之旨，以寵其歸。仍命阿里鮮輩護送，别者泣下。至阿不罕山，憩棲霞觀，門人宋道安等与玉華會衆」設齋數日乃行。五月中，師不食，但飲湯而已。衆問之曰：“師奚疾?”師曰：“予疾非尔輩可知，聖賢琢磨耳。”是夕，清和尹公夢人告曰：“師疾公輩勿憂，至漢地當自平復。”六月晦抵豐州，宣差俞公請止其家，奉以湯餅，輒飽食，自是飲食如故」。衆相謂曰：“尹公之夢驗矣。”八月至宣德，居朝元觀。河朔州府王官將帥，以書來請者若輻湊。師荅云：“王室未寧，道門先暢，開度有緣，恢洪無量。群方帥首，志心歸向，恨不化身，分酬衆望。”甲申二月，燕京行省石抹公、便宜劉公各遣使」懇請住太極宫，師允其請。是月，曷剌至自行在，傳旨云：“神仙至漢地，凡朕所有之地，其欲居者居之。”衆官咸曰：“師已許太極矣，請無他議。”三月，仙仗入燕。厥後道侣雲集，玄教日興，乃建八會：曰平等，曰長春，曰靈寶，曰長生，曰明真」，曰平安，曰消灾，曰萬蓮。會各有百人，以良日設齋供奉上真。延祥觀枯槐一株，師以杖繞而擊之云：“此槐生矣。”迄今□□。秋九月，宣撫王檝善于天文，以熒惑犯尾宿，主燕境灾，請師作醮禳之，問其所費，師曰：“一物失所，猶懷不忍，况」闔境乎！比年民苦征役，公私交困，我當以常住物備之。令京官齋戒以待行禮足矣!”醮竟，檝等謝曰：“熒惑已退數舍，無復憂矣。師德之感，何其速哉!”師曰：“予何德，汝輩誠也。”丙戌夏五月，京師大旱，行省請師作醮，雨乃足，僉曰神仙雨」也。名公碩儒，皆以詩賀。丁亥夏復旱，有司禱無少應，奉道會衆請師作醮，師曰：“我方留意醮事，公等亦有是請，所謂好事不謀而同。”仍云：“五月一日爲祈雨醮，三日作謝雨醮，約中得者是名瑞應雨，過所約非醮家雨也。”或曰：“天意匪」易度，萬一失期，能無招衆口之訾邪?”師曰：“非尔所知。”後皆如師言。是月，門人王志明至自秦州行宫，奉旨改太極宫爲長春宫，及賜以虎符，凡道家事一聽神仙處置。六月中，雷雨大作，人報云：“太液池南岸崩裂，水入東湖，聲聞數」十

里，黿鼉魚鼈盡去，池遂枯涸，北口山亦摧。”師初無言，良久笑曰：“山摧池枯，吾將与之俱乎！”七月四日，師謂門人曰：“昔丹陽嘗授記於予：吾殁之後，教門大興，四方往往化爲道鄉，道院皆勑賜名額，又當住持大宫觀，仍有使者佩符」乘驛幹教門事，此乃功成名遂歸休之時也。丹陽之言，一一皆驗，吾歸無遺恨矣！”九日，登寶玄堂，留頌而逝，享春秋八十。有《磻溪》《鳴道》二集行於世。清和嗣教，建議於白雲觀搆處順堂，會集諸方師德，以戊子七月九日大葬，設像以」奉香火。至元六年正月奉明旨，褒贈長春演道主教真人。十八年二月既望，門下法孫天樂子李道謙齋沐謹編并題額。

鳳翔府管内道録袁志安書。

清真崇道大師鳳翔府虢縣磻溪長春成道宫提點方志正等立石」。

元至元十八年創建清陽宫記碑

碑在陜西省西安市户縣祖庵鎮重陽宫，元至元十八年（1281）立。王道明撰文，李若虚書丹，孫德彧篆額，張德寧刊，孫志久、馬志顯、謝志玄、嚴道威、李志亨等立石。螭首。高275厘米，寬108厘米，厚23厘米。正文楷書，字徑3厘米。圭額篆“創建清陽宫記”，2行，字徑12厘米。碑體完整，文字漫漶。

大元創建清陽宫記

祖庭崇玄大師張德寧刊」。

玉在山而木潤，淵生珠而崖不枯，物化之充廣也。龍吟而雲從，鶴鳴而子和，氣類之感召也。孰謂仙宫道館寧不由師真道德積累以基之，玄」徒才力經搆以成之乎？距終南重陽萬壽宫東南七里而近，有村曰任馬，村有觀曰清陽，盖宫之羽翼也。觀之成有年矣。一日，提點孫志久踵」門甘河道院訪僕而言曰：歲在乙未，關右甫定，清和尹真人西来經理教事，棲集雲衆，興廢起墜，如太平、樓觀、華清諸大道場，咸選高道者」宿以主之，惟兹任馬乃命我先師沖虚楊君率徒營建，仍授觀額。惟小子罔克自揆，以承師志，數載黽勉，不憚勞苦，以迄于成。顧念先師道譽」滿山東，而是觀之

敕建清陽宮記
大元創建清陽宮記

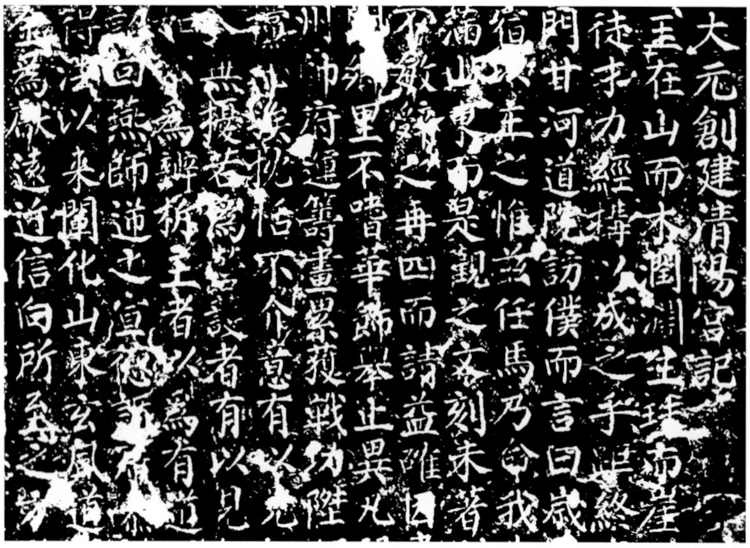

文刻未著，則其聲聞發越之所從，觀事興刱之所始，歲月駸駸，將遂湮没，實用慊然。今有石，子其爲我文之，敢以爲請？僕以」不敏辤之再四，而請益確，因嘉其奉師之志篤，義不獲讓，繫之以辭曰：沖虚大師諱志謹，洺州肥鄉縣馬固保人。誕質慶門，氣稟英秀，幼以孝」聞鄉里，不嗜華飾，舉止異凡兒。年十五，遇神人訓以性命之學，怳若寤寐，銘感于中，飄然有高謝物表之志，以事親靳其所欲。迨弱冠，叅佐本」州帥府，運籌畫累獲戰功，陞行軍總領。既而親喪，即拋家易服，毅然長往，以從事於道。或游市鄽，佯狂自縱，如古之藍采和，雖爲人狎侮欺詒」，擋扤挨忱，恬不介意，有以見師之初志堅確也。嘗鑿一土洞於縣之右堤，兀坐其中。時以兵後，田野荒蕪，狼食民畜，師所居常有數狼在側，出」入無擾，若爲營護者，有以見師之善攝生而馴惡獸也。後雲水壽□諸州，值有司戒嚴守禦，以師爲外諜羈之。主將前至，臨以白刃，而神色自」如，不爲辨析，主者以爲有道而釋之，有以見師之威武不能屈也。先歲在癸未，長春宗師應」詔回燕，師迎之宣德，詣席叅禮，執弟子之役。長春一見，略□語即有契，授之秘訣，自是□達玄微，了無凝滯，有以見師道之傳宿緣會遇也。師自」得法以来，闡化山東，玄風道價，傾動千里，請益受度者千餘人。□□□□□如中書□□□□澤行省劉敏、宣差王安輩敦疏禮請，割地推」金爲獻，遠近信向，所至之方，無不傾心。以故刱庵觀百餘所，□□鄉之□□萬壽宫，最爲之冠，有以見師之道德積累緣法之感召也。晚歲住」輝州集仙資福宫，弘闡普度，道緣益彰。一旦□□數將□呼門□□□□囑□曲肱而逝，實中統辛酉八月念四日，得壽七十有三，時有異香盈」宇。及葬，覩彩雲瑞鶴旋罩其上，掩壙乃散，有以見師之平昔持養之效也。□□明秀，任馬當其銜。師自蒙清和宗師之委，指授徒衆，經之營之」，而志久等乃克協力一，中不數載，能事潁脱，上而無極大□等殿，□□藻繪，燦然一新，下建雲室、齋厨、水輪、庫廄，靡不就緒。壬

子春」，真常宗師自燕來秦，祀香祖庭，亦嘗一到，大加賞異。又」皇姪永昌王賜護持之旨及師沖虛弘教真人之號，有以見玄徒才力經構之□也。至元庚辰冬，復承宣授道教提點天樂真人以」恩例手書其額，易觀爲宫。雖然宫以清陽名者，渾淪既判，清輕者上爲天，濁重者下爲地，沖和之氣則爲人也。太極動而生陽，静而生陰，陰陽」之動静玄爲其根也。今清陽之號得無滯於一偏之失乎？蓋人性本静，□□則□，譬則水焉，物擾則濁；而水之性本清也，滓穢澂盡則復矣。天」理人慾遞爲消長，譬則日焉，陰蝕則晦，而日之體本陽也，雲翳蕩散則明矣。然苟能加澄治之功，而自□□□，則靈源膠擾，興理斳器，夜氣之」清明或梏亡於旦晝，而道心之惟微，未有不陷於人心之危矣。此君子所以揚清激濁，而易道所以貴陽賤陰者，与今清和牓觀之意同，一心」法學者當自得之。至元十八禩歲舍重先大荒落三月既望，三洞講經知常盛德大師提點終南山甘河鎮重陽遇仙宫事賜紫王道明記」。

安西王府祈禳醮祭三洞講經開玄崇道大師安西路道門提點重紫孫德彧篆額。

南嶽景靈宫沖静大師開成路道判賜紫李若虛書丹」。

先師沖虛弘教真人門下提點玄通静樂凝素大師賜紫孫志久、提領明真子馬志顯、慧和子謝志玄、知宫通真子嚴道威、副宫李志亨、青道□建」。

功德主：特授安西鳳翔等路守衛屯田右翼新附軍上千户桑德固、夫人宋明□、男玉、次男瑞、礼□演」。

元至元十八年仙公山建棲真觀記碑

碑在山東省淄博市沂源縣魯村鎮安平村棲真觀，元至元十八年（1281）立。毛翌撰文，宋顥書丹並篆額，朱志休立石，張泉、國用刊。螭首龜趺。高209厘米，寬99厘米，厚31厘米。正文行楷，字徑4厘米。圭額篆“仙公山建棲真觀記”，2行，字徑11厘米。碑體完整，文字清晰。

仙公山建棲真觀記

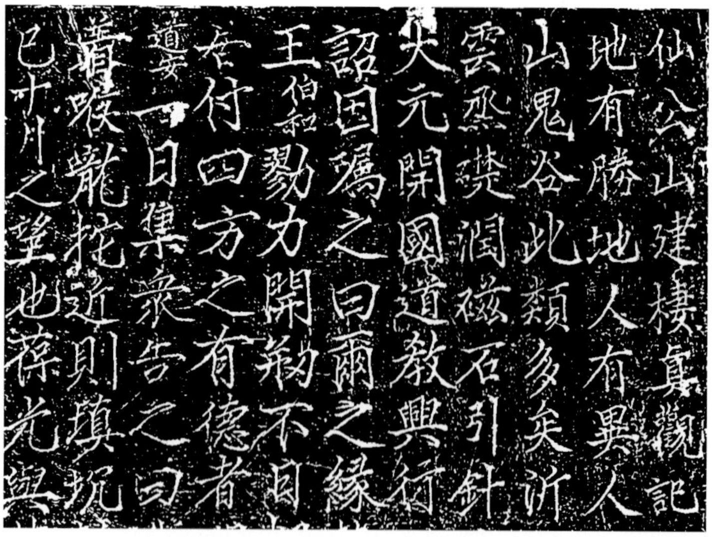

虹亭宋顥書丹并題額」。

地有勝地，人有異人，非勝地無以來異人，非異人何以光勝地。故句漏以稚川顯，雲臺以希夷傳，洪崖青嵠，神」山鬼谷，此類多矣。沂鎮之右百里所有僻地焉，泉甘而土肥，石秀而木茂，塵氛不到，人跡希及，真佳絶之處也」。雲烝礎潤，磁石引針，有不期然而然者矣」。大元開國，道教興行，長春真人之徒有棲真大師道安子張志順者，淄川人也，幼歲事師，升堂在寢。庚辰，長春赴」詔，因囑之曰：爾之緣契在齊魯之山中也，汝其往哉！道安遂雲水其遊，追尋形勝，偶至于此，大恢其情，乃与其侶」王伯和劉力開刱，不日粗完。未幾，朝廷普施湛恩，賜觀額曰棲真焉，蓋彰其號也。既而道安自以春秋高，欲以所」居付四方之有德者。聞鄒平縣長春觀明真大師無憂子劉正道之徒葆光大師董道常道價甚高，遂敦請而畀之」。道安一日集衆告

元至元十八年仙公山建棲真觀記碑

之曰：我久住世間，今將歸去，有一頌以相別也。其辭曰：道安明日去，威儀不用多。縈麻繩一條，套」着喉嚨拕。近則填坑塹，遠則注溝河。水中魚鼈食，岸上螻螘窩。一靈真性去，假軀待如何？翌日，無疾而逝，實丁」巳十月之望也。葆光與其徒朱志休等，黽勉從事，鋭意經營，十餘年間，剏建東華帝君、長春真人、義勇武安王」之殿各一，又建祈祝齋堂一所。意者非欲誇奢而競靡，蓋以崇奉上真，祝延皇壽，不爾，則不足薦誠故也」。此地山勢迴環，窈然幽邃，可謂僻乎僻者也，名則未嘗有聞也。而長春指授之，道安草剏之，葆光踵成之，豈偶」然哉？蓋有由也。噫！凢爲勝地處，必有異人㞐，不其然乎？後之主者，庶幾其無忝云。

汴梁毛翌記」。

旹至元十八年歲次辛巳仲秋廿有六日，冲玄大師提點棲真觀事賜紫朱志休立石」。

長春真人之嗣：明真大師無憂子劉正道，門人純德玄静大師莒州威儀賜紫戚知常，通虚大師賜紫張若水，葆光大師賜紫董道常，通玄凝真大師徐州道正□□張志玄」；悟真大師賜紫張志仙，門人棲真大師賜紫道安子張志順，圓素大師賜紫孟志方，清真大師吕道□；尊宿悟真翊教大師賜紫劉志勉，洞淵冲和大師賜紫益都路道録成，圓融大師賜紫莒州威儀趙。

淄萊路作頭張泉、國用同刊」。

宣授奉訓大夫莒州知州兼管諸軍奥魯張執中，將仕郎莒州判官□□、勑授敦武校尉沂水縣尹兼諸軍奥魯劉顯」。

宣授忠翊校尉莒州達魯花赤兼管諸軍奥魯不兀剌，忠翊校尉同知莒州事彭□，勑授敦武校尉沂水縣達魯花赤兼諸軍奥魯妥□木等同立」。

元至元十八年真元會題名記碑

碑在陝西省西安市户縣祖庵鎮重陽宫，元至元十八年（1281）立。李道謙記。螭首方座。通高 390 厘米，螭首高 112 厘米，座高 46 厘米；碑身寬 127 厘米，厚 36 厘米。正文楷書，字徑 2 ~ 2.5 厘米。題名楷書，字徑 1.5 厘米。圭額篆“重陽萬壽宫真元會題名之記”，3 行，字徑 10 厘米。碑體完整，文字局部漫漶。

終南山大重陽萬壽宫真元會題名記

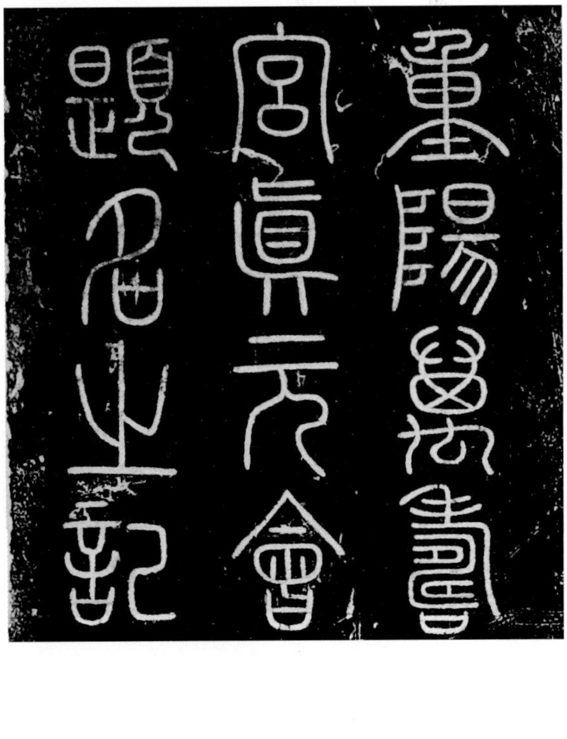

太上老君者，出乎太无之先，起乎空洞之前，經歷天地，不可稱」哉。若夫自天皇而至商湯，歷代爲師隨方設教者，前賢集録備」載紀傳，兹不敢贅以蕪辭，惟分神化身降世之跡，或可得而言」焉。老君欲和同光塵，以立世教，乃先命無上元君玄妙玉女降」於陳國苦縣瀨鄉曲仁里天水尹氏之家，名曰益壽。嗣湯十有」八王，陽甲踐祚之十七年庚申歲，自太清境，分神化氣，乘日精」，駕九龍下降。時玄妙晝寢，夢天開數丈，衆真捧日而出。良久，見」日漸小，從空而墜，化爲五色流珠，大如彈丸，玄妙受而吞之，既」覺有娠。自是，所居之室，夏無溽暑，冬無沍寒，百靈拱衛，衆惡不」侵。經八十一載，不知其久，至武丁之九年庚辰歲二

重陽萬壽宮真元會題名之記

月十有五」日卯時，玄妙因消搖李樹之下，忽從左腋而生。此真元會之始」也。是時，陽景重暉，祥雲蔭地，萬鶴翔空，諸天稱慶，玉女跪承九」龍，吐水以浴聖姿，龍出之地化成九井。降生之初，即行九步，步」生蓮華，因指李樹曰：此吾姓也，諱耳，字伯陽。生而皓首，故偁曰」老子。自時厥後，或仕商爲守藏之臣，或居周隱柱下之任；或傳」經於文始，再約青羊之遊；或講禮於仲尼，重發猶龍之嘆；或隱」或見，綿歷千秋，應感無方，變化莫測，此南華所謂古之博大真」人者也。故秦漢而下，時君世主莫不尊道而貴德。逮乎李唐，御」極推其姓系，尊爲聖祖。高宗乾封改元，親謁瀨鄉，册上尊號爲」太上玄元皇帝，置令丞歲時致祭。玄宗開元三年二月十五日」丁卯，以老君降生之辰爲玄元節。至天寶十三載，四十年之間」，帝四謁太清，三上尊號，仍御製霓裳羽衣曲、紫微八卦舞以資」薦獻。武宗會昌元年，勅以二月十五日大聖祖降日爲降聖節」，令兩京及諸州府每歲設齋行道三日。洎宋太宗至道元年，勅」老君降日並修齋醮，著于令。真宗大中祥符七年，駕幸亳，謁太」清宫，躬奉册寶，上尊號曰太上老君混元上德皇帝。金代累朝」尤加禮敬，增新補廢，給賜良田，每歲真元節日遣使降香修醮」。迨我」有元太祖聖武皇帝革命之初，首召長春

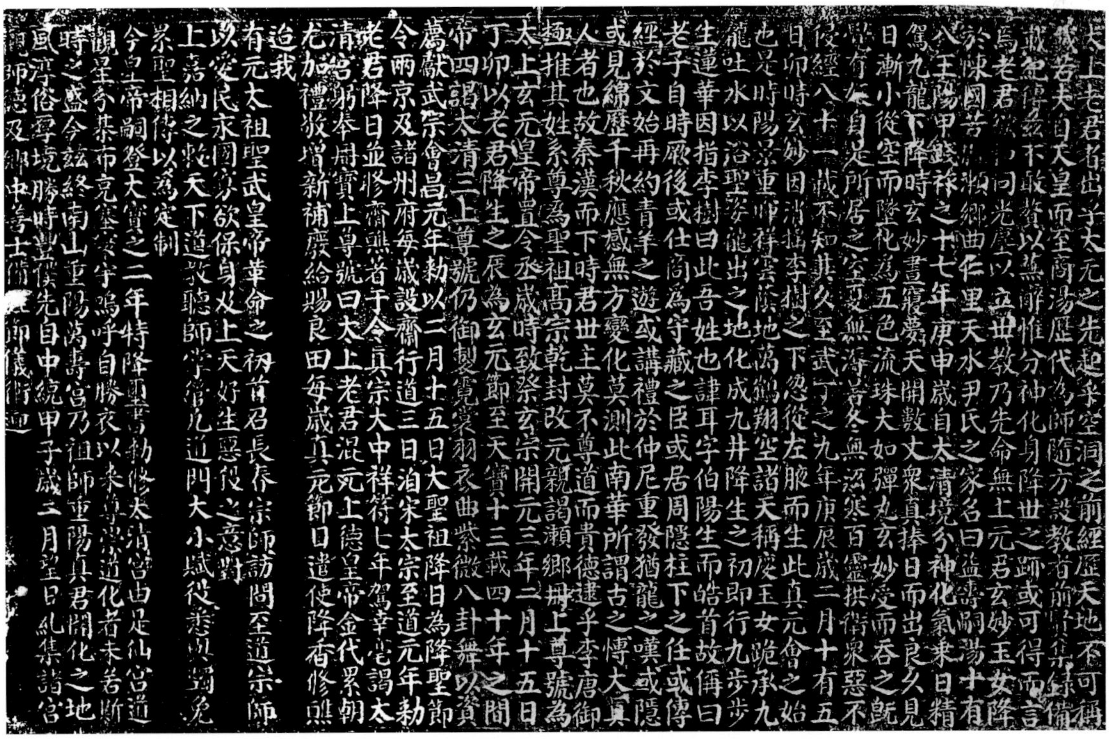

宗師訪問至道，宗師」以愛民永國、寡欲保身及上天好生惡殺之意對」，上嘉納之，敕天下道教聽師掌管，凡道門大小賦役悉與蠲免」，累聖相傳，以爲定制」。今皇帝嗣登大寶之二年，特降璽書勅修太清宫，由是仙宫道」觀，星分棊布，充塞寰宇。嗚呼！自勝衣以来，尊崇道化者未若斯」時之盛。今兹終南山重陽萬壽宫，乃祖師重陽真君開化之地」，風淳俗厚，境勝時豐。僕先自中統甲子歲二月望日，糾集諸宫」觀師德及鄉中善士備旌節儀衛，迎」玄元聖駕，就宫修設靈寶祈恩清醮一百二十分位，端爲上祝」皇王睿筭之無疆，次以祈各家眷屬之有慶。迄今僅二十年，與」會之衆有

增而無替。今歲春設醮之際，僕謂衆曰：吾將伐石，用」刻會衆之姓名，以垂永久，俾子孫視之世世不絶，相繼爲善，亦」仙鄉福地之一大勝事，可乎？僉曰：誠若是，何其幸耶。於是鳩財」備石，刻名於□。至元辛巳歲中秋日夷山天樂子李道謙謹記」。

盩厔縣：

成道宫提點圓通慧照大師吴志恒

任馬村清陽觀提點通真大師孫志久

梁家莊棲雲觀提點沖虚大師李志懃

栗園莊真常觀提點明真大師杜志玄

蔡村遇仙觀提領崇真大師趙志端

千户村通仙觀提點希真大師李志玉

北韓村全真觀保真大師趙志堅

宫家莊全真觀虚静大師文道章

宫家莊太古觀沖虚大師杜道宣

楊家莊□樂觀洞明大師張志正

曹村龍祥觀提領真静大師楊志清

南正□□□全真觀提領寧真大師劉志深

□道村白雲觀□玄希真大師王德新

□□□□微觀希慧大師王志應

臺子頭通仙觀廣道大師何道海

□家□靈泉觀提領清虚大師王志寧

□道村紫虚觀静□大師王志安

□□村玉虚觀沖虚大師□志□

南韓村□□觀保□大師楊志清

□家坊□□觀□真大師李志貴

□□□□仙觀□□大師□志玉

□□村□真觀同□□□□□□

□尚村□□觀張道芳

臺子頭長春觀羅志安

盩厔縣：

蔡村前終南縣令保真居士陳德禄

甘水坊前終南縣都監保安居士龐德康

甘河鎮進德居士董温

丁村恒德居士雷復

臨川肆崇真居士李天瑞

尚村安玄居士范德興
……
甘水坊和光居士張德昇
甘水坊希文居士□□□
甘水坊希真居士杜林
……

乾磑裏碧虛觀羅志堅
楊家莊了真觀何志遠
栗園莊佑玄觀提領希真大師趙志古
元始臺玉清觀明真大師吴道成

鄠縣：
太平宫太平峪朝陽觀□□□
元正村三元觀謙仁道人李志柔
曲堡村龍祥觀淵静大師李志德
周家莊葆光觀提領開真大師孫道洪
寥陽觀通真大師程道成
馮里村長真觀梁志希
石橋寨披雲庵張志安
□王村化飯庵楊志寧

乾磑裏奉真居士寇德安
西曹村崇道居士耿德忠
傅村信真居士王德昌
□□□莊崇真居士楊德榮
尚村保真居士郭德興
崔家莊崇道居士吴德信
□川□保安居士齊彧
信玄居士□□
琼林居士□□

鄠縣：
曲□村……
周家莊保安居士郭□□

……

重陽萬壽宫：

安西路道門提點圓明致道大師郭志祥

安西路都道録開玄崇道大師孫德彧

提舉沖虚真静大師王志浩

提舉抱真淳和大師韓志古

提領清真履道大師許志静

提領沖虚玄静大師康志和

知宫沖和淵静大師□志安

副宫通玄致道大師楊德晋

�溪道院明玄觀道大師王德升

三洞講經弘玄廣道大師袁德郁

保和静默大師李志朴

玄静清虚大師徐志寧

前副宫端貞達妙大師裴志堅

尚座寧真大師劉志海

希慧大師羅志遠

藻虚庵提領清真大師楊道初

安和大師王志謙

寥陽殿知殿安和大師門道寧

端明大師陳志珪

前副宫淵静大師劉志□

蔡村楊德廣、王載立、朱德燦、何□進、寇進、□□

□夏村温德、張德信、杜德誠、魏遠祖、王□□

……

開成路都道録體真淵静大師何道源

前安西路都道録弘玄安静大師張志林

知宫通玄抱德大師楊志淳

官門知宫沖玄悟道大師范道和

□知宫抱玄希道大師苟道隆

官門副知宫安静大師張道寧

副知宫虚静大師梁志禮

前副宫凝真大師高志堅
副宫通玄大師周道崇
副宫希真大師史道□
副宫希玄大師馮德豫
副宫崇真大師任道希
三洞講經萃玄宣道大師杜德通
衆妙堂文侍崇玄思道大師苟道恭
衆妙堂文侍昇玄明道大師杜德禎
衆妙堂文侍佑玄安道大師龐德益
明像庵崇玄大師羅道成
衆妙堂文侍佐玄弘道大師王德復
知客崇玄守道大師劉德珍

蔡村寇淳，北□村王興……

重陽萬壽宫下院：

辛村棲真觀提領熙玄大師羅德定
店子頭東華觀提領明真大師李志淳
道户村丹陽觀提領希玄大師郝志真
魯村長真觀提領真静大師馮德順
晏家莊長生觀提領寧玄大師侯德□
蔣夏村長春觀提領崇真大師陳志玉
崇義村玉陽觀提領希真大師趙志淳
崇義村太古觀提領洞靈大師鄭志玄
甘谷口遇仙觀提領通真大師謝道一
先天觀提領希真大師羅志明
承天觀提領真静大師張道淵
仰天池通道觀山主希真大師景志祐
崇義村靈泉觀提領崇真大師羅志堅
鄠縣黄渠村遇仙觀保和大師侯志一
□□�溪觀提□□□大師□□□
蔣夏村□□□□□大師□□□

南王郭村梁宅張祐善
懷道村白宅傅守真

馮尚村吴宅何□善

蔣夏村范宅朱懷善

趙宅李希善

興平縣傅寨韋應善

石家莊賈宅劉悟善

□時村丁宅趙行善

□□村□□□□

……

李舍人莊慶真宫提點順真大師郭守希

懷道村妙真觀通玄大師杜慧玄

□村棲遠庵崇道大師雷守節

修真庵清真散人楊妙□

静遠庵清虚散人郝守寂

□真庵保安散人延妙壽

妙真觀誠然散人周守全

清真觀企真散人李守妙

妙真觀妙真散人吕守道

通玄觀虚静散人白妙真

煉真庵知秋散人習守正

修真庵安静散人劉守謐

清微庵遠塵散人李守遠

□妙庵保真散人宋慧正

□真庵悟真散人車守宗

蔣夏村披雲庵志道散人任守静

全道庵悟真散人王妙秀

修真庵元妙散人周守玄

妙真庵遇真散人侯守静

□真庵寧真散人張守安

□和庵虚静散人焦妙蘭

□□庵保真散人王守正

玄真庵希真散人陳守用

……

蔣夏村清和庵養正散人陳慧超

守真庵離塵散人李妙娣
修真庵守真散人王妙正
懷道村道化庵奉正散人李守常
妙真庵復朴散人蘇守純
百家坊修真庵和静散人袁守沖
遇仙觀遠塵散人梁慧真
楊家莊守善庵崇真散人党慧福
道户村長春觀寧真散人武守安
長春觀内修散人李守妙
雲峯庵明元散人劉慧顯
任馬村保光庵虚静散人張守一
長春庵妙真散人王守洞
栗園莊沖虚庵真一散人王守道
臨川□玄真庵希玄散人袁守真
鄠縣周家莊清和庵從道散人夾谷守善
崇真庵真静散人李志清
□粮村保和庵淳和散人趙守明
蔡村洞真觀微妙散人王慧廣
道户村長春庵李守妙
蔣夏村□真庵張妙□
……

元至元二十年馬宗師道行碑

碑在陝西省西安市户縣祖庵鎮重陽宫，元至元二十年（1283）立。王利用撰文，李𩓍篆額，孫德彧書丹，李道謙、高志隱、馮志安、王志和等立石，張德寧鐫字。螭首龜趺。通高606厘米，螭首高134厘米，趺座高53厘米；碑身寬153厘米，厚37厘米。正文楷書，字徑3厘米。圭額篆“全真第二代丹陽抱一無爲真人馬宗師道行碑銘”，4行，字徑10厘米。碑體完整，文字清晰。

全真第二代丹陽抱一無爲真人馬宗師道行碑

翰林直學士中順大夫陝西漢中道提刑按察副使王利用撰，嘉議大夫安西路總管兼府尹李𩓍篆額，三洞講經開玄崇道法師安西路都道録賜紫孫德彧書丹」。

天地無爲而全道，至人悟道以全真。廣大簡易，不見其眹，資生資始，而弗能主名。道全於内者，其天地乎？屈伸消長，莫測其變，德參化育，而必臻其極。真全於内者，其至人乎？丹陽馬宗師，瑞金蓮於東海，根玄教於重陽。起跡」於金源氏全盛之時，流派於」我大元開刱之始，與夫廣成鳴道於上古，混元垂教於姬周，沖虚、南華立言於戰國之世者，無以異也。師諱從義，字宜甫，世業儒，系出京兆扶風漢伏波將軍援之後，五季兵亂，東遷寧海，因家焉。祖覺，字萃叟，以孝行稱。父師」揚，字希賢，容儀可觀，沈默有度，事親爲學綽有父風。客或驚走，以紬複擲於家者，視

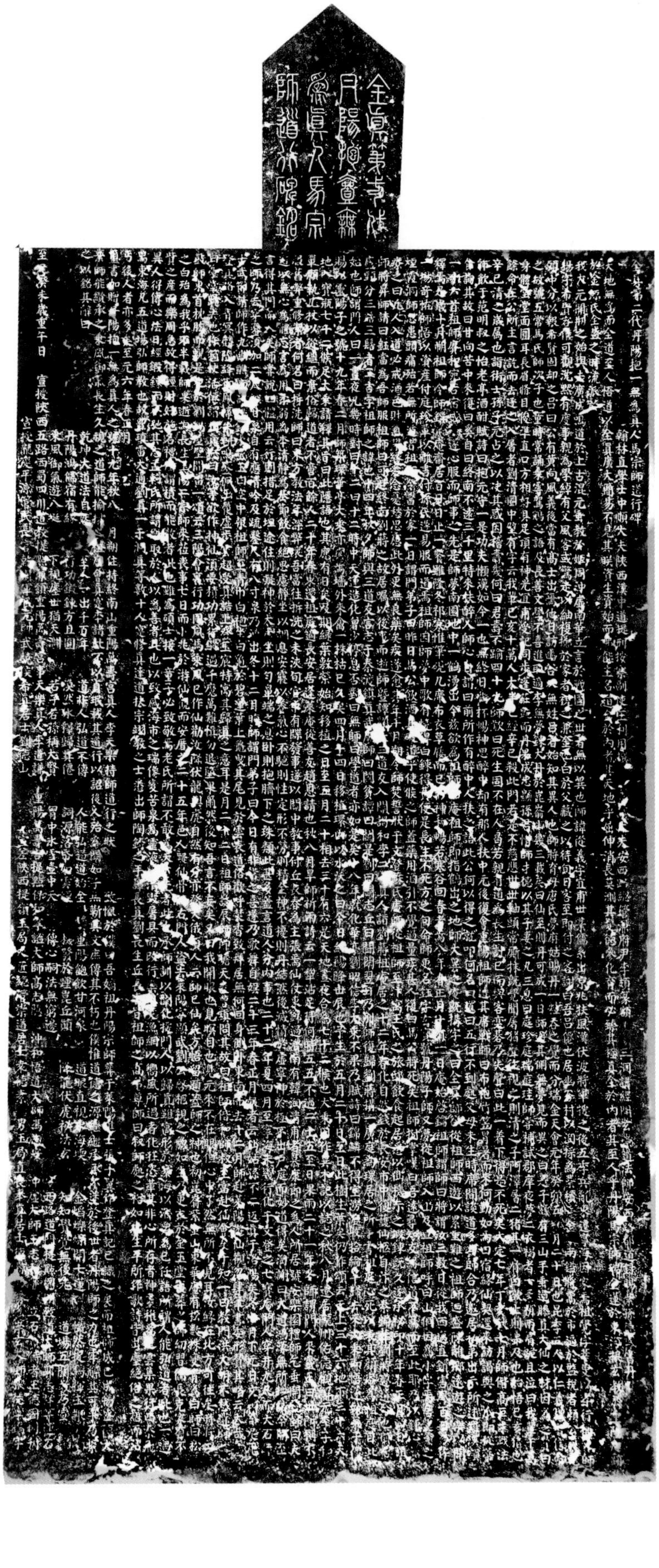

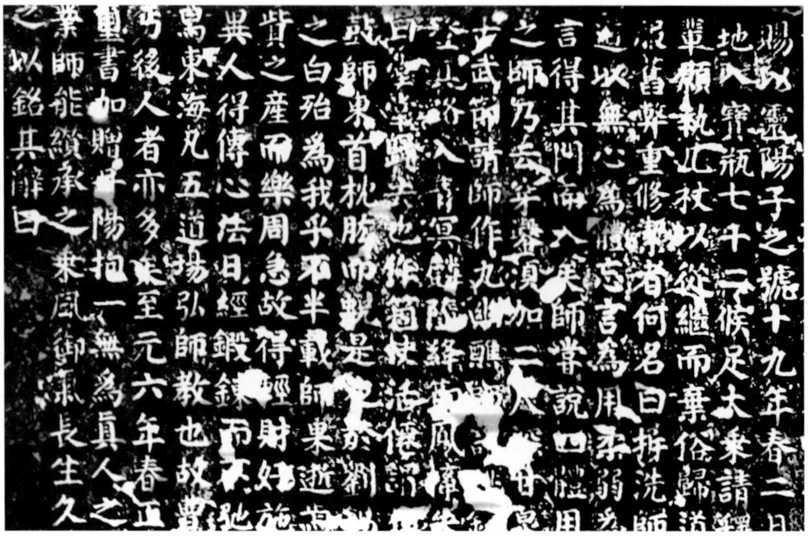

之，兼金也，白於父，藏之以待。旬日客至，即付之。客謝曰：“吾吕僊也，居幽谷村，以淘採爲業，積金兩鎰，將鬻於市，逼於監税者，賴公獲免」，願中分以報。”希賢固却之，吕曰：“公有黄向風義，後當有高士出焉。”他日訪幽谷，人無姓吕者，始知其異人也。師將育，母唐氏夢麻姑賜丹一粒，吞之，覺而分瑞，金天會元年癸卯五月二十日也。昆季五人，以仁、義、禮、智、信命」之，故號“五常馬氏”。師次子也。童時，常誦乘雲駕鶴之語。及長，善文學，不喜進取。適李無夢鍊大丹於崑嵛山，幾三載矣，曰：“仙至則丹可成。”一日，師遊其側，無夢見而異之，曰：“是子額有三山，手垂過膝，真大仙之材。”因爲之賛曰」：“身體堂堂，面圓耳長，眉脩目俊，準直口方。相好具足。頂有神光。宜甫受記，同步蓬莊。”既而丹果成。忠顯孫君惜師才德，以其子妻之。凡三息，曰庭珍、庭瑞、庭珪。師嘗補試郡庠，夜夢二衣褐者，一素補兩肩，跪且泣曰：“我輩十萬」餘命，在公所主。”言訖而去。逐之，入屠者劉清圈中。壁有字云：“我輩己亥十萬人，太半已經辛巳殺。此門若是不慈悲，世世軸頭常厮抹。”既覺，聞屠猪聲，往視之，則清之子阿澤屠二猪，其一肩白，欲止則弗及也。始悟己亥，猪也」。辛巳，清之歲屬也。詣術士孫子元占之，以决其惑，因稽壽幾何？曰：“君壽不踰四十九。”師歎曰：“死生固不在人，曷若親有道爲長生計？”已而與客弈碁，乃失聲曰：“此一着下得，是不死矣。”大定七年丁亥秋七月，師偕高巨才、戰法」師飲于范明叔之怡老亭。酒酣賦詩曰：“抱元守一是功夫，懶漢如今一也無。終日啣杯暢神思，醉中却有那人扶？”

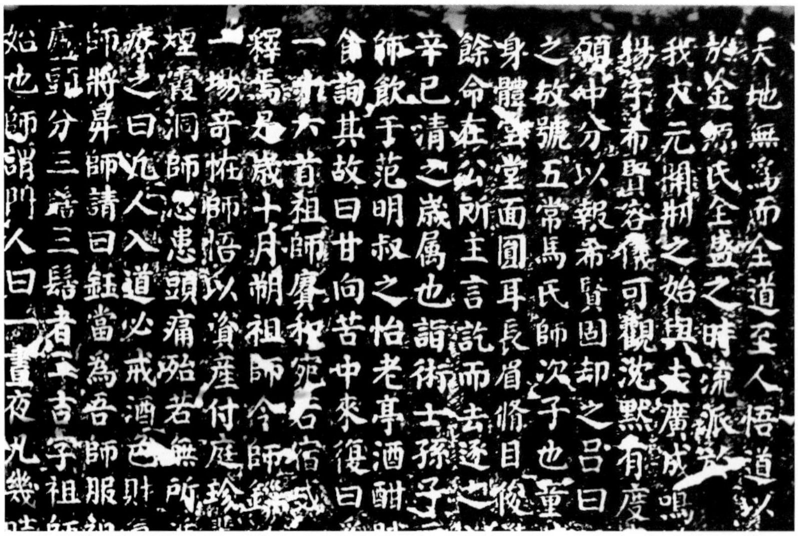

中元後復會，重陽祖師造其席。戰師曰：“布袍竹笠，冒暑而來，何勤如焉？”曰：“宿緣仙契，遥來訪謁。”與之瓜，即從蒂」食，詢其故，曰：“甘向苦中來。”復曰：“奚自？”曰：“終南不遠三千里，特來扶醉人。”師心自謂曰：“前所作有‘醉中人扶’之語，此公何以得之。”就叩何名曰道？曰：“五行不到處，父母未生時。”席間談道，多與師合，乃邀居私第，出示所述《羅漢頌」》一十六首，祖師賡和，宛若宿成，遂心服而師事之。先是，師夢南園地中一鶴湧出，今兹欲爲祖師結庵，祖師即指鶴出之地，師大異之。庵既搆，字之曰“全真”。師欲從祖師西遊，以累重難之，祖師迺盛陳離鄉遠遊之樂以開」釋焉。是歲十月朔，祖師令師鎖庵，齋居百日，日止一餐。雖隆冬祁寒，惟筆硯几席，布衣草屨而已。形神和暢，若寒谷回春者焉。八年春正月十有一日，庵始啓鑰。祖師謂師曰：“將謂汝三數日從我西邁，直鎖害風百日，乃作」一場奇恠。”師悟，以資産付庭珍輩，以離書付孫氏，遂易服而道焉。祖師因師夢中歌有“燒得白，鍊得黄，便是長生不死方”之句，命師更名鈺，字玄寶，號丹陽子。師又夢從祖師入山，及旦，祖師呼曰山侗，因爲小字焉。居崑嵛之」煙霞洞，師忽患頭痛，殆若無所逭者，祖師令醫於家。一日，謂門弟子曰：“昨日馬公飲酒，其破道乎？”使候之師，蓋藥用酒引，不覺過量。疾甚，人復曰：“馬公將死矣。”祖師拊掌嘆曰：“吾遠尋知友，緣信道不篤而至此耶。”乃以鍊心語」療之，曰：“凡人入道，必戒酒色財氣，攀緣愛念，憂愁思慮，此外更無良藥矣。”疾遂愈。其年十月朔，令師焚誓狀于文登蘇氏庵。師從祖師至汴，寓王氏之旅邸，飲食起居悉以仙機示之。鍛鍊既久，遂承祕印。十年春正月四日，祖」師將昇。師請曰：“鈺當爲吾師服。”祖師曰：“可赴終南劉蔣之故居。”囑以後事而逝。師暨譚、劉、丘三道友入關，謁和、李二真人，詣劉蔣祖庵居之。十二年春，化自然錢於長安市中。復護仙柩自汴之秦，歸葬劉

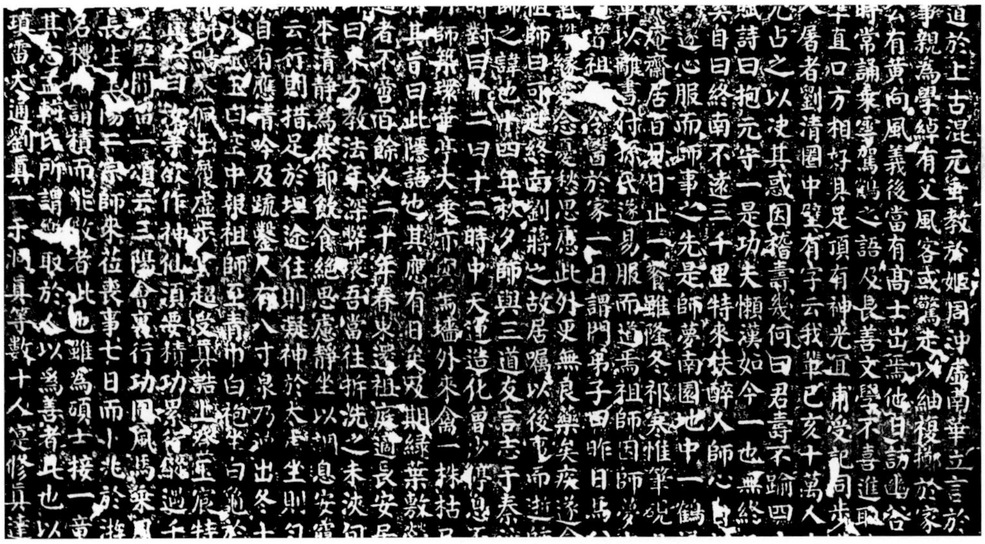

蔣，遵遺命也。師居」廬，頭分三髻，三髻者，三吉字，祖師之諱也。十四年秋夕，師與三道友言志于秦渡鎮真武廟。師曰“鬭貧”，譚曰“鬬是”，劉曰“鬬志”，丘曰“鬬閑”。翌日乃別。師復歸劉蔣，搆一廣庭，爲環居之所，手書“祖庭心死”，以表其顔。庵爲祖庭，自此」始也。師謂門人曰：“一晝夜凡幾時？”對曰：“十二。”曰：“十二時中，天運造化，曾少停息否？”對曰：“無。”師曰：“學道者亦如是矣。”十八年，就化華亭劉昭信、李大乘不果，乃賦詩曰：“錦鱗不得空滂漉，收拾綸竿歸去來。”大乘即悟，遂執弟子禮」，賜以“靈陽子”之號。十九年春二月，師築環華亭，大乘亦與焉。墻外來禽一株，枯已久矣。四月十四日，移植環内，以水沃之，曰：“今日純陽降世

辰也。予生於五月二十日，至日此樹生葉矣。”仍作頌云：“天上三十六，地下三十六。天」地入寶瓶，七十二候足。”大乘請釋其旨，曰：“此隱語也，其應有日矣。”及期，緑葉敷榮，始知移植之日至五月二十，相去三十有六，是天地晝夜合爲七十二候也。大乘因作《異木記》以誌之。秋八月，遷居隴州佑德觀。解元李子和」輩願執几杖以從，繼而棄俗歸道者不啻百餘人。二十年春，東還祖庭，適長安，居蓬萊庵，從善友趙恩請也。秋八月，旱，師《祈雨詩》云：“一犂沾足待何時，五五不過二十五。”至日果雨。二十一年冬，師謂門人來靈玉曰：“世所稱衣」服舊弊重修潔者何名?”曰：“拆洗。”師曰：“東方教法，年深弊壞，吾當往拆洗之。”未浹旬，官中有牒發事，遂以關中教事付丘長春爲主張焉，仙仗東歸。過濟南，有韓淘清甫者，慕康節之爲人，所居號“安樂園”，禮師，乞垂開發。師曰：“夫」道以無心爲體，忘言爲用，柔弱爲本，清静爲基。節飲食，絶思慮。静坐以調息，安寢以養氣。心不馳則性定，形不勞則精全，神不擾則丹結。然後滅情於虚，

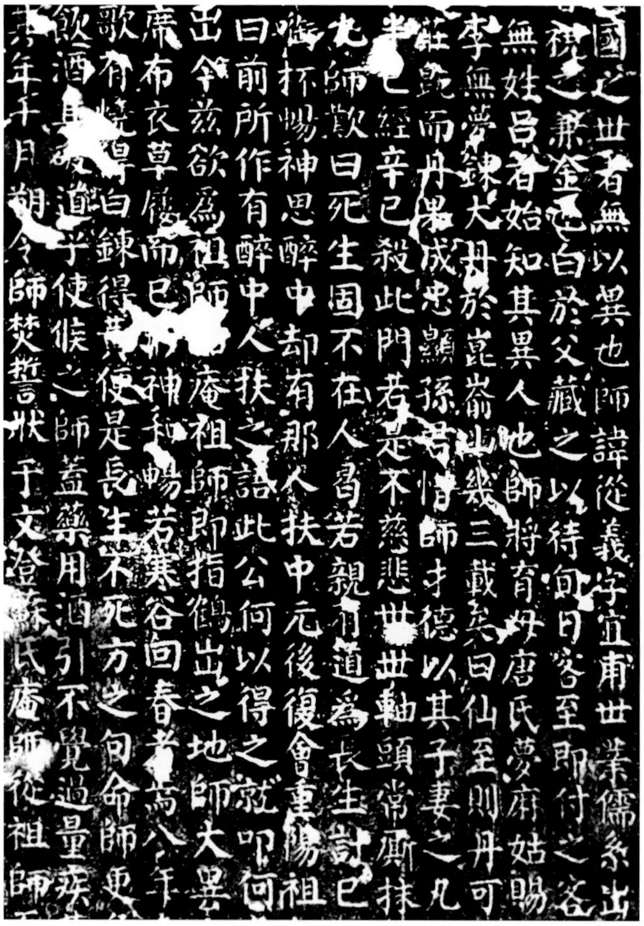

寧神於極，不出户庭，而妙道得矣。”淘謝曰：“大道鴻濛，無所扣詰，今聞至」言，得其門而入矣。”師嘗説“四體用”云：“行則措足於坦途，住則凝神於太虚，坐則匀鼻端之息，卧則抱臍下之珠。”類此甚多，蓋言道人分内事也。二十二年夏四月，至寧海。未幾，行化于文登之七寶庵。門人穿井九尺，而大石障」之，師乃云：“穿鑿須加二尺深，甘泉自有應清吟。”及疏鑿尺有八寸，泉乃湧出。冬十二月晦，師謂門弟子曰：“今日有非常之喜。”遂乃歌舞自娱。二十三年春正月，報者云，仙姑孫不二返真于洛陽矣。冬十月下元日，文登令尼龐」古武節請師作九幽醮，師謂姚鉉、來靈玉曰：“空中報祖師至，青巾白袍，坐白龜於碧蓮葉上。龜曳其尾，見於雲表。道俗歡呼，焚香致拜。居無何，回身側卧，東南而去。”十二月，師赴萊陽遊仙觀，忽肆筆書《委形贊》，其略云：“大哉」登真，路入青冥。麟隨絳節，鳳捧朱軿。鳴鑾佩玉，履虚步雲。超受真誥，上登玉宸。”特寓其歸真之意耳。是月二十二日，祖師誕辰，師仰瞻天表。曹瑱問其故，曰：“祖師偕和師叔至，當赴仙會矣。”于知一曰：“教門洪大，胡不慭遺?”師」曰：“堂堂歸去也，作箇快活僊。”謂劉真一曰：“汝等欲作神仙，須要積功累行，縱遇千魔萬難，慎勿退墮。果爾，然後知吾言不妄矣。”又曰：“我開眼也見，瞑目也見，元來不在眼，但心中了然，無所不見耳。汝緣在北方，可往矣。”時將二」鼓，師東首枕肱而

蜕。是夜，於劉錫屋壁間留一頌云：“三陽會裏行功圓，風馬乘風已作仙。勸汝降伏龍與虎，自然有分亦登天。”俄頃，人云：“師已仙矣。”方悟留題蓋師之神也。初，崑嵛紫金山東華庵有松數株，變青爲白，師曰：“松」之白，殆爲我乎？”不半載，師果逝焉。長生、玉陽二宗師來莅喪事，七日而卜兆於游仙觀而安厝之。二十五年，邑人疑仙骨陕右門人盜去，萊陽宰顯武劉公啓柩視之，貌如生，乃更衣於金玉堂，復葬之。師幼習儒，長克家，有不」貲之産，而樂周急，故得輕財好施名，《禮》所謂“積而能散”者，此也。雖爲碩士，接一童子必致敬焉，老氏所謂“不敢爲天下先”者，此也。承師訓以闡化，援門人以歸真，雖寓形於寰海，以濟衆爲己任，《語》所謂“人能弘道”者，此也。一遇」異人，得傳心法，日經鍛鍊而不弛其志，孟軻氏所謂“樂取於人以爲善”者，此也。以致感海市之瑞像，變苦泉爲靈液，劉清毁屠具而改行，樂周焚漁網以嚮風。所過者化，狂恣革其非心；所存者神，耋稚爲之雲集。果行西秦，飛」舄東海，凡五道場，弘師教也。故曹瑱、雷大通、劉真一、于洞真等數十人，寔修真達道、扶宗翊教之士，悉出師陶鑄之手。譚長真、劉長生、丘長春皆祖師之高弟，尊師曰“叔”，師處之裕如也。生平所作歌詩，皆出塵絶俗之語，而沾」丐後人者亦多矣。至元六年春正月」，璽書加贈“丹陽抱一無爲真人”之號。十九年秋八月朔，住持終南山重陽萬壽宫真人李天樂，持師道行之狀，致懞於僕曰：“吾嫡祖丹陽宗師，葬于萊陽，進士張子翼作《登真記》已識之矣。而祖師成己成物，盛德大」業，師能纘承之。乘風御氣，長生久視之道，師能揄揚之。祖庭會真，寔本諸此，不以貞珉載其道行以詔後人，殆爲闕如。子無靳其文，庶傳其不朽也。”僕惟道德之源，繼繼承承，不迷於後世者，丹陽師之力也，牢辭其可乎？乃繫」之以銘。其辭曰：

乾坤大道法自然，至人一出千百年。道非人弘道不傳，人能弘道道始全。重陽飽飲甘河泉，道眼直視東海堧。金焰爍爍開七蓮，慨然捉馬揮玉鞭」。丹陽鴻儒宿有緣，行功鍛鍊方且圓。涣然冰釋歸真僊，詞源落帋如雲煙。機發於踵崑丘顛，降龍伏虎祕法玄。知知覺覺無後先，道場五闡教乃宣」。乘風御氣遊八埏，下視塵世猶天淵。若子若孫稱大賢，胷中冰雪壺中天，傳心嗣法無窮邊。

安西路道門提點圓明致道大師郭志祥等運石」。

至元癸未歲重午日，宣授陕西五路西蜀四川道教提點兼領重陽萬壽宫事天樂真人李道謙、重陽萬壽宫提點保和寧謐大師高志隱、沖和悟道大師馮志安、沖虛大師王志和等立石，侍者王德固同刊」。

宣授隴慶平涼管民長官乾州軍民元帥武驍侯希真、居士劉德山、宣差陕西提領玉局人匠總管崇道居士袁德素、男玉局直長奉真居士德諒助緣。

崇玄大師張德寧鐫字」。

元至元二十一年張山洞虛觀記碑

碑在山東省濟南市長清區張夏鎮蓮臺山，元至元二十一年（1284）立。杜仁傑撰文，楊桓篆額，曹致寧、王致用、王致均、穆道和立石，吕彬、朱信、孫秀刊。高335厘米，寬105厘米，厚32厘米。正文楷書，字徑3.5厘米。碑體完整，文字清晰。

張山洞虛觀記

徵君濟南止軒居士杜仁傑撰，濟寧路總管府儒學教授楊桓篆額」。

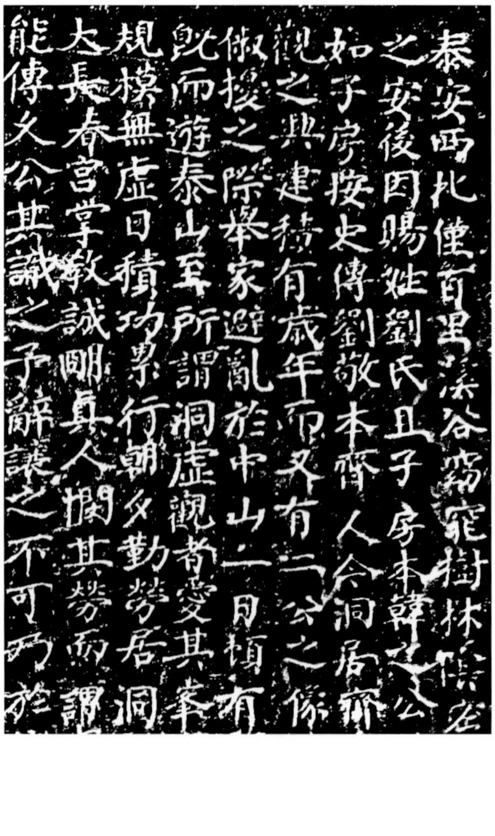

泰安西北僅百里，溪谷窈窕，樹林陰密，復有洞號婁敬者，先生當漢五年，脱輓輅，衣裘衣，而見高祖於洛陽，説都關中，留侯實讚成其事，一言而建萬世」之安。後因賜姓劉氏，且子房本韓之公族，家世相韓，以天授之才，一朝而歸漢，報仇强秦而爲帝者師，高祖所謂“運籌策帷帳之中，决勝千里之外，吾不」如子房。”按史傳，劉敬本齊人，今洞居齊魯之間，以故老相傳，皆以爲二公棲隱之所。况子房百云“願棄人間事，欲從赤松子遊”者，不其有意於此乎？且」觀之興建，積有歲年，而又有二公之像，皆以粧塑爲之，蓋有由矣。劫火之餘，荒凉滋久，主殿雖存，亦已頹毀。道士曹志冲者，家本濮州，世爲農民，因壬辰」俶擾之際，舉家避亂於中山。一日，頓有所悟，

張山洞虛觀記

徵君濟南止軒居士杜仁傑 撰　濟寧路總管府儒學教授楊桓 篆額

泰安西北僅百里洪谷窈窕樹林陰森復有洞焉婁敬者先生當漢五年脫輓輅衣褐衣而見高祖於洛陽說都關中留侯實讚成其事一言而建萬世之安後因賜姓劉氏且子房本韓之公族家世相韓以天授之手一朝而歸漢報仇強秦而為帝者師高祖所謂運籌帷帳之中決勝千里之外吾不如子房按史傳劉敬本齊人今洞居齊魯之間以次老相傳皆以為二公棲隱之所況子房自言願棄人間事欲從赤松子遊者不其有意於此乎山觀之興建積有歲年而又有二公之像皆以塑為之蓋有由矣劫火之餘荒涼滋久主殿雖存亦已頹毀道士曹志冲者家本漢州世為農民因壬辰俶擾之際舉家避亂於中山一日頓有所悟聞范尊師隱飛狐山乃棄其妻子而往師焉師一見而愛之待奉杖履於左右不數年心要玄旨頗得其傳既而遊泰山至所謂洞虛觀者愛其峯巒合抱洞府幽深而居焉度門弟子至十餘人享年九十有九禁笈而逝焉及有知觀曹致寧者性靈心巧締搆規模無虛日積功累行朝夕勤勞居洞虛不十餘年廢者興缺者完齋廚廊廡煥然一新凡所器用無一不備可謂勤矣

大長春宮掌教誠明真人憫其勞而謂泰山及倪子張志純曰為吾主東方之教者非公而誰且洞虛之為觀也境如是其美人如是其勤非文石恐不能傳久公其識之予辭讓之不可乃於徵君杜止軒處求為作記至若山川之勝洞虛之義止軒公記之甚詳茲不復紀焉

山至於岱宗天下無山矣其尊雄渾厚固應為群嶽之長然面而陽則磽确若無生意然故凡物之在陰便覺深且秀泉則甘冽土則膏潤竹木出而拱然孳殖實而拳許是豈人力所能成地勢使然也此歲以來親歷其處有洞號曇景者耳之蓋熟矣獨以不到為恨先無居民室於其間是以人罕至焉耳壬辰後有道士曹志冲自燕薊來直抵所謂曇景洞者至則以日為歲以朝暮勞為逸鉏芟除翦別經理不出者餘三十年其徒稍稍至集於是有殿有廊有廚有[illegible]齋有庫有廄志冲蓋嘗師學教李真常得以額請因揭為洞虛觀或者曰境如是其遂人如是其堅締搆如是其美不以文石壽之所傳恐難以曰曹之[illegible]寧者貳於曹志冲者也致寧性絕巧鑿斧斤鋸日不去手前規後摹左布右置率皆致寧所為勤矣哉一日走東平款予以文志其顛末予辭之曰頃當躬詣其所必周覽勝槩盡得之然後秉筆庶幾無滲漏在如斯而可也致寧諾而去予歲以結夏泰安為例因取道清亭行不五十里居民指以謂此走洞虛路也少北而東分叢薄數十以上既而望之北山巉絕如立屏者峰迴還如擁抱前有大嶺橫截如平雲翳以樹林蓊然如比櫛若無階之入可徘徊欲返嚮者數四從者曰業已來此今薄暮將安所稅駕至則窅然無所覩且輒淨晴無纖滓方丈瀛洲徒聞海上閬風玄圃秖在目前信奇觀也若夫洞之名不一大者以間架計殿十有三棟楹之相鈞連柱礎之相負戴甚類乎手設繩墨而為之者也舊有玉皇殿不知何代所作繪塑猶有存者少者曰懸鍾僅容三數人傍有玉柱峰高數百尺攀緣未半又得若龕若竇者攔之凝滑可愛主者以上聖像實之[illegible]最獨□見夫他山之為物也頑獷殆不可以力穿而完焉試使強之能深得幾許抑以勞哉豈若茲山通徹飄潡其與仇池接境誠不遠矣此豈非萬古煙霞之傳舍四時風月遊廬者耶其名曰洞虛固且蓋嘗聞之谷虛則能應金虛則能鳴火虛則熾樂虛則能聲器虛則能受心虛則能神虛之為義大矣哉學老氏者有能以虛為用則考近道雖然有無之相生長短之相形動靜之相交虛實之相參此理之必然也有不為是邊徼底滯則可入道吾於洞虛說云已竟請書之勿疑

大元至元二十一年歲次甲申十月乙巳朔二十八日壬申前知觀曹致寧副觀王致用王致矜知觀門事挹德子穆道和同 立石

緣主泰安州總帥嚴友 長清縣令崔文 靳家莊前酒稅使穆珏 信士門寶

宣授沖虛至德通玄大師 東嶽提點監修官兗東平路道門提點 賜紫金襴張志純 同建

濟寧曲石呂彬朱信孫秀同刊

聞范尊師隱飛狐山，乃棄其妻子而往師焉。師一見而愛之，得奉杖屨於左右，不數年，心要玄旨，頗得其傳」。既而遊泰山，至所謂洞虚觀者，愛其峯巒合抱、洞穴幽深而居焉。度門弟子至十餘人，享年九十有九，談笑而逝焉。及有知觀曹致寧者，性靈心巧，締構」規模無虚日，積功累行，朝夕勤勞。居洞虚不十餘季，廢者興，缺者完，齋厨廊廡，焕然一新，凡所器用，無一不備，可謂勤矣」！大長春宫掌教誠明真人憫其勞，而謂泰山天倪子張志純曰："爲吾主東方之教者，非公而誰？且洞虚之爲觀也，境如是其美，人如是其勤，非文石恐不」能傳久，公其識之。"予辭讓之不可，乃於徵君杜止軒處求爲作記，至若山川之勝，洞虚之義，止軒公記之甚詳，玆不復紀焉」。

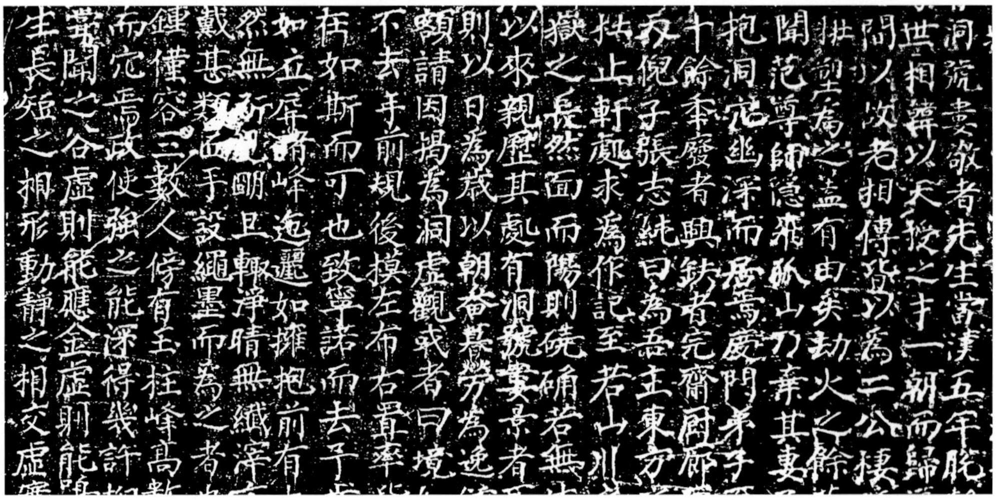

山至於岱宗，天下無山矣。其尊雄渾厚，固應爲群嶽之長，然面而陽則磽确若無生意然。故凡物之在陰，便覺深且秀，泉則甘冽，土則膏潤，竹木茁而拱然，梨」栗實而拳許，是豈人力所能成，地勢使然也。比歲以來，親歷其處，有洞號婁景者，耳之蓋熟矣，獨以不到爲恨。先無居民室於其間，是以人罕至焉耳。壬辰後」，有道士曹志冲自燕薊來，直抵所謂婁景洞者，至則以日爲歲，以朝畚暮勞爲逸鍤，芟除剪別，經理不出者餘三十年。其徒稍稍坌集，於是有殿有廊，有厨有」齋，有庫有廄。志冲蓋嘗師掌教李真常，得以額請，因揭爲洞虚觀。或者曰：境如是其遂，人如是其堅，締構如是其美，不以文石壽之，所傳恐難久。曰曹致」寧者，貳於曹志冲者也。致寧性絶巧，鑿斧斤鋸，日不去手，前規後模，左布右置，率皆致寧所爲，勤矣哉！一日，走東平，款予以文志其顛末。予辞之曰："頃當躬詣」其所，必周覽勝槩盡得之，然後秉筆，庶幾無滲漏在，如斯而可也。"致寧諾而去。予歲以結夏泰安爲例，因取道清亭，行不五十里，居民指以謂：此走洞虚路也」。少北而東，分叢薄，欹仄以上，跂而望之，北山巉絶如立屏，諸峰迤邐如擁抱，前有大嶺横截如平，雲翳以樹林，蓊然如比櫛，若無間之入可。徘徊欲返轡者數」四。從者曰：業已來此，今薄暮，將安所税駕。至則窅然無所見，明旦輒浄晴無纖滓。方丈瀛洲，徒聞海上；閬風玄圃，秖在目前，信奇觀也。若夫洞之名不一，大者」以間架計，厥十有三，榱桷之相鈎連，柱礎之相負戴，甚類匠手設繩墨而爲之者也。舊有」玉皇殿，不知何代所作，繪塑猶有存者。小者曰懸鍾，僅容三數人。傍有玉柱峰，高數百尺。攀緣未半，又得若龕若塢者，捫之凝滑可愛，主者以上聖像實

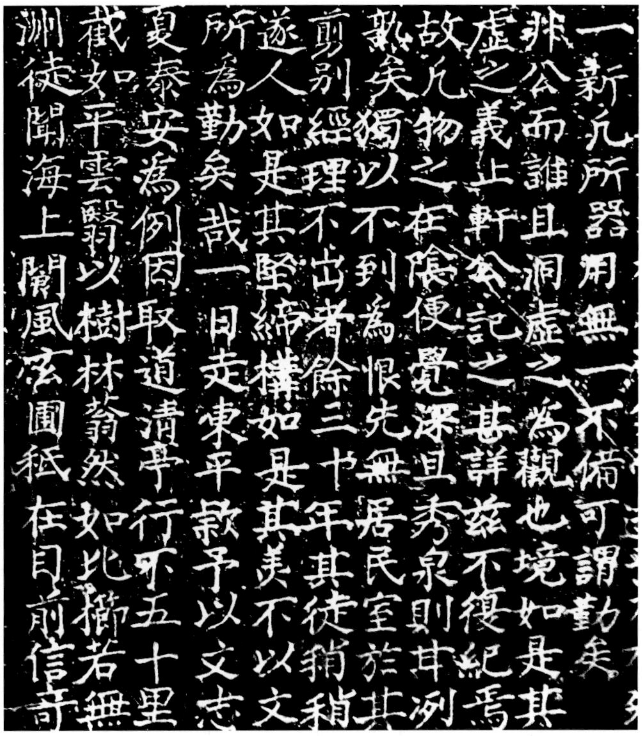

之。噫」！渠獨不見夫他山之爲物也，頑礦殆不可以力穿而穴焉。政使强之，能深得幾許，抑以勞哉？豈若玆山，通徹颼湫，其與仇池接境，誠不遠矣。此豈非萬古煙霞」之傳舍，四時風月蘧廬者耶？其名曰洞虛固宜。蓋嘗聞之，谷虛則能應，金虛則能鳴，火虛則熾，樂虛則能聲，器虛則能受，心虛則能神，虛之爲義大矣哉！學」老氏者，有能以虛爲用，則差近道。雖然，有無之相生，長短之相形，動静之相交，虛實之相糸，此理之必然也。有不爲是邊徼底滯，則可入道。吾於洞虛説法已」竟，請書之勿疑」。

大元至元二十一季歲次甲申十月乙巳朔二十八日壬申，前知觀曹致寧，副觀王致用、王致均，知觀門事抱德子穆道和同立石」。

緣主泰安州緫帥戴友，長清縣令崔文，靳家莊前酒税使穆旺，信士門寶」。

宣授沖虛至德通玄大師東嶽提點監修官充東平路道門提點賜紫金襴張志純同建。

清亭匠石吕彬、朱信、孫秀同刊」。

元至元二十二年崇寧葆光大師衛公道行碑

碑在河南省濟源市奉仙觀，元至元二十二年（1285）立。李謙撰文，寇元德書丹，王博文篆額，張德山、王川、張義、周成、李德、劉清、徐信刊，楊道素、郭道成、續道元、張道理等立石。螭首龜趺。螭首高160厘米，趺座高70厘米；碑身高240厘米，寬118厘米，厚31厘米。正文楷書，字徑3厘米。碑陽圭額高84厘米，寬48厘米，篆“崇寧葆光大師衛公道行之碑”，3行，字徑12厘米。碑陰題名楷書，字徑2厘米。碑陰額高78厘米，寬49厘米，題“重修奉仙萬慶之宮”，2行，字徑11厘米。碑體完整，文字清晰。

崇寧葆光大師衛公道行之碑

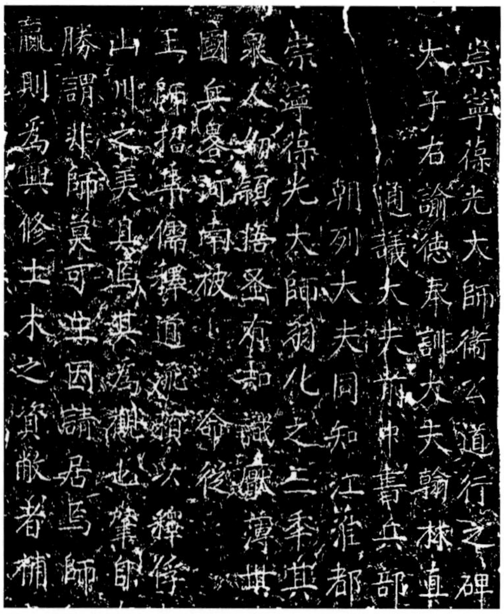

太子右諭德奉訓大夫翰林直學士李謙撰修，内司善□山三處山場造作花版石都作頭河内張德山、王川、張義、周成、李德、劉清、徐信同刊」。

通議大夫前中書兵部尚書翰林直學士王博文題額」。

朝列大夫同知江淮都漕運使司事寇元德書丹」。

崇寧葆光大師羽化之三季，其弟子孟州道正楊道素狀師行實，與夫奉仙觀興建始末，走書幣京師，請爲文將刻之石。按，師諱志隱，姓衛氏，河東萬」泉人。幼穎悟，蚤有知識，厭薄世味，遂師事惠慈利物至德真人，一見以妙器許之，謂其有受道之質。未幾，默契玄理，道價浸重。歲壬辰」，國兵畧河南，被命

崇寧葆光大師衛公道行之碑

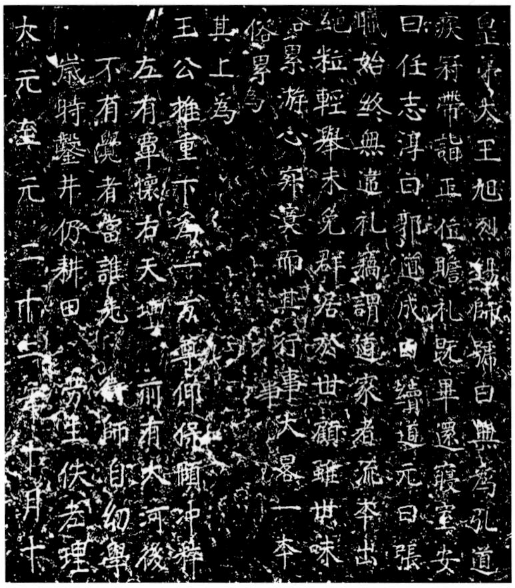

從」王師招集，儒釋道流賴以釋俘者甚衆。乙未，要官暗散忽都虎暨尚書田闊闊以礼延致，居濟源之奉仙觀。奉仙面河背濟，左覃懷，右天壇，地形之勝」，山川之美，具焉。其爲觀也，肇自有唐，羽士魯和光、寇元杲、宋賀蘭栖真諸名流迭居其中，垂拱、長安、開元、天寶及紹聖間石刻往往而在，從昔人境俱」勝，謂非師莫可主，因請居焉。師既至，以身表衆，不妄丐貸，不事禳襘，弟子講學之外，俾耕桑以給衣食，種蓺以供蔬茹，剏爲輾磑以補助常費。歲積餘」贏，則爲興修土木之資，敝者補之，闕者增之。五十年間，凡爲殿四，一奉三清，一位玉皇，次則列三官及前代高真，皆象設事之，講授有堂，集會有所，門」宇庖湢，莫不畢具」。憲宗皇帝時」，皇弟大王旭烈錫師號曰“無爲弘道真人”，且改觀爲宫，以“奉仙萬慶”名之。至元二十年，師年九十有四，俄得疾，召弟子道素諸人，付以後事。後三日，力」疾冠帶，詣正位瞻礼。既畢，還寢室安坐而逝。是年三月朔，諸弟子奉師之柩，葬于宫之西偏，送喪者無慮千人。嗣業弟子，曰遠塵崇德大師，即道素也」，曰任志淳，曰郭道成，曰續道元，曰張道理。師資禀嚴厲，耿介寡合，其徒屬或少忤其意，則莫敢復見，率多負擔而去。事母至孝，雖身□道服，而克供子」職，始終無違礼。竊謂道家者流，本出于黄老之學，黜聰明，去健羡，以清静無爲爲宗，其爲用不過修身練形、治心養性而已。世之爲是者，鮮能高蹈遠引」、絶粒輕舉，未免群居於世，顧雖世味澹泊，習若自然。所以穀腹絲身者，與流俗無異，用是立爲儀範科禁，祈禳祝詛，誘訹世俗以爲生生之資。師早捐」俗累，游心寂寞，而其行事大畧，一本於誠，教率徒侶，終歲勤動，使之各食其力，力有餘則作强立事，以張大其教，向之所謂誘世俗者，率置而不爲。宜」其上爲」王公推重，下爲一方尊仰，保頤冲粹，壽幾百年，非有道至人，能若是乎？銘曰：

左有覃懷右天壇，前有大河後濟源。巋然道宫名奉仙，奉仙之興今幾年。断碑遺蹟餘開天，羽流名勝咸在焉。教席久虚須人宣」，不有覺者當誰先？衛師自幼學叅玄，棄捐土苴求真傳。一朝来此順世緣，挈提徒侣歸陶甄。鼓簧聾聵開冥頑，時雨一化無頗偏」。歲時鑿井仍耕田，勞生佚老理自然。揭来人世功行全，鶴馭上征渺翩翩，弟子仰德徒追攀」。

大元至元二十二年十月十五日，門弟子孟州道正兼本宫提領楊道素、知宫郭道成、續道元、張道理等立石」。

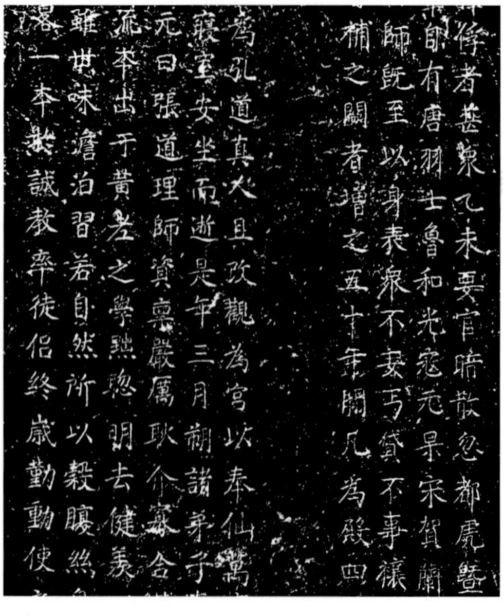

忠顯校尉懷孟路總管府判官儀叔安」。
奉議大夫同知懷孟路總管府事笑薛」。
奉議大夫懷孟路總管兼本路諸軍奧魯總管崔良知」。
正議大夫前中書禮部尚書懷孟路總管府達魯花赤兼本路諸軍奧魯勸農事怙達」。
嘉議大夫同簽樞密院事趙良弼」。
荣禄大夫前中書省平章政事賽典赤三子太中大夫同知燕南河北道宣慰使司事忽辛」。
（以下碑陰）

廣寧通玄太古真人
長真雲水藴德真人
丹陽抱一無爲真人
純陽孚佑警化真君
海蟾明悟和道真君
東華紫府少陽帝君
正陽開悟傳道真君
重陽全道開化真君
長春演道正教真人
長生輔化明德真人
玉陽體玄廣度真人
清浄淵真順德真人

道用九
道□道
南京路都道録吴
真定府神霄玉清萬壽宫提點吴
燕京天長觀本宗門下都提點李志微
勅賜南京朝元万壽宫本宗提點郭志安
棲雲門下提點兼諸路道教提點棲真大師趙志恒
文□德□知常真人、温真人
惠慈利物至德真人
虚玄應物通和真人
□□□德洞陽真人
諸路道教都提點湛然明道悟真大師董道宣
勅賜南京朝元萬壽宫前知宫完顔
安西府本宗門下提點本路道録吴

無爲弘道真人衛志隱門人

懷孟路宗門提點關志蘊

副提點前懷孟路道判楊志和

懷孟路本宗提舉李

本宫宿德：

常志久、門先生、岳法師、酒先生、王道寬、孟先生、竹揚先生

本縣：

雲溪觀主任志淳

潘村北溪南觀吴守敬、范妙廣

軹城村洞真觀張惠忠

遇真庵隱真子范志藏

河内縣：

北冷村修真觀劉道昌

徐潤村靈應觀

監軍莊玉泉庵楊順玄

栗家莊

西吴村修真觀文守慧

河陽縣：

樂師村

西冶牆村棲雲觀王

段守、王鍾

東冶牆長春觀崔

孟州棲雲宫胡妙謙門人楊□□

四殿：

聖象保安純德通真大師李志玉、元道誠、雲中子趙志祥等塑

東華村臨泉庵郭妙覓

曲沃縣修真觀寂照大師孔志揚門人提點陳志常、提舉朱道和

懷孟路宗門提舉□志堅

河内縣：

善太村長春觀

徐潤村遇仙觀李道順

逯村清真觀馬道進

興福村朝元觀主王志筌

宝封村純德觀劉志洞
張家村通玄觀張道明
焦家村葆真觀李志恭
趙堞村玉泉觀趙道寬
西向村虚靈觀付道傳
趙堞村紫微觀李道和
聚溝村棲雲觀吴道琦
狄家林棲雲庵穆道柔
西塢頭村葆真觀蕭道安
王屋白鵝村棲真觀秦道宗、門人陳道隆
白鵝村洞真觀張道元
趙堞村白雲觀張
趙堞村北□□會真庵王
□恒村修……
□德府楊……
棗陽縣通真觀
王殿、王川、王□□……

遠塵崇德大師孟州道正兼本宮提領楊道素
任志淳、知宮郭道成、知宮張道理，懷州録事司烈士坊楊雲□，棲雲庵圓明真人郭妙善
前知宮張道弘、李英童、知宮□道元

張福童
周宝童
張壽童
徐道清
杜道□
張道顯
馮道揚
吴齊童
周元童
金珎童
……

元至元二十五年商挺趙著等詩詞碑

碑在陝西省西安市户縣祖庵鎮重陽宫，元至元二十五年（1288）立。商挺、趙著等題。龜趺。殘高301厘米，寬102厘米，厚40厘米。第一截行書，字徑3～4厘米；第二截行書，字徑3～4厘米；第三截行書，字徑3厘米；第四截，行書字徑3～4厘米，草書字徑不一；第五截行書，字徑2.5厘米。碑上部殘損，文字漫漶。

春色歎蕭蕭，客思無憀」，畫圖閑話笑漁樵。幸」自白家無箇事，不会逍」遥。歲月不相饒，人枉閑」焦，一枝無分似鷦鷯。且只」今朝無事了，管甚明朝」!

右《浪淘沙》，夢中所」作，偶然不忘，奉寄」和甫真人，且代」恭煩筆问」。左山商挺」。

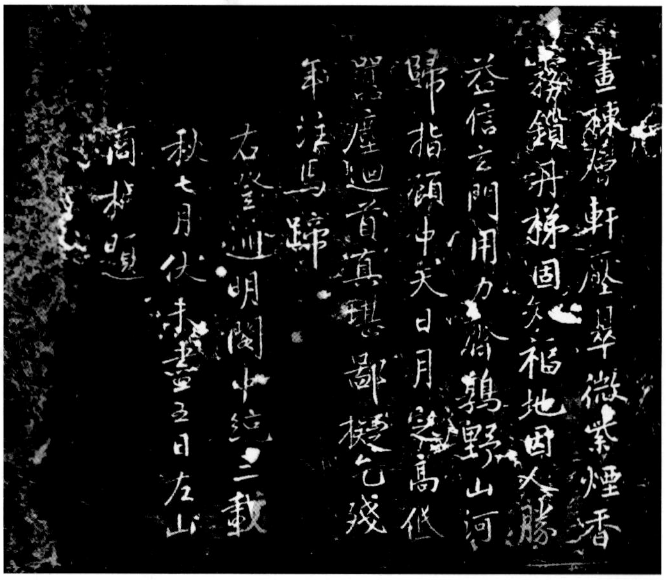

畫棟層軒壓翠微，紫煙香」霧鎖丹梯。固知福地因人勝」，益信玄門用力齊。鶉野山河」歸指顧，中天日月定高低」。囂塵迴首真堪鄙，擬乞殘」年注馬蹄」。

右《登通明閣》，中統二載」秋七月伏未盡五日，左山」商挺題」。

己巳仲冬，條山張行儉侍」家君按察還自鄜延，歷」鄠恒拄終南之重陽宫，特」留舍焉。遂與書史劉旭登」通明閣，時十有九日也。適」天朗氣清，山川明秀，倚欄」周覽，宛若畫圖。昔嘗聞此」中大有佳處，玆遊奇絶，甚」愜素懷，謹題以識歲月」。

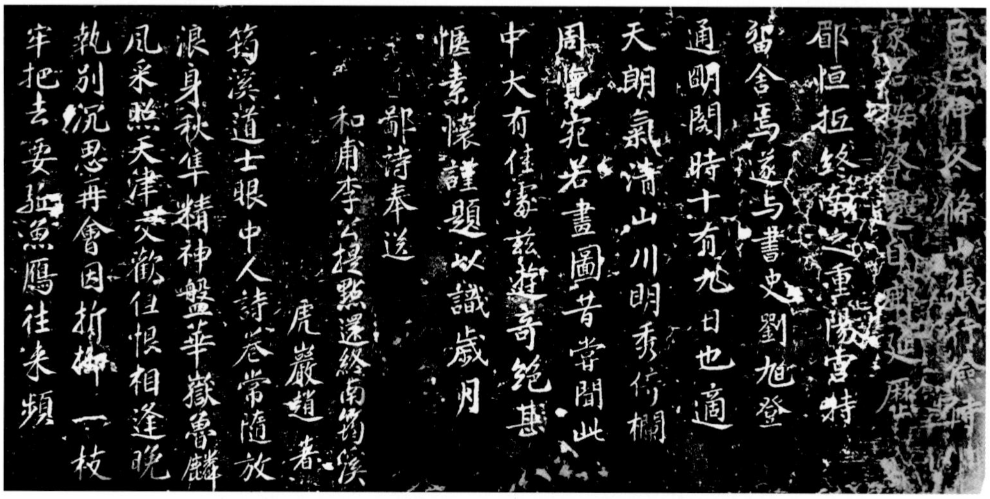

鄙詩奉送」和甫李公提點還終南筠溪

虎巖趙著

筠溪道士眼中人，詩卷常隨放」浪身。秋隼精神盤華嶽，魯麟」風采照天津。交歡但恨相逢晚」，執别沉思再會因。折柳一枝」牢把去，要駈魚鴈往來頻」。

送」和甫提點還秦

左山商挺

常記分携灞水東，十年音問」馬牛風。紅塵不料到方外，白髪」相看疑夢中。學道貴先無」執着，忘機未可失和同」。誠明僊去今誰繼，歎息」玄門及物功。

送」和甫道河西遵用」商孟卿公韻

雪齋姚樞

仙道由來在雲中，人間」久參當雷同。忘情日」知心無累，感物采陽作」窮公。法設得經春景色」，西秦東海往以風」。火龍水虎山青處」，人道出家第一功」。

和甫□□西歸終南□」詩以送其□

雲夢趙復

塵土衣冠若自羈，山林枯槁復」奚爲。一堂虚静抱幽獨，萬慮」淵澄靡涅淄。渭北風煙涵滄蕩」，終南山色浸淪漪。翛然一枕」羲皇上，花落鳥啼春晝遲」。十畝清陰短出墻，一泓澄碧蘸」溪光。水聲泯泯春無迹，野色」娟娟浄有香。韋曲花光相映」帶，平泉草樹雜芬芳。文章東」壁圖書在，浪賦新詩擬補亡」。

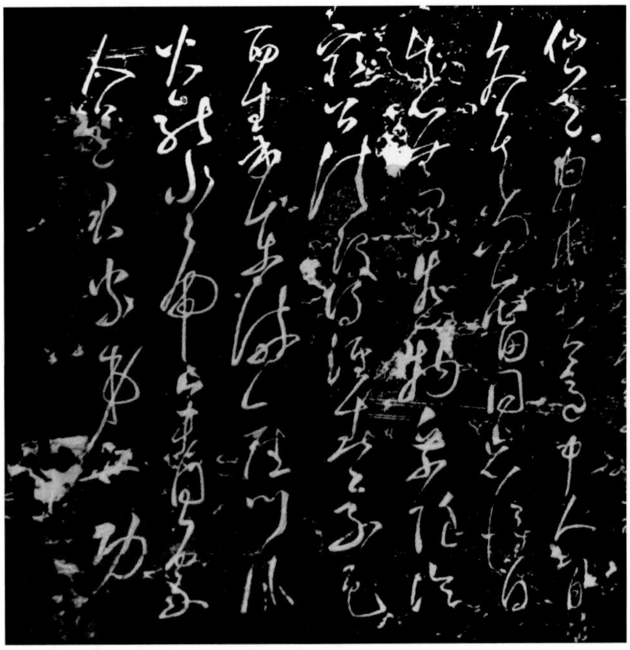

鄙語遠寄終南」和甫道友爲千里一笑

左山商挺

不知正色果蒼蒼，造物中間」孰主張。好弱若教由得汝，鳧」應嫌短鶴嫌長」。

人到稱情忘後患，事求無悔要」前思。四時天尚有寒暑，百歲人能」無盛衰」。

至元戊子歲清明日終南山大重陽萬壽宫摹刻上石」。

元至元二十五年綦公本行碑

碑在陝西省西安市户縣祖庵鎮重陽宫，元至元二十五年（1288）立。李庭撰文，孫德彧書丹並題額，蘇志和等立石，張德寧刊。高 270 厘米，寬 119 厘米，厚 35 厘米。正文楷書，字徑 2.5～3 厘米。碑體完整，文字清晰。

玄門弘教白雲真人綦公本行碑

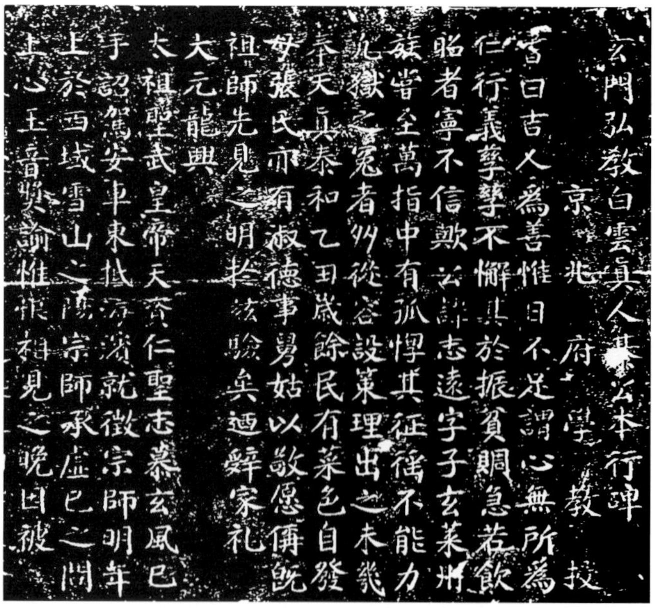

濡湏逸人張德寧刊」。

京兆府學教授前進士李庭撰，三洞講經開玄崇道大師安西路道門提點重紫眉山書樓孫德彧書丹并題額」。

《書》曰“吉人爲善，惟日不足”，謂心無所爲而爲之也。《易》曰“積善之家，必有餘慶”，謂天無不報也。夫人有奇偉卓絶之行，而不得享樂於其身者，必在其子孫。竊觀白雲真人綦公之父，修」仁行義，孳孳不懈，其於振貧賙急，若飲食然，勤亦至矣。是以，上天降監，挺生善人，仍命仙真周旋誘掖，卒使蟬蜕汙濁之中，坐享清淨之福者垂五十年，所謂有積於冥冥，獲報於昭」昭者，寧不信歟？公諱志遠，字子玄，萊州掖縣人。高祖元亨嘗歷官至安化軍節度使，曾祖貞、祖得中皆雅志丘園，潛德不耀。父遵性明毅慷慨，胷次洞然無畦畛。初，綦氏世爲著姓，宗」族嘗至萬指，中有孤惸，其征徭不能力給者，皆身任之。事既濟，未嘗纖毫有德

玄門弘教白雲真人綦公本行碑
京兆府學教授前進士李庭撰

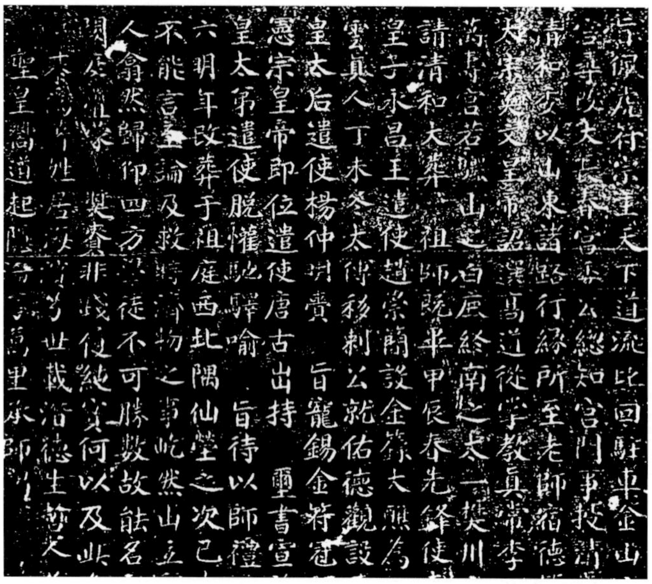

色。里中人有以飛語被繫有司者，義其無辜，即爲代之。在囹圄中復能以恩信感動獄吏，因縱其出入」。凡獄之寃者，多從容設策理出之。未幾，已亦以恩獲免。大定丁亥，重陽祖師挈諸師真西遊，迺館穀於其家，因語之曰：汝將来必有一子爲羽衣。遂即其里建龍翔觀，朝夕香火，敬」奉天真。泰和乙丑歲，餘民有菜色，自發私廩爲粥以給之，賴以全活者甚衆。癸酉兵凶之後，遺骸徧野，親犯寒苦，悉以收瘗。數獲遺物甚腆，必伺其主而歸之，無則皆散之以賙不給」。母張氏，亦有淑德，事舅姑以敬愿偁。既而生公，氣質沈厚，寡言笑，舉止不凡。至十五歲，嘗使之學，辭曰：性非所好，乃所願則爲神仙輕舉之事。父母欲力奪之，即屏戹一室，自潔其形」。祖師先見之明，於兹驗矣。迺辭家礼長春大宗師丘公爲師。戊寅，奉宗師教，住持萊州昊天觀」。大元龍興」，太祖聖武皇帝天資仁聖，志慕玄風，己卯冬，遣近臣劉仲禄齎」手詔，駕安車，東抵海濱，就徵宗師。明年啓行，仍率高第弟子一十八人與之偕，公即其一也。當是時，櫛風沐雨，胼手胝足，跋涉數萬里，見」上於西域雪山之陽。宗師承虛己之問，乃荅以：民爲邦本，本固邦寧，既來之，則安之，此濟世之要術也。是言既奏，深契」上心，玉音獎諭，惟恨相見之晚。因被」旨佩虎符，宗主天下道流。比回，駐車金山之巔，顧謂清和尹公曰：綦公從我以来，山行水宿，日益恭敬，可謂勤矣。觀其氣象，將来弘吾教者，必斯人矣。尹公曰：然。至燕，宗師住持太極」宫，尋改大長春宫，委公總知宫門事，授清真大師号。洎以助國捄民經籙付之，度道士吴志决等以備洒掃。宗師既仙去，遺命清和嗣教門事，公左右維持，終始未嘗怠。甲午春」，清和委以山東諸路，行緣所至，老師宿德皆望風迎迓，輦粟帛委堂下者，動以千計。非誠心妙行有以動人悟物，能若是乎？戊戌春」，太宗英文皇帝詔選高道，從掌教真常李公被召赴闕。是歲冬，奉旨輔洞真于公，偕無欲李公，復立終南祖庭，提點陝西教事。庚子春，遂入長安，從府僚之請也。建立大玄都」萬壽宫，若驪山之白鹿、終南之太一、樊川之白雲、鳳棲原之長生、藍田之

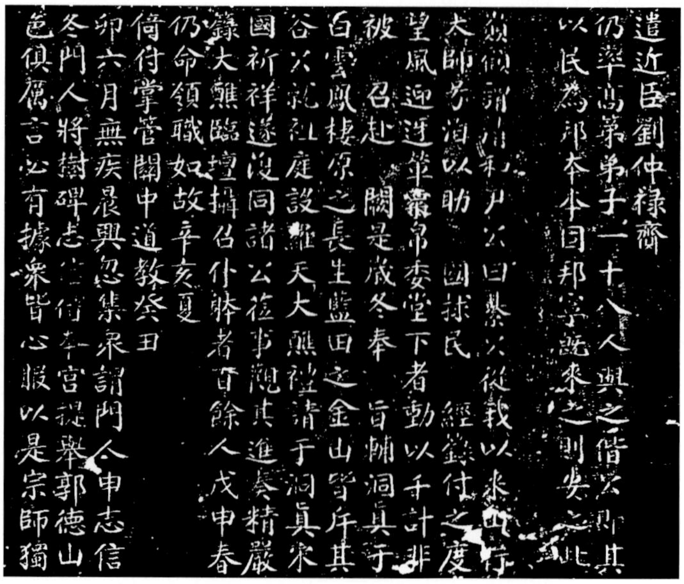

金山，皆斥其舊而新之。其餘宫觀，修廢補弊，不可殫紀。秋，太傅移剌公、總管田侯皆差官從公持疏詣燕，邀」請清和大葬祖師。既畢，甲辰春，先鋒使夾谷公就祖庭設羅天大醮，禮請于洞真、宋披雲、薛太霞洎公与李無欲共成五位真人，攝行醮事。會」皇子永昌王遣使趙崇簡設金籙大醮，爲國祈祥，遂復同諸公莅事。觀其進奏精嚴，靈異昭著，使回具啓其事，因引見，待之敬禮甚厚，進與醮五位真人徽号，公例受玄門弘教白」雲真人。丁未冬，太傅移剌公就佑德觀設黄籙大醮，臨壇攝召，仆躲者百餘人。戊申春」，皇太后遣使楊仲明賫旨寵錫金符冠服，仍命領職如故。辛亥夏」，憲宗皇帝即位，遣使唐古出持璽書宣諭，倚付掌管關中道教。癸丑」，皇太弟遣使脱懽馳驛喻

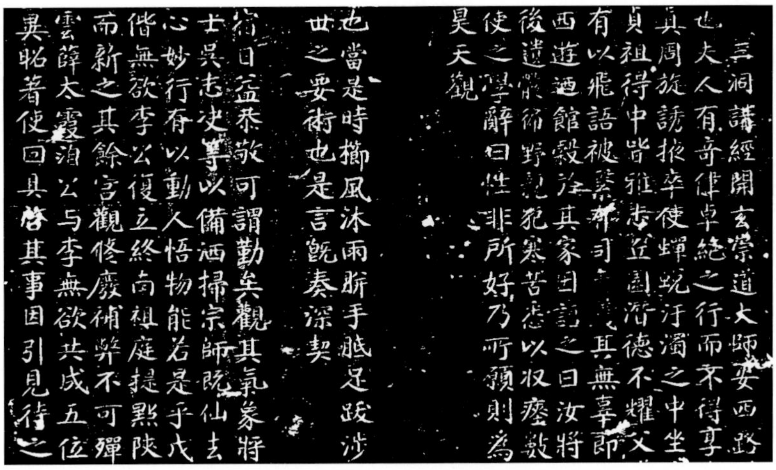

旨，待以師禮。乙卯六月，無疾晨興，忽集衆，謂門人申志信曰：吾將行矣，汝當嗣吾職，主張後事。仍命經營喪具。至七月二十四日，順化而終，享年六十有」六。明年，改葬于祖庭西北隅仙塋之次。已未冬，門人將樹碑，志信偕本宫提舉郭德山、提領李志希等，狀其行實，来謁文於庭，辝再三不獲已，謹次序其事。按公之爲人，恂恂謙退，似」不能言，至論及救時濟物之事，屹然山立，辭色俱厲，言必有據，衆皆心服，以是宗師獨爲倚重。及来關中，道價日益隆。尋常以恬惔自持，未嘗出怪誕之語以誘愚俗，而一時達官聞」人翕然歸仰，四方學徒不可勝數，故能名動」闕庭，疊蒙奬賚。非踐履純實，何以及此？今夫世之人所以陷溺其心者，惟欲与利耳，而公能斷然絶之，其視財貨不啻若唏唾然。蓋其天資過人遠甚，故碑之無疑，仍係之以銘曰」：

綦爲著姓，居海濱兮；世載潛德，生哲人兮。天與之性，含元淳兮；不雕不飾，全其真兮。有来提警，繫長春兮；玄言秘訣，授受親兮。刳心去智，專精神兮；始終一節，無緇磷兮」。聖皇嚮道，起隱淪兮；萬里承師，謁」紫宸兮。一言止殺，如其仁兮；功塞兩儀，孰与倫兮。推其緒餘，淑吾秦兮；食和飲惠，鷙猛馴兮」。列聖相承，教益振兮；金冠鶴氅，寵渥新兮。高堂大厦，奂且輪兮；逍遥宴處，終其身兮。功成厭世，迺上賓兮；往来倏然，肘曲伸兮。有不亡者，壽無垠兮；門人紀德，刊翠珉兮；千秋萬歲」，仰光塵兮。

至元二十五祼著雍困敦中秋日，沖虚安静大師重陽萬壽宫提點兼本宗事賜紫門人蘇志和等立石」。

元至元二十九年重修長春觀碑

碑原在河南省濟源市軹城鎮柏林村長春觀，現存於濟源市濟瀆廟，元至元二十九年（1292）立。趙穆撰文並書丹，李肅篆額，胡志林立石，達誠、從善刊。螭首龜趺。高142厘米，寬77厘米，厚29厘米。正文楷書，字徑2.5厘米。額篆“重修長春觀碑”，2行，字徑9厘米。碑陰題名楷書，字徑1.5~2厘米。碑體完整，文字清晰。

重修長春觀碑

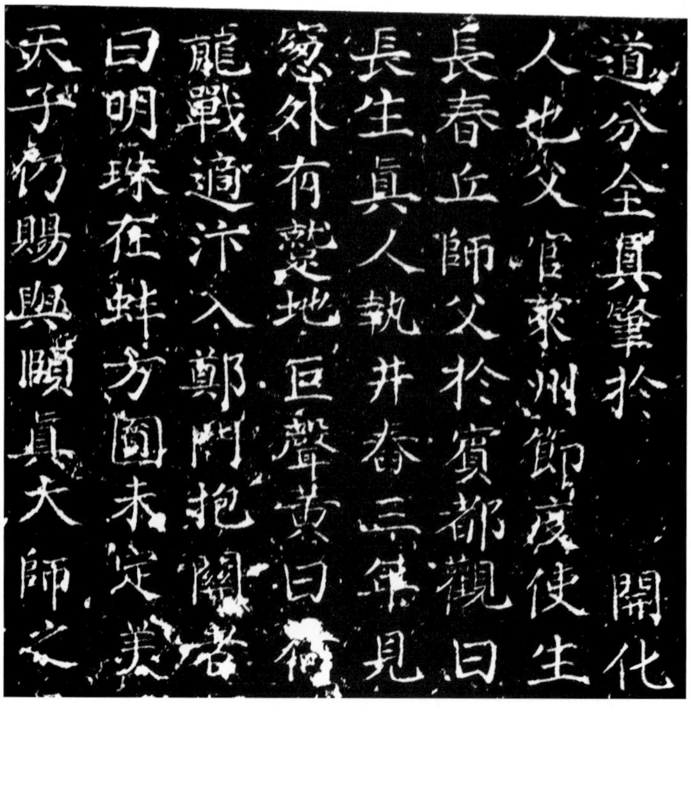

承事郎懷孟路同知孟州事兼管本州諸軍奥魯趙穆撰并書丹」。

從仕郎懷孟路河陽縣尹兼管本縣諸軍奥魯勸農事李肅篆額」。

道分全真，肇於開化真君王祖師也。二祖即七真明德真人劉師父也。三祖瑩然清虚周真人也。道傳洞真子，姓解氏，名志通，真定」人也。父官萊州節度使，生於金之承安三年。齔齡不茹葷酒，參」長春丘師父於賔都觀，曰：“仙可學乎？”長春曰：“毋使六情相攘焉。”長春異之，遂與名及付清虚真人教之。而清虚之道行，今舉一二焉。昔參」長生真人，執井春三

重修長春觀碑

承事郎懷孟路同知孟州事兼管本州諸軍奥魯趙穆撰并書丹

從仕郎懷孟路河陽縣尹兼管本縣諸軍奥魯勸農事李肅篆額

道分全真肇於 開化真君王祖師也 主祖即七真明德真人劉師父也 三祖瑩然清虛周真人也道傳洞真子姓薛氏名志通[illegible]

人也父官蔡州節度使生於金之承安三年齠齡不茹葷酒參 清虛真人教之而清虛之道行今舉一二焉昔參

長春丘師父於寶都觀曰仙何學乎長春曰毋使六情相擾焉長春異之遂與名及付

長生真人執井春三年見其質樸穎悟白學憨癡去一日遊方於嵩州荻峪樂其青山疊翠碧水流藍結庵養浩黃尊師遠來訪道夜將二漏

窓外有蹩地巨聲黃曰何物如此白道伴也乃以瓦盆進水於門外令徐徐飲之黃牖而窺之乃二虎也謂白非先生之道[illegible]時

龍戰適汴入鄭門抱關者疑其細伺遂送有司詰其[illegible]知是道者因問曰能知谷神不死乎對曰虛而能應妙有難明又問[illegible]何[illegible]無名之[illegible]

曰明珠在蚌方圓未定美玉藏石黑白未分嬰兒在胎陰陽未辨雞雛在卵雌雄未決遂奏

天子仍賜與贈真大師之号也其徒洞真子幼有煙霞之癖父母[illegible]夫人幼學而壯行勳業致於君利澤施於民鍾鼎潤其屋軒冕榮[illegible]

何自暴自棄為玄門無為之人乎師曰父母之命是也然獨不知有榮則有辱有樂則有憂有定者命無常者時予獨所遭賦者適在茲願[illegible]

諂諛以事人言不能相合動不能相得空貽睚眦之讎上無以致吾君下無以為吾民終無以為吾身徒囁嚅趑趄僥倖於萬一其自視以[illegible]何人

耳寧若不羈其作無為之人也父母既不能禦之遂竹杖芒鞋遨遊於汴洛王屋天壇之間幾二十載幡然北返翱方闠汴京破回翔[illegible]

清虛遂得其傳厥後歷終南登太華有年矣道中統建元自長安而東復過覃懷濟源之栢林坡見觀有遺址煙林千秀露草百奇[illegible]可[illegible]

終焉之地或以為不可師曰不見可欲使心不亂正在於斯遂披荊棘拾瓦礫因阜為臺引水為池植松為蓋鑿崖為庵蒲圍之外一[illegible]師又

以藥術濟人凡識與不識有資無資晨昏祈藥一無二者遂通推重及經營觀事有倡即和搆

玄元殿于前 玉皇殿于後 三官 四聖翼列[illegible]齋堂廚庫輪奐一新又別建道院四處西仁和長春觀謝封長春觀北[illegible]白雲觀

孟津縣感聖廟威靈觀是也 師於至元二十九年[illegible]壽九十五矣步健語爽鬓漆頰丹不減少者冬十一月十二日命為大齋離昵[illegible]者莫知其

意及至[illegible]五百人受齋師笑而為頌曰親受長春口訣悟徹萬緣一撒臨行撒手歸空獨伴清風明月亟揮楮畢撒手長逝一座大驚[illegible]

蟬蛻凡滓非仙能乎門人立石紀德懷孟路提點秦天祐乞銘于予敢以鄙辭考其狀而為之銘曰

生而有所慕兮賢也 況得全於天兮玄也 昔富貴也胡為兮捐也 今百歲兮自然而然也

玉宇增光兮栢林之巔也 羽衣霞帔兮集群仙也 扁以長春兮景其先也 我作斯銘兮以其傳也

門弟子 孟津縣威儀侯志山 孟州道正司判官張道信 洛陽達誠并[illegible]

大元國至元二十九年歲次壬辰十二月十二日知長春觀胡志林 立石

年，見其質樸顓悟，曰：“學憨癡去。”一日，遊方於嵩州荻峪，樂其青山疊翠，碧水流藍，結庵養浩。黄尊師遠來訪道，夜將二漏，忽聞」窗外有蹵地巨聲。黄曰：“何物如此？”曰：“道伴也。”乃以瓦盆進水於門外，令徐徐飲之。黄牖而窺之，乃二虎也。謂曰：“非先生之道疇，敢以居斯焉？”時北兵」龍戰，適汴入鄭門，抱關者疑其細伺，遂送有司，詰其虛實，知是道者，因問曰：“能知谷神不死乎？”對曰：“虛而能應，妙有難明。”又問曰：“何謂無名之樸？”對」曰：“明珠在蚌，方圓未定；美玉藏石，黑白未分；嬰兒在胎，陰陽未辨；雞雛在卵，雌雄未决。”遂奏」天子，仍賜與“頤真大師”之号也。其徒洞真子，幼有煙霞之痼，父母喻之曰：“夫人幼學而壯行，勳業致於君，利澤施於民，鍾鼎潤其屋，軒冕榮其□，□」何自暴自棄，爲玄門無爲之人乎？”師曰：“父母之命是也。然獨不知有榮則有辱，有樂則有憂。有定者命，無常者時。予獨所遭賦者，適在兹。顧□□能」諂諛以事人，言不能相合，動不能相得，空貽睚眦之讎，上無以致吾君，下無以爲

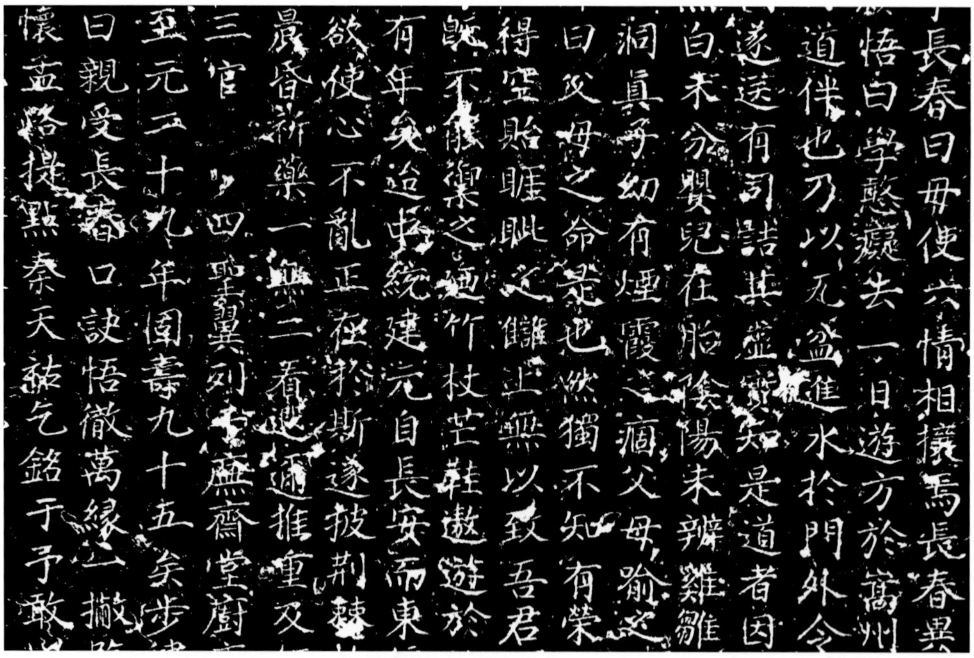

吾民，終無以爲吾身，徒囁嚅趑趄，僥倖於萬一，其自視以爲何人」耳？寧若不羈，甘作無爲之人也。”父母既不能禦之，迺竹杖芒鞋，遨遊於汴洛王屋天壇之間，幾二十載。皤然北迄朔方，聞汴京破，回翔燕□，復拜□」清虛，遂得其傳。厥後歷終南，登太華，有年矣。迨中統建元，自長安而東，復過覃懷濟源之栢林坡，見觀有遺址，煙林千秀，露草百奇，語□：“兹可爲」終焉之地。”或以爲不可，師曰：“不見可欲，使心不亂，正在於斯。”遂披荊棘，拾瓦礫，因阜爲臺，引水爲池，植松爲蓋，鑿崖爲庵，蒲團之外，一無長物。師又」以藥術濟人，凡識與不識，有資無資，晨昏祈藥，一無二看，遐邇推重。及經營觀事，有倡即和。構」玄元殿于前，玉皇殿于後，三官、四聖翼列于廡，齋堂、廚庫輪奂一新。又别建道院四處：西仁和長春觀、謝封長春觀、北陳北白雲觀」，孟津縣感聖廟，威靈觀是也。師於至元二十九年固壽九十五矣，步健語爽，髮漆頰丹，不減少者。冬十一月十二日，命爲大齋，雖昵附者，莫知其」意。及至日，五百人受齋。師笑而爲頌

曰："親受長春口訣，悟徹萬緣一撇，臨行撒手歸空，獨伴清風明月。"亟揮楮畢，撒手長逝，一座大驚，曰："無病謝世」，蟬蛻凡滓，非仙能乎？"門人文石紀德，懷孟路提點秦天祐乞銘于予，敢以鄙辭，考其狀而爲之銘曰：

生而有所慕兮，賢也；况得全於天兮，玄也；昔富貴也胡爲兮，捐也；今百歲兮，自然而然也」；玉宇增光兮，栢林之顛也；羽衣霞帔兮，集群仙也；扁以長春兮，景其先也；我作斯銘兮，以其傳也」。

門弟子孟津縣威儀侯志山、孟州道正司判官張道信。

洛陽達誠并弟從善刊」。

大元國至元二十九年歲次壬辰十二月十二日，知長春觀胡志林立石」。

（以下碑陰）

住持天壇山十方大紫微宫二尊師：玄都至道披雲真人宋、瑩然清虚真人周。

前長教洞明真人祁。

懷州在城太古觀法師梁志融，知觀楊志玄；濟源縣北関玄都万壽宫尊宿中岳廟提點賜紫通道大師元志一，宫門提舉前孟州道判大師雒道明；濟源安和、王志、志和、知官、人女，知宫雷道默；天壇山紫微宫尊主陳志忠，提點□和大師段德安，知宫梁道和、副宫尚道堅，尊宿楊志真、李志全，前知宫李志和、刘道明、陳志和。

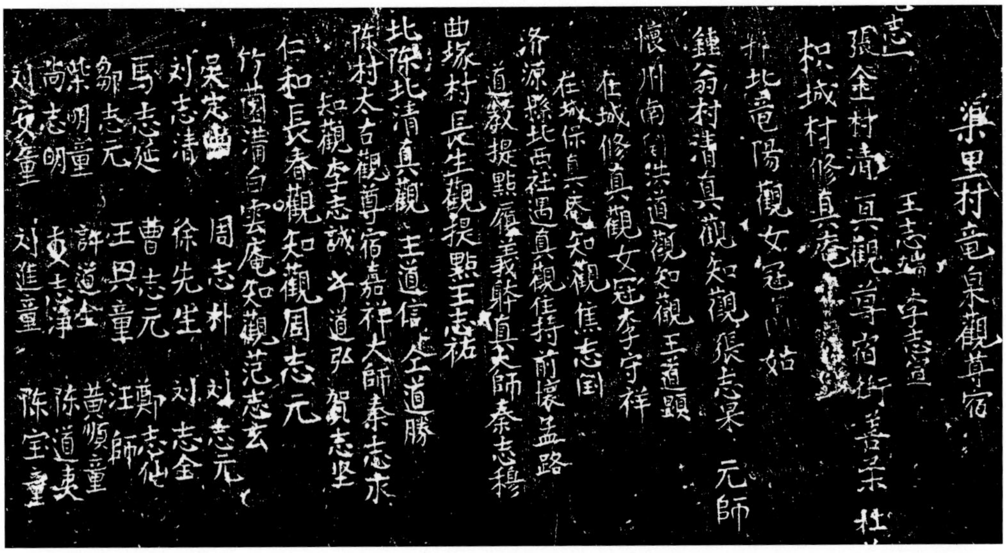

栢林坡長春觀尊主洞真子淳浄大師解志通、前知觀段志寛、提點侯志山、提舉張志信、陈老先生、李老先生、□志德、胡志山、焦志和、□志元、王志遠、陈先生、王志道、刘老先生、馮志恭、□道堅、馮老先生、鄭志常、魯老先生、喬志通、王道禎、杜道明、李老先生、□老先生、李志信、李志新、董道坚、李道潤。

嵩州德亭朝元觀提點程志坚、董志道、王志坚，南店長春觀道正常志容、□志元、趙志珪、達道柔，油坊莊保真觀曹志明、李馬莊姚老先生。焚山清和宫刘忠實。

玄都至道披雲真人宋
住持天壇山十方
大紫微宮二尊師
瑩然清虛真人周
前長教洞明真人祁
助緣會首等

前南陽府道録李志慶，渠里村竜泉觀尊宿王志瑞、李志宣，張金村清真觀尊宿衛善柔、杜道玄，枳城村修真庵□□□，□北竜陽觀女冠□姑，鍾翁村清真觀知觀張志杲、元師，懷州南関洪道觀知觀王道顯，在城修真觀女冠李守祥，在城保真庵知觀焦志国、濟源縣北西社遇真觀住持前懷孟路道教提點履義躰真大師秦志穆，曲塚村長生觀提點王志祐，北陈北清真觀王道信、仝道勝，陈村太古觀尊宿嘉祥大師秦志永、知觀李志誠、□道弘、賀志坚，仁和長春觀知觀周志元，竹薗溝白雲庵知觀范志玄，吴志山、刘志清、馬志延、鄒志元、柴明童、尚志明、刘安童、解志元、周志朴、徐先生、曹志元、王興童、許道全、□志浄、刘進童、丁志剛、刘志元、刘志全、鄭志仙、汪師、黄順童、陈道夷、陈宝童、方道安。

河南感聖觀知觀方興童、□夷童，陈村先天觀女冠尊宿門真散人刘守玄、賈惠明，仁和雲溪庵女冠衛守進、師守室、□妙□，淵浄庵女冠馬欽善。

助緣會首等：

小丘村師元帥夫人徐守浄、長男師縣令夫人王氏，謝封村史秀、李恩、□順、王珎、王成、石荣，張□村王全、段社長、張玉、馮仲卿、段續、王姑、王姑、楊姑、□姑、元慶、孫妙清、□興、楚兵、吴安、李旺、王子安、盛祐、刘德、王四、楚太、郭成、盛二、王進成、蘇林、崔林、李讓、楊興、王海、吴進。

□家莊、王義、王信、李玉、趙聚、趙順、□義、□立，水運莊鄭老會首、男鄭德，妻楊氏。

竜臺王社長（下殘）鄭守真、梁信□、梁四、梁□、李大、黄庭、王二、李興，濟源縣在城李志全、冀用、冀守元，渠里村买提控、买百户、王社長、周社長、元国宝、李會首、董成，枳城文婆婆，栢鄉鄭德、妻刘善海，丁家莊买進、楊德，五竜廟西馮德、馮全，彭家莊姚忠、□林、彭婆婆、□會首、□成。

待詔楊賛。

泥匠郭安，石匠達貴。

元大德十年李公道行碑

碑在陜西省西安市户縣祖庵鎮重陽宫，元大德十年（1306）立。宋渤撰文並書丹，張孔孫篆額，王德頤、司德馨、李德裕等立石。螭首龜趺。通高 392 厘米，螭首高 115 厘米，趺座高 67 厘米；碑身寬 122 厘米，厚 34 厘米。正文行楷，字徑 2.5～3 厘米。圭額篆“玄明文靖天樂真人李公道行碑銘”，2 行，字徑 7 厘米。碑體完整，文字清晰。

玄明文靖天樂真人李公道行銘并序

集賢學士嘉議大夫宋渤文并書」。

集賢大學士中奉大夫商議中書省事張孔孫篆額」。

終南山之尊高，雲夢澤之廣闊，在天地間不知凡幾區，惟二者處今中原，故獨稱最鉅，亮有神奠之。靈明變化，雨暘開闔，古今以来，中有不可測。英奇秀拔，魁傑壯」偉，人物之出，亦不可常得。近世大宗師重陽王公，以道德絶倡，號稱全真，轟興金大定中。始方羊於東海上，既而演溢於八表，行至人之無爲，説千載之心傳，二百」年於兹矣。公生終南山下，舊居地尚存。後其弟子盛啓之，擬成宫室，歷代崇飾之，嗣致香火，又勑扁其額曰重陽萬壽宫。主宫中務者，非名勝閎博之士，蓋莫得」與其選。天樂真人李公和甫，當師席者三十年，操行踐履，羽流想聞，神采、言論、風旨，玄教景其範模。諱道謙，汴梁人，代爲豪家。考諱師孟，學

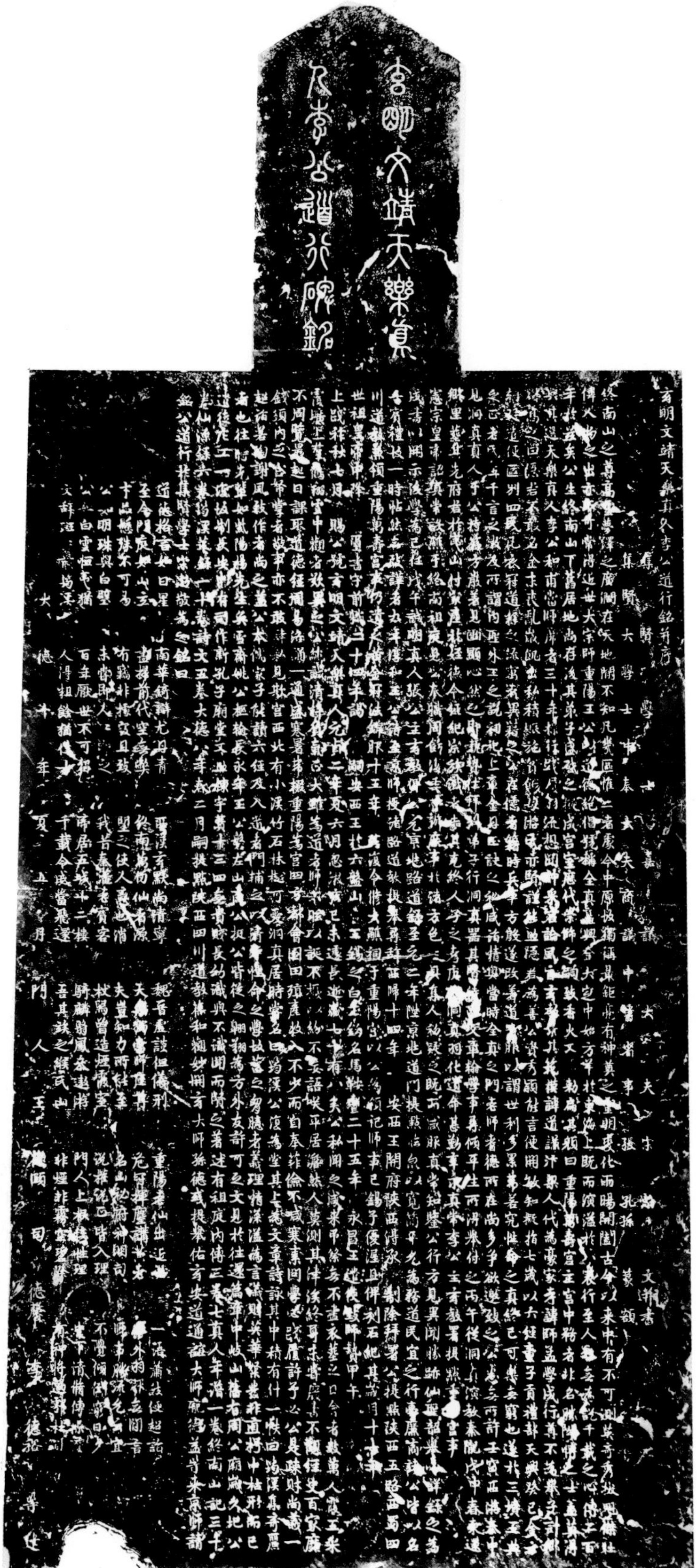

元大德十年李公道行碑

成行尊，不爲舉子計，鄉」郡高之曰隱君，不敢名。金末，喪亂歲飢，出私積賑施貧餓。母游氏，亦賢謹，能助隱君爲善。公資秀潁，能言便開，敏知擬指。七歲以六經童子貢禮部，天興癸巳金亡」，朝廷遣使區别四民，凡衣冠道释之流寓者異籍之。公在儒者籍，時兵事方殷，遂改着道者服，以謂世利多累，弗若究性命之真，終已可樂無窮也。遂於三墳五典」之正，老氏五千言之微，及所謂内聖外王之説，祠祀上章金丹玉訣之祕，咸詣精奥。當時全真之門，老師耆德所在尚多，争欲邀致之，公悉無所許。壬寅，西游秦中」，見洞真真人于公持籙方嚴，着見幽顯，心然之，即執贄往拜，列弟子行。洞真嚚其賢，待以文章翰學事，尋傾平生所得舉付之。丙午，從洞真演教秦隴。戊申春，東還」鄉里，葬其先府君於夷山，付家産於姪德，令經紀。宗族識者嘉其克終人子之孝。庚戌，洞真羽化，遺命甚勤。辛亥，真常李公主玄教，署提點重陽宫事」。憲宗皇帝詔真常設醮于終南祖庭，見公奉職周飭，復委營辦庶事，於諸方色色具集。人初疑之，既而咸服。真常知鑒，公行方見，異聞勝跡，仙聖韶舉，必詳録之爲」成書，以開示後學爲己任。戊午，誠明真人張公主玄教，俾公充京兆路道録。至元二年，陞京兆道門提點。临衆以寛简平允爲務，道民宜之，行臺廉商諸公皆以名」士賔禮，故一時帖然，無敢譁者。九年，淳和王公請至京師，授諸路道教提舉。尋辞西歸。十四年，安西王開府陕西，得承制除拜署公提點陕西五路西蜀四」川道教兼領重陽萬壽宫事，仍遺之黄金冠法錦服。十五年，王復令修大醮祠于重陽宫，以公爲領祀师。事已，錫予優渥，且俾刻石紀其歲月。十七年」，世祖皇帝申降璽書守前職。二十四年，謁嗣安西王於六盤山，王錫之白玉鉤、名馬鞍轡。二十五年，永昌王遣使致師贄。甲午」，上踐祚，秋七月，賜公號玄明文靖天樂真人。元貞二年夏六月，忽微疾，己未，遽長逝，歲七十有八矣。公私聞之，咸来弔祭，無不盡哀。葬之日，會者數萬人，霞五采」覆壙上，羣鶴翔雲中，觀者歎異之。公純誠清粹，負氣正大，雖爲道者師，不眩以誕，不擾以紛，不妄語咲，平居澹然，

人莫測其津涘。終身未嘗廢書不觀，經史百家，靡」不周覽。晨起日課，取《道德經》《周易》洛誦一通，盛寒暑弗輟。重陽爲宫，四方都會，園田殖産，收入不少，而自奉菲儉，不鹹寒素。同學必踐履，許予必公是，疎財尚義，一」錢須内之宫帑掌者，敬事亦不敢肆私見欺。宫西北有小溪，竹石林樾可愛，洞真居時嘗名曰筠溪，公復爲堂其上，爲文章詩詠其中，積有什一帙，曰《筠溪集》。奇麗」超詣，若陶謝風致，作者尚之。盖公本儒家子，能讀六經，及入道者門，輔之以清浄性命之學，故蓄之胷臆者義理精深，溢爲言議則英華粲葰，非直枵中枯形而已」者也。往時先輩如紫陽楊先生奂，雪齋姚公樞，翰長永年王公磐，左山商公挺，公皆從之翺翔，爲方外友。許可之文，見於往還篇章中。岐山舊有周公廟，歲久圮，公」遣徒庀工，一復故制。長安中有司作新孔子廟堂，又助棟宇費十三四。無貴賤長幼，識與不識，聞而賢之。著述有《祖庭内傳》三卷、《七真人年譜》一卷、《終南山記》三十」卷、《仙源録》六卷、《筠溪筆録》一十卷、詩文五卷。大德八年春二月，嗣提點陝西四川道教葆和觀妙開玄大師孫德彧、提舉佑玄安道通誼大師龐德益等来京师，請」銘公道行於集賢學士宋渤，敬爲之銘曰」：

道德格言如日星，南華綺辯尤丹青，西漢玄默尚清寧，魏晋虚談但儀刑。重陽老仙出近世，一語蕭然便超詣」，至今門庭如山立，盡掃前代空無弊。終南萬仞仙者源，天樂獨當師座尊，危冠揮麈講黄老，□外羽服無間言」。才品懸殊不可易，有竊非據寇且致，望之使人意也消，夫豈知力所能至。名山祕府神明司，師事勝流允云宜」，公如明珠與白璧，未嘗即人人即之。我昔秦藩老賓客，杖舄曾造煙霞室，説權説正皆入理，不覺傾倒窮日夕」。公如白雲恒夷猶，百年厭世不可留，帝居五城十二樓，騎麟翳鳳条遨游。門人上根接性理，中下清脩傳操履」，文辞斑斑映筠溪，人得粗餘猶佳士。千載令威當飛還，吾其竢之緱氏山，非煙非霧空碧際，有神將過鄠社間」。

大德十年夏五月，門人王德頤、司德馨、李德裕等建」。

元大德十年王重陽詩歌碑

碑在陝西省西安市户縣祖庵鎮重陽宫，元大德十年（1306）立。楊太初書，劉道希刊。通高401厘米，首高110厘米，座高58厘米；碑身寬122厘米，厚36厘米。正文行楷，字徑3.5厘米。該碑刻於《元大德年間全真開教秘語碑》碑陰，碑體完整，文字局部漫漶。

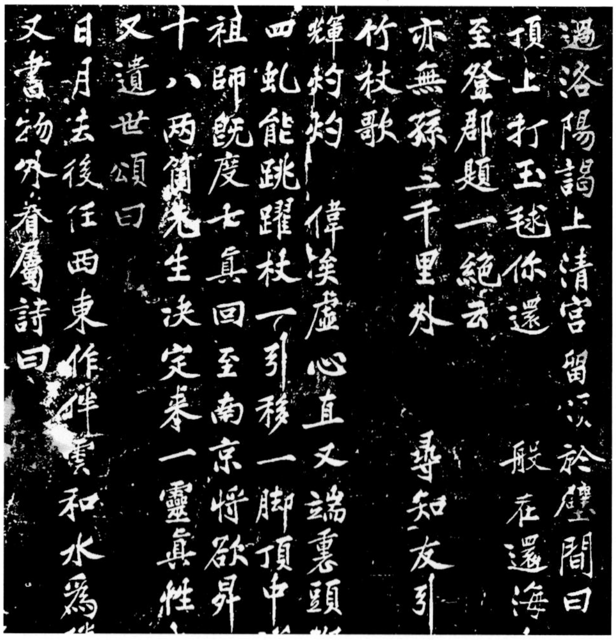

初，重陽祖師既遇真仙傳授祕語，心光煥發，聖智流通，乃作歌曰」：

四旬八上始遭逢，口訣傳来便有功。一粒金丹色愈好，玉京山上顯殷紅」。

師自序云：余嘗從甘河携酒一葫，欲歸菴，道逢一先生叫云：害風，肯與我酒喫」否？余與之。先生一引而盡，却令余以葫取河水。余取得水授與先生，先生復」授余，令余飲之，乃仙酎也。自是不復飲酒，因述《虞美人》詞曰」：

害風飲水知多少，因此通玄妙。白麻衲襖布青巾，好模好様真箇好精神。不須鏡子前来照，事事心頭了。夢中識破夢中」身，便是逍遥達彼岸頭人」。

祖師結庵劉蔣，一日將東游，忽自焚之，里人驚救，見師舞於火邊，問其故，荅曰」：

茅庵燒了事休休，决有人人却要修。便做惺惺成猛烈，怎生學得我風流」。

甘河鎮道友問師東遊之故，曰：潭中捉馬去。因賦《南鄉子》以留别」：

我已入南京，甘鎮人人箇箇聽。敬重三光須要認，休輕，五穀中間得至精。　此去决前

初重陽祖師旣遇眞仙傳授秘語心光燦發聖賢洞通乃作歌曰
四句□□上始遭逢口訣傳來便有功一粒金丹色愈好玉京山上顯殷紅
師自序云□□昔從甘河□□酒一葫欲歸菴道逢一先生叫云害風肯與我酒喫
否余與□□□一引而盡卻令余以葫取河水余取得水□與先生先生復
授余□□□令余飲之乃仙酎也自是不復飲酒因述虞美人詞曰
害風飲水知多少因此通玄妙白麻□衲襖布青巾好模好樣眞箇好精神不須鏡子前來照爭事□頭了夢中識破夢中
身便是逍遙達彼岸頭人
祖師結菴劉蔣一日將東游忽自焚之里人驚救見師舞於火邊問其故答曰
茅菴燒了事休休決有人人卻要修便做惺惺成猛烈怎生學得我風流
甘河鎮道友問師東遊之故白潭中捉馬去因賦南鄉子以留別
我也□南京甘鎮人□人箇箇聽敬重三光須要認休輕五穀中間得至精此去決前程寫盡平生自己一聲若是卻來重一遇靈靈總看眞□
一氣□□清
過洛陽謁上清宮留頌於壁間曰
丘譚王風捉馬劉崑崙頂上打玉毬你還般在遍海內瀛得三千八百億
至登郡題一絕云
□別終南水竹村家無兒女亦無孫三千里外尋知友引□長生不死門
竹杖歌
一條竹杖名無着節節生輝輝灼灼偉漢虛心直又端裹頭都是靈丹藥不搖不動自清閑應物隨機能做作海上專尋知友來元註堪
可教依托昨宵夢裏見諸虯內有四虯能跳躍杖一引移一腳頂中迸斷銀絲索攢眉露目震精神吐出靈珠光閃爍明燭挑來共樂然白雲不
負紅霞約 祖師旣度七眞回至南京將欲昇仙衆乞留頌師曰我於長安蘖村呂道人菴壁先書之矣其辭曰
害風害風舊病發壽命不過五十八兩箇先生決定來一靈眞性□搜刷
又遺世頌曰
地肺重陽子呼名王害風來時長日月去後任西東作伴雲和水爲鄰虛與空一靈眞性在不與衆心同
又書物外眷屬詩曰
一弟一姪□□兩箇兒和予五逸做修持結爲物外眞歡眷擺脫人間假合□兒周匝種成清靜景迤相傳授紫靈芝以顯金赴蓬萊會我迹
逐菜花 禮師
□大元大德十年丙午下元 重建于終南□十方大重陽萬壽宮 洞然子楊□太初 書 清眞大師□道□ 刻

程，冩盡平生自己聲。若是却来重一遇，靈靈，總看真形」一氣清」。

過洛陽，謁上清宫，留頌於壁間曰」：

丘譚王風捉馬劉，崑崙頂上打玉毬。你還般在還海内，瀛得三千八百儔」。

至登郡，題一絶云」：

一别終南水竹村，家無兒女亦無孫。三千里外尋知友，引入長生不死門」。

《竹杖歌」》：

一條竹杖名無著，節節生輝輝灼灼。偉矣虚心直又端，裹頭都是靈丹藥。不揺不動自清閑，應物隨機能做作。海上專尋知友来，兀誰堪」可教依托。昨宵夢裏見諸虬，内有四虬能跳躍。杖一引，移一脚，頂中迸斷銀絲索。攢眉露目震精神，吐出靈珠光閃爍。明焰挑来共樂然，白雲不」負紅霞約。

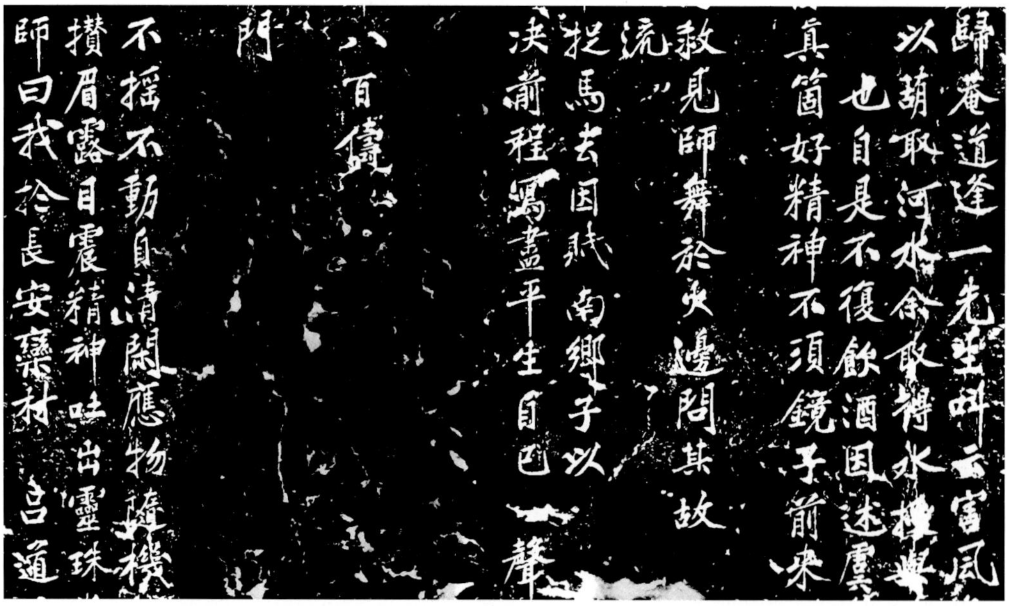

祖師既度七真，回至南京，將欲昇仙，衆乞留頌，師曰：我於長安欒村吕道人菴壁先書之矣。其辭曰」：

害風害風舊病發，壽命不過五十八。两箇先生决定来，一靈真性成搜刷」。

又《遺世頌》曰」：

地肺重陽子，呼名王害風。来時長日月，去後任西東。作伴雲和水，爲隣虚與空。一靈真性在，不與衆心同」。

又書《物外眷屬》詩曰」：

一弟一姪两箇兒，和予五逸做修持。結爲物外真親眷，擺脱人間假合屍。周匝種成清静景，遞相傳授紫靈芝。山頭並赴靈華會，我趍」蓬莱先禮師」。

大元大德十年丙午下元日，重建于終南山十方大重陽萬壽宫，洞然子楊太初書，清真大師劉道希刊」。

元大德年間劉海蟾詩碑

碑在陝西省西安市户縣祖庵鎮重陽宫，元大德年間立。宋渤書。螭首龜趺。通高516厘米，寬156厘米，厚50厘米。正文行書，字徑12厘米。詩刻於《蒙古海迷失后元年十方重陽萬壽宫記碑》碑陰，碑體完整，文字清晰。

神仙劉海蟾，以天聖」九年游歷名山，所至」並有留跡。代州壽寧」古詩十韻，漳東道者」宋渤敬而書之」：

醉走白驢来，倒提銅」尾秉；引箇碧眼奴，擔」著獨壺瘿。不讀《黄庭」經》，豈燒龍虎鼎；自言」秦世事，家住葛洪井」。獨立都市中，不受俗」人請；欲携霹靂琴，去」上芙蓉頂。吴牛買十」角，溪田畊半頃；種秫」釀白醪，便是仙家境」。醉卧古松陰，閑立白」雲嶺；要去即便去，直」入秋霞影」。

終南山祖庭刻石」。

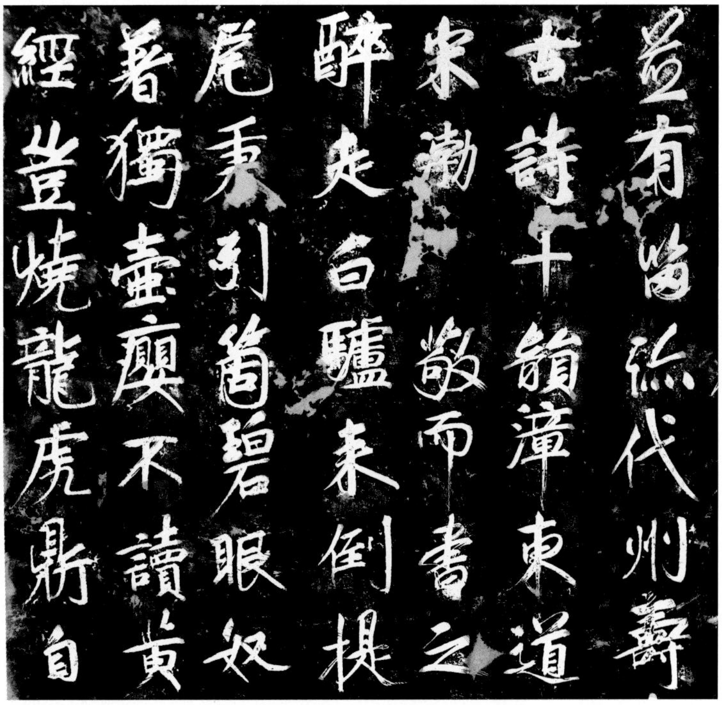

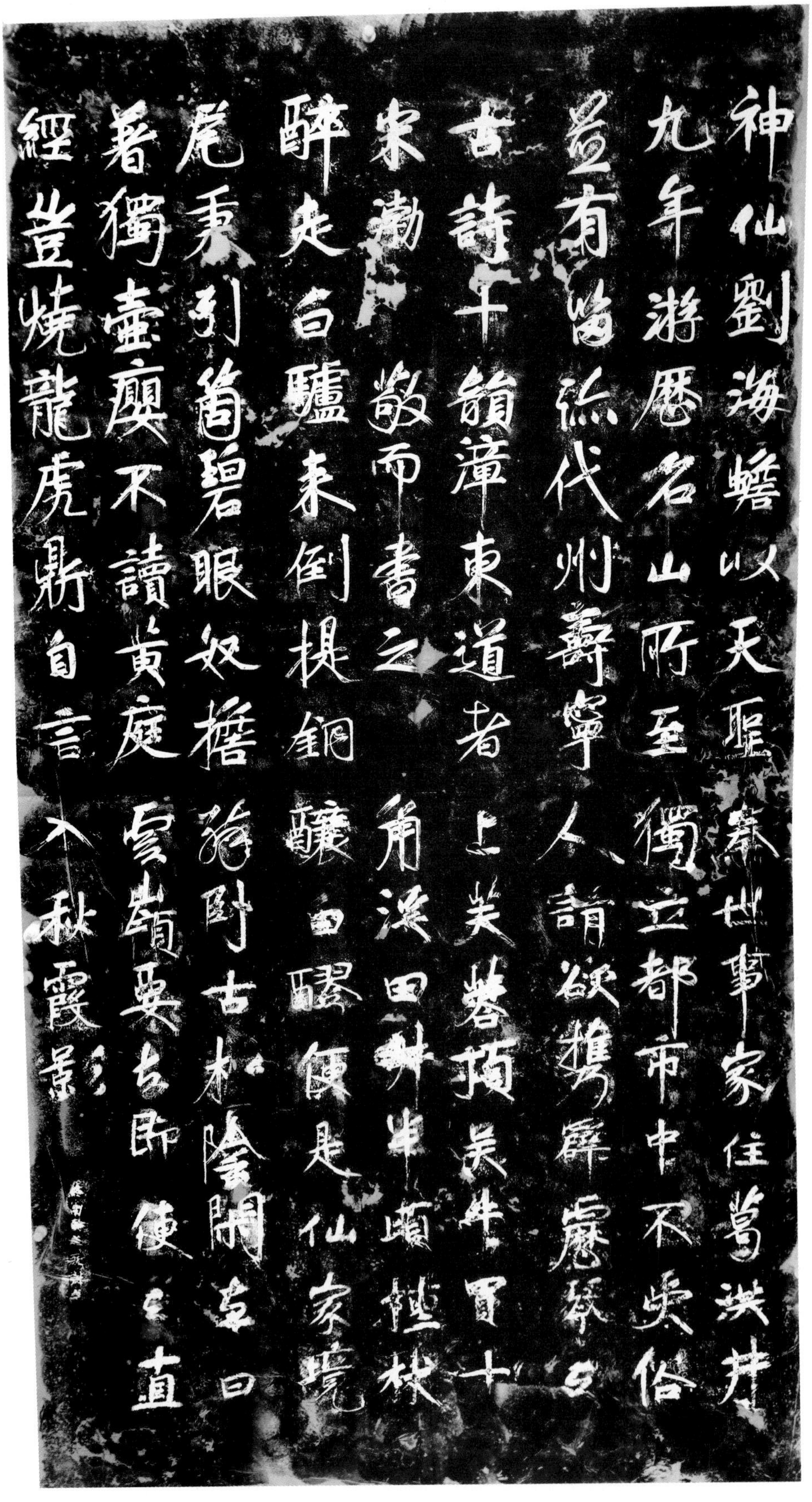
神仙劉海蟾以天聖棄世事家住葛洪井
九年游歷名山所至獨立都市中不與俗
並有嘗流代州壽寧人請欲携歸廬琴之
古詩千韻漳東道者上美譽預吳牛買十
宋勸敬而書之角溪田舍半頃榿林
醉走白驢來倒提銅鑵[illegible]醒便是仙家境
尾秉引箇碧眼奴擔藤臥古松陰閑草曰
著獨壺瓢不讀黃庭憂嶺要去卧便亡直
經豈燒龍虎鼎自言入秋霞影

元大德年間全真開教秘語碑

碑在陝西省西安市户縣祖庵鎮重陽宫，元大德年間立。孫德彧、范道和、楊志瑞等立石。通高401厘米，首高110厘米，座高58厘米；碑身寬122厘米，厚36厘米。正文行楷，字徑6厘米。圭額篆“全真開教秘語之碑”，2行，隸書，字徑10厘米。碑體完整，文字清晰。

全真開教秘語之碑

重陽祖師以正隆己卯之夏，遇真仙于終南甘河鎮，密」付口訣。明年庚辰，再會於醴泉，遂留秘語五篇，其辭曰」：

驀臨秦地，泛游長安，或貨丹於市邑，或隱跡於山林。因循數載，覩見滿目」蒼生盡是凶頑下鬼。今逢吾弟子，何不頓抛俗海，猛捨浮囂，好飡霞於碧」嶠之前，堪煉氣於松峯之下，斡旋造化，反覆陰陽，燦列宿於九鼎之中，聚」萬化於一壺之内，千朝功滿，名掛僊都，三載殷勤，永鎮萬劫。恐爾来遲，身」沉泉下」。

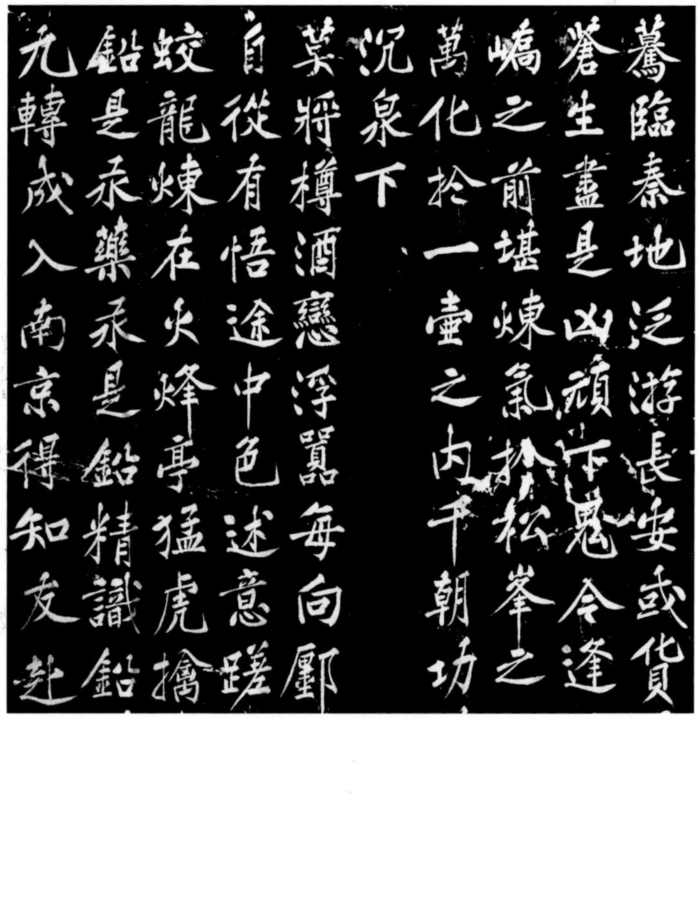

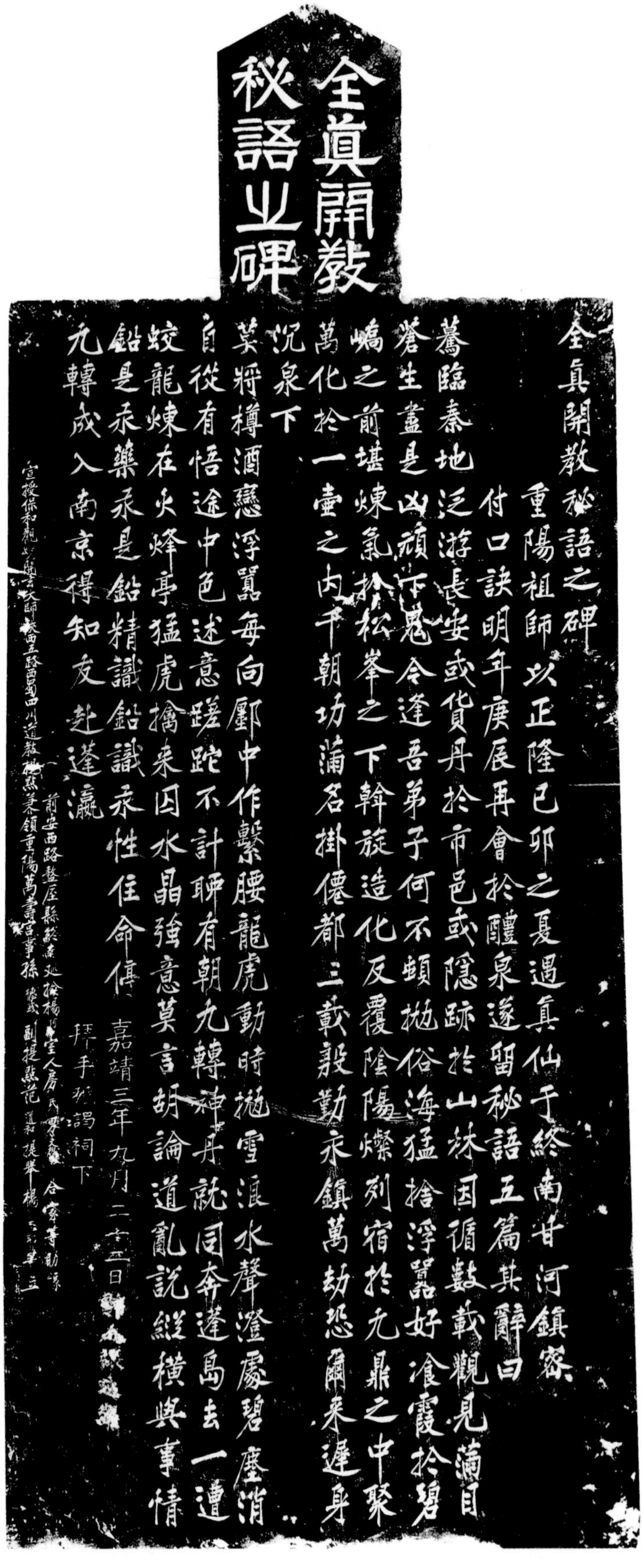

全真開教
秘語之碑

全真開教秘語之碑
重陽祖師以正隆己卯之夏遇真仙于終南甘河鎮啜
付口訣明年庚辰再會於醴泉遂留秘語五篇其辭曰
驀臨秦地泛游長安或貨丹於市邑或隱跡於山林因循數載觀見蒲目
蒼生盡是凶頑下鬼令逢吾弟子何不頓拋俗海猛捨浮囂好滄霞於碧
嶋之前堪煉氣於松峯之下斡旋造化反覆陰陽爍刻宿於九鼎之中聚
萬化於一壺之內平朝坊蒲名掛僊都三載殷勤永鎮萬劫恐爾來遲身
沉泉下
莫將樽酒戀浮囂每向鄽中作繫腰龍虎動時拋雪浪水聲澄處碧塵消
自從有悟途中色述意蹉跎不計聊有朝九轉神丹就同奔蓬島去一遭
蛟龍煉在火烽亭猛虎擒來因水晶強意莫言胡論道亂說縱橫與事情
鉛是汞藥汞是鉛精識鉛識汞性住命停
九轉成入南京得知友赴蓬瀛
嘉靖三年九月二十五日[illegible]
拜手敬謁祠下
前安西路盩厔縣教諭延[illegible]楊[illegible]室人房氏[illegible]合家等助緣
宣授保和觀[illegible]玄大師陝西五路西蜀四川道教[illegible]兼領重陽萬壽宮事孫[illegible]副提點范道和 提舉楊[illegible]立

莫將樽酒戀浮囂，每向鄽中作繫腰，龍虎動時拋雪浪，水聲澄處碧塵消」。自從有悟途中色，述意蹉跎不計聊，有朝九轉神丹就，同奔蓬島去一遭」。

蛟龍煉在火烽亭，猛虎擒来囚水晶，强意莫言胡論道，亂説縱横與事情」。

鉛是汞藥，汞是鉛精，識鉛識汞，性住命停」。

九轉成，入南京，得知友，赴蓬瀛」。

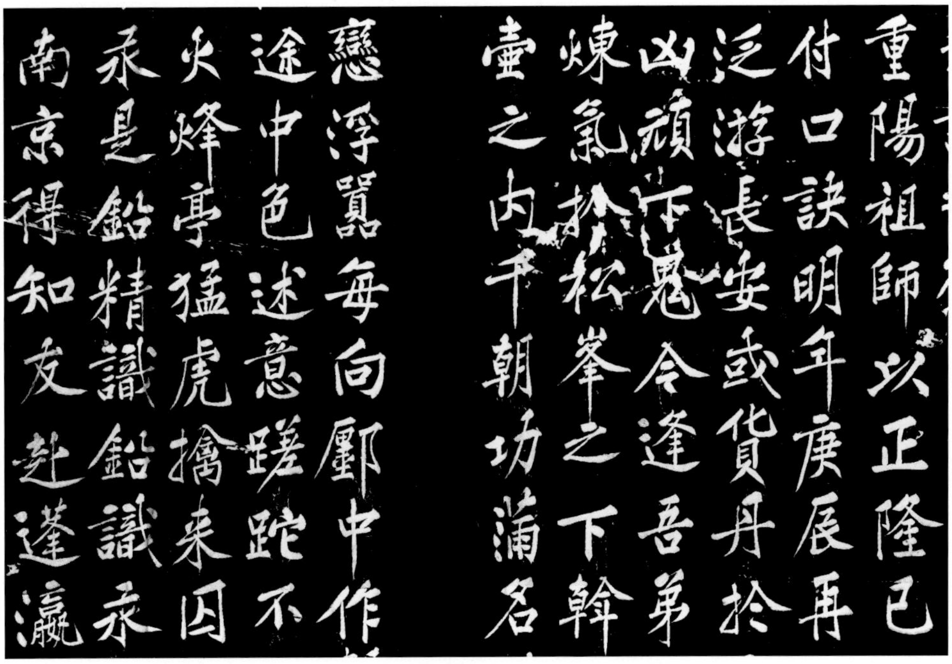

前安西路盩厔縣終南巡撿楊珂、室人房氏、男文耀合家等助緣」。

宣授保和觀妙開玄大師陝西五路西蜀四川道教提點兼領重陽萬壽宫事孫德彧、副提點范道和、提舉楊志瑞等立」。

元至大二年重修天壇記碑

碑原在河南省濟源市王屋山紫微宫，現存於濟源市濟瀆廟，元至大二年（1309）立。李志全撰文並書丹，白志明篆額，劉志簡、薛志淳等立石，元子刊。圓首。高151厘米，寬63厘米，厚16厘米。正文楷書，字徑1.3厘米。額篆“重修天壇碑銘”，3行，字徑11厘米。碑體完整，碑面局部剥落，其餘部分文字清晰。

重修天壇碑銘

陽城元子刊」。

三洞講師酎泉李志全撰并書，純陽宫提點白志明篆額」。

粵自開闢宇宙之初，便有此王屋山。《禹貢》載厥名，真檢圖其形，山中復有□□如□□□□□奇莫測，屹然峻峙，孤絶半空，倒日月之景，出雲雨之上，晃如化宫，郁若」蕭臺。按《道藏》洞淵集云：其高於平陸一百二十里，蓋大造□□於天地之□共□也。括宇内有十大洞天，三十六小洞天，此壇尊居第一，爲之冠冕。子男襟帶七十」二福地，號清虚仙府小有洞天，仙官王子□、杜沖等主領之。□□□□□□□有燭龍臨照，專典四時雨雪旱潦，總統八方海嶽動静。其左則濟瀆汲水出焉，其右則」析城鼇背輔焉，南麓周洛，北肩晋甸，有紫□□□□旦□□□□□□□□□□□里有芝燈明照於高深之夜，散遊太空，多至萬炷。圓光時出，飛仙日過，玄龍隱洞，太」□湧

泉，松鳴天籟，桂吐嬰香。横則練觀□□□□□□□□□□□□□ □□□□□華之筍卓尔奉侍。華蓋前伏，玉陽遐衛，金堂玉室，雲牕霧閣，尊聖儼居，羽衣朝」拜，周□景象，雲興霞蔚，變態百出，使人□□□□□□□□□ □□都也。若夫太華三峰，天台二奇，岱之日觀，衡之祝融，未易讓也。北有三官校勘臺，乃」上帝命諸司校證學仙者功行罪□□□□□□□□□□□□自軒皇遇九天玄聖而□贈建典禮，所謂因高祀天之義也。是後歷代修崇，中秋朝會，遂成流例。每歲」士女登臨，多爲風雨阻障，似厭□□□□□□□□□□□□□誠而驗。至□宋政和間，尤加潤色，奉安虚皇紺玉寶殿于壇頂之上。頃罹兵劫，復致頽圮。迨乎」大朝丁酉歲，有伊陽瑩然子周練師者出，於□□□□□□□蒙王屋官長疏請，遂領徒衆來上方院住持，復增營建，僅歷三載，俄尔歸寂。有知宫李志

昭等，與法属」公議，謹賫本郡衆官文疏，踵門禮請□□東萊披雲宋真人主持院事。蓋緣親炙長生、長春之訓誨，重演玄都神霄之法教，特奉」朝旨，以經營諸局，雕印三洞□□之□率遊禮名山聖跡，及諸路府郡，多所興造真館琳宇。辛丑春，馳騎到上方紫微宫，乃褰裳登龍嶺，入天門，到絶頂，升□壇。焚香」拜畢，睹諸尊殿廡摧毁，壇級隳圮，喟然長歎曰："吾今不重修，理當誰待?"遂委用門下劉志簡充本宫提點事，因招集十方修真徒侶及此方信士，同心戮力，運灰甓」而走上，構材植而施工。興廢補缺，于□□春方嚴整甃砌訖，仍以十二玉欄飾之，洎諸聖殿室像設，焕然一新。復將七真仙景，塑繪于翼室。當修葺時，有雷雨頻」霆助其塗塈。又壇前一松樹，低枝於□□中□水晝夜凡得數□，常現紅光，映罩作務之人。齋粮若息，取用不竭。蓋諸天懽樂，立降禎祥，抑亦功高德茂，□□所感召」。即有懷孟州宣差蒲察公、長次官□□□侯王屋縣司宰等，奉禮敦請披雲真人暨清真觀冷尊師，於甲辰中秋修慶成清醮，專以祝延」皇帝聖壽無疆，安鎮鼎祚，保民升平爲念□雲□□友官豪士庶，朝禮望拜者不啻萬計。嗚呼！自大唐貞一天師扶宗立教，崇構陽臺中岩之後，蓋寥寥五百餘年」，適至今日，全真教興，增飾洞天。異哉！續玄門□□功業者，其惟我披雲宋真人乎！又謹安置三洞琅篇一藏，貯之高閣，永鎮方維，期于不泯。修壇既畢，復有功德主」司總帥喜捨助緣，与真人所委木工崔志明□□造本宫三清大殿洎玉皇閣、三官、四聖、靈官等堂，方丈齋室雲房，及復完清虚宫，殿宇宏麗，超于往古，燦然可」觀。志全既屬後塵，從之

有年矣，目擊勝概，不揆□悠，是用紬鄙思，綴蕪辭，紀實績，示來葉，仍繫之以銘曰：

太虛无極玄中玄，元氣融結成山川，化出宮府羅神仙，四十六所大洞天。天壇居首冠八埏，群嶽朝宗飛羽軿。朝暎紅霞夕紫煙」，下視塵域何茫然。蓬萊清淺幾桑田，積蘇壘塊那得堅，螻蟻封垤蜂翩翾，疇咨方外脫羈牽。從予披雲抽琅篇，咀嚼瓊霜味金鉛」。冥換九骨膏肓痊，乘風禦氣玩椿年。上與造物遊大千，仙鄉密迩奚遷延，今當磨崖鐫妄言，萬世一遇投機緣。

旹大朝歲次己酉建子月南至日」。

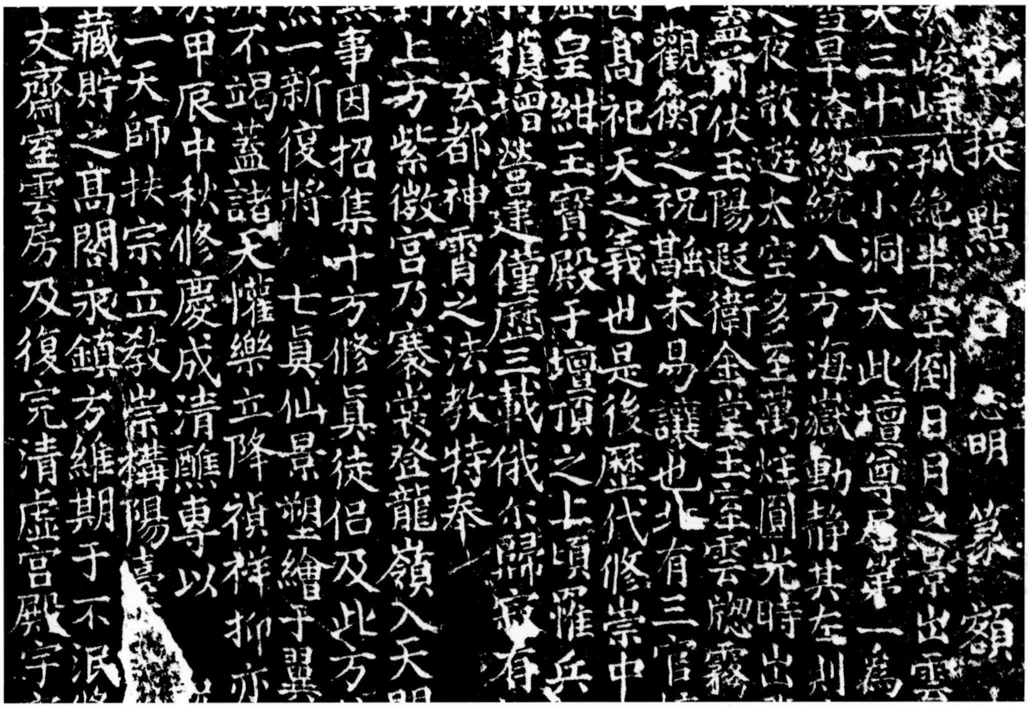

十方大紫微宮提點劉志簡，副提點李志昭，周練師門人知宮史志烈，知宮任志□，知宮胡志謙，副宮李志沖、馬德超，副宮高志清，前知宮王德真、副宮王志堅、化主薛志淳亦同修完立石」。

懷孟州道門提□魏志樸，懷孟州道正江道源、道判高志明」。

宣授懷孟州次官馮□□，王屋縣次官李成」。

宣授懷孟州長官劉海□，王屋縣長官司汝榮」。

宣差懷孟河南路都達魯花赤合□□利……蒲察德元，宣差范秀真」。

元至大三年紫微宫聖旨碑

碑原在河南省濟源市王屋山紫微宫，今已佚失，拓片現存於北京圖書館。元至大三年（1310）立。高 178 厘米，寬 70 厘米。正文楷書，額題“聖旨”，單行，楷書。幅面完整，文字清晰。

長生天氣力裏」、大福廕護助裏」皇帝聖旨。

軍官每根底、軍人每根底、城子裏達魯花赤官人每根底、來往使臣每」根底、百姓每根底宣諭的」聖旨」。

成吉思皇帝」、月古歹皇帝」、世祖皇帝聖旨裏：

和尚每、也里可温每、先生每，不揀甚麽差發休交者，告天祈福」祝壽者説來。如今依在前」聖旨躰例，不揀甚麽差發休自，告天祈福祝壽者，麽道。懷孟路孟州濟源縣王屋」天壇山十方大紫微宫清虚小有洞天裏住持的提點慈惠棲玄遠塵大師」傅道寧爲頭先生每根底，与了執把行的」聖旨也。這的每宫觀内房舍裏使臣休安下者，鋪馬袛應休要，倉稅商稅休自者」。但属這的每宫觀裏的庄田、事産、園菓、碾磨、舡隻、竹葦、林木、解典庫、浴堂、鋪」席、店舍、醋酵、麯貨，不揀甚麽差發休要者。不以是何人，休使氣力，但係他每」的休奪要者。若這先生每説有」聖旨麽道，無躰例的句當休做者。做呵，他每不怕那甚麽」。聖旨。

至大二年三月初六日，大都有時分寫來」。

（以下碑陰）

本宫住持提點劉道明」、知宫張道怡」、副宫趙志明」、副宫李道崇」。

至大三年二月十五日立石」。

聖旨
長生天氣力裏
大福蔭護助裏
皇帝聖旨軍官每根底軍人每根底城子裏達魯花赤官人每根底來往使臣每
根底百姓每根底宣諭的
聖旨
成吉思皇帝
月古歹皇帝
世祖皇帝聖旨裏和尚每也里可溫每先生每不揀甚麼差發休着告天祈福
祝壽者說來如今依在前
聖旨體例不揀甚麼差發休着告天祈福祝壽者麼道懷孟路孟州濟源縣王屋
天壇山十方大紫微宮清虛小有洞天裏住持的提點慈惠樸玄遠庵大師
傳道寧爲頭先生每根底與了執把行的
聖旨也這的每宮觀內房舍裏使臣休安下者鋪馬祗應休要倉稅商稅休着者
但屬這的每宮觀裏的莊田事產園菓碾磨船隻竹園林木解典庫浴堂鋪
席店舍醋酵麴貨不揀甚麼差發休要者不以是何人休使氣力但係他每
的休奪要者若這先生每說有
聖旨麼道無體例的勾當休做者做呵他每不怕那甚麼
聖旨
至大二年三月初六日大都有時分寫來

元延祐元年皇帝璽書碑

碑在陝西省西安市户縣祖庵鎮重陽宮，元延祐元年（1314）立。螭首龜趺。通高400厘米，螭首高98厘米，趺座高68厘米；碑身寬110厘米，厚35厘米。圭額篆“皇帝璽書”，2行，字徑3厘米。碑以蒙漢兩文刻，漢文楷書，字徑15厘米。碑體完整，文字清晰。

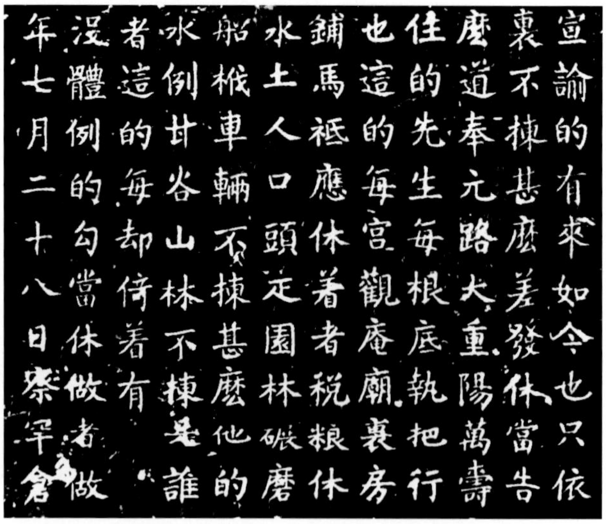

長生天氣力裏」、大福廕護助裏」皇帝聖旨。

軍官每根底、軍人每根底、管城子達魯花赤官」人每根底、往來使臣每根底宣諭的」聖旨」。

成吉思皇帝」、月闊歹皇帝」、薛禪皇帝」、完澤篤皇帝」、曲律皇帝聖旨裏：

和尚、也里可温、先生每，不揀甚麽差發」休當、告」天祝壽者，宣諭的有來。如今也，只依在先」聖旨體例裏，不揀甚麽差發休當，告」天祝壽者，麽道。奉元路大重陽萬壽宮裏，并下院宮觀裏」住的先生每根底，執把行的」聖旨與了也。這的每宮觀庵廟裏房舍裏使臣休安下者」，鋪馬祗應休着者，稅粮休与者。但属宮觀裏的」水土、人口、頭疋、園林、碾磨、店舍、鋪席、典庫、浴堂」、船栰、車輛，不揀甚麽他的，更渼陂、甘、澇等三處」水例，甘谷山林，不揀是誰，休倚氣力者，休奪要」者。這的每却倚着有」聖旨麽道，没體例的勾當休做者。做呵，他每不怕那甚麽」。聖旨。

虎兒年七月二十八日，察罕倉有時分寫來」。

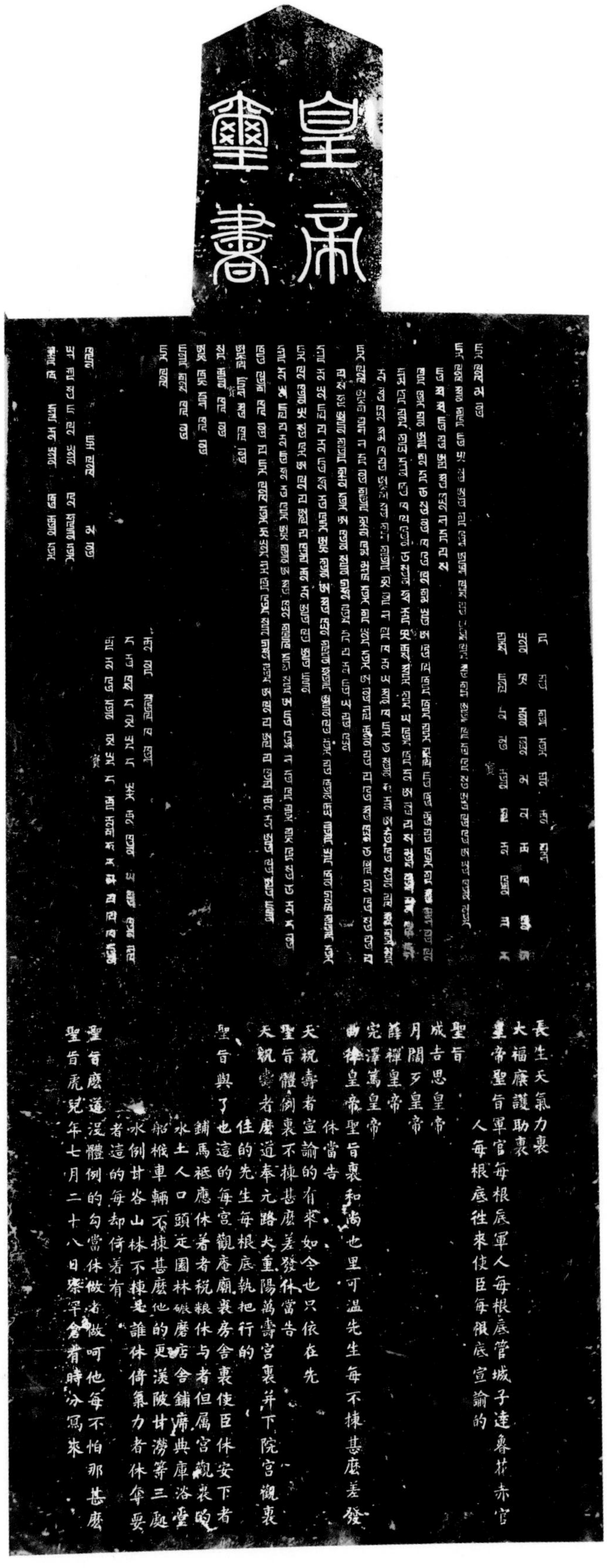
皇帝璽書
長生天氣力裏
大福廕護助裏
皇帝聖旨軍官每根底軍人每根底管城子達魯花赤官
人每根底往來使臣每根底宣諭的
聖旨
成吉思皇帝
月闊歹皇帝
薛禪皇帝
完澤篤皇帝
曲律皇帝聖旨裏和尚也里可溫先生每不揀甚麼差發
休當告
天祝壽者宣諭的有來如今也只依在先
聖旨體例裏不揀甚麼差發休當告
天祝壽者麼道奉元路大重陽萬壽宮裏并下院宮觀裏
住的先生每根底執把行的
聖旨與了也這的每宮觀庵廟裏房舍裏使臣休安下者
鋪馬祗應休着者稅粮休与者但屬宮觀裏的
水土人口頭疋園林碾磨店舍鋪席典庫浴堂
船栰車輛不揀甚麼他的更渼陂甘澇等三處
水例甘谷山林不揀是誰休倚氣力者休奪要
者這的每却倚着有
聖旨麼道沒體例的勾當休做者做呵他每不怕那甚麼
聖旨虎兒年七月二十八日察罕倉有時分寫來

元延祐元年投龍簡記碑

碑在河南省濟源市濟瀆廟，元延祐元年（1314）立。周應極撰文，趙孟頫書丹，郭貫篆額，弭禮立石，張天祐刊。圓首。高110厘米，寬65厘米，厚21厘米。正文行書，字徑3厘米。額篆“投龍簡記”，2行，字徑11厘米。碑陰題名楷書，字徑3厘米。碑體完整，文字清晰。

投龍簡記

今上御極之初，勵精庶政，事神治人，誠明殫盡，中外大和」。皇太后母儀懿恭，思齊内治。惟」皇帝嗣大歷服，載稽舊章，乃孟夏壬寅朔，命特進上卿玄教大宗師志道弘」教沖玄仁靖大真人張留孫等，建周天大醮于南城長春宫，列位二千四百，領天下」羽士餘千人，薦科宣儀，禮於上真，凡七晝夜已」。皇帝」、皇太后復命集賢司直奉訓大夫臣周應極，洞玄明德法師崇真萬壽宫提舉臣陳日新」，乘傳封香，奉玉符簡、黄金龍各二，詣濟瀆清源善濟王廟、天壇王母洞投沉致敬」焉。應極等以六月乙巳至濟源祠，肅恭苾芬，陳蕆醮禮。翼日丙午昧爽，致命藏龍」簡於濟淵，水清可鑑。是夜，天大雷電以風，沛然下雨，田疇枯槁頓爲霑足。越三

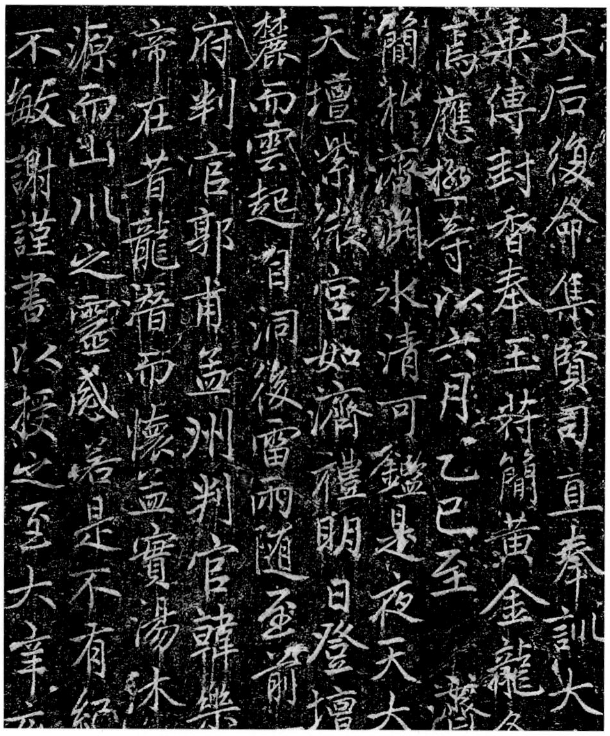

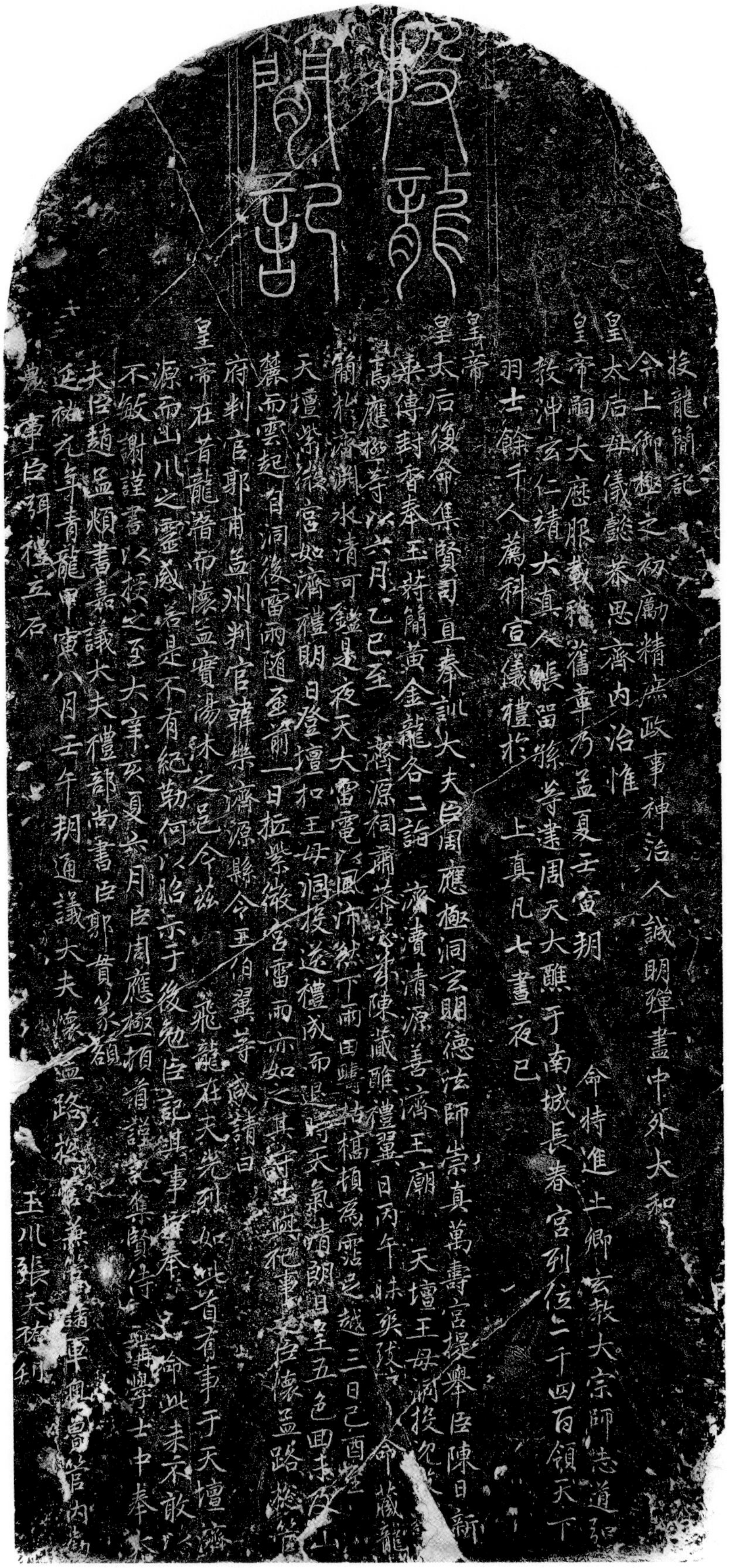
投龍簡記
今上御極之初勵精庶政事神治人誠明殫盡中外大和
皇太后母儀懿恭思齊內治惟 命特進上卿玄教大宗師志道弘
皇帝嗣大歷服載稽舊章乃孟夏壬寅朔
教沖玄仁靖大真人張留孫等建周天大醮于南城長春宮列位二千四百領天下
羽士餘千人萬科宣儀禮於 上真凡七晝夜已
皇帝
皇太后復命集賢司直奉訓大夫臣周應極洞玄明德法師崇真萬壽宮提舉臣陳日新
乘傳封香奉玉符簡黃金龍各二詣 濟瀆清源善濟王廟 天壇王母洞投[illegible]
臣應極等以六月乙巳至 濟源祠齋恭[illegible]陳藏醮禮畢日丙午昧爽[illegible] 命藏龍
簡於濟淵水清可鑑是夜天大雷電以風沛然下雨田疇枯槁頓為霑足越三日己酉登
天壇紫微宮如濟禮明日登壇扣王母洞投送禮成而退時天氣清朗日星五色四末及
麓而雲起自洞後雷雨隨至前一日抵紫微宮雷雨亦如之其[illegible]事與祀事之臣懷孟路總管
府判官郭甫孟州判官韓樂濟源縣令王伯翼等咸請曰
皇帝在潛龍而懷孟實湯沐之邑今茲 飛龍在天光烈如此首有事于天壇濟
源而山川之靈感若是不有紀勒何以昭示于後勉臣記其事臣奉 命此來不敢
不敏謹書以授之至大辛亥夏六月臣周應極頓首謹書 集賢侍講學士中奉大
夫臣趙孟頫書嘉議大夫禮部尚書臣郭貫篆額
延祐元年青龍甲寅八月壬午朔通議大夫懷孟路總管兼[illegible]諸軍奧魯管內勸
農事臣[illegible]立石 玉川張天祐刊

日己酉，至」天壇紫微宫，如濟禮。明日，登壇扣王母洞投送，禮成而退。時天氣清朗，日呈五色，囬未及山」麓，而雲起自洞後，雷雨随至。前一日，抵紫微宫，雷雨亦如之。其守土與祀事之臣懷孟路捴管」府判官郭甫、孟州判官韓樂、濟源縣令王伯翼等，咸請曰」：皇帝在昔龍潛，而懷孟實湯沐之邑。今兹飛龍在天，光烈如此，首有事于天壇濟」源，而山川之靈感若是。不有紀勒，何以昭示于後？勉臣記其事。臣奉命此来，不敢以」不敏謝，謹書以授之。至大辛亥夏六月，臣周應極頓首謹記，集賢侍講學士中奉大」夫臣趙孟頫書，嘉議大夫禮部尚書臣郭貫篆額」。

延祐元年青龍甲寅八月壬午朔，通議大夫懷孟路捴管兼管諸軍奥魯管内勸」農事臣弭禮立石。

玉川張天祐刊」。

（以下碑陰）

濟瀆廟副廟劉道源」。

濟瀆廟知廟玄真大師陳道顯」。

濟瀆廟提舉光義大師姚道興」。

濟瀆廟副提點凝真通玄大師張道亨」。

濟瀆廟天慶宫两處提點洞微純素大師覃道應」。

濟瀆廟天慶宫两處提點明道通真大師孫道遠」。

前濟瀆廟天慶宫两處提點通義遠真大師王道深」。

典史常敬臣」。

懷孟路濟源縣尉趙勝忽兒」。

懷孟路濟源縣主簿徐校」。

承事郎懷孟路濟源縣尹兼管本縣諸軍奥魯勸農事劉弘敬」。

承務郎懷孟路濟源縣達魯花赤兼管本縣諸軍奥魯勸農事教化」。

濟瀆廟副廟劉道源
濟瀆廟知廟玄真大師陳道顯
濟瀆廟提舉光義大師姚道亨
濟瀆廟副提點凝真通玄太師張道[illegible]
濟瀆廟天慶宮兩處提點洞微純素大師覃道應
濟瀆廟天慶宮兩處提點明道通真大師孫道遠
前濟瀆廟天慶宮兩處提點通義達真大師王道淵
典史常敬[illegible]
懷孟路濟源縣尉趙騰兒
懷孟路濟源縣主簿徐[illegible]
承事郎懷孟路濟源縣尹兼管本縣諸軍奧魯勸農事劉敬
承務郎懷孟路濟源縣達魯花赤兼管本縣諸軍奧魯勸農事[illegible]伯

元延祐二年敕藏御服碑

碑在陝西省西安市户縣祖庵鎮重陽宫，元延祐二年（1315）立。趙世延撰文，趙孟頫書丹，李孟篆額，龐德益、孫德彧等立石。螭首龜趺。通高523厘米，螭首高140厘米，趺座高40厘米；碑身寬138厘米，厚35厘米。正文楷書，字徑2.5厘米。圭額篆“大元敕藏御服之碑”，2行，字徑13厘米。碑體完整，文字清晰。

大元勑藏御服之碑

正奉大夫中書參知政事臣趙世延奉旨撰」。

集賢學士資德大夫臣趙孟頫奉旨書」。

翰林學士承旨光禄大夫知制誥兼脩國史平章政事秦國公臣李孟奉旨篆額」。

皇元德肖上天」，太祖聖武皇帝，握符龍朔，闢宇垂統。歷」太、定二宗，至」憲宗御極」，世祖以太弟之親，撫臨方夏，分地關輔，淵龍于六盤之三年，政教聿脩於內，六師戡夷于外。逮入繼大統，定鼎幽燕，隝夷瘴海，窮髮竺乾，莫不□覲□貢，若運肘足以達腹□。故爲治益隆，然其册」廟勝、恢鴻業，實繇關輔發之。列聖承承，宜兹致孝思而無斁也。至元倉龍甲午」，成宗踐祚，恪繩祖武，協羹墻之思，兢業萬□，期□至治。大德癸卯春仲初夕，怳然夢遊于金闕之庭，蹕者曰：是爲岐郊之终南也。既旦，□詣左右，審諦臨幸，則爲終南重陽萬壽宫。

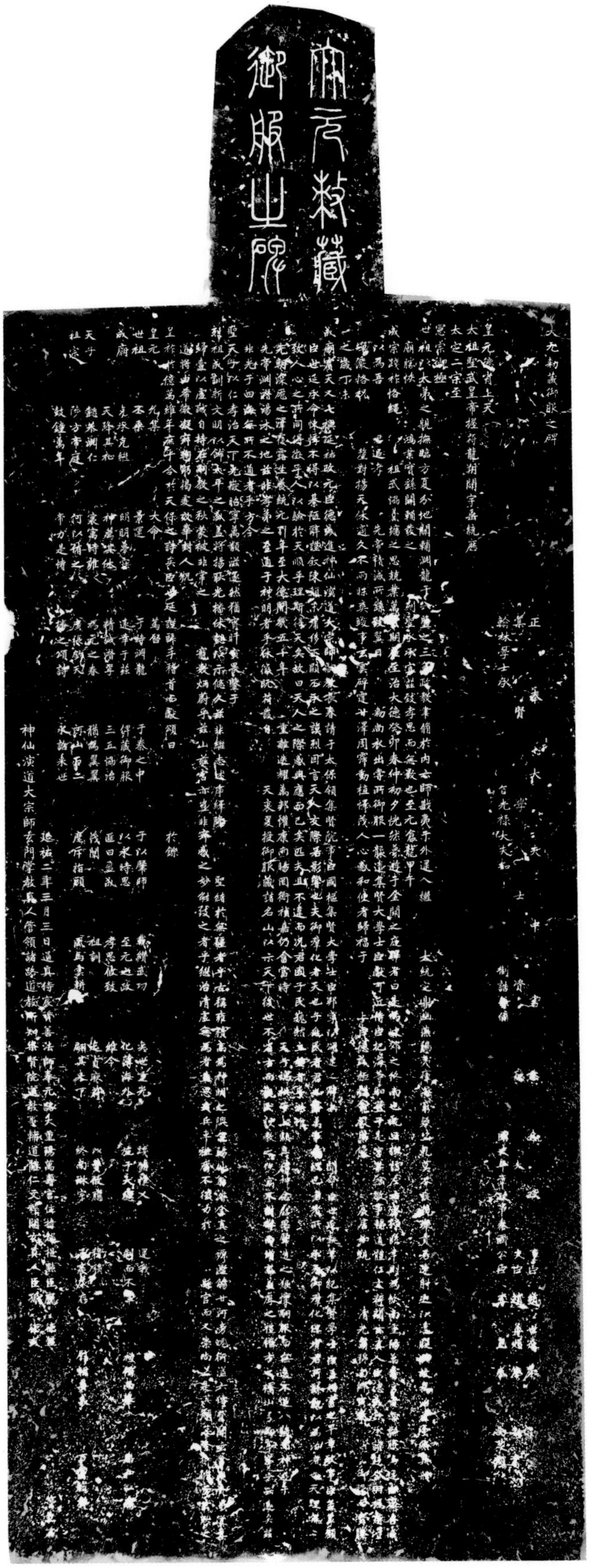

元延祐二年敕藏御服碑

昔嘗□鳳鳴，廷臣齊咨，咸」以爲吾君追孝先帝，積誠所繇致。翼日，勑尚衣出嘗所御服一襲，遣集賢大學士臣獻可、近侍臣把海等，馹置于是宫。其經教事輔道體仁文粹開玄真人臣德彧欽承讙趍合羽，禴肅壇」墠，儼恪祝釐，對揚天休。適久不雨，昧爽竣事，玄雲砰霆，甘澤周霈，動植懌茂，人心感和。使者歸福于上，臣德彧極□龕殿□像，扆居如覲，清光肅穆，南鄉寅奉御服而賓縢」之。歲丁未」，成廟賓天。又七禩，延祐改元，臣德彧進神仙演道大宗師，嗣教長春，請于太保領集賢院事臣國樞、集賢大學士臣邦寧以頌述之辭。上聞，命臣世延執筆以紀，集賢學士臣孟頫書之，平章政事臣孟篆額」。臣世延承命，悚悸不得，以綦陋辭，謹叙陳顛末，庸侈丕顯丕承之謨烈，曰言天人交際若影響也。夫御羣化者天也，子兆民者君也，□萬事者理也。君者所以承天御羣化，理者君所繇執以爲治者也。天理無二」致，人心之所同，得徵乎人，以驗於天，順乎理，斯得

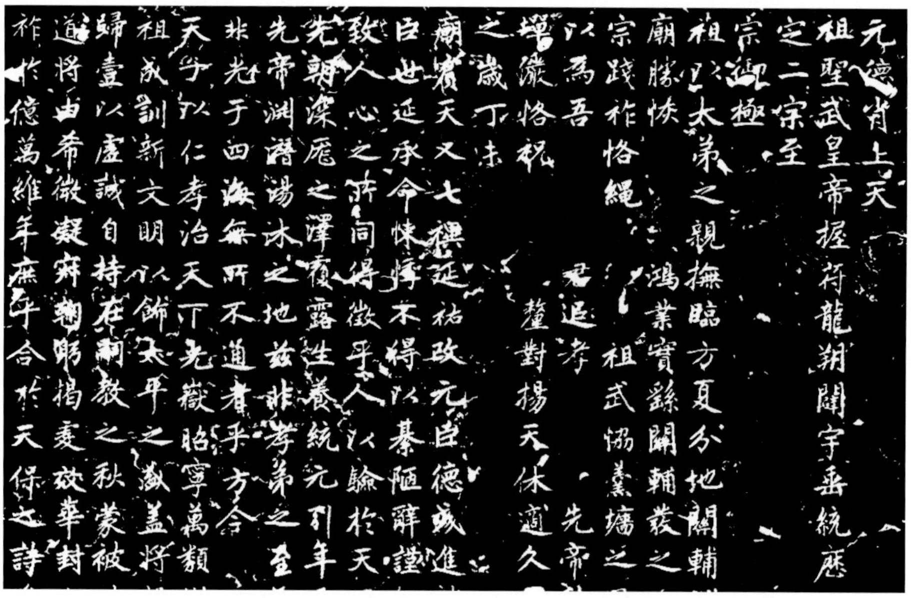
元德肯上天
祖聖武皇帝握符龍朔開宇垂統歷
定二宗至
崇迎極
祖以太弟之親撫臨方夏分地開輔
廟勝恢鴻業實繇開輔蔡之
宗踐祚恪繩祖武協纂墉之
以爲吾君追孝先帝
增澈恪祝釐對揚天休適久
之歲丁未
廟賓天又七禩延祐改元臣德彧進
臣世延承命悚悸不得以綦陋辭謹
致人心之所同得徵乎人以驗於天
先朝深庬之澤覆露生養統元引年
先帝淵潛湯沐之地茲非孝弟之至
非光于四海無所不通者乎方今
天子以仁孝治天下光嶽昭寧萬類
祖成訓新文明以飾太平之盛蓋將
歸壹以虛誠自持在嗣教之秋蒙被
道將由希微凝寂鞠躬揭虔效華封
祚於億萬維年庶乎合於天保之詩

天矣。故曰天人之際，感與應而已矣。匹夫且不違，而况君國子民巍然立極者乎？洪惟」先朝深庬之澤，覆露生養，統元引年，至大德間，幾五十年，重離迭耀，萬邦懽康，雨暘罔愆，禎嘉仍倉。當時天子端拱于上，顯其精神，念慮思肇造之艱，懷嗣服而無逸，不追八駿，而神遊于」先帝淵潛湯沐之地，兹非孝弟之至通于神明者乎？休徵既荐，費自天衷，爰授御服，藏諸名山，以示天下後世，不省方而觀民設教之化寓，不□□而增高益厚之禮備，方之橋山弓劒□□云云遠矣。兹」非光于四海無所不通者乎？方今」聖天子以仁孝治天下，光嶽昭寧，萬類滋遂，然猶宵旰寅畏，鑒于」烈祖成訓，新文明以飾太平之盛，盖將揚耿光、播休懿以示悠久，兹非繼志述事繹隆聖緒於無疆者乎？古稱雍積高爲神明之隩，重陽仙翁濬全真之源，濫觴甘河，旁魄衍溢，六傳至開玄，會衆流而導其」歸壹，以虚誠自持。在嗣教之秋，蒙被非常之寵，數炳蔚乎兹山兹宫，亦豈非寂感之妙能致之者乎？繼治清虚無爲者，盍思□兵車租庸不徵力於縣官，而又崇尚若是，其顯其隆，抑修而玄默之」道，將由希微凝寂，鞠躬揭虔，效華封人，祝」皇祚於億萬維年，庶乎合於天保之詩矣。臣世延謹拜手稽首而獻頌曰：

於鑠」皇元，允集大命，薦啓」世祖，丕乘景運。于時淵龍，于秦之中，于以肇師，載纘武功。奕世重光，踐脩惟人，逮我」成廟，克承克繼。明明夢寐，遠幸于兹，俾藏御服，以永時思。至元之政，化薄海外，施于大德，制而不□。禮備而舉，樂和以衆」，天降其祉，神薦其体。精誠潛孚，三五恊治，匪日盈成，孝思攸致。維今」天子，懿恭淵仁，寰寓時雍，爲元之春。猶爲翼翼，茂闡祖訓，迄貞厥符，以賛攸應。穆穆」祖宗，陟方帝庭，何以侑之，廣張鈞天。河山百二，麾斥指顧，風馬雲軿，翩其来下。終南琳宇，若宸扆存，辟朝垂裘，百靈□聲」。鼓鐘萬年，帝力是恃，播之頌詩，永詔来世」。

延祐二年三月三日，通真侍宸資善法師奉元路大重陽萬壽宮住持都提點臣龐德益等立石」。

神仙演道大宗師玄門掌教真人管領諸路道教所知集賢院道教事輔道體仁文粹開玄真人臣孫德彧」。

元延祐二年創建三清殿記碑

碑在山東省鄒城市嶧山白雲宫，元延祐二年（1315）立。連觀國撰文，吉亨書丹並篆額，王侃、王珪等刊。螭首。螭首高 98 厘米，碑身高 211 厘米，寬 87.5 厘米，厚 18 厘米。額篆“創建三清殿記”，2 行，字徑 11 厘米。正文楷書，字徑 3 厘米。碑陰額題“道流宗派之圖”，2 行，字徑 9 厘米。碑陰不録。碑體完整，文字清晰。

創建三清殿記

太上立德其次立功其次
姓王氏諱志順益都人年
陽後見頂上平曠可居因
儘有理趣然性古淡持戒
者始為之一出隣近諸州
道子馬道明出師之門道
明始出山何則公有道者
是故也洵見公知以從師
公恐其久而摧弊也因命
而求食宂居而野處晝至
絶頂自容膝之外無
非人力所可致者於是
太守馬公
翰苑諸老在館上予何能
二年八月十五日也 化

兗州前儒學正連觀國撰」。

將仕佐郎前洪安路安撫司經歷吉亨書并篆」。

太上立德，其次立功，其次立言，此之謂不朽。三者有一于此，斯可矣。嶧，名山也，在道書號“妙光洞天”，今遠塵通妙純德真人居焉。師」姓王氏，諱志順，益都人。年未三十，已拔俗入道，師事棲德真人姚公志詡于東海縣之樂真庵。避中統壬戌山東之難，遂從師來嶧」陽。後見頂上平曠可居，因結廬其巔。人跡既罕到，虎狼亦時至，而師習以爲常，曾不少怖，惟日誦《莊》《老》，以息心養性爲務。時出歌頌」，儘有理趣。然性古淡，持戒嚴，葷羶華靡，一皆屏絶，課其徒力耕以自贍。故雖遇凶年，亦不從人乞假。經歲不下山，人或

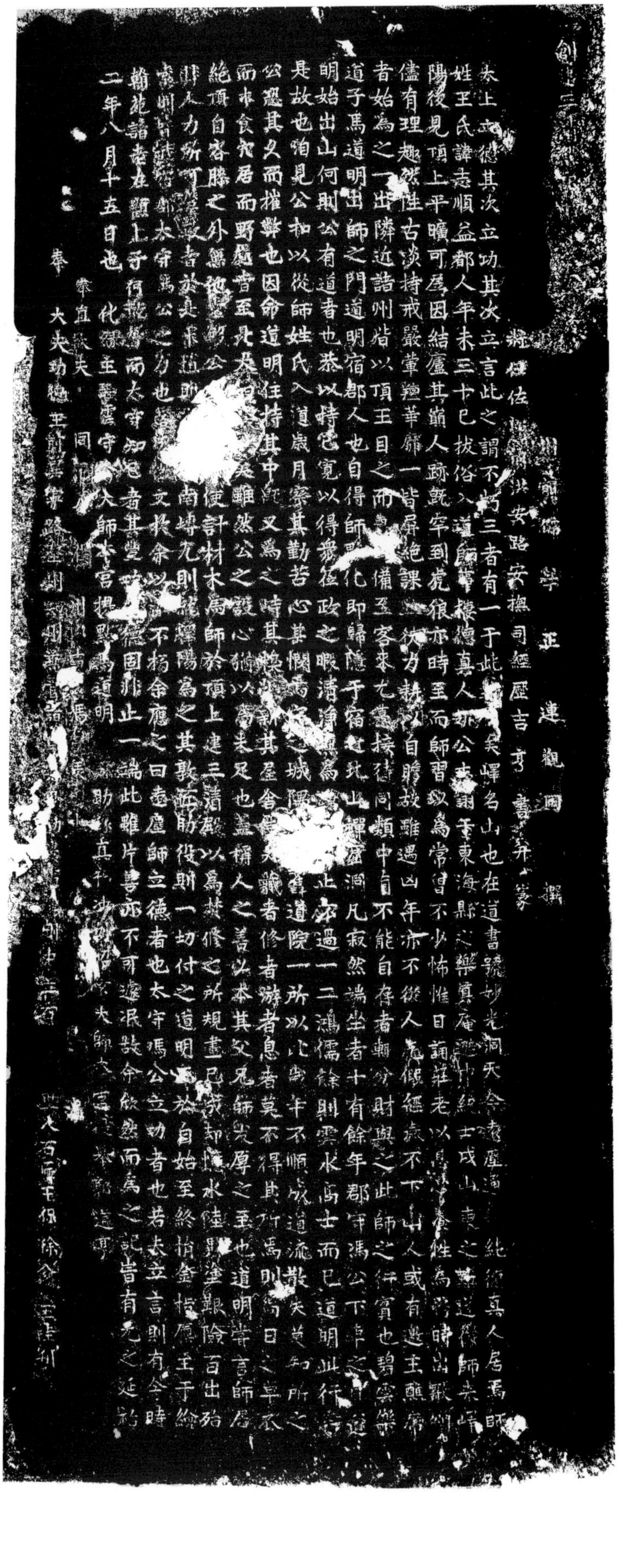

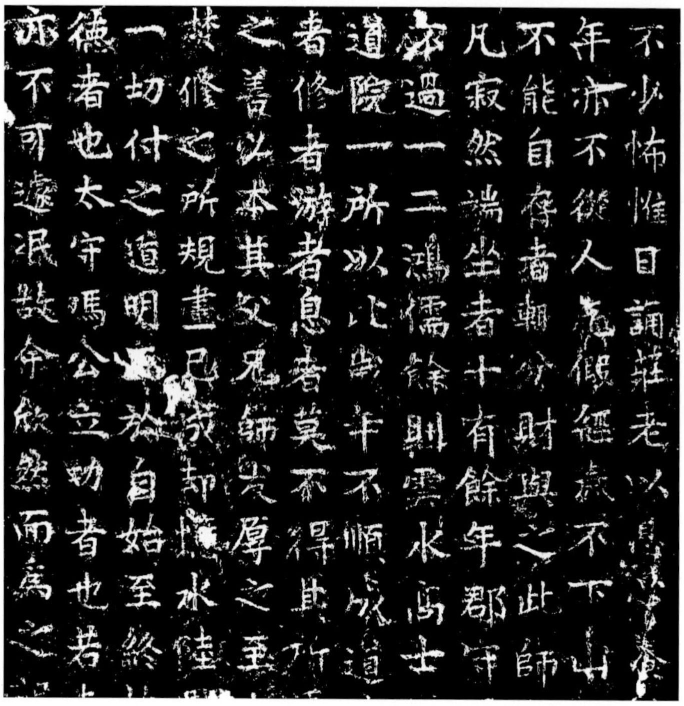

有邀主醮席」者，始爲之一出。鄰近諸州，皆以頂王目之，而尊禮備至。客來，尤憙接待；同類中有不能自存者，輒分財與之。此師之行實也。碧雲樂」道子馬道明，出師之門。道明，宿郡人也。自得師點化，即歸隱于宿之北山蟬窟洞，凡寂然端坐者十有餘年。郡守馮公下車之日，道」明始出山。何則？公有道者也。恭以持己，寬以得衆。莅政之暇，清浄無爲。踵門者，止不過一二鴻儒，餘則雲水高士而已。道明此行，爲」是故也。洎見公，扣以從師姓氏，入道歲月，察其勤苦，心甚憫焉。宿之城隅，適有舊道院一所，以比歲年不順成，道流散失，莫知所之」。公恐其久而摧弊也，因命道明住持其中。既又爲之時其糗粮，新其屋舍，使夫藏者、修者、游者、息者，莫不得其所焉。則向日之草衣」而木食，穴居而野處者，至是大相天壤矣。雖然，公之設心，猶以爲未足也。蓋稱人之善，必本其父兄師友，厚之至也。道明嘗言：師居」絶頂，自容膝之外，無他堂殿。公□□□□，使計材木，爲師於頂上建三清殿，以爲焚修之所。規畫已成，却憶水陸異塗，艱險百出，殆」非人力所可輦致者。於是，木植則市諸淮南，塼瓦則就嶧陽爲之，其敦匠助役，則一切付之道明。至於自始至終，捐金指廩，至于繪」素，則皆我宿郡太守馮公之力也。落成，徵文於余，以示不朽。余應之曰："遠塵師，立德者也；太守馮公，立功者也；若夫立言者，則有今時」翰苑諸老在，顧小子何敢？"然而太守知己者，其豐功偉德，固非止一端，此雖片善，亦不可遽泯。故余欣然而爲之記。

旹有元之延祐」二年八月十五日也。

化緣主：碧雲守公大師本宫提點馬道明。

助緣：真和冲妙昭玄大師本宫提舉郭道亨」。

奉直大夫本州同□□□濮州□□□馮□美」。

奉□大夫功德主前冀寧路□州知州兼管諸軍奥魯勸農事□□中立石，里人石匠王侃、徐□、王珪刊」。

元延祐三年投奠龍簡記碑

碑原在河南省濟源市濟瀆廟，現拓片存於北京大學圖書館，元延祐三年（1316）立。張天祐鐫。圓首。拓片高110厘米，寬57厘米。正文行楷，額題“大元投奠龍簡之記”，行楷，4行。幅面完整，文字清晰。

延祐二年乙卯冬十月，上示星芒，下儆」鑾御」。聖天子」、皇太后省躬警誡，已布」殊恩，特命玄教大宗师特進上卿志道弘教沖玄仁靖大真人張」留孫，玄門掌教真人孫德彧等，於大都長春宮設建金籙普天」大醮，列位三千六百。肇自十二月十一日，九九晝夜。事已告成」，尋遣集賢侍讀學士中奉大夫李倜，太一崇玄體素演道真」人蔡天祐，賫持」寶香、玉刻符簡、玄璧金龍，敬詣」濟瀆靈源投奠。丙辰春二月，甫達祠下，初七日庚辰，恭建清醮」六十四位。中議大夫懷孟路總管韓誼同脩祀事。翼日，投奠玉」簡金龍，青絲玄璧，日已東升，天氣霽朗，水光澄澈，遊魚洋洋，瓶」罌枕藉，幣帛縱橫，餘無所見也。書以示共事者，本路經歷谷温」、濟源縣達魯花赤教化、縣尹劉弘敬、主簿徐桵、縣尉趙勝忽兒，越三」日立石。府吏林貞、王信，縣典史于天民與焉。

提點孫道遠、覃道應、吴道」默、張道亨、王道深」。

張天祐鐫」。

大元投奠龍簡之記

延祐二年乙卯冬十二月上天示星芒下儆
鑾御
聖天子
皇太后省躬警識已布
殊恩特命玄教大宗師特進上卿志道弘教冲玄仁靖大真人張
留孫玄門掌教真人孫德彧奉旨大都[illegible]春[illegible]設建金籙普天
大醮列位二千六百座自十二月十一日至九晝夜事已告成
尋遣集賢侍讀學士中奉大夫李倜、太一崇玄體素演道真
人蔡天祐齎持
寶香玉刻符簡玄璧金龍敬詣
濟瀆靈源投奠丙辰春二月甫造祠下初七日庚辰恭建清醮
六十四位中議大夫懷孟路總管韓誼同備祀事翼日投奠玉
簡金龍青絲玄璧日已東升天氣霽朗水光澄澈遊魚洋洋觀
瞿枕藉幣帛縱橫餘皆所見也書以示共事者本路經歷谷溫
濟源縣達魯花赤教化縣尹劉弘敬主簿徐[illegible]縣尉[illegible]
立石府吏林貞王信縣典史于天民與焉

提點孫道遠張道應吳道[illegible]
點張道[illegible]王道深
張天祐鐫

元延祐四年褒封五祖七真制辭碑

碑在陝西省西安市户縣祖庵鎮重陽宫，元延祐四年（1317）立。孫德彧書丹，龐德益立石。螭首龜趺。通高400厘米，螭首高95厘米，趺座高70厘米；碑身寬124厘米，厚40厘米。正文行楷，字徑2.5～3厘米。圭額篆“皇元褒封全真五祖七真制辭”，3行，字徑7～10厘米。碑體完整，文字清晰。

上天眷命」，皇帝聖旨。三玄教由天所畀，玆統攝于羣靈，五百年名世者生，始恢」揚于正紀。昔東華帝居太晨宫，祚緜緜而莫知其始終，氣混混而莫」窮其涯涘。離形離兆，有自而然，爲福爲祥，不言而喻。傳之」太上，是曰全真，守其一，處其和，應不求，爲不恃，絳格琅虬之上下，龜」圖麟策之周旋，法之著兮可存于浩劫，後之承者迭出于高真。惟」朕之賓師，有今之明素，能仁能勇，至孝至貞。所守彌堅，不待歲寒而」後見；所言必應，其於事會則周知。及身之渥已申，報本之誠愈切，温」綸特降，顯號循加。於戲！神人和而王道平，遐不謂矣；教化行而治功」立，永言保之。可贈東華紫府輔元立極大帝君，主者施行」。

至大三年二月　日」。

上天眷命」，皇帝聖旨。昔聞太上教闡全真，法天地之常經，因陰陽之大順。始自」東華之變現，訖于開化之垂緣。由漢及唐，必曠代而至人出；以金繼」宋，際」熙朝而玄統章。恢其衆妙之門，鎮以無名之朴。或得意忘象，涵泳于」靈樞，或驂星馭龍，飛游於紫極。不可聞，不可見，雖與造物者爲徒；翛」然往，翛然来，亦曰随時而示應。敚載傳於後裔，猗叶贊于元功，盍殊」級之循加，俾宗風之永紹。除始祖東華帝君别議旌崇，餘仰主

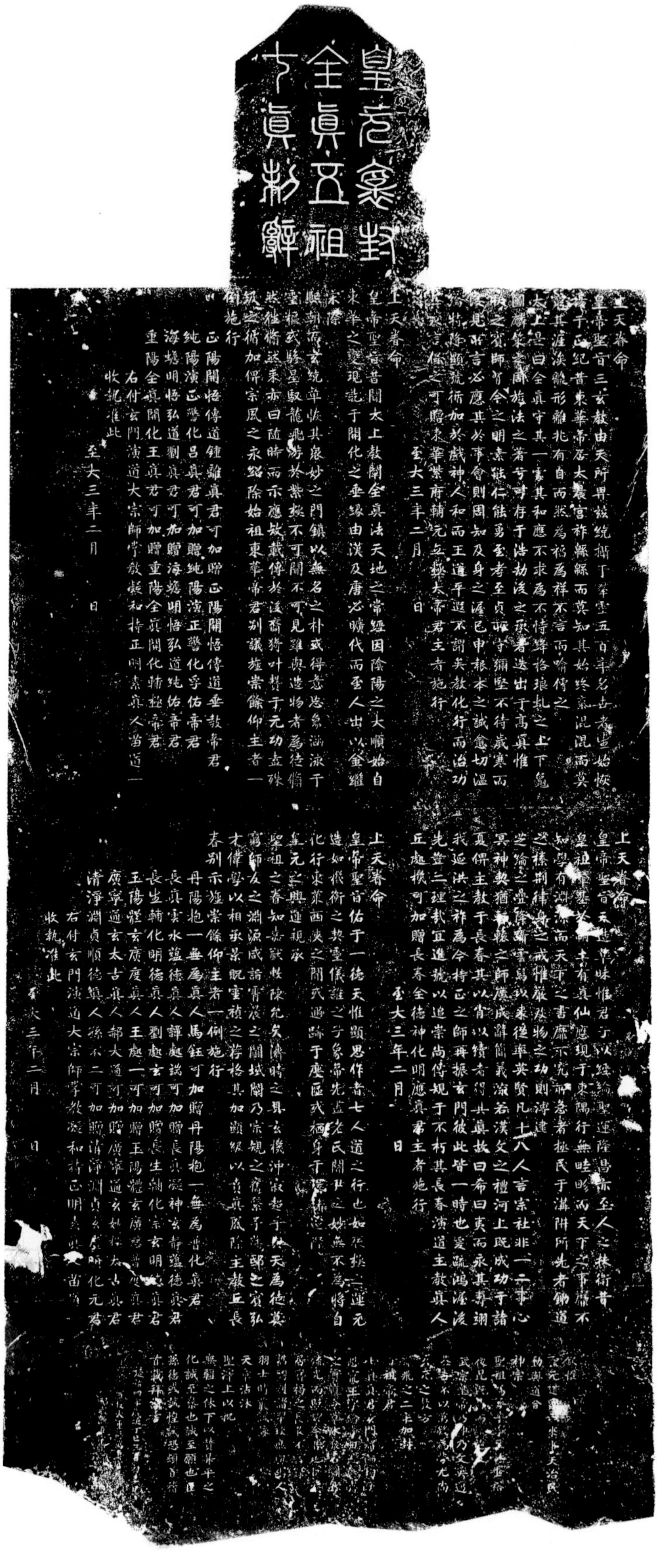
皇元褒封
全真五祖
七真制辭

者一」例施行」。

正陽開悟傳道鍾離真君可加贈正陽開悟傳道垂教帝君」。

純陽演正警化呂真君可加贈純陽演正警化孚佑帝君」。

海蟾明悟弘道劉真君可加贈海蟾明悟弘道純佑帝君」。

重陽全真開化王真君可加贈重陽全真開化輔極帝君」。

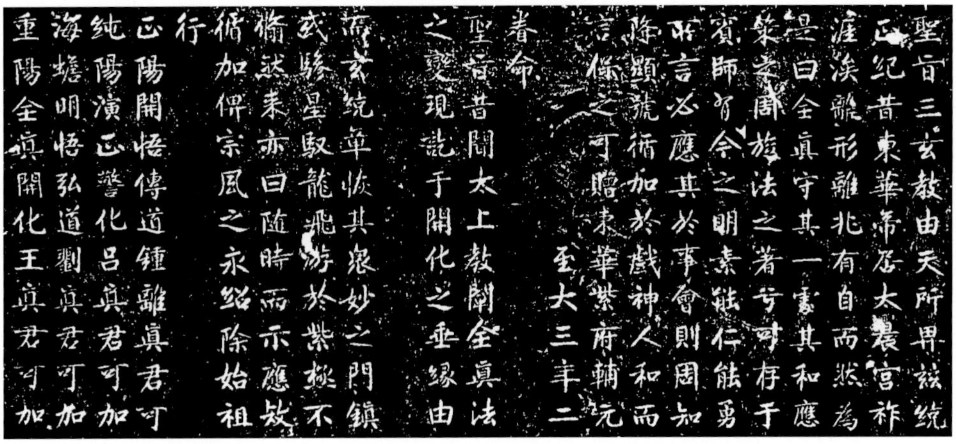
聖旨三玄教由天所畀玆統
正紀昔東華帝君太晨宮祚
涯渙龍形離北有自而然爲
是曰全真守其一壽其和應
衆宗闡旅法之著于可存于
賓師有令之明素能行能勇
所言必應其於事會則周知
除顯號循加於戲神人和而
言係之可贈東華紫府輔元
者命 至大三年二
聖旨昔開太上教闡全真法
之變現說于開化之垂緣由
流玄統華恢其衆妙之門鎮
武驂星馭龍飛遊於紫極不
脩然來亦曰隨時而示應斂
循加俾宗風之永紹除始祖
行
正陽開悟傳道鍾離真君可
純陽演正警化呂真君可加
海蟾明悟弘道劉真君可加
重陽全真開化王真君可加

右付玄門演道大宗師掌教凝和持正明素真人苗道一」收執。准此」。

至大三年二月　日」。

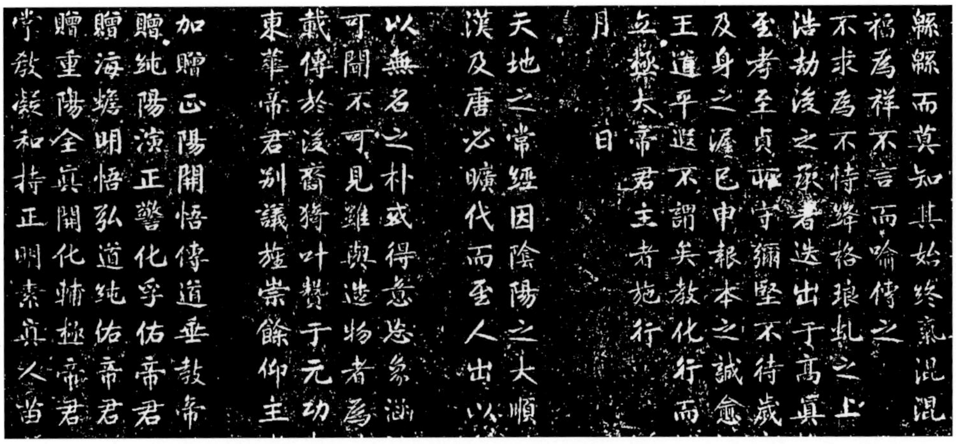
緜緜而莫知其始終氣混混
福爲祥不言而喻傳之
不求爲不恃絳格琅虬之上
浩劫後之承者迭出于高真
至孝至貞極守彌堅不待歲
及身之淵邑申報本之誠愈
王道平遐不謂矣教化行而
無極大帝君主者施行
月　日
天地之常經因陰陽之大順
漢及唐必曠代而至人出以
以無名之朴或得意忘象涵
可聞不可見雖與造物者爲
載傳於後裔猗叶贊于元功
東華帝君別議旌崇餘仰主
加贈正陽開悟傳道垂教帝
贈純陽演正警化孚佑帝君
贈海蟾明悟弘道純佑帝君
贈重陽全真開化輔極帝君
掌教凝和持正明素真人苗

上天眷命」，皇帝聖旨。天造草昧，惟君子以經綸；聖運隆昌，亦至人之扶衛。昔」皇祖肇基於朔土，有真仙應現于東隅，行無畦畛而天下之事靡不」知，學有淵源而天下之書靡不究。所急者拯民于溝阱，所先者鋤道」之榛荆，律身之戒惟嚴，及物之功則溥。逮」芝綸之疊降，躡雲舄以来從，率英賢凡十八人，言宗社非一二事。心」冥神契，猶軒轅之師廣成；辭簡義深，若漢文之禮河上。既成功于諸」夏，俾主教于長春，其以肖以續者得其真，故曰希曰夷而永其壽。翊」我延洪之祚，爲今持正之師，再振玄門，彼此皆一時也。爰跡鴻渥，後」先豈二理哉！宜進號以追崇，尚傳規于不朽。其長春演道主教真人」丘處機，可加贈長春全德神化明應真君，主者施行」。

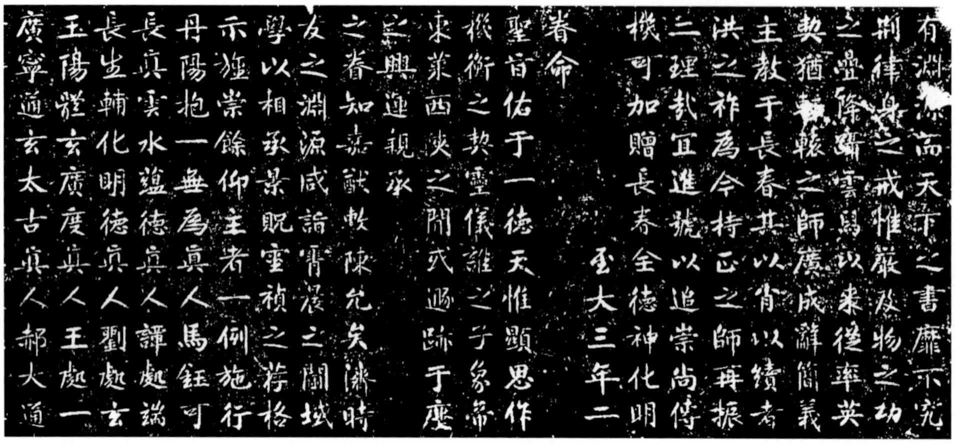

至大三年二月　日」。

上天眷命」，皇帝聖旨。佑于一德，天惟顯思，作者七人。道之行也，如辰極之運元」造，如機衡之契靈儀。誰之子象帝先，盡老氏關尹之妙，無不爲將自」化。行東萊西陝之間，或遯跡于塵區，或栖身于環堵。迨際」皇元之興運，親承」聖祖之眷知，嘉猷敷陳，允矣濟時之具，玄機沖寂，超乎與天爲徒。莫」窮師友之淵源，咸詣霄晨之閫域，閫乃宗規之舊，緊予藩邸之賓，弘」才偉學以相承，景貺靈禎之荐格。其加顯級，以賁真風。除主教丘長」春别示旌崇，餘仰主者一例施行」。

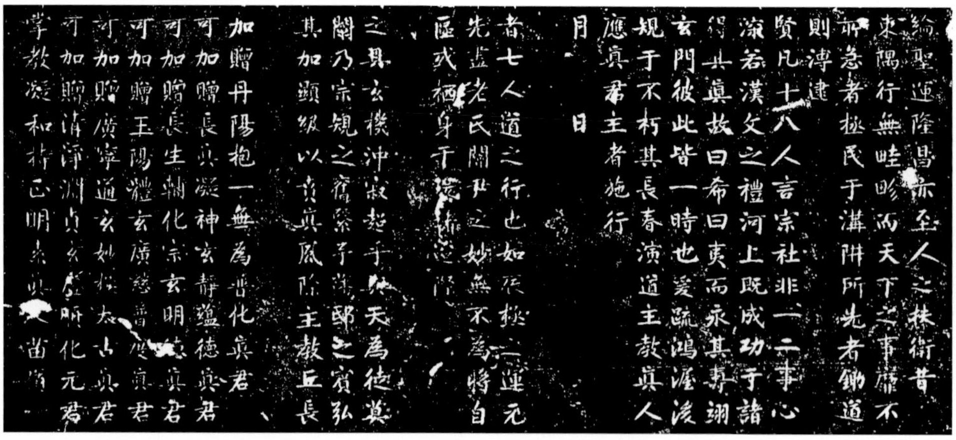

丹陽抱一無爲真人馬鈺可加贈丹陽抱一無爲普化真君」。

長真雲水藴德真人譚處端可加贈長真凝神玄静藴德真君」。

長生輔化明德真人劉處玄可加贈長生輔化宗玄明德真君」。

玉陽體玄廣度真人王處一可加贈玉陽體玄廣慈普度真君」。

廣寧通玄太古真人郝大通可加贈廣寧通玄妙極太古真君」。

清淨淵貞順德真人孫不二可加贈清淨淵貞玄虛順化元君」。

右付玄門演道大宗師掌教凝和持正明素真人苗道一」收執。准此」。

至大三年二月　日」。

欽惟」聖元建國以來，事天治民」，動與道合」。神宗」聖祖，爲善孳孳，至於垂裕」後昆，既昌而熾。施及」武宗皇帝，乃神乃文，英邁」蓋世，不以萬幾爲勞，尤尚」玄元之教。方」龍飛之二年，加封」五祖帝君」、七真真君，玄門諸師，均受」恩寵。玉字綸音，曲盡褒嘉」之實，真令草木泉石，淵默」流光而照耀今昔也。臣忝」居簪褐之長，敢不繕録」誥詞，劖諸翠琰，庶與幽人」羽士，時獲諷詠」天章，沾沐」聖澤，上以祝」無疆之休，下以賛昇平之」化，誠至樂也，誠至願也。臣」孫德彧誠惶誠恐頓首稽」首載拜□言」。

延祐四年歲次丁巳三月初三日」。

宣授大重陽萬壽宮住」持提點臣龐德益立石」。

元延祐五年白雲五華宫記碑

碑在山東省鄒城市嶧山白雲宫，元延祐五年（1318）立。趙天麟撰文，張仲壽書丹並篆額，劉志悟、宫志清等立石，常祐等刊。螭首。碑身高 211 厘米，寬 90 厘米，厚 22.5 厘米，螭首高 106 厘米。額篆“白雲五華宫記”，2 行，字徑 11.5 厘米。正文楷書，字徑 3 厘米。碑體完整，文字清晰。

白雲五華宫記

將仕侍郎翰林國史編修官趙天麟撰」。

資善大夫翰林承旨疇齋張仲壽書并篆」。

鄒縣，春秋邾子之國也。縣南二十里，有山曰嶧。《詩》之“奄有鳧繹”，《書》之“嶧陽孤桐”，即其地也。道家者流，稱爲“妙炎洞天”。其絶頂，號五華頂。前」有洞，時出白雲，號曰白雲洞。前代有白雲觀，自荐罹兵革之後，遺址雖存，而其布列之詳，不得復考矣。夷真通教大師王公，□出姚安然」，訪道至於此山。見其左帶顓臾之東蒙，右鄰包羲之祠宇，聖林異木陰翳于其後，魚龍二山迤邐于其前，遂定終焉之計。刈薪植果，堙谷」平路者四十餘秊。創起」三清殿、三子堂，彩繪煇焕。復建東西齋厨，以爲四方道友往来寄身之所。由是觀宇翕然一新，亦可謂之勤矣。公名志順，益都人，自號遠」塵子。祖宗相繼，鄉里目爲善門。幼慕」玄教。及壯，屏妻子，事圓融靈妙輔德真人劉君高弟安然静朴棲德真人姚公爲師。師秊七十有六而仙蜕矣，遂葬於觀之巽。公不茹葷」，不

元延祐五年白雲五華宮記碑

飲酒，專以積功累行爲務。故從公遊者，衣褐曳屣，超離塵網，幾希上古之遺民。屆至大元季歲舍戊申季冬」，壽王聞之，美其道價高潔，特賜“遠塵通妙純德真人”嘉號，以光其德。既聞命矣，公嘆曰：“予聞莊子所説，‘名者，實之賔，吾將爲賔乎?’”公辭而弗」受，門人與强勉而受之，溟溟然□道益進。至延祐三季孟春」，神仙演道大宗師玄門掌教開玄真人復改額曰白雲五華宫。公既立宫室，又命門人張志明鳩金鏤《道德》二經板、《隨堂》五經板以佈」施。且恐泯其興作之季月，及在緣之多艱，欲勒諸貞珉，以期永久。因録實迹，介志明来乞鄙文。志明與予有里閈之舊，予素知其慤實，敬」諾其請。仍告之曰：上古之俗，鑿井而飲，耕田而食，夏則巢居，冬則穴處，至于老死，不相往来。無利欲以汩其心，無聲色以喪其真。三代」以還，踶跂蹩躠，喬詰卓鷙，滔滔者皆是也。老氏於此，振天綱，安地維，大唱淳風，一洗萬古。後學景慕，有望道而僅知所歸者，有悟道而」默識其微者，有合道而合於不可知之之神者，蓋老氏還淳之餘澤也。豈惟老氏乎?吾夫子之從先進，顔之愚，曾之魯，周子之拙」，朱子之晦，莫不欲革澆漓而從太朴。今公等近矣，尚勉之哉！銘曰：

玄風起兮白雲飛，玄風杳兮白雲歸。山高兮地勝，物换兮人非」。不圖今日，金碧煇煇。鶴流徜徉，絶俗造微。所衣者許子之褐，所食者伯夷之薇。幻白雲而出岫，無乃示吾横氣之機！

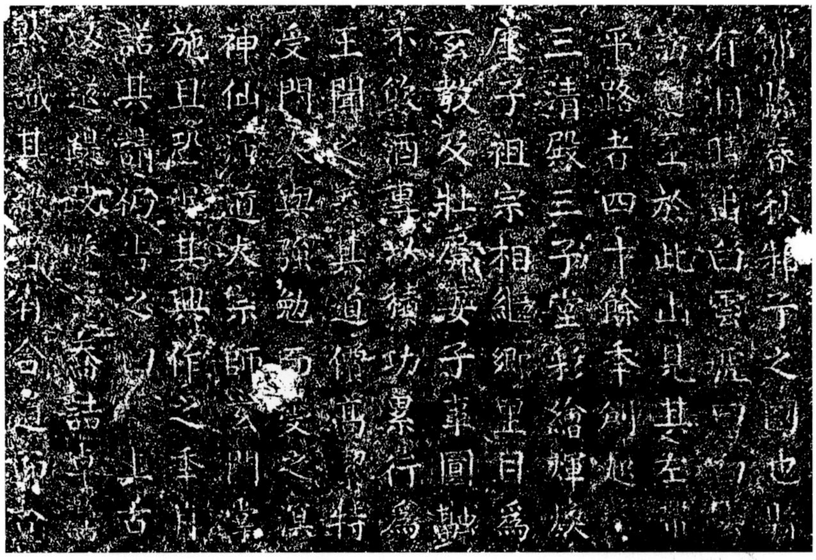

大元延祐五年三月二十八日，賜紫洞靈□德□玄大師□□提□李道□，葆真光照大師□□錢道玉，謙和□□□□大師張道古」。

□真□□妙大師陳道□，安□□真大師□□劉志悟，□□和大師副知宫志清立石」。

里人常祐，男常□、常偉刊」。

元延祐五年宸命王文碑

碑在陕西省西安市户縣祖庵鎮重陽宫，元延祐五年（1318）立。螭首龜趺。通高434厘米，螭首高114厘米，趺座高60厘米；碑身寬122厘米，厚35厘米。碑以蒙漢兩文刻，漢文楷書，第一截字徑3厘米，第二截字徑2厘米，第三截右側字徑2厘米，左側字徑3厘米。圭額篆“宸命王文”，2行，字徑16～20厘米。碑體完整，文字清晰。

上天眷命」，皇帝聖旨。

大道無名，誕啓玄元之造；至人有」作，允符曆數之歸。昔」太祖漠北以龍飛，伊長春山東而鳳翥。明良」胥會，宗教肇興。何替德於八傳，肆求賢」於一泒。輔道體仁文粹開玄真人孫德」彧，雅師清静，克賓儉慈，探老易之精微」，搴經科之靈祕。雖深資於天樂，實光緒」於丹陽。提振綱維，恪恭戒律。朕採輿人」之公論，發綸旨於昌辰。以爾掌教玄門」，演道神館。於戲！金蓮奕葉，真風襲美於」帝圖；玉燭重華，皇慶惟新於」天命。尚崇素履，庸賛清朝。可授神仙演道大」宗師、玄門掌教真人，管領諸路道教所」，知集賢院道教事。宜令孫德彧，准此」。

皇慶二年九月　日」。

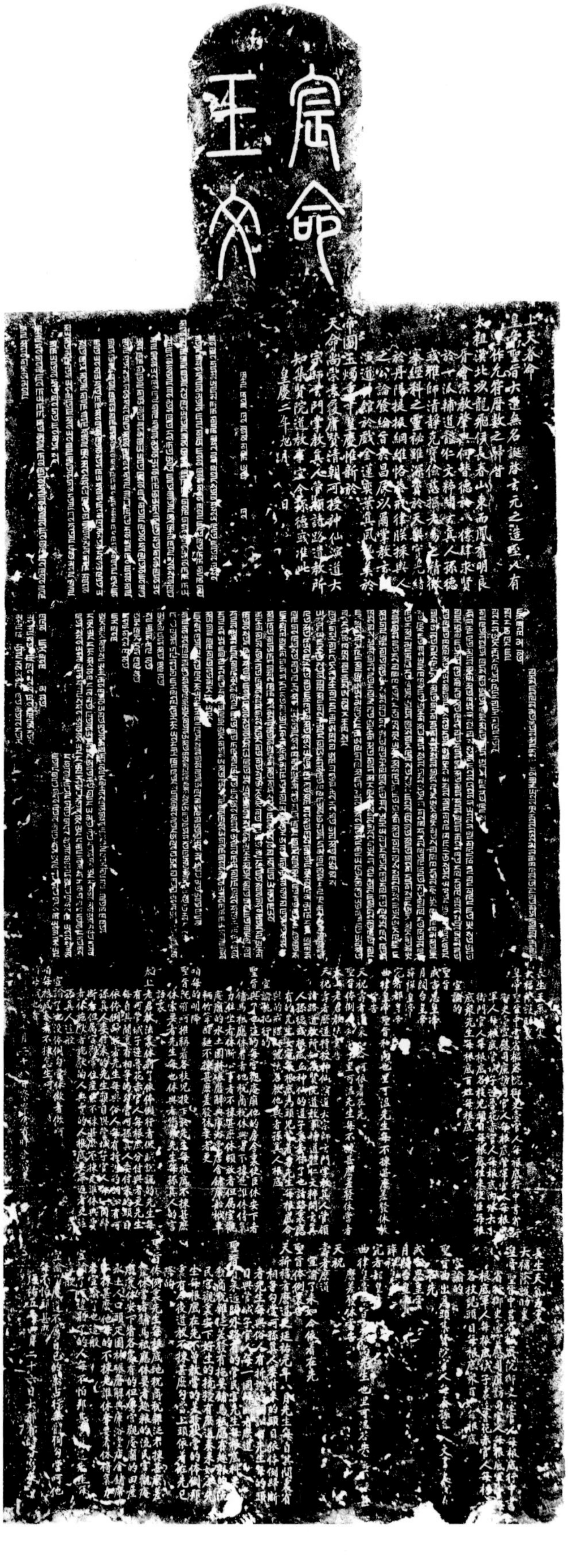
宸命王文

長生天氣力裏」，大福蔭護助裏」，皇帝聖旨。

中書省、樞密院、御史臺官人每根底，行中書省、行」御史臺、宣慰司、廉訪司官人每根底，管軍官人每根底」，軍人每根底，管城子達魯花赤官人每根底，内外大小」衙門官人每根底，各枝兒頭目每根底，往来使臣每根」底，衆先生每根底，百姓每根底」宣諭的」聖旨」。

成吉思皇帝」、月闊台皇帝」、薛禪皇帝」、完者都皇帝」、曲律皇帝聖旨：

和尚、也里可温、先生每，不揀甚麼差發休教」當，告」天祝壽者道来。如今呵，依着在先」聖旨体例裏，和尚、也里可温、先生每，不揀甚麼差發休當者」。太上老君教法裏告」天祝壽者，麽道，特授神仙演道大宗師、玄門掌教真人、管領」諸路道教所、知集賢院道教事，輔道體仁文粹開玄真」人孫德彧根底，丘神仙的道子裏委付了也。諸路裏應」有的先生、女冠每根底爲頭兒管着者。先生每根底，合」與的戒牒、師號、法名，教他與者。孫真人根底」宣諭執把行的」聖旨與了也。這的每宫、觀、庵、廟，他的房舍裏，使臣休安下者」，鋪馬祇應休着者，地税、商税休與者，不揀是誰，休倚氣」力住坐者，休断公事者，不揀甚麼休頓放者。但属宫、觀」、庵、廟的水土、園林、碾磨、解典庫、浴堂、店舍、鋪席、船栰、車」輛、竹葦、醋、麯，不揀甚麼差發休要者。更」，咱每的明降」聖旨既有呵，推稱着各枝兒投下，於先生每根底，不揀甚麽」休索要者，先生每也休與者。您衆先生每，孫真人的言」語裏」，太上老君教法裏，休别了。依体例行者。做賊説謊的先生每」有呵，管城子達魯花赤官人每根底，分付與者。更，先生」每自其間裏有相争的勾當呵，

孫真人委付来的頭目」依体例歸断者。先生每與俗人每有折證的詞訟有呵」，孫真人委付来的先生頭目與管城子官人每一同歸」断者。但属宫觀常住産業，不揀甚麽，不揀是誰休典賣」者，休施獻者。施獻的人、典賣的人根底，要罪過者。更，這」孫真人這般」宣諭了也，没体例勾當休做者。做呵」，咱每根底奏者，不揀怎生呵」，咱每識也者」。聖旨。

虎兒年七月二十八日，察罕倉有時分寫来」。

長生天氣力裏」，大福蔭護助裏」，皇帝聖旨。

中書省、樞密院、御史臺官人每根底，行中書」省、行御史臺、宣慰司、廉訪司官人每根底，軍官每」根底、軍人每根底，城子裏達魯花赤官人每根底」，各枝兒頭目每根底，衆百姓每根底」宣諭的」聖旨」。

曲出爲頭集賢院官人每奏：孫真人文書裏説有」，在先」成吉思皇帝」、月闊台皇帝」、薛禪皇帝」、完者都皇帝」、曲律皇帝聖旨裏，和尚、先生、也里可温、荅失蠻，不揀甚」麽差發休當，告」天祝」壽者，麽道」，宣諭了来。如今依着在先」聖旨体例裏，告」天祈福者，麽道。更，延祐元年八月，先生每自其間裏有」相争勾當呵，孫真人委付来的頭目依体例歸断」者。先生每與俗人有折證的詞訟呵，先生每的頭」目與管城子官人每一同歸断者，麽道」，聖旨有来。近聞外路有的管民官，先生每根底科要地」税、商税、雜泛、差發有。拖要鋪馬衹應有。趂粮的流」民，宫觀裏安下，好生的攪擾有。麽道奏来。如今，先」生每根底在先不曾教當的差發教當的体例那」裏有？今後，道教不揀甚麽勾當上頭，依着在先已」降的」聖旨体例裏，先生每根底，地税、商税、雜泛，不揀甚麽差」發休當者，鋪馬衹應休要者，趂粮的流民，宫、觀、庵」、廟裏休安下者。各處有的，但屬宫、觀、庵、廟的田産」、水土、人口、頭疋、園林、碾磨、解典庫、浴堂、店舍、鋪席」，不揀甚麽他每的，不揀是誰休奪要者，休倚氣力」者，宣諭了也。這般」宣諭了呵，違别了的人每，不怕那甚麽？更這先生每」，這般」宣諭了麽道，不屬自己的影占，行無體例勾當呵，他」每不怕那甚麽」？

延祐五年四月二十六日，大都有時分寫来」。

元延祐五年終南山重陽萬壽宫創建下院玉陽觀記碑

碑在陝西省西安市户縣祖庵鎮重陽宫，元延祐五年（1318）立。黄志冲撰文，楊志玄書丹，李志安、趙志淳立石，楊志松刊。圓首。高 157 厘米，寬 73 厘米，厚 20 厘米。正文楷書，字徑 2～2.5 厘米。額篆“玉陽觀記”，2 行，字徑 8 厘米。碑體完整，文字清晰。

終南山重陽萬壽宫剏建下院玉陽觀記

三洞講經悟真大師玄壇提舉黄志冲撰，知玄都寶藏淵浄大師楊志玄書，紫微局清真大師楊志松刊」。

大易之推乾爲玉，外陰内陽之數周乎八，故重卦之體必極於六十有四；老氏之被褐懷玉，出陰入陽之」用足乎九，故著書之章必極於八十有一。蓋賤陰貴陽者，仲尼贊易之大義，而返陰鍊陽者，伯陽著書之」微言。仲尼欲人之行如玉之純而不雜，要其極皆可以爲君子；伯陽欲人之性

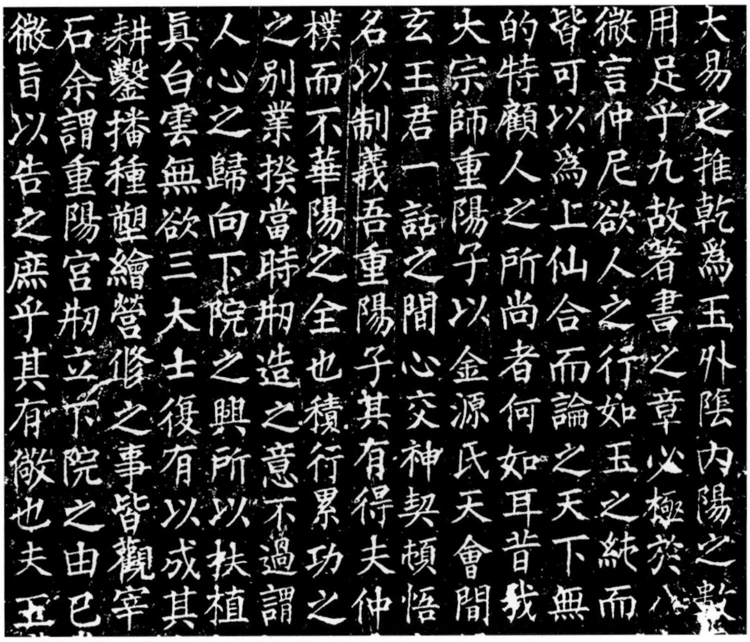
大易之推乾爲玉外陰内陽之數
用足乎九故著書之章必極於八
微言仲尼欲人之行如玉之純而
皆可以爲上仙合而論之天下無
的特顧人之所尚者何如耳昔我
大宗師重陽子以金源氏天會間
玄王君一話之間心交神契頓悟
名以制義吾重陽子其有得夫仲
樸而不華陽之全也積行累功之
之别業揆當時剏造之意不過謂
人心之歸向下院之興所以扶植
眞白雲無欲三大士復有以成其
耕鑿播種塑繪營修之事皆觀宰
石余謂重陽宫剏立下院之由已
微旨以告之庶乎其有徵也夫玉

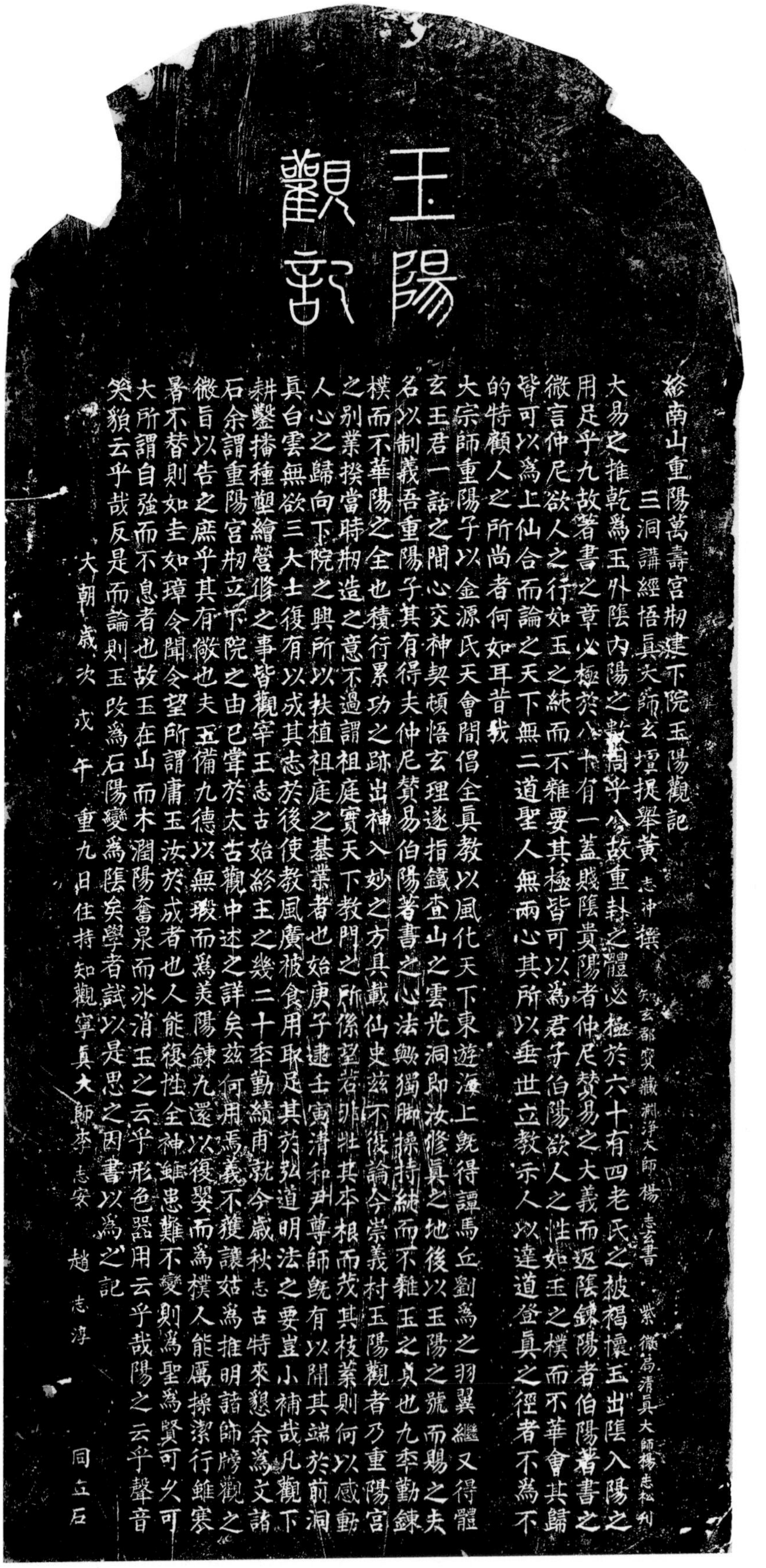

玉陽觀記

終南山重陽萬壽宮刱建下院玉陽觀記
三洞講經悟真大師玄壇提舉黃志冲撰　知玄都寶藏洞淨大師楊志玄書　紫微局清真大師楊志松刊
大易之推乾為玉外陰內陽之數周乎八故重卦之體必極於六十有四老氏之被褐懷玉出陰入陽之
用足乎九故著書之章必極於八十有一蓋賤陰貴陽者仲尼贊易之大義而返陰鍊陽者伯陽著書之
微言仲尼欲人之行如玉之純而不雜要其極皆可以為君子伯陽欲人之性如玉之樸而不華會其歸
皆可以為上仙合而論之天下無二道聖人無兩心其所以垂世立教示人以達道登真之徑者不為不
的特顧人之所尚者何如耳昔我
大宗師重陽子以金源氏天會間倡全真教以風化天下東遊海上既得譚馬丘劉為之羽翼繼又得體
玄王君一話之間心交神契頓悟玄理遂指鐵查山之雲光洞卽汝修真之地後以玉陽之號而賜之夫
名以制義吾重陽子其有得夫仲尼贊易伯陽著書之心法與獨腳操持純而不雜玉之貞也九秊勤鍊
樸而不華陽之全也積行累功之跡出神入妙之方具載仙史茲不復論今崇義村玉陽觀者乃重陽宮
之別業揆當時刱造之意不過謂祖庭實天下教門之所係望若非壯其本根而茂其枝葉則何以感動
人心之歸向下院之興所以扶植祖庭之基業者也始庚子逮壬寅清和尹尊師既有以開其端於前洞
真白雲無欲三大士復有以成其志於後使教風廣被食用取足其於弘道明法之要豈小補哉凡觀下
耕鑿播種塑繪營修之事皆觀宰王志古始終主之幾二十秊勤績甫就今歲秋志古特來懇余為文諸
石余謂重陽宮刱立下院之由已嘗於太古觀中述之詳矣茲何用焉義不獲讓姑為推明諸師牓觀之
微旨以告之庶乎其有徵也夫玉備九德以無瑕而為美陽鍊九還以復嬰而為樸人能厲操潔行雖寒
暑不替則如圭如璋令聞令望所謂庸玉汝於成者也人能復性全神雖患難不變則為聖為賢可久可
大所謂自強而不息者也故玉在山而木潤陽奮泉而冰消玉之云乎形色器用云乎哉陽之云乎聲音
笑貌云乎哉反是而論則玉改為石陽變為陰矣學者試以是思之因書以為之記
大朝歲次戊午重九日住持知觀寧真大師李志安　趙志淳　同立石

如玉之樸而不華，會其歸」皆可以爲上仙。合而論之，天下無二道，聖人無兩心，其所以垂世立教，示人以達道登真之徑者，不爲不」的，特顧人之所尚者何如耳。昔我」大宗師重陽子，以金源氏天會間倡全真教，以風化天下，東遊海上，既得譚、馬、丘、劉爲之羽翼。繼又得體」玄王君，一話之間，心交神契，頓悟玄理，遂指鐵查山之雲光洞即汝修真之地，後以玉陽之號而賜之。夫」名以制義，吾重陽子其有得夫仲尼賛易、伯陽著書之心法歟？獨脚操持，純而不雜，玉之貞也；九季勤鍊」，樸而不華，陽之全也。積行累功之跡，出神入妙之方，具載仙史，兹不復論。今崇義村玉陽觀者，乃重陽宫」之别業，揆當時剏造之意，不過謂祖庭實天下教門之所係望，若非壯其本根而茂其枝葉，則何以感動」人心之歸向，下院之興，所以扶植祖庭之基業者也。始庚子，逮壬寅，清和尹尊師既有以開其端於前，洞」真、白雲、無欲三大士復有以成其志於後，使教風廣被，食用取足，其於弘道明法之要，豈小補哉？凡觀下」耕鑿、播種、塑繪、營修之事，皆觀宰王志古始終主之，幾二十季，勤績甫就。今歲秋，志古特來懇余爲文諸」石，余謂重陽宫剏立下院之由，已嘗於太古觀中述之詳矣，兹何用焉？義不獲讓，姑爲推明諸師牓觀之」微旨以告之，庶乎其有儆也。夫玉備九德，以無瑕而爲美；陽鍊九還，以復嬰而爲樸。人能厲操潔行，雖寒」暑不替，則如圭如璋，令聞令望，所謂庸玉汝於成者也。人能復性全神，雖患難不變，則爲聖爲賢，可久可」大，所謂自强而不息者也。故玉在山而木潤，陽奮泉而冰消，玉之云乎形色，器用云乎哉？陽之云乎聲音」，笑貌云乎哉？反是而論，則玉改爲石，陽變爲陰矣。學者試以是思之，因書以爲之記」。

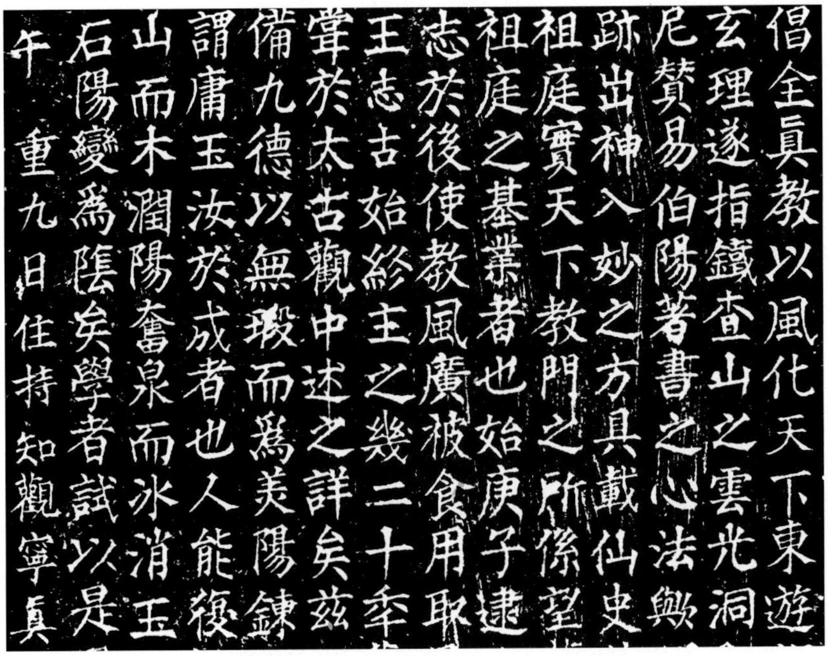

大朝歲次戊午重九日，住持知觀寧真大師李志安、趙志淳同立石」。

（以下碑陰）

玉陽體玄真人　三月十八日降，四月二十三日昇。

本宫提點：沖和大師曹志陽、宗玄大師何道寧、保真大師高道寬、悟真大師申志信、衍真大師張志悦、葆真大師提舉李道謙。

知副宫：淵浄大師仇志隆、弘德大師張志端、湛然大師完顔志和、真静大師李志仙、沖虚大師李志玄、希真大師王志安、圓明大師郭志祥、清真大師許志静、知真大師王志浩、通玄大師康志和、凝神大師高志堅。

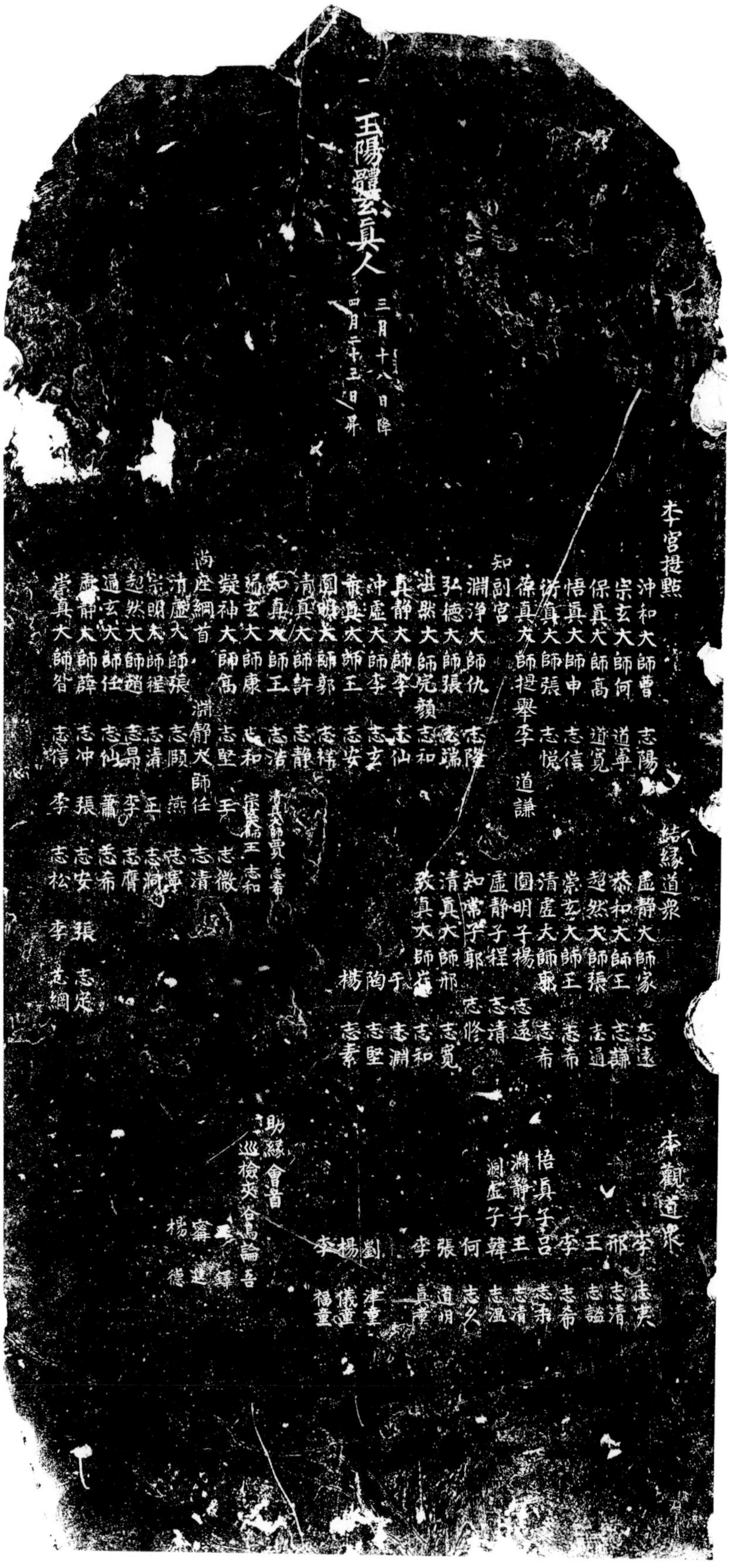
玉陽體玄真人
三月十八日降
四月二十三日昇
本宮提點
沖和大師曹 志陽
宗玄大師何 道寧
保真大師高 道覺
悟真大師申 志信
結緣道衆
本觀道衆
助緣會首

尚座綱首：清虛大師張志頤、宗明大師程志清、超然大師趙志昂、通玄大師任志仙、虛静大師薛志冲、崇真大師昝志信、清真大師賈志希、宗玄大師王志和、王志微、淵静大師任志清、燕志寧、王志洞、李志膺、蕭志希、張志安、李志松、張志定、李志綱。

結緣道衆：虛静大師家志遠、恭和大師王志謙、超然大師張志通、崇玄大師王志希、清虛大師郭志希、圓明子楊志遠、虛静子程志清、知常子郭志修、清真大師邢志寬、致真大師崔志和、于志淵、陶志堅、楊志素。

本觀道衆：李志夷、邢志清、王志謐、李志希、悟真子吕志柔、淵静子王志清、洞虛子韓志温、何志久、張道明、李真童、劉津童、楊儀童、李福童。

助緣會首：巡檢夾谷烏論吾、王鐸、甯進、楊德。

元延祐六年創建崇真觀記碑

碑在陝西省西安市户縣祖庵鎮曹村玉皇殿，元延祐六年（1319）立。廉維方撰文，李道澄書丹，袁德郁篆額，王道祥等立石。螭首。碑身高166厘米，寬100厘米，厚19厘米，螭首高78厘米。正文行楷，字徑2.5厘米。圭額篆“崇真觀碑”，2行，字徑3厘米。碑陰題名楷書，字徑2～2.5厘米。碑體完整，文字清晰。

創建崇真觀碑

坤臺廉維方撰」。

雲中李道澄書」。

渠江袁德郁題額」。

秦川山水之秀，盩厔爲之冠，名擅二曲，漢舊邑也。茂林脩竹，蔚然而深秀；清泉白石，映帶乎仙鄉。原隰紭紛，厥土衍」沃，澇水左引，甘水右縈，可以湘濯灌溉。南望，重巒疊巘，堆嵐擁翠，雲煙草樹，朝暮變態，殊愜人思致，閬風玄圃，徒費」丹青。秦之資陽宫故址在焉，信夫天壤間自昔爲佳處也。全真洞虛子築觀於其中，天樂真人題其顔曰“崇真”，於是」一山勝槩，盡爲是觀几席之供矣。洞虛本郃陽人，姓楊諱志古，妙齡嗜學，不樂婚宦。當金季攙槍之際，猛拋世網，澹」然爲雲水

元延祐六年創建崇真觀記碑

游，尋幽訪隱，遇趙了真之高弟輔公真人於樊川，一見心醉，遂竭誠事之。既日，聞道要，重玄真指，付授無」靳，因錫洞虛子之號。繼又請益，曰：“若知功行之説乎？師心自得，功務於内也；利人及物，行擴於外也。二美具，終焉有」成，一以偏，孑然難立。子果有志，宜刳心焉。”洞虛再拜受教，即日辭席下，曳杖西来，逶迤抵此，詢之里甿，曰東曹村，時」乙未歲也。大軍之後，村落荒蕪，居民鮮少，躊躇四顧，悦其境土清嘉，戀戀不能去。遂犖石剪棘，僝材鳩工，經之營之」，日改月化。建混元殿於前，開化殿於後，思真有祠，靈官有堂，齋庖庫廄，各有收處。復引靈湫之水直抵

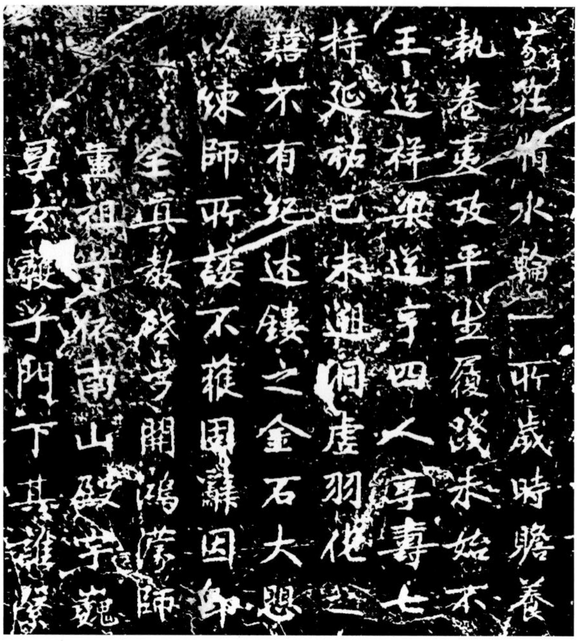

院中，又於晏」家莊脩水輪一所，歲時贍養畊殖。自給之外，一無所營，優游卒歲，得遯世無悶之樂。洞虛志道懇切，師授有源，雖不」執卷，夷攷平生履踐，未始不與二篇四輔合。令聞既章，有欽風求爲其役者，亦從容而納之，度弟子馮志誠、羅道實」、王道祥、梁道亨四人。享壽七十有七，於至元己巳秋七月九日遁化，遵遺囑以觀事付王道祥、徒孫徐道沖相繼住」持。延祐己未，遡洞虛羽化之歲逾四十載矣，道祥、道沖議曰：“我輩承師廕廁羽流，坐享成功者有年矣，緬思創始之」難，不有紀述鏤之金石，大愳泯闇於其後。”乃纂事狀，且致祖庭耆德袁公練師之命，以記文見託。余以學踈藝謭，重」以練師所諉，不獲固辭，因即其事而爲之，且銘之以辭。其辭曰」：

全真教啓兮開鴻濛，師資相承兮道益隆。谿山佳處兮建道宫，以善誘人兮人樂從。洞虛訪衜兮来長安，仰高」重祖兮依南山。殿宇巍峩兮廊廡完，廟貌儼然兮□妝鑾。植松杉兮傲霜雪之歲寒，從峯巒兮肖雲霧之天壇」。孠玄教兮門下其誰？繫黄冠兮王徐二師。徵金銘兮媿乎斐辭，傳清風兮應無盡期」。

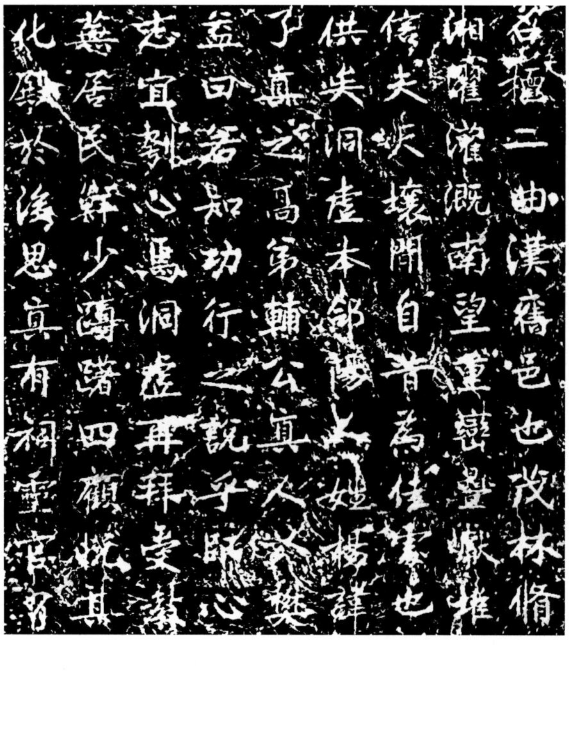

延祐六年己未歲中元日，應真大師本觀提點王道祥、清真大師提領徐道沖、知觀趙道興、張道明，王道明立石。

（以下碑陰）

浮山自然順理妙□真人門下宫觀徒衆：

□□峪□□司蓬萊坊六郎廟玉虛觀，□□縣鳳□□靈真觀、□□□清隱觀、韓城了真庵，□□□□□霞庵，□□□韓城縣□□□，□□

府華□縣太清觀，盩厔縣□□□建□觀，下院可汗廟□德淵、秦安□，鄠縣里板社朝元觀，乾州武功縣□村洞真庵。

本觀□□道衆：尊宿提點應真大師王道祥，提領□□□，知觀張道明，知觀王道明，王道安，張道源，朱志真，□道常，陳□□，李志久，李德明，李龜童，張鶴童，□□童，牛來童，周喜童，李興童。

助緣會□：□縣□村懷遠大將軍前思州安□司達魯花赤高栢山，夫人潘氏，男高忠，室人李氏；□郭□吕德，室人格氏，男吕鵬舉；盩厔縣道户村廉安，室人劉氏；新住村俱安，室人馬氏；東曹村劉大淵，室人張氏；西曹村何德山，男何德海；蔡天祐。

元延祐七年玄通弘教披雲真人道行碑

碑在陝西省西安市户縣祖庵鎮重陽宫，元延祐七年（1320）立。王利用撰文，韓沖書丹並篆額，劉道希刊，王志政、陳德遇等建。螭首龜趺。通高450厘米，螭首高122厘米，趺座高65厘米；碑身寬128厘米，厚38厘米。正文行書，字徑2.5～3厘米。圭額篆“玄通弘教披雲真人道行之碑”，3行，字徑10厘米。碑體完整，文字清晰。

玄通弘教披雲真人道行之碑

祖庭劉道希刊」。

前翰林直學士太中大夫西蜀四川道提刑按察使王利用撰」。

奉元路捴管兼府尹嘉議大夫工部尚書致仕韓沖書并篆額」。

三燈傳一燈，光明不得不大；一燈續三燈，氣焰不得不弘。金聲於前，玉振於後，源委歸正，授受無窮，宜其大且弘也。真人姓宋氏，諱德方，字廣道，萊州士林右族。鷩妻之夕」，里人見其祥光照徹，異之。生而挺嶷，長而好學，於書無所不讀，觀今所傳《樂全》辭翰，自不可誣。年十二，悟夢幻之無常，企真仙之遐舉，遽棄家詣長生劉宗師而學道焉。長」生愛其骨格清秀，音吐不凡，留侍几杖，於洒掃

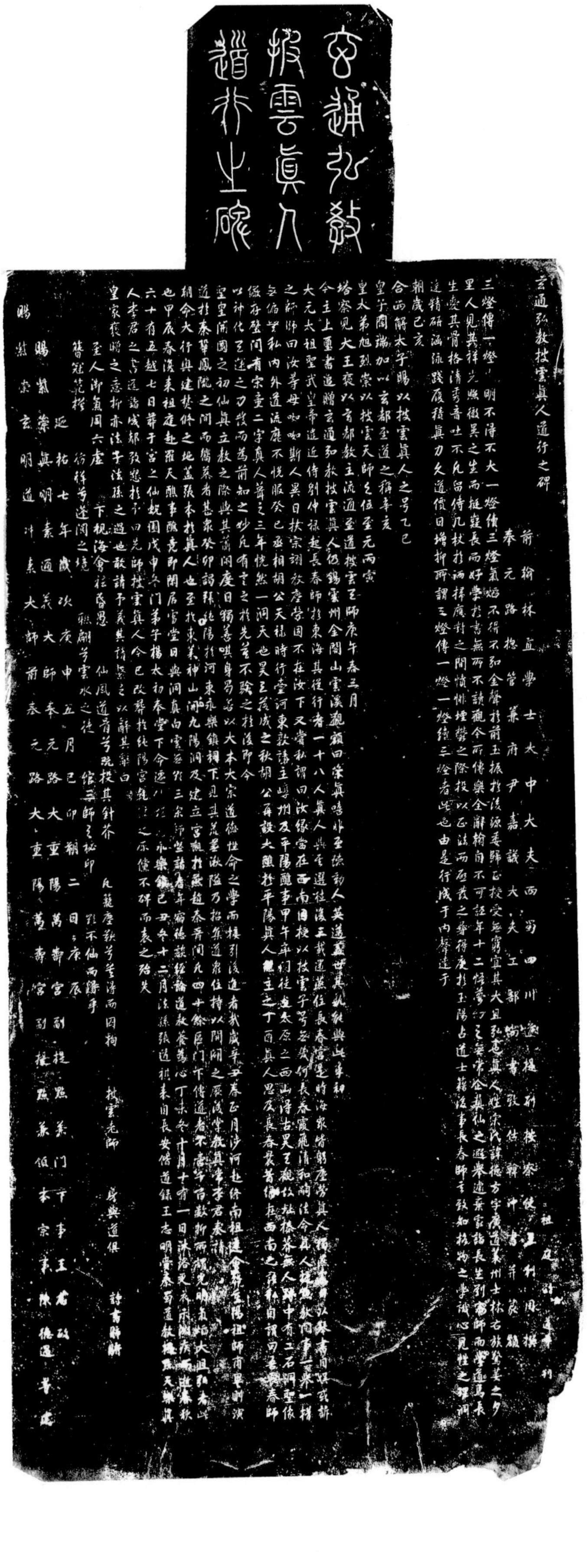

元延祐七年玄通弘教披雲真人道行碑

應對之間、憤悱堙鬱之際，投以正法而啓發之。尋得度於玉陽，占道士籍。後事長春師，其致知格物之學、識心見性之理，洞」達精研，涵泳踐履，積真力久，道價日增，抑所謂“三燈傳一燈，一燈續三燈”者此也。由是行成于内，聲達于」朝。歲己亥」，合西解太子賜以披雲真人之号。乙巳」，皇子闊端加以玄都至道之稱。辛亥」，皇太弟旭烈崇以披雲天師之位。至元丙寅」，塔察兒大王褒以玄都教主流通至道披雲天師。庚午春三月」，今主上璽書追贈玄通弘教披雲真人，仍錫雲州金閣山雲溪觀額曰崇真。嘻！非至德動人，英邁蓋世，其孰能與此乎？初」，大元太祖聖武皇帝遣近侍劉仲禄起長春師於東海，其從行者一十八人，真人與其選。往復三載，還燕，住長春宮。是時

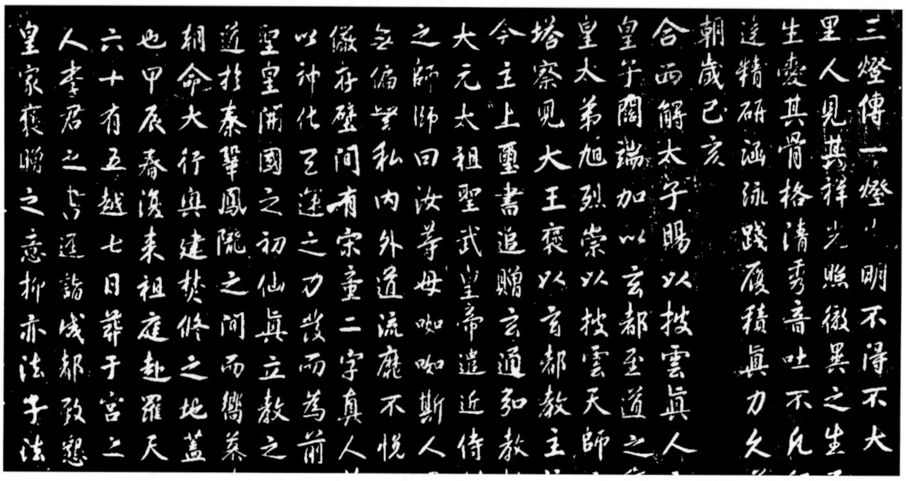
三燈傳一燈明不得不大
里人見其祥光照徹異之
生慶其骨格清秀音吐不凡
達精研涵泳踐履積真力久
朝歲己亥
合西解太子賜以披雲真人
皇子闊端加以玄都至道之
皇太弟旭烈崇以披雲天師
塔察兒大王褒以玄都教主
今主上璽書追贈玄通弘教
大元太祖聖武皇帝遣近侍
之師師曰汝等毋呶呶斯人
無偏無私內外道流靡不悅
儼存壁間有宋童二字真人
以神化天運之力發而為前
聖皇開國之初仙真立教之
道於秦鞏鳳隴之間而嚮慕
朝命大行興建焚修之地蓋
也甲辰春復來祖庭赴羅天
六十有五越七日葬于宮之
人李君之書逕詣成都致懇
皇家褒贈之意抑亦法子法

海衆皆躬塵勞，真人獨燕處，日以琴書自娱。或訴」之師，師曰：汝等毋呶呶，斯人異日扶宗翊教，塵勞固不在汝下。又嘗私謂曰：汝緣當在西南。因授以披雲子号。無幾何，長春霞飛，清和嗣法，命真人提點教門事，一舉一措」，無偏無私，内外道流，靡不悦服。癸巳，丞相胡公天禄時行臺河東，敦請主崞州及平陽醮事。甲午，率门徒遊太原之西山，得古昊天觀故址，榛莽無人跡，中有二石洞，聖像」儼存，壁間有“宋童”二字。真人葺之三年，恍然一洞天也。昊天落成之秋，胡公再設大醮於平陽，真人繼主之。丁酉，真人思及長春曩昔緣在西南之語，私自謂曰：吾長春師」以神化天運之力，發而爲前知之妙，凢有言之於先，莫不驗之於後。即今」聖皇開國之初，仙真立教之際，與其蕭閑度日，獨善其身，曷若以大本大宗、道德性命之學而接引後進者哉？歲辛丑春正月，涉河赴终南祖庭，會葬重陽祖師，甫畢，則演」道於秦鞏鳳隴之間，而嚮慕者甚衆。癸卯，謁拜純陽於河東永樂鎮祠下，見其荒蕪湫隘，乃招集道衆住持以開闢之。厥後，掌教真常李君奏請」朝命，大行興建焚修之地，蓋張本於真人也。至於東萊神山開九陽洞，及建立宫觀於燕趙秦晋間，凢四十餘區，門下傳道者不啻千百數，抑所謂光明氣焰大且弘者此」也。甲辰春，復來祖庭，赴羅天醮事，醮竟即閑居雪堂，日與洞真、白雲、無欲三宗師暨諸耆年宿德，談經論道，教養爲心。丁未冬十月十有一日，沐浴更衣，示微疾而逝，春秋」六十有五。越七日，葬于宫之仙蜕園。戊申冬，门弟子楊太初奉堂下命，遷仙柩於永樂鎮。己丑冬十二月，法孫張道祺來自長安，偕道録王志明賫秦蜀道教提點天樂真」人李君之書，逕詣成都，致懇於予曰：先師披雲真人，今已改葬於純陽

宮乾維之原，儻不碑而表之，殆失」皇家褒贈之意，抑亦法子法孫之過也。敢請！予義其請，繫之以辭。其辭曰」：

至人御氣周六虛，下視海會祛昏愚，仙風道骨兮既投其針芥，九籠塵鞅兮莫得而囚拘。披雲老師，身與道俱，詩書肺腑」，簪冠範模。彷徉兮蓬閬之境，聯翩兮雲水之徒，館三師之祕印，欲不仙而得乎」？

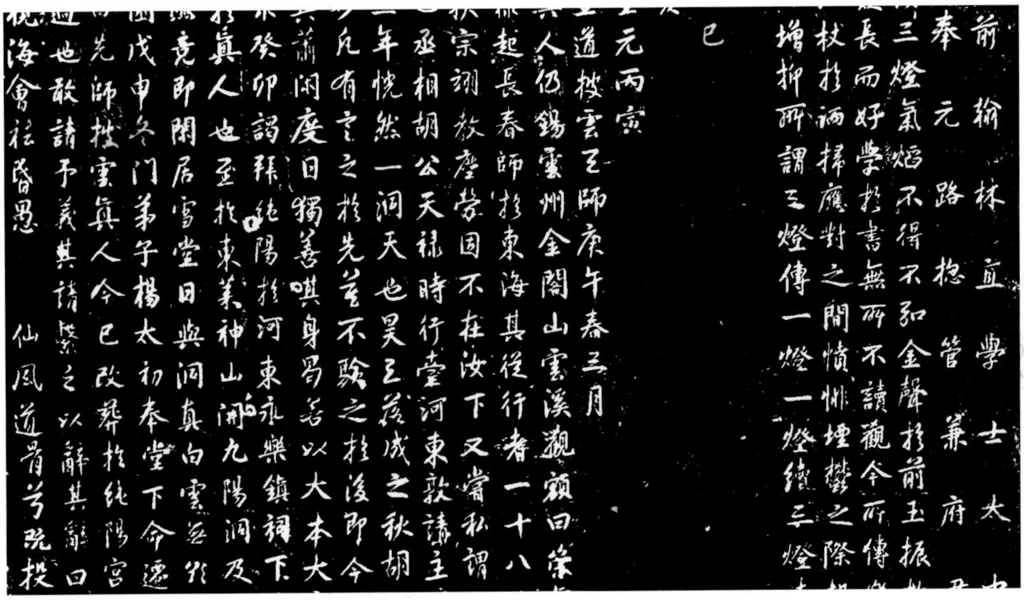

延祐七年歲次庚申五月己卯朔二日庚辰」。

賜紫崇真明素通義大師奉元路大重陽萬壽宮副提點兼门下事王志政」、賜紫崇玄明道冲素大師前奉元路大重陽萬壽宮副提點兼領本宗事陳德遇等建」。

元至治二年明德真人道行碑

碑在山東省鄒城市嶧山東宮，元至治二年（1322）立。朱象先撰文，張仲壽書丹，李邦寧篆額，楊道遠等立石，王偘、王珪、王僖刊。螭首。碑身高211厘米，寬102厘米，厚19.5厘米，螭首高121厘米。額篆“明德真人道行之碑”，2行，字徑10厘米。正文行楷，字徑2.5厘米。碑陰額題“宗派之圖”，楷書，2行，字徑8厘米。碑陰題名楷書，字徑4、2.5厘米。碑體完整，文字清晰。

明德真人道行之碑

太中大夫南康路揔管崔，古邾待詔王偘同弟王珪、王僖刊」。

清真觀妙淵虛大師教門高士終南山説經臺古樓觀大宗聖宫三洞講經師朱象先撰」。

翰林學士丞旨資善大夫知制誥兼修國史張仲壽書」。

昭文館大學士正奉大夫提點太醫院事李邦寧篆」。

乾精坤粹，挺生至人。淑德著於一邦，善行被於一邑。則當時之人，相與尸而祝之，社而稷之。至於身没而敬不衰，歲久而思益切，以至歷年曠遠，享祀不絶，此豈可以言語智術而□□」之歟？亦出於其人之真心實行，使之深感誠服，有所不能自已者也。淳然子史公先生其庶矣乎？公諱志道，字復古，其先平陽人。幼失怙恃，

資禀夷粹。年在志學，值歲饑，從叔父東之齊魯」，往来滕兗間。每望嶧峯巍然，聞多道宫琳宇，心常企慕。以正大改元入山，窮幽覽勝，逶迤抵是宫。矯首重巒疊巘，靈洞當陽，境與心融，浩然有忘歸之趣。且聞崇真靈隱真人養高於此，乃」詣席下。跽通所志，願執弟子禮，真人器而録之。次歲簪戴，授今名。與同列居，力服勤苦，晝則給侍，夜則堅坐不卧，歷久不懈。師既反真，乃廬墓終制。于時，金運訖籙，陵谷變遷，諸夏雲擾」，朔南未寧，生民蹂躪，道侶散亡。始則嵓伏穴藏，終則弱肉强食。迨」皇元撫定，紀綱荐復，然而人煙杳絶，豺虎縱横，而公未始出山也。安然子姚公先生，玄門卓犖之士也。潁脱世網，懷高蹈獨往之操。敻来山中，二子不期而遇，一見驚喜，相視而笑，莫逆于」心，遂與爲友。鼓舞之，唱和之，共樂邃古之道。然四境擾搶，時尚未平，議欲它適。復相謂曰：遇攖而寧，處困而亨，往聖之訓也。吾儕心兵未殄，己寇尚騁，不能自剋以至於逍遥之地。則雖偶」時處樂土，而碌碌以至於盡，其與庶類等也，道何有焉？然則困窮攖拂，政賴其磨礪有成也。其在斯時，惟宜自儆自奮，如臨大敵，如出重圍，必也捐軀力戰，於兹九鍊之地，或覬一生，庸可」少怯乎？二子確然自信，一往居絶頂，一深隱石室，各以苦行自力。惟淳然子之隱石室也，身世俱忘，萬緣盡屏，孜孜切切，入大究竟。覈未我，窺帝先，視所以視，聽所以聽，凡一揚眉，一頓足」，未始一息有間。一年而刳，二年而如，三年而見素。至是螽然大喜曰：嘻！是爲無狀之狀乎？是爲谷神玄牝乎？是爲

天地之根乎？秖是舊時人，改却舊時行履處，古人豈欺我哉！至於陰升陽」降，坎虚離實，造化反還之妙，亦皆自然冥契，所謂得本而末自應。且復嵓栖幽處，於兹六十霜矣。天將悔禍，民用小康。歲壬戌，安然子將南遊觀道。淳然子曰：觀向上師真，所言所行，不出」六合之内。吾將反玄虚就平實矣。矧相分在道人分上，雖相去萬里，不隔一絲，何間彼己乎？一舉手而别。故宫自兵鑴而後，一變而爲灰燼，再變而爲荆榛。雲悽烟慘，四

顧岑寂，獨猿呼鳥」噪，水流花開，尚如昨也。公每至其處，必爲擴擲瓦甓，翦剔蒿萊，甃巨石，壘磵膺，營營不已。枯槁同志之士，聞風時有至者，則爲之給侍，爲之舂炊，凡所以宣力效勞者，冀師見而憫之，而」□爲之誨之藥之也。其徒有以玄門第一義問者，師曰：重玄上機，開口觸諱。初地遽欲離形去智，每見沉空滯寂，遂成心疾，無藥可療。故嘗謂：盍若反虚玄、依平實乎？衆拜手受教。已而四方學」者亹亹而来，求爲役者，屨滿户外。相與經營墾闢，樸斲締構，日改月化，新閟殿，創雲室，闢田疇，萃冠褐，清規整整，靚然爲一真遊之館。玄門掌教大宗師加賜額曰仙人萬壽宫，自是聚徒」常盈千指。公謙抑不居，淡泊自樂，以仁恕接物，未嘗有喜慍之色。爰自壯歲，脇不沾席。雖年臨大耋，亦無昏惰之容，朱顏皓髮，神采精明。人望見之，一皆起敬起慕，知其爲抱道藴德之士也」。以至元二十九年十二月十三日無疾而化，春秋八十有六。名聞」聖朝，壽王追贈淳然體道明德真人。所度門徒無慮數百，其嗣領宫事高弟楊道遠、劉志微，同姪李道實，皆卓卓然而無忝者也。歲乙卯，道遠不遠千里，持狀来謁，曰：先師寧神於本山有年矣」。設祠置像，奉歲時香火，雖未嘗絶，然生平道行，未□文之石，豈非不敏之過？敢拜手以請。余以曩者遊海上，獲識姚公安然子於蒼梧，服其制行冰檗，從遊久之，與聞二子結友源委，兹故不辭」而爲之。竊觀淳然子之出處，始則急於脩身，似不暇外顧，及其有得於道，則專於闡化，不以獨善爲心。幾於有始有卒者，是宜享祀不輟，非誠有大過人者，疇克爾耶？回歷叙爲道之艱，後之作」者，循規接武，勿替引之，宫其有不振且遠者乎？嗚呼，其懋哉」！

大元至治二年歲次壬戌十一月望日，門人洞微静照希和真人楊道遠，希玄通真達妙大師前本宫提舉劉志微，賜紫金襴洞誠真静通玄大師本宫住持提點李道實，前知宫陳道亨，知宫李道謙等立石」。

榮禄大夫宣徽院事王佐，奉政大夫中書户部主事任懷德……」。

勅賜開府儀同三司紫光禄大夫太師上柱趙國公王，朝列大夫左司員外郎李哈剌海」。

（以下碑陰）

重陽全真開化輔極帝君王，長生輔化宗玄明德真君劉，崇真大德靈隱真人王，淳然體道明德真人史，明真和陽崇德真人李，凝玄冲妙文瑩□人李。

制授明道貴德洞微大師本宗都提點住持仙人萬壽宫事吴志全，制授通妙致虚大師前提舉吴道泉，賜紫安仁悟真明德大師提舉馬道隱，制授通玄誠德養素大師提舉張道亨，賜紫凝玄通妙大師知宫李志真，制授遠玄澄照元和大師提舉李道泉，賜紫容真葆和文政大師濟寧路道門提舉辛道邕，賜紫安静□真大師知宫崔敬玄，賜紫淳真□神大師知宫趙道明，賜紫安仁養素大師知庫胡道成。

繹山仙人萬寿□并各莊下院：仙人萬寿宫知觀孫道元、賜紫純真葆光大師知庫喬道玄，在城洞真觀聚德寳和大師官門知宫荆道明、知觀国源寳，□□□□□□□淳朴大師知觀刘道深、知庫張志順，□□□□□□觀刘道淵、知庫魏志真，□□□□□知庫郭道祐、知觀張道林，東鄒大方觀知觀文道謹、知庫楊志清，南辛全真觀知觀周道元、知庫朱道亨，匡家莊洞微觀知觀陳道和、知庫薛惟元，戴家庄洞玄觀知觀崇真積德安和大師陳道祥、知庫刘道深，炉丹峪長生觀知觀洞玄理真大師王道素、知庫鄧志清。

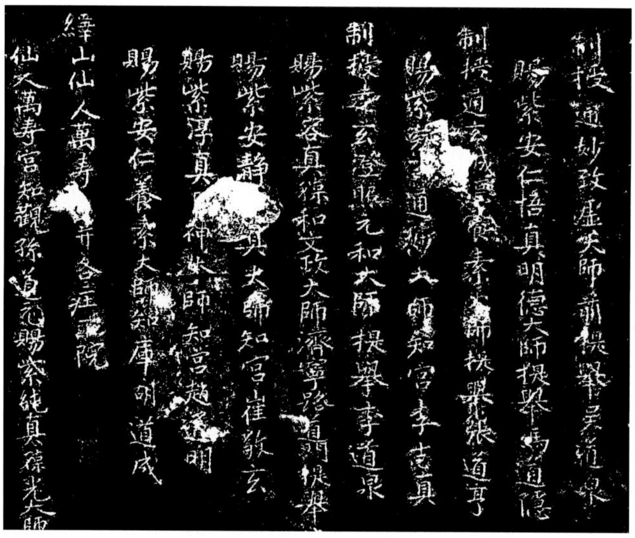

法屬：東韋紫微觀前知觀張道清、知觀李志真、安然志德大師知觀尹道和，胡尚崇真宫提點體静純和希真大師吴道安、提舉王志堅，曲阜景靈宫住持提點崇真大師潘道謹、知宫何德真、知宫張道方，在城玉虚觀知觀孫道賢、清虚妙□大師張道全，丘家莊玉宸觀庵主張道川、知觀張道賢，山□□明觀住持提點賜紫體真純和清正大師趙道明，龍山洞明觀提舉王道深、知觀王道善，兖州祐德觀前住持道人淵静子辛繹齋、知觀□道遠，魚臺玉清萬寿宫提舉默玄通真大師邵志真，書洞全真觀庵主李道謙，乞護嵩玄真觀住持知觀純真復原大師張道本，白雲宫住持提點賜紫冲真全妙大師李志遇、提舉石志□，崔家莊修真觀知觀韓妙温、知庫常妙善，□後村無極觀知觀守净大師魏守真，在城修真觀住持知觀妙善大師杜守堅，魯賢隆□觀住持知觀李守素，諸山三清宫住持提點王賢萃，長春宫賜紫純德淵静葆真大師提點王道明，碧雲宫住持提點吴道常，清都觀住持提點賜紫純德紫陽通玄大師艾道清，闕里嘉義大夫益都路總管致仕東野潜，從仕郎濟寧路曲阜縣尹兼管本縣諸軍奥魯勸農事孔克欽，古郕承直郎大都在京義儲倉監支納甯伯顔，裕庵李儼若思、盤車□真逸居士荆時舉、刘彦清，闕里張汝舟、仲濟先生、□嵓、寧静居士馬德祐，鄒縣耆儒龍山逸人鄭質，承事郎紹興路諸暨州判官韓希符，賜紫明善守正大師本縣道門提領吕惟堅。

本觀道衆：賜紫通真明一大師山主玄□、純古大師曹惟□、蔣惟明、金寿童、許山童、湯右童、□伯童、孫纖童、□久童、□志堅、王道安、□□道人綽然子刘秋江、□□者、□□信誠守真大師李道昌、□□玄静大師艾道信、□□童、沈貞童、蔡常童。

本村：曹成、王正、孫成、孫顯卿、李八、孫和甫。

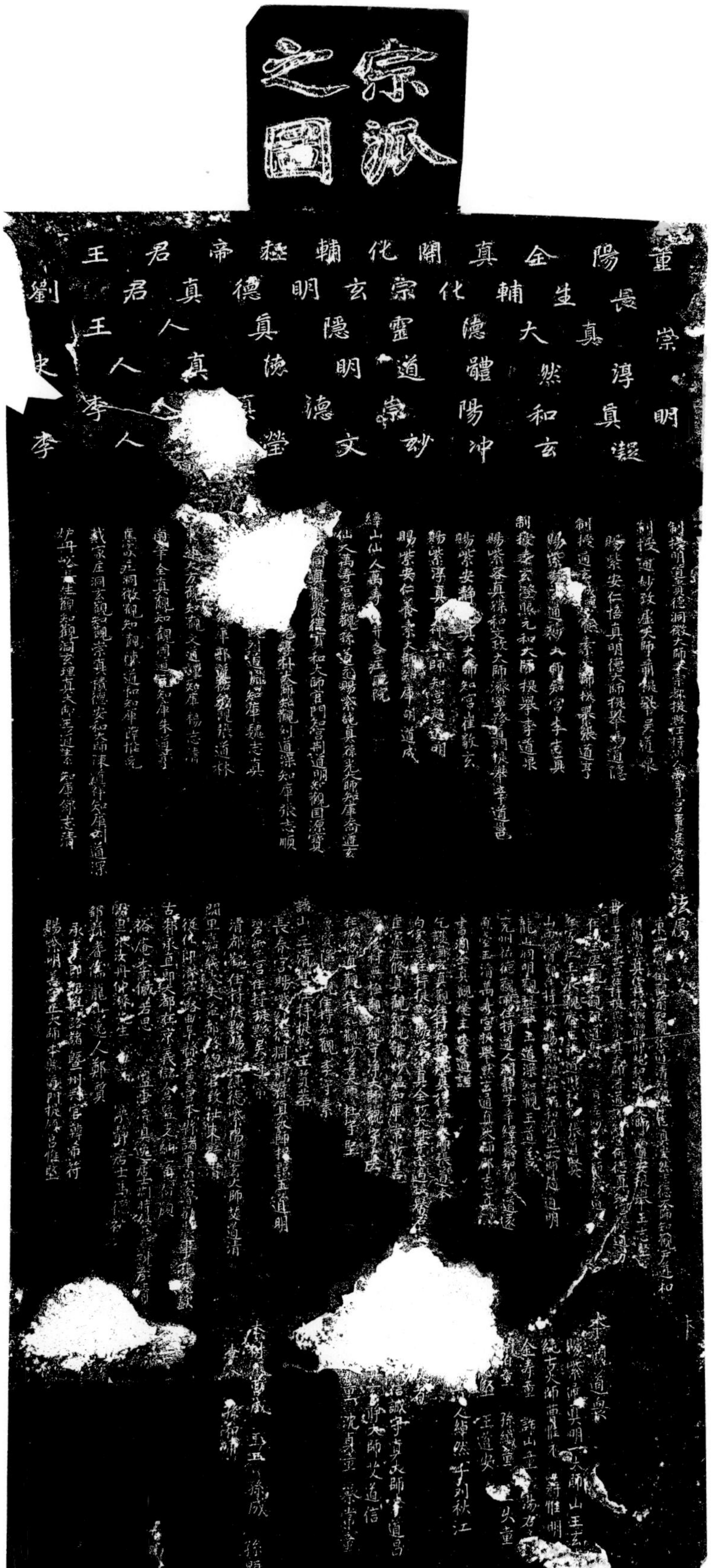
宗派之圖
重陽全真開化輔極帝君王
長生輔化宗玄明德真君劉

元至治二年仙人萬壽宫重建記碑

碑在山東省鄒城市嶧山東宫，元至治二年（1322）立。李之紹撰文，劉賡書丹，趙孟頫篆額，李道實、陳道廣等立石，王偘、王珪、王僖刊。螭首。碑身高214厘米，寬103厘米，厚18厘米，螭首高107厘米。圭額篆“仙人萬壽宫重建記”，2行，字徑9厘米。正文隸書，字徑3厘米。碑陰額題“宗派之圖，信士芳名”，楷書，2行，字徑8厘米。碑陰題名楷書，字徑3.5~2厘米。碑陰不録。碑體完整，文字漫漶。

僊人萬壽宫重建記

里人石匠王偘同弟王珪、王僖□」。

朝列大夫壽國子祭酒李之紹撰」。

集賢學士榮禄大夫劉賡書」。

翰林學士丞旨榮禄大夫知制誥兼修國史趙孟頫篆」。

道家者流出黄帝老子，以清浄虚無爲宗，頤神養性爲事，長生久視爲著，效神僊飛昇爲極致。自秦皇漢武聞方士之説」，問蓬萊之津，求不死之藥，舉世翕然玄風。厥後，其徒支分派别，爲符籙，爲齋醮，爲鍊丹石，爲飾土木，抑皆事乎其末。金季」，帝君王公、真君劉公輩七人者出，不資外物，環堵之是屋，被褐之爲衣，或出或處，或默或語，

元至治二年仙人萬壽宮重建記碑

或遨嬉市井，制行不立，皆務」以全其真，可謂知所本矣。鄒嶧海内名山，洞穴玲瓏，貫徹踵頂，咸有泉流其中。巨石盤錯，奇形異狀，觀覽可巳悦目，坐卧」可巳適體。誠棲神之勝境，道書有妙光洞天之目。羽客廬其中，不啻百數，僊人萬壽寔爲之冠。邑北東踰二十里，庄以蔣」名，中有觀曰通玄，僊人之田墅也。□頗饒沃，道侶畊播，以供盂粥。初，長生之徒靈隱真人王貴實主之，罹兵焚，蕩荒鞠，其」嗣明德真人史志道構宇以居，矩矱壹遵先世之舊。志道世傳嗣者，曰崇德真人李志椿，曰希和真人楊道遠，皆受真人」之號，令主宫事。李師道實、谷師道玄，志椿之弟子也。相與謀曰：本非末不成，末非本不興。我輩離塵割愛，玄素是依，服膺」師説，聞道本有季矣。雖資質凡庸，詎有僊分。如食者慕八珎之厨，飲者思九霞之漿，不能忘懷。今吾居狹隘弊陋，無以妥」高真之靈，望其熙臨得乎？於是撙費度材，蒐□遺闕，於宫、於觀、於鄒城、於爐丹峪、匡家庄、狼济村，皆贍宫恒産。之所修創」，大小凡百餘楹，殿堂、丈室、庖湢罔有弗具。仍即餘力，鑱堅甃險凡數十步。既而介邑賢郭君弘遠、姜君舜舉、滕陽余君以」善，徵文以紀諸石。予謂：僊真之事邈矣。希世壹遇，未易遽得。玆數人者，嚮道日久，立志既堅，精誠感格，杳冥恍惚之際，奇」聞異見，庸或可覬。否則，婆娑煙霞區，談玄唱道，如太古隱君子，留名山石，亦可以不負先生矣。乃爲之書」。

大元至治二年十一月望日，賜金襴紫服洞誠真静通玄大師住持宫門提點事李道實，同知宫陳道廣等立石」。

承事郎益都路滕州判官孫唆郎谷歹，進義副尉益都路邹縣羅頭寨巡檢劉景□，司吏温源」。

忠翊校尉□□路同知滕州事馬合麻沙，益都路邹縣尉賈元，司吏□□□」。

奉政大夫益都路滕州知州兼管本州諸軍奥魯勸農事董士良，□□楊□，進益校尉益都路邹縣主簿□守信，□□□信」。

忠翊校尉益都路滕州達魯花赤兼管本州諸軍奥魯勸農事阿里會，司吏周□，吏目田澤，承事郎益都路邹縣尹兼管本縣諸軍奥魯勸農事□，司吏張友諒、孫仲仁」。

益都路邹縣達魯花赤兼管本縣諸軍奥魯勸農事□，典史趙睦」。

元泰定元年有唐純陽呂真人祠堂記碑

碑在山西省運城市芮城縣永樂宫，元泰定元年（1324）立。碑文由袁從义撰於金興定六年（1222），金正大五年（1228）段輔書丹，陳觀篆額，楊士榮、張黻、郝英、楊仁、段復榮立石。金末碑毁，元泰定元年（1324）段道祥等重立，並附井道泉撰重立之記。螭首龜趺。通高316厘米，螭首高68厘米，趺座高50厘米；碑身高198厘米，寬102厘米，厚32厘米。正文楷書，字徑3厘米。碑體完整，文字清晰。

有唐純陽呂真人祠堂記

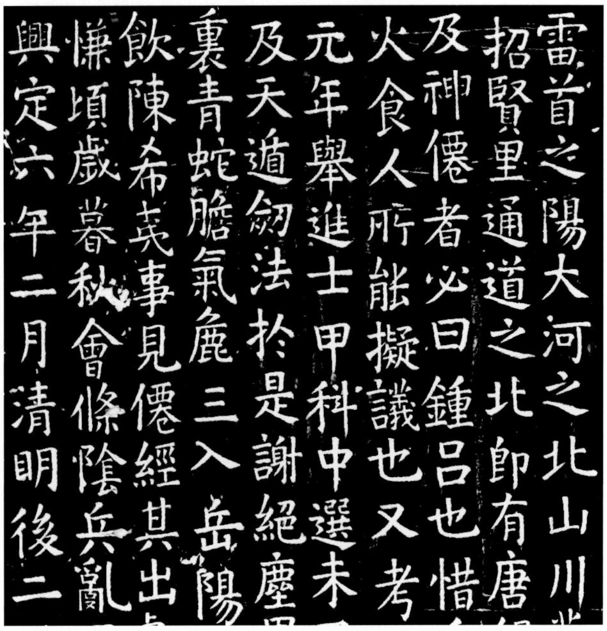

前進士虞田袁從乂撰」。

翰林應奉同知制誥徵事郎監察御史段輔書」。

從事郎國子監丞陳觀篆額」。

雷首之陽，大河之北，山川蘊秀，土膏林鬱。粹精之氣，鍾鑄於人，必生高僊大賢，古來聖跡，布列條陽者居多。永樂鎮東北隅，行百步許，曰」招賢里，通道之北，即有唐得道吕公之故居也。鄉人慕其德，因舊址而廟貌之，歲時享祀甚謹嚴。真人自成道以來，有重名於天下，凡譚」及神僊者，必曰鍾吕也。惜乎！《唐書》偶遺其傳，所紀異事，獨見於圖經野史而已。徧閱僊籍，得吕真人

有唐純陽呂眞人祠堂記

前進士虞田袁從乂撰

翰林應奉同知制誥徵事郎監察御史段輔書

從事郎國子監丞陳觀篆額

雷首之陽大河之北山川蘊秀土膏林鬱粹精之氣鍾鑄於人必生高僊大賢古來聖跡布列條陽者居多永樂鎮東北隅行百步許曰
招賢里通道之北卽有唐得道呂公之故居也鄉人慕其德因舊址而廟貌之歲時享祀甚謹嚴眞人自成道以來有重名於天下凡譚
及神僊者必曰鍾呂也惜乎唐書偶遺其傳所紀異事獨見於圖經野史而已徧閱僊籍得呂眞人詩數百篇辭意高妙氣象豪放非煙
火食人所能擬議也又考其得道之由粗得大槩眞人諱嵒字洞賓道號純陽子世為河中永樂人禮部侍郎渭卽其祖也當敬宗寶曆
元年舉進士甲科中選未及調官時季春出遊灃水遇漢隱士　鍾離公公見其風骨不凡誘以僊道眞人傾心懇禱乃口授內丹秘旨
及天遁劍法於是謝絕塵累遂結茅于廬山與鉅鹿魏子明楚人梁伯眞為方外友同進隱學俱登僊位嘗有詩曰朝遊北海暮蒼梧袖
裏青蛇膽氣麤三入岳陽人不識朗吟飛過洞庭湖此言劍術有徵也昔謁金母於龜臺迴憩平涼度王生事今有石刻存焉遊華嶽會
歛陳希夷事見僊經其出處神異甚衆姑載其一二焉僕自幼齡卜築王官去眞人鄉曲不及百里雖加景仰然未伸香火之供恒以為
慊頃歲暮秋會條陰兵亂因避地尚之西郊始獲展敬祠下永樂鎮道契袁公益且以祠堂記見祝僕雖無文不敢固讓謹述其始末云
興定六年二月清明後二日記
全眞之學倡于　祖師重陽而　七眞紹焉其教大弘風靡海寓原其所自實　純陽啓之故列乎正派為三祖其開化之功深及物
之德厚尸而祝之理固然也祠之設肇於唐金之末年隱士袁用之始為作記里人楊士榮輩建石於正大間未幾為劫火所裂然文
意僅可尋
聖朝尊道貴德比比化荆棘為道林歲在壬子沖和大師潘德沖奉　清和宗師命提點河東於是闢垣墉新宮宇四方之薦力施賄
者雲會五巷而續成復命工刊于石高幾丈尺許蓋草創之際崇美未暇及也旣而沖和謝世厥後積以歲年宮事大備議者謂是記
宮之源委存焉苟無大書深刻非所以傳永久將易之不果延祐庚申冬宮宰[illegible]志進等以勤恪自力克果重建旣豐且侈方諸昔日
可謂盡善者矣嗚呼　祖師僊去數百年間其高標殊望昭輝今古將與日月參光元精純氣貫充六合將與造物者相為始終奚必
假是以光揚之雖然抑有以也天下慕　祖師之風襲　祖師之道者可勝計苟未能蟬蛻泥滓高蹈物表神融氣會於無何有之鄉
若乃假象以希真循跡以探妙或冀有得於漸進者也況且光先啓後繼志述事者之當然不得不然門下古齊井道泉百拜敬書
峕泰定元年歲次甲子三月丁亥十四日庚子大純陽萬壽宮提點段道祥　蕭道遇　榮道宗　翟道[illegible]　趙道元　暢道[illegible]　提舉杜道忠　梁道從　左道[illegible]　提領雒道[illegible]　楊道[illegible]　張道[illegible]　知宮姚道[illegible]　劉道[illegible]等立石

詩數百篇，辭意高妙，氣象豪放，非煙」火食人所能擬議也。又考其得道之由，粗得大槩。真人諱嵓，字洞賓，道號純陽子，世爲河中永樂人，禮部侍郎渭即其祖也。當敬宗寶曆」元年，舉進士甲科中選，未及調官，時季春出遊澧水，遇漢隱士鍾離公。公見其風骨不凡，誘以僊道，真人傾心懇禱，乃口授内丹秘旨」及天遁劍法。於是謝絶塵累，遂結茅于廬山，與鉅鹿魏子明、楚人梁伯真爲方外友，同進隱學，俱登僊位。常有詩曰："朝遊北海暮蒼梧，袖」裏青蛇膽氣麄。三入岳陽人不識，朗吟飛過洞庭湖。"此言劍術有徵也。昔謁金母於龜臺，廻憩平涼度王生事，今有石刻存焉；遊華嶽會」飲陳希夷事，見僊經。其出處神異甚衆，姑載其一二焉。僕自幼齡卜築王官，去真人鄉曲不及百里，雖加景仰，然未伸香火之供，恒以爲」慊。頃歲暮秋，會條陰兵亂，因避地芮之西郊，始獲展敬祠下。永樂鎮道契袁公益，且以祠堂記見祝，僕雖無文，不敢固讓，謹述其始末云」。

興定六年二月清明後二日記」。

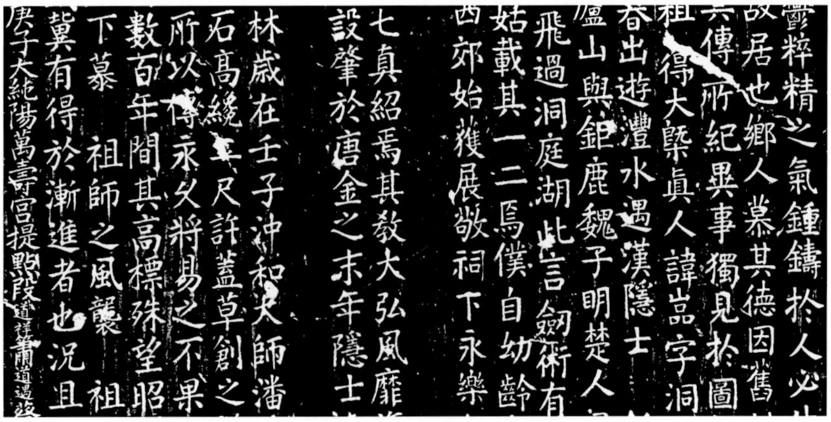

全真之學，倡于祖師重陽，而七真紹焉。其教大弘，風靡海寓，原其所自，實純陽啓之。故列乎正泒爲三祖，其開化之功深，及物」之德厚，尸而祝之，理固然也。祠之設，肇於唐。金之末年，隱士袁用之始爲作記，里人楊士榮輩建石於正大間。未幾，爲劫火所裂，然文」意僅可尋」。聖朝尊道貴德，比比化荆棘爲道林。歲在壬子，沖和大師潘德沖奉清和宗師命提點河東，於是闢垣墉，新宫宇，四方之薦力施賄」者雲會，五朞而績成，復命工刊于石，高纔五尺許，蓋草創之際，崇美未暇及也。既而沖和謝世，厥後積以歲年，宫事大備。議者謂：是記」宫之源委存焉，苟無大書深刻，非所以傳永久。將易之，不果。延祐庚申冬，宫宰郭志進等，以勤恪自力，克果重建，既豐且侈，方諸昔日」，可謂盡善者矣。嗚呼！祖師僊去數百年間，其高標殊望昭輝今古，將與日月參光，元精純氣貫充六合，將與造物者相爲始終，奚必」假是以光揚之。雖然，抑有以也。天下慕祖師之風，襲祖師之道，無可勝計，苟未能蟬蛻泥滓，高蹈物表，神融氣會於無何有之鄉」，若乃假象以希真，循跡以探妙，或冀有得於漸進者也。況且，光先啓後，繼志述事者之當然，不得不然。門下古齊井道泉百拜敬書」。

旹泰定元年歲次甲子三月丁亥十四日庚子，大純陽萬壽宫提點段道祥、蕭道遇、蔡道榮、翟道祥、趙道充、暢道怡，提舉杜道忠、梁道從、左道安，提領姬道浄、楊道志、張道聰，知宫姚道春、劉道清等立石」。

元泰定三年重修護國西齊王廟記碑

碑在山西省運城市芮城縣永樂宫，元泰定三年（1326）立。李欽撰文，徐道安書丹，張仲華篆額，李世英刊。螭首。高194厘米，寬87厘米，厚29厘米。正文楷書，字徑3.5厘米。額篆“重修護國西齊王廟記”，3行，字徑7厘米。碑體完整，文字清晰。

重修護國西齊王廟記

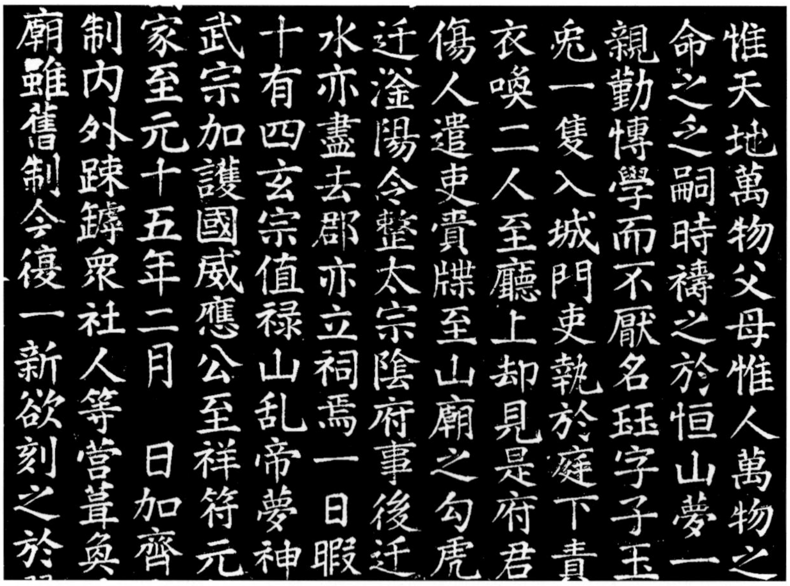
惟天地萬物父母惟人萬物之
命之乏嗣時禱之於恒山夢一
親勤博學而不厭名珏字子玉
兎一隻入城門吏執於庭下責
衣喚二人至廳上却見是府君
傷人遣吏賫牒至山廟之勾虎
迁淦陽令整太宗陰府事後迁
水亦盡去郡亦立祠焉一日暇
十有四玄宗值禄山乱帝夢神
武宗加護國威應公至祥符元
家至元十五年二月　日加齊
制内外踈鎼衆社人等営葺奂
廟雖舊制今復一新欲刻之於

太平縣石匠李世英刊」。

古孝義李欽撰，玄正大師徐道安書」。

解塩運司管民提領鄉貢進士張仲華篆額」。

惟天地萬物父母，惟人萬物之靈，聰明睿智，作后德行，才能爲官，厥後以正直爲神者也。按傳記所在，而神本祁州鼓城人也。父讓，年知」命之乏嗣，時禱之於恒山，夢一童之擎合有二枚之美玉，夫妻俱呑之腹，懷有娠矣。期六月六日誕神，丰彩秀異，聰敏飄奇。長竭力而事」親勤，博學而不厭。名珏，字子玉，應夢之祥也。至唐貞觀七年，以孝廉舉至朝，補潞州長子令。時五月朔，省喻邑人，勿得殺獵。潜出二人，獲」兔一隻，入城門，吏執於庭下，責之曰：宥過無大，刑故無小，

重修護國西齊王廟記

重修護國西齊王廟記　　大平縣石匠李　世英　刊

古　孝　義　李　欽撰　玄　正　大　師　徐　道安書

解　塩　運　司　管　民　提　領　鄉　貢　進　士　張仲華　篆額

惟天地萬物父母惟人萬物之靈聰明睿智作后德行才能爲官厥後以正直爲神者也按傳記所在而神李祁州鼓城人也父讓年知
命之乏嗣時禱之於恒山夢一童之孳合有二枚之美玉夫妻俱吞之腹懷有娠矣期六月六日誕神赤彩秀異聰敏飄奇長竭力而事
親勤博學而不厭名珏字子玉應夢之祥也至唐貞觀七年以孝廉舉至朝補潞州長子令時五月朔省喻邑人勿得殺獵潛出二人獲
兎一隻入城門吏執於庭下責之曰宥過無大刑故無小汝等故犯欲縣司受罪邪陰府受罰其人乞陰府受訓以不信爲慈是夜一黃
衣喚二人至廳上却見是府君異王者之冠服撿諸部之罪惡福善禍淫遂驚而覺由是郡知晝理陽間夜斷陰府一日鵰黃嶺有猛虎
傷人遣吏賷牒至山廟之勾虎啣牒隨吏至衙廳之觸堦虎既死矣政乃異之邑人立祠而祀之聲揚天下名到朝庭太宗嘉之十七年
迁滏陽令整太宗陰府事後迁衛州衛縣令郡西南五里有河夏大漲溢府君于河上設壇詞奏於上方傾刻間見一巨蛇横水面而死
水亦盡去郡亦立祠焉一日暇與楊叟弈府君見黃衣數人執符曰上帝命汝府君知己將終呼二子取帋筆畱百字畢去世矣享年六
十有四玄宗值禄山乱帝夢神曰陛下駕不可遠之此賊不久滅矣帝問知名而驚覺果應其事而免危詔封爲顯聖護國嘉應侯至唐
武宗加護國威應公至祥符元年加護國西齊王大定初封爲亞嶽攝行南嶽事
我國家至元十五年二月　日加齊聖廣祐王其神生利於民死忠於君累錫顯號久享血食宜矣河東縣永樂鎮古城東廟貌雖雄大小異
制内外踈鏻衆社人等営葺奂然一新師顕等令見厥功之興矣焉知異日之廢乎磬一石而記之可乎僉咸悦諾張進楊恩來謁予曰
廟雖舊制今復一新欲刻之於翠琰願先生以文之辭不獲已遂將始末直述其事凡有勞於碑廟者俱刻之於陰故作銘曰

人之直正　與天意同　有唐崔氏　治政至公　蛇亡水去　虎死何雄　理民以德　愛君盡忠　生既享祿
死得尊崇　載於祀典　歷代報功　重飾廟宇　時祭嚴豐　神加蔭祐　邇迩俱蒙　建碑記實　傳之無窮

旹大元國泰定三年歲次丙寅正月　日　師顕　師成　張進　楊恩　撒黒忽不花　六社人等　立石

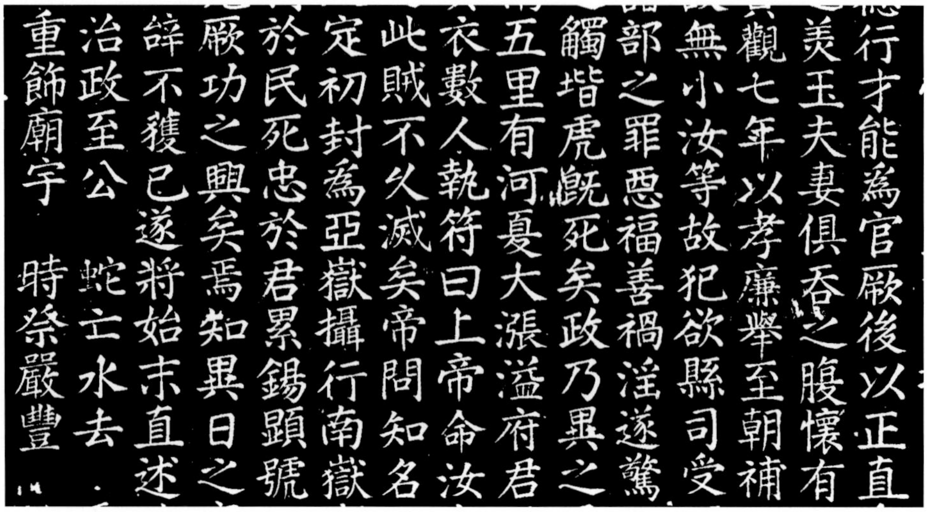

汝等故犯，欲縣司受罪邪？陰府受罰？其人乞陰府受罰，以不信爲遠。是夜，一黄」衣唤二人至廳上，却見是府君，異王者之冠服，撿諸部之罪惡，福善禍淫，遂驚而覺，由是郡知晝理陽間，夜断陰府。一日，鵰黄嶺有猛虎」傷人，遣吏賫牒至山廟之勾虎啣牒，隨吏至衙廳之觸堦，虎既死矣。政乃異之，邑人立祠而祀之，聲揚天下。名到朝庭，太宗嘉之。十七年」，迁滏陽令，整太宗陰府事。後迁衛州衛縣令，郡西南五里有河，夏大漲溢，府君于河上設壇，詞奏於上方，傾刻間，見一巨蛇横水面而死」，水亦盡去，郡亦立祠焉。一日暇，與楊叟弈，府君見黄衣數人執符曰："上帝命汝"。府君知已將終，呼二子，取帋筆留百字畢，去世矣。享年六」十有四。玄宗值禄山亂，帝夢神曰：陛下駕不可遠之，此賊不久滅矣。帝問知名而驚覺，果應其事而免危，詔封爲顯聖護國嘉應侯。至唐」武宗加護國威應公，至祥符元年加護國西齊王。大定初，封爲亞嶽，攝行南嶽事」。我國家至元十五年二月　日，加齊聖廣祐王。其神生利於民，死忠於君，累錫顯號，久享血食，宜矣。河東縣永樂鎮古城東，廟貌雖雄，大小異」制，内外踈罅，衆社人等，営葺奂然一新。師顯等今見厥功之興矣，焉知異日之廢乎？礱一石而記之可乎？簽咸悦諾。張進、楊恩來謁予曰」：廟雖舊制，今復一新，欲刻之於翠琰，願先生以文之。辞不獲已，遂將始末直述其事，凡有劳於碑廟者，俱刻之於陰。故作銘曰」：

人之直正，與天意同。有唐崔氏，治政至公。蛇亡水去，虎死何雄。理民以德，愛君盡忠。生既享禄」，死得尊崇。載於祀典，歷代報功。重飾廟宇，時祭嚴豐。神加廕祐，遐迩俱蒙。建碑記實，傳之無窮」。

旹大元國泰定三年歲次丙寅正月　日，師顯、師成、張進、楊恩、撒黒思不花、六社人等立石」。

元元統三年孫真人道行碑

碑在陝西省西安市户縣祖庵鎮重陽宫，元元統三年（1335）立。鄧文原撰文，趙孟頫書丹，趙世延篆額。螭首龜趺。螭首高 101 厘米，趺座高 60 厘米；碑身高 261 厘米，寬 119 厘米，厚 34 厘米。正文行楷，字徑2.5～3 厘米。圭額篆“皇元孫真人道行碑”，2 行，字徑 10 厘米。碑體完整，文字清晰。

皇元特授神仙演道大宗師玄門掌教輔道體仁文粹開玄真人管領諸路道教所知集賢院道教事孫公道行之碑

集賢侍講學士中奉大夫鄧文原譔」。

翰林學士承旨榮禄大夫知制誥兼脩國史趙孟頫書」。

前中書平章政事翰林學士承旨知制誥兼脩國史奎章閣大學士銀青榮禄大夫魯國公趙世延篆額」。

天啓」聖元，丕昭神武，撫綏萬方，髦儁臣附，亦既抒智效能，懋建勳伐。惟秦雍古稱神明之隩，乃有樂道脩真之士宣暢玄風，以上賛清静無爲之治，際遇周渥，振古所未有也。若輔道體仁文粹開玄真人孫公，幼穎慧」，甫能言，母氏程教以孔孟書，一過輒成誦。被兵孤，即刻志恬薄，寄迹終南山，從穆真人，踰十歲，著道士服。玄明文靖天樂振教大真人李公嚚遇之，授易、老奥義。天樂之教，由馬丹陽、于洞真二真君」以次相傳，其胠抉淵秘，寖有宗緒。紫陽楊先生仕金，嘗轉運河南，與遺山元公齊名，世稱元楊是也。先生素慎許可，過山

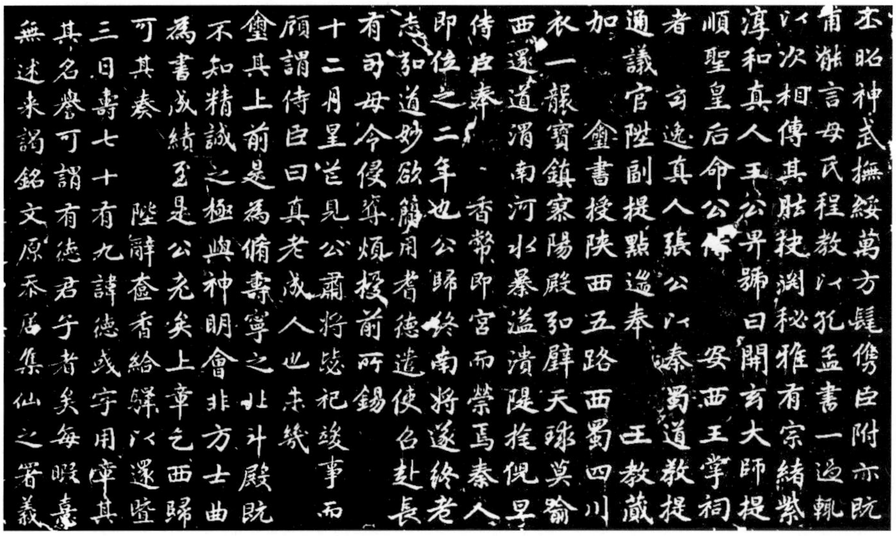

中，顧公屬句警敏，大嗟賞，由是英譽日馳，遂爲京兆路講經師。妙齡闡教，流輩爲傾」。淳和真人王公昇號曰開玄大師，提舉重陽宫玄壇事。至元甲戌」，昭睿順聖皇后命公侍安西王掌祠事，祈禬歆格，即充京兆路道録。亡何，洞明真人祈公属公典教開成，然留王所，不果行。復提舉洞真門下諸宫觀，秦王稔公才望，俾提點道門之在京兆」者。玄逸真人張公，以秦蜀道教提點所非得瑰特士不可，擢公通議官。壬辰，提舉大重陽萬壽宫。宫自甲午營構，歷歲五十有九，而殿閣壇宇汔未完美，至公而圖繪黝堊，陶甓□□之工，悉增舊觀。遂由」通議官陞副提點，遄奉王教，蕆事殊庭，羣鶴来翔，衆嗟靈異。大德己亥」，成宗加璽書，授陝西五路西蜀四川道教提點，領重陽宫事。越四年，錫」御衣一襲，寶鎮寥陽殿，弘璧天球，莫喻輝赫。癸卯冬十二月，安西王妃大宴興慶池，賜西錦衣赤驥。期年，祀于靈宫，王又出綺袍玉鉤帶以旌之。而公得寵弗居，益守沖約。因乘傳之華山，投簡龍湫」。西還，道渭南，河水暴溢潰隄，旄倪旦暮虞即死，遮道祈哀。公爲前立，奔衝默禱，人人爲公危，而公神色自若。有傾，河北流民以恬息」。上遣侍臣奉香幣即宫而禜焉。秦人至今德公，能道其事。尋拜諸路道教都提點，公亦感激眷知，趣裝入覲。留三載，加體仁文粹開玄真人，領陝西道教事，寔」武宗即位之二年也。公歸終南，將遂終老」，仁宗志弘道妙，欲簡用耆德，遣使召赴長春宫掌全真教。至則見于便殿，大悦，制詔褒嘉，陽煦春育，日賜上尊酒一，以示優老。終南有甘、澇二谷，歲收園林水利以贍其徒」，詔有司毋令侵奪煩擾。前所錫御衣，勑中書叅知政事趙世延爲文紀于石。自公之来，玄訓是崇，祠官祝釐，貺施如響。其大彰著者，延祐乙卯旱，公禱焉，大獲甘雨，宰臣致幣，文臣詩之。冬」十二

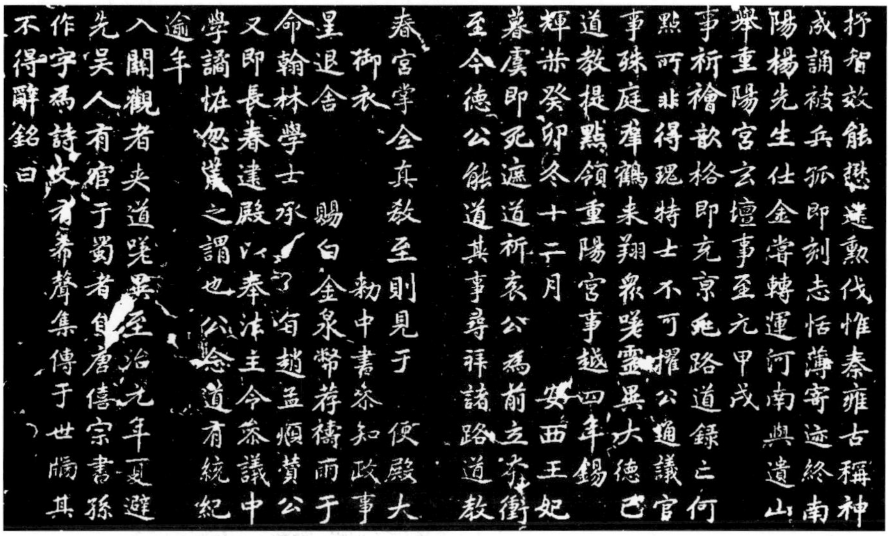

月，星芒見，公肅將毖祀，竣事而星退舍，賜白金泉幣。荐禱雨于兩京，皆應不踰期」。帝喜，顧謂侍臣曰：真老成人也。未幾，命翰林學士承旨趙孟頫贊公像，且加」御璽其上。前是，爲脩壽寧之北斗殿，既又即長春建殿以奉法主，令叅議中書省事元明善譔詞勒碑。昔公居終南，嘗爲鳳翔李氏有禱，致雲見五色，大夫士競爲詩文，以表徵祥。人意公靈符秘籙，動致孚感」，不知精誠之極，與神明會，非方士曲學譎恠忽荒之謂也。公念道有統紀，若于、李、穆、王諸師，請敘增封號，用敦報本。作甘河橋，以昭金正隆間祖師遇仙之所。時元明善遷翰林侍講學士」，勑爲書成績。至是，公老矣，上章乞西歸。逾年」，今上可其奏，陛辭，奩香給驛以還。暨入關，觀者夾道嗟異。至治元年夏，避暑靈泉觀。八月朔，夢作《浪淘沙》曲，皆辭謝榮名、逸老林泉等語。越五日，大雨，盥浴作頌，翛然委蜕，無怛化意。公生宋淳祐癸卯六月」三日，壽七十有九。諱德彧，字用章。其先吴人，有官于蜀者，自唐僖宗書孫氏書樓而族益弘衍，在宋則有御史中丞抃以伉直聞。公蚤棄俗，志老氏學，深有契乎見素抱樸、少私寡欲之旨，卒能以善終始，保」其名譽，可謂有德君子者矣。每暇喜作字爲詩文，有《希聲集》傳于世，牓其室曰履齋。弟子任道明、張若訥、顏若退、趙道直、景若沖等，卜是年九月十二日葬公于終南山仙游園。楊太初曰：吾師往矣，不可以」無述。来謁銘，文原忝居集仙之署，義不得辭。銘曰：

惟道沖漠，惟民敦茂，俗化澆淳，日與物媾。至人虛静，克守至正，一氣孔神，百靈順令。陟降在兹，昭假非達」，道豈遠而，方伎汩之。巀嶪坤維，峨眉之麓，曰書樓氏，右江鄉族。粤生聞孫，潔身巖阿，□性葆光，抱德煬和。維」帝簡在，鶴書来徵，耆俊登崇，玄教以興。接神明廷，祇祀靈時，祈禳雩禜，亦資燮理」。帝用蕃錫，曰予汝嘉，緊黄冠師，圭衮之華。公念伾老，陳詞于再，雲軺風馭，欻其西邁。居有園池，樹有松檟，不辱不殆」，孰踰公者。迅景幾何，德人其亡。不亡者存，雲山蒼蒼。終南仙游，游乎太始，銘詩樂石，光昭曷已」。

元統三年歲舍乙亥九月吉日建」。

特進神仙玄門演道大宗師重玄蘊奥弘仁廣義大真人掌管諸路道教所知集賢院道教事完顔德明」。

元後至元二年祀太玄妙應真人記碑

碑原在陝西省銅川市耀州區藥王山，元後至元二年（1336）立。周德洽撰文，楊德榮等立石，裴德和刊。圭首。高124厘米，寬72厘米，厚14厘米。正文楷書。額篆“祀太玄妙應真人記”，單行。碑已佚失，僅存拓片，文字清晰。

祀太玄妙應真人記

裴德和刊」。

元統乙亥二月望日」。

制授洞陽顯道忠貞大师、諸路道教都提點、中嶽廟住持都提點井公，趣」裝領嵩山中嶽廟事，將之陝右泥陽静明萬壽宫」，特奉」完者台皇后懿旨曰：嘗聞五臺静明宫，爲唐孫真人道場也。若往彼，當賫捧」御香祝文，於其處行降致祭，庶幾福我有」元宗社無疆之祚。公唯其」命，即於是歲十月詣還静明，謹擇日齋戒行禮。是日也，風霾沉寂，天朗氣清」。有以見將事者誠恪，而表」宫闈之至敬也，仙靈之垂佑也必矣。敬再拜而刊之石，以壽歲月云。

西山逸」民周德洽記」。

祭文」：真人太玄，毓秀唐年。芳名偉躅，千載依然」。氣合鴻濛，神叅太極。尚冀仙靈，福我」元國。伏惟尚饗。

至元二年歲次丙子上元日，賜紫洞和明道崇真大師提點知本宫事楊德榮等立石」。

賜紫洞照明玄虚静大師奉元路道門提點本宫住持兼宗教事焦德潤」、耀州吏目趙肅、耀州儒學正李權」、承事郎奉元路同知耀州事蒲庸」、奉政大夫奉元路耀州知州兼管本州諸軍奥魯勸農事郭瑛」、奉訓大夫奉元路耀州達魯花赤兼管本州諸軍奥魯勸農事亦剌馬丹」。

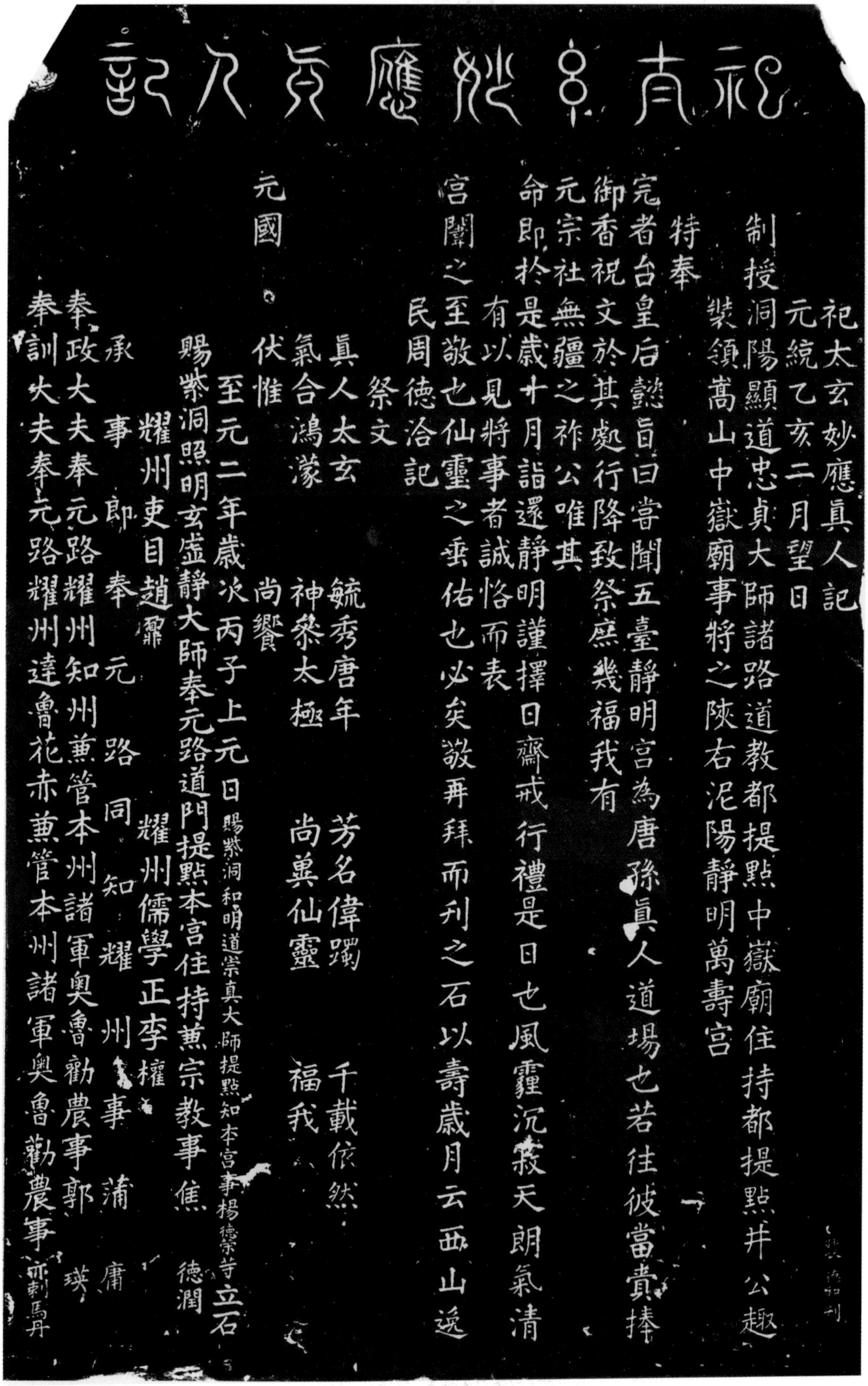
祀太玄妙應真人記

祀太玄妙應真人記
元統乙亥二月望日
制授洞陽顯道忠貞大師諸路道教都提點中嶽廟住持都提點井公趣
裝領嵩山中嶽廟事將之陝右汜陽靜明萬壽宮
特奉
完者台皇后懿旨曰嘗聞五臺靜明宮為唐孫真人道場也若往彼當賫捧
御香祝文於其處行降致祭庶幾福我有
元宗社無疆之祚公唯其
命即於是歲十月詣還靜明謹擇日齋戒行禮是日也風霾沉霧天朗氣清
有以見將事者誠恪而表
宮闈之至敬也仙靈之垂佑也必矣敬再拜而刊之石以壽歲月云西山逸
民周德洽記
祭文
真人太玄　毓秀唐年　芳名偉躅　千載依然
氣合鴻濛　神參太極　尚冀仙靈　福我
元國　伏惟　尚饗
至元二年歲次丙子上元日　賜紫洞和明道崇真大師提點知本宮事楊德崇等立石
賜紫洞照明玄虛靜大師奉元路道門提點本宮住持兼宗教事焦　德潤
耀州儒學正李　權
耀州吏目趙　鼐
承事郎奉元路同知耀州事蒲　庸
奉政大夫奉元路耀州知州兼管本州諸軍奧魯勸農事郭　瑛
奉訓大夫奉元路耀州達魯花赤兼管本州諸軍奧魯勸農事　亦剌馬丹
[illegible]德和刊

元後至元二年龍公墓記碑

碑在山東省泰安市肥城市安駕莊鎮張家安村，元後至元二年（1336）立。畢千福撰文並書丹，龍明泉、龍浩江、龍資深立石。圭首。高 148 厘米，寬 69 厘米，厚 17 厘米。正文楷書，字徑 3 厘米。額篆“龍公墓記”，單行，字徑 8 厘米。碑體完整，文字漫漶。

蓋上世嘗有不葬其親者，其親死，則舉而委之於壑。他日過之，狐狸食之，蠅蚋」姑嘬之。其顙有泚，睨而不視。夫泚也，非爲人泚，中心達於面目。蓋歸反虆梩而」掩之，誠是也。則孝子仁人之掩其親，亦必有道矣。鴻荒之世，人未知禮義，而一」旦觀其親之暴露，情動於中，泚形外也。後世聖人，緣人情而制禮，易以棺槨衣」衾之美，宅兆封樹之儀，祭以鼎，鼎必有銘，表子孫奉先思孝之義，不忘尊親□」之誠也。兹有龍氏之孫諱明泉者，能從事於斯矣。一日，同知宫張志偉諱□□」，踵門而求。謂予曰：“吾先世因亡金兵革，離散不知所在，或有名位，又無家譜可」詳明。祖考龍布行者，逮」元朝平定，世爲元家庄人氏，配婁氏，生二子，曰德源、德淵。以儒醫著名，又能濟」急樂施。年及天命，皆□□後，俗云張氏，二子，一女適尚七郎。猛然棄俗出家，□」□□□□□宫天倪子爲師，□□□□□有功行，建前殿，塑三清，有功行。是」後，得本宫提點賜龍真沖素大師，葬于本宫之右。切念祖妣婁氏与祖考□□」，俾夫婦生則同室，死不得同穴。嗚呼，哀哉！欲立片石，記久明遠，請子記之。”□□」公之孝，無忝祖考，義不可辭，乃摭其實而書之」。

大元至元二年歲次丙子十月庚子，孫男明泉，同弟浩江、資深同立石」。

竹林清賢畢千福撰文并書丹，門第焦生篆額，石匠薛興、張□□」。

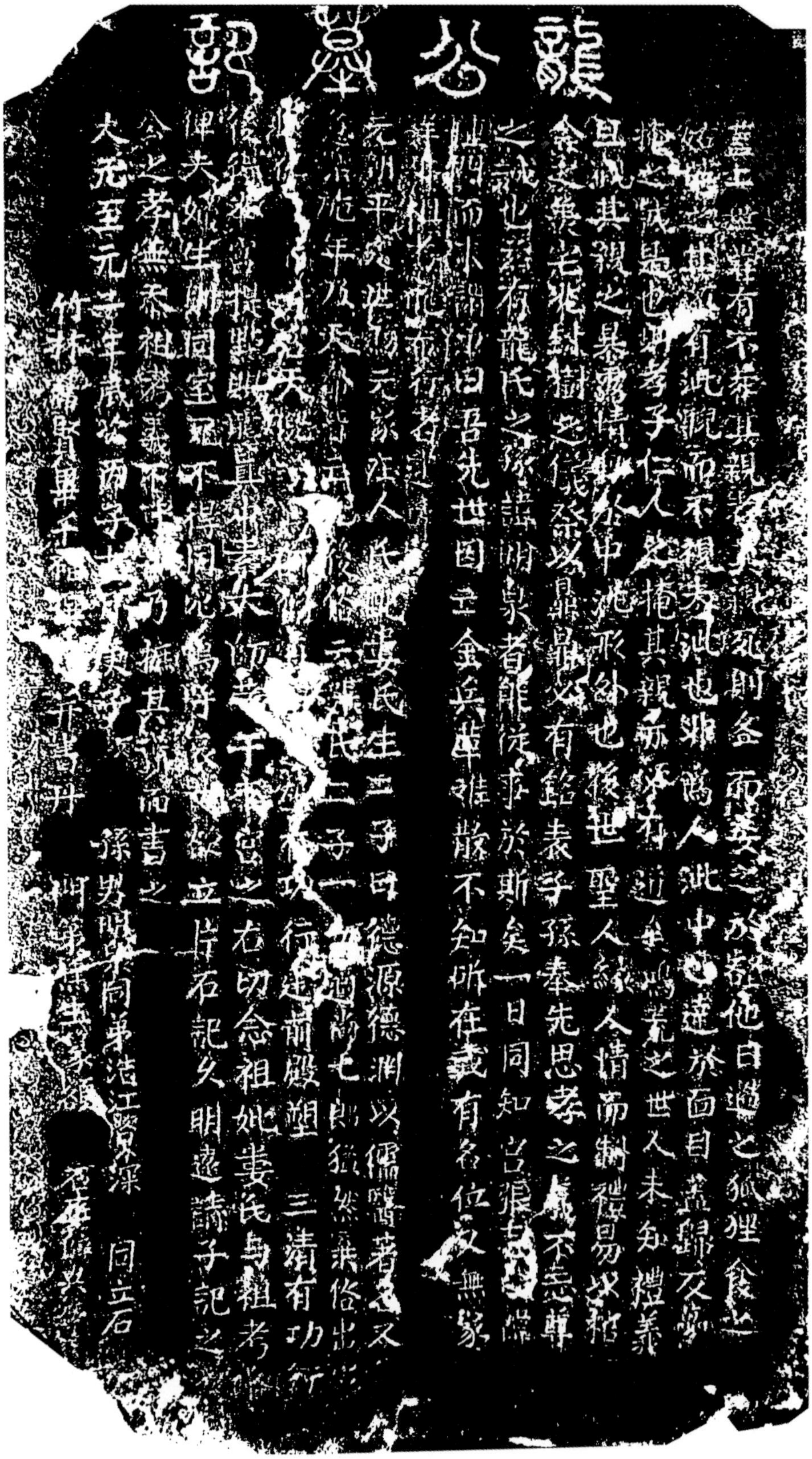
龍公墓記

蓋上世嘗有不葬其親者，其親死則舉而委之於壑。他日過之，狐狸食之，
蠅蚋姑嘬之，其顙有泚，睨而不視。夫泚也，非為人泚，中心達於面目。蓋歸反虆
梩而掩之。掩之誠是也，則孝子仁人之掩其親，亦必有道矣。[illegible]之世，人未知禮義
且忍其親之暴露，情動於中，泚形於外也。後世聖人緣人情而制禮，易以棺
槨，表之墓，[illegible]封樹之，儀祭以鼎彝，必有銘表，子孫奉先思孝之義，不忘尊
之誠也。茲有龍氏之孫諱[illegible]衆者，能從事於斯矣。一日同知宮[illegible]保
此柳而來，謂[illegible]曰：吾先世因壬[illegible]金兵革，雖散不知所在，[illegible]有名位，敘無家
譜[illegible]祖[illegible]行者[illegible]
元明平[illegible]世為元家往人氏，[illegible]妻氏生三子，曰德源、德淵，以儒醫著名，又
[illegible]施年及天[illegible]元後[illegible]云[illegible]民三子一[illegible]七郎，獨[illegible]然兼俗出[illegible]
[illegible]天[illegible]功[illegible]行[illegible]前殿塑三清有功行
後孫[illegible]提點[illegible]妻安[illegible]千[illegible]宮之右，切念祖妣妻氏與祖考[illegible]
俾夫婦生則同室，死不得同穴，[illegible]立片石記久，明遠請予記之
公之孝無忝祖[illegible]義不[illegible]，乃振其[illegible]而書之
大元至元二十年歲次[illegible]子[illegible] 孫男[illegible]向弟浩江賈深 同立石
竹林[illegible]賢[illegible]畢千[illegible]丹 [illegible]生[illegible]家[illegible]

元至正四年五臺山静明宫瑞槐記碑

碑在陝西省銅川市耀州區藥王山，元至正四年（1344）立。廉維方撰文，李拱書丹，楊德弌等立石，裴德和刊。圓首。高 148 厘米，寬 68 厘米，厚 13 厘米。正文行楷，字徑 2.5 厘米。碑體完整，文字清晰。

五臺山静明宫瑞槐記

承務郎延安路總管府推官李拱書」。

雲溪子王湛然者，吾之方外友也。不遠跋涉，謁予於甘水書院，謂予者曰：我」洞陽顯道忠貞真人井公，居耀州五臺山静明宫有年矣。道冲胷宇，名振寰區，深閉而不出也」。時至元庚辰秋七月望，有青氣三道，衝乎天而貫乎宫，現乎晨而散乎暮，人皆驚其異也。迨十」有八日，群鴉集樹於三朝，白鶴盤空於半晌，自西南而来，向東北而去。會鳴騶飛入於五臺，盖」掌教敦徵於七辟。是則洞陽憣然而改，乃赴燕都也。至至正改元，歲属辛巳，夏四月中」，洞陽生祠象前，見一槐，長數寸，閏五月，高七尺。其首也，秀而爲鳳形；其身也，化而爲龍鱗。其顛」又齊生七柯，各長尺餘，雖畫師筆染之弗如，真瑞槐也。願先生爲之記，其不可乎？予謂曰：盖瑞」之爲物，精華而昭著也；槐之爲木，堅慤而茂榮也。秀而爲鳳，非精華而昭著乎？化而爲龍，非堅」慤

五臺山静明宮瑞槐記

承務郎延安路總管府推官李拱書

雲溪子王滋然者吾之方外友也不遠跋涉謁予於世水書院謂予者曰我

洞陽顯道忠貞真人井公居耀州五臺山静明宮有年矣道冲譽宇名振寰區深閟而不出也

時至元庚辰秋七月望有青氣三道衝乎天而貫乎宮現乎晨而散乎暮人皆驚其異也迨十

有八日群鶴集樹於三朝白鶴艦空於半晌自西南而来向東北而去會鳴翩飛入於五臺善

掌教敦徵於七辞是則洞陽憣然而改乃赴燕都也至至正改元歲属辛巳夏四月中

洞陽生祠象前見一槐長數寸閏五月高七尺其首也秀而為鳳形其身也化而為龍鱗其顛

又齋生七柯各長尺餘雖畫師筆染之弗如真瑞槐也顯先生為之記其不可乎予謂曰盖瑞

之為物精華而昭著也槐之為木堅懿而茂榮也秀而為鳳非精華而昭著乎化而為龍非堅

懿而茂榮乎鳳兮龍兮詎非表洞陽生斯世之太平有慶闡斯道之應變無窮也耶不然

昔龍馬負圖出於河伏犧之瑞也鳳鳥来儀鳴於岐文王之瑞也豈非伏犧文王聖德之所致

乎此槐在祠之東像之前無雨露之澤所潤無山川之氣所蘊不過十旬而高七尺是知

洞陽道業昭著仙基茂榮呈瑞而為槐者也據乎青氣貫宮者洞陽也白鶴艦空者顯道也氣

之精華秀而為鳳為瑞志之堅懿化而為龍為槐是忠貞之膺所感而致然也因為之作歌曰

洞陽誕世真天人　聲名揚溢寰區新　琳宮深閟久不出

皇家賜號為仙真　德崇業廣致生意　綠槐如鳳如龍鱗　時人驚異以為瑞

徵我作記述以文　鐫諸翠琰傳不朽　萬古清風人所聞

鄉貢進士絳臺錦坡廉維方頓首

至正四年歲次甲申真元日知宮楊德式等立石　裴德和刊

通玄希真大師奉元路耀州道門提舉知静明宮事賜紫　怡德素

洞和明道崇真大師延安路道門提點知静明宮事仍賜紫　楊德榮

洞然明玄處静大師奉元路大重陽萬壽宮提點兼本路道門事賜紫　焦德潤

而茂荣乎？鳳兮龍兮，詎非表洞陽生斯世之太平有慶，闡斯道之應變無窮也耶！不然」，昔龍馬負圖出於河，伏犠之瑞也；鳳鳥来儀鳴於岐，文王之瑞也。豈非伏犠、文王聖德之所致」乎？此槐在祠之裏，像之前，無雨露之澤所潤，無山川之氣所蒸，不過十旬，而高七尺，是知」洞陽道業昭著，仙基茂荣，呈瑞而爲槐者也。據乎青氣貫宫者，洞陽也。白鶴盤空者，顯道也。氣」之精華，秀而爲鳳爲瑞，志之堅慤，化而爲龍爲槐，是忠貞之膺所感而致然也。因爲之作歌曰」：

洞陽誕世真天人，聲名揚溢寰區新。琳宫深閉久不出」，皇家賜號爲仙真。德崇業廣致生意，緑槐如鳳如龍鱗。時人驚異以爲瑞」，徵我作記述以文。鐫諸翠琰傳不朽，萬古清風人所聞」。

鄉貢進士絳臺錦坡廉維方頓首」。

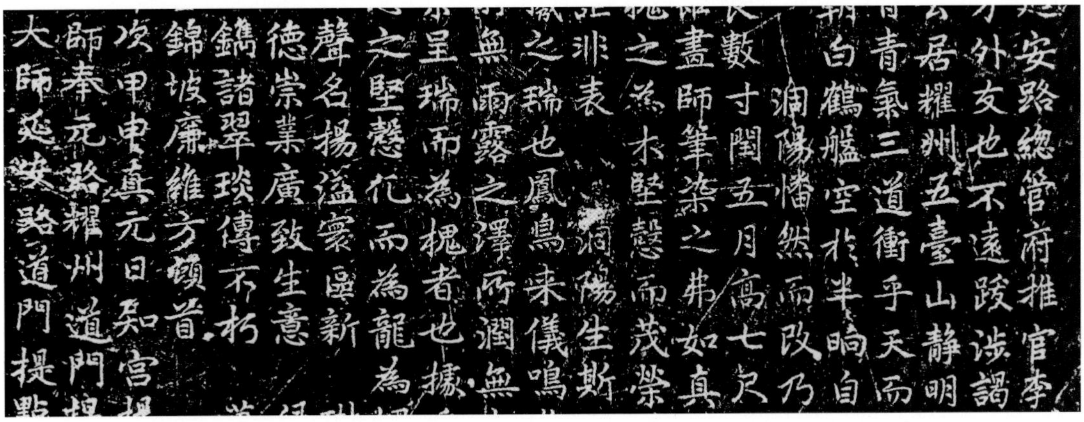

至正四年歲次甲申真元日，知宫楊德弌等立石，裴德和刊」。

通玄希真大師奉元路耀州道門提舉知静明宫事賜紫怡德素」、洞和明道崇真大師延安路道門提點知静明宫事仍賜紫楊德榮」、洞照明玄虚静大師奉元路大重陽萬壽宫提點兼本路道門事賜紫焦德潤」。

元至正四年陽臺宫重修玉皇殿記碑

碑在河南省濟源市王屋山陽臺宫，元至正四年（1344）立。張琬撰文，劉佶父書丹，韓庭芳篆額，馮道夷立石，孫和、孫海、孫從鐫。螭首龜趺。螭首高100厘米，趺座高70厘米；碑身高228厘米，寬85厘米，厚29厘米。正文楷書，字徑2厘米。額篆"重修玉皇之殿碑記"，2行，字徑10厘米。碑體完整，文字清晰。

天壇山興國大陽臺萬壽宫重修玉皇殿記

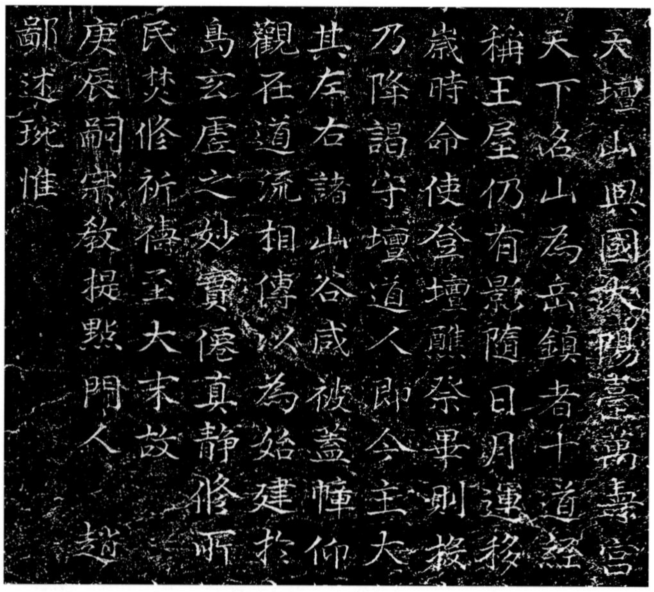

天下名山，爲岳鎮者十，道經載大洞天數稱是云：廼歷代列仙修真所。我覃懷西鄙有大山曰王屋，即其一也，故號天壇。其形勢視諸山聳拔不羣，若王者車蓋，是」稱王屋，仍有影隨日月運移。壇北對峙岩谷，曰仙人洞，内有穴若井，深不可測。我」國家歲時命使登壇醮祭，畢則投圭玉幣帛於其中，祈荅休祐，率以爲常，載見祀典。南降壇一等，崖壁間構厦數楹，爲守壇者居。延祐己未夏六月，琬因故往一登眺，畢」乃降謁守壇道人，即今主大都長春宫總教真人完顔公子尔。居隱共話良久，見其雲物，猶博山寶鴨，所焚檀麝，出入囪户，縈繞几席。且殷雷鳴于澗壑，出户視之」，其左右諸山谷，咸被蓋幛，仰觀其蒼穹，白日猶前，真别一洞天也！晡後開霽，方歸山下。

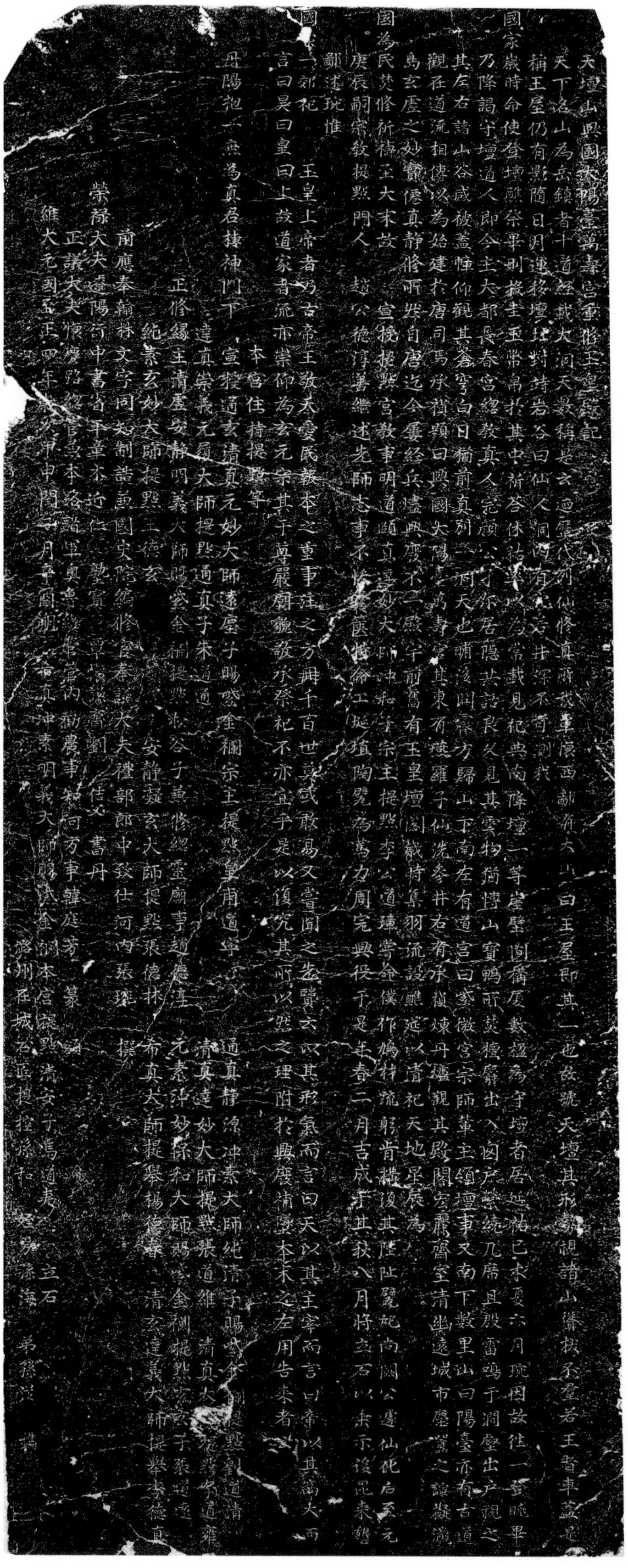

元至正四年陽臺宮重修玉皇殿記碑

南左有道宫曰紫微宫，宗師董主領壇事。又南下數里，山曰陽臺，亦有古道」觀在。道流相傳，以爲始建於唐司馬承禎，題曰“興國大陽臺萬壽宫”。其東有燕羅子仙洗參井，右有承禎煉丹爐。觀其殿閣宏麗，齋室清幽，遠城市塵囂之諠，擬瀛」島玄虚之妙，實僊真静修所。然自唐迄今，屢經兵燼，興廢不一。殿宇前舊有玉皇壇閣，歲時集羽流、設醮筵，以清祀天地星辰，爲」國爲民焚修祈禱。至大末，故宣授提點宫教事明道頤真達妙大師沖和子宗主提點李公道璋，嘗命僕作鳩材疏，躬肯構復其陛阯。甓甴尚闕，公遽仙化。后至元」庚辰，嗣宗教提點門人趙公德淳善繼述先師志事，不悕囊篋，特命工埏埴陶甓，爲薦力周完。興役于是年春二月吉，成于其秋八月，將立石以垂示後昆，来懇」鄙述。琬惟」國家一郊祀玉皇上帝者，乃古帝王敬天愛民報本之重事，注之方册，千百世莫或敢易。又嘗聞之先贊云：“以其形氣而言曰天，以其主宰而言曰帝，以其高大而」言曰昊、曰皇、曰上。”故道家者流，亦崇仰爲玄元宗，其于尊嚴廟貌，敬承祭祀，不亦宜乎！是以復究其所以然之理，附於興廢補墜本末之左，用告来者云」。

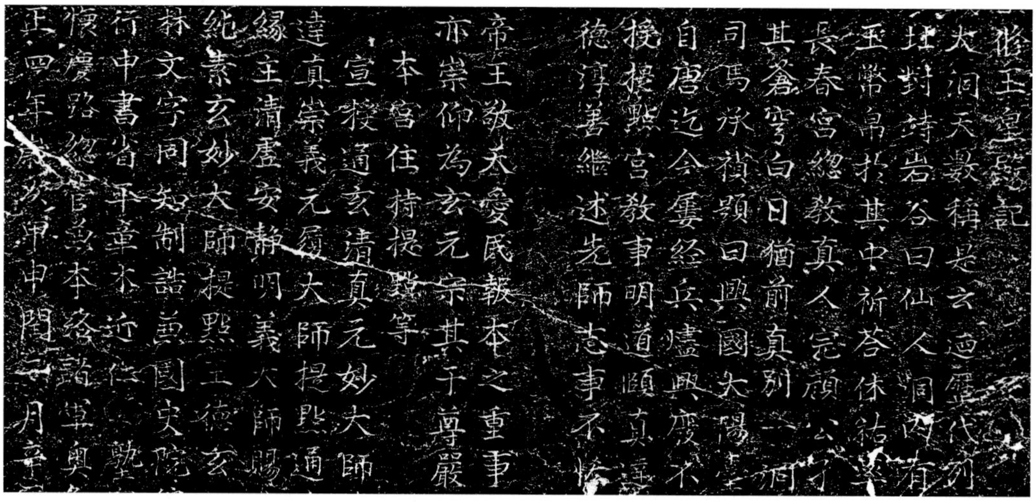

本宫住持提點等」：

丹陽抱一無爲真君棲神門下：宣授通玄清真元妙大師遠塵子賜紫金襴宗主提點皇甫道寧，通真静源冲素大師純清子賜紫金襴提點劉道清」，達真崇義元履大師提點通真子朱道通，清真達妙大師提點張道維，清真大師提點李道雍」，正修緣主清虚安静明義大師賜紫金襴提點松谷子兼修總靈廟事趙德淳，元素冲妙保和大師賜紫金襴提點玄玄子張道遠」，純素玄妙大師提點王德玄，安静凝玄大師提點張德林，希真大師提舉楊德春，清玄達義大師提舉李德真」。

前應奉翰林文字同知制誥兼國史院編修官奉議大夫禮部郎中致仕河内張琬撰」。

榮禄大夫遼陽行中書省平章木近仁塾賓覃懷謙齊劉佶父書丹」。

正議大夫懷慶路總管兼本路諸軍奥魯總管管内勸農事知河方事韓庭芳篆額」。

維大元國至正四年歲次甲申閏二月辛酉朔，希真冲素明義大師賜紫金襴本宫提點清安子馮道夷立石」。

潞州在城石匠提控孫和、姪男孫海、弟孫從鐫」。

（以下碑陰）

□莊玄真觀知觀玄妙大師李道寬，沖和保安大師提舉温道□、沖元大師知庫裴道成。

蘇德真，達真大師掌籍惠惟素，安然大師知觀毛德昌，典座楊德春、賈德安，副宫劉德真，木作局都料保和大師楊道真，純素安和大師知宫李德真，凝真大師提舉段德真，崇真達義大師提點皇甫德良，棲真達妙保和大師賜紫金襴玄壇提點通真子張道瑀，清安永和保義大師賜紫金襴提點王德仁，通真達妙大師提舉吉德松，嘉禧大師知廟馮德慶，保義元妙大師知宫秦德真，清玄達妙大師知宫崔德禧，保頤大師知庫馮德定，安静明義大師掌籍王德恭，純和大師副宫王德春，知觀刘德義，素真義德達妙大師韓道安，明仁沖和大師知宫喬德良，安静純素大師掌籍郭德山，永安大師黄惟中。

助緣人濟源縣在城李善卿。

助緣人王屋通真觀女冠王妙信。

助緣人晋梁路解州解梁縣東高鄉小曲村可封居士趙從義同妻甯守真。

□□校尉後衛親軍百夫長□山李德居士，支峯道人馮卜華。

元至正四年繹山爐丹峪重修長生觀記碑

碑在山東省鄒城市嶧山爐丹峪長生觀遺址，元至正四年（1344）立。李元彬撰文，蔡思中書丹並篆額，吴志全、張道亨、王道素等立石。螭首。碑身高230厘米，寬100厘米，厚32厘米，螭首高90厘米。額篆“重修長生觀記”，2行，字徑10厘米。正文行書，字徑3.5厘米。碑陰額題“宗派之圖”，2行，字徑12厘米。碑陰題名楷書，字徑4.5、2.5厘米。碑陰不録。碑體完整，文字清晰。

繹山爐丹峪重修長生觀記

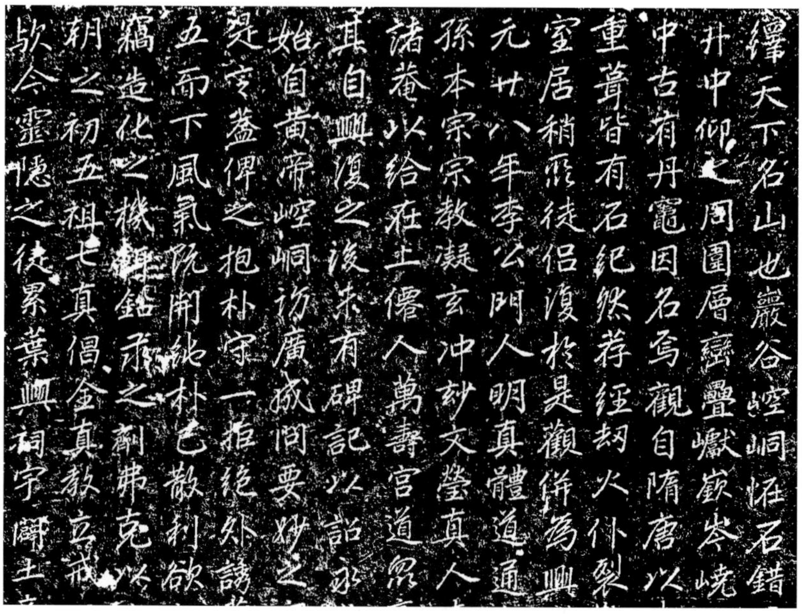

孔、顔、孟三氏子孫教授李元彬撰」，奉訓大夫濟寧路濟州知州兼管本州諸軍奥魯勸農事蔡思中書并篆」。

繹，天下名山也。巖谷崆峒，恠石錯疊，鍾奇孕秀，千態萬狀，寔洞天之絶勝也。是谷在山陰屋頭，寅緣登玉女峯，直下千仞。瞰是宇，縮入根底，如墮」井中。仰之，周圍層巒疊巘，嶔岑嶢嵲，蒼壑翠壁，谽谺嵩陁。竹木葩卉，膠轕蒙翳，雲氣

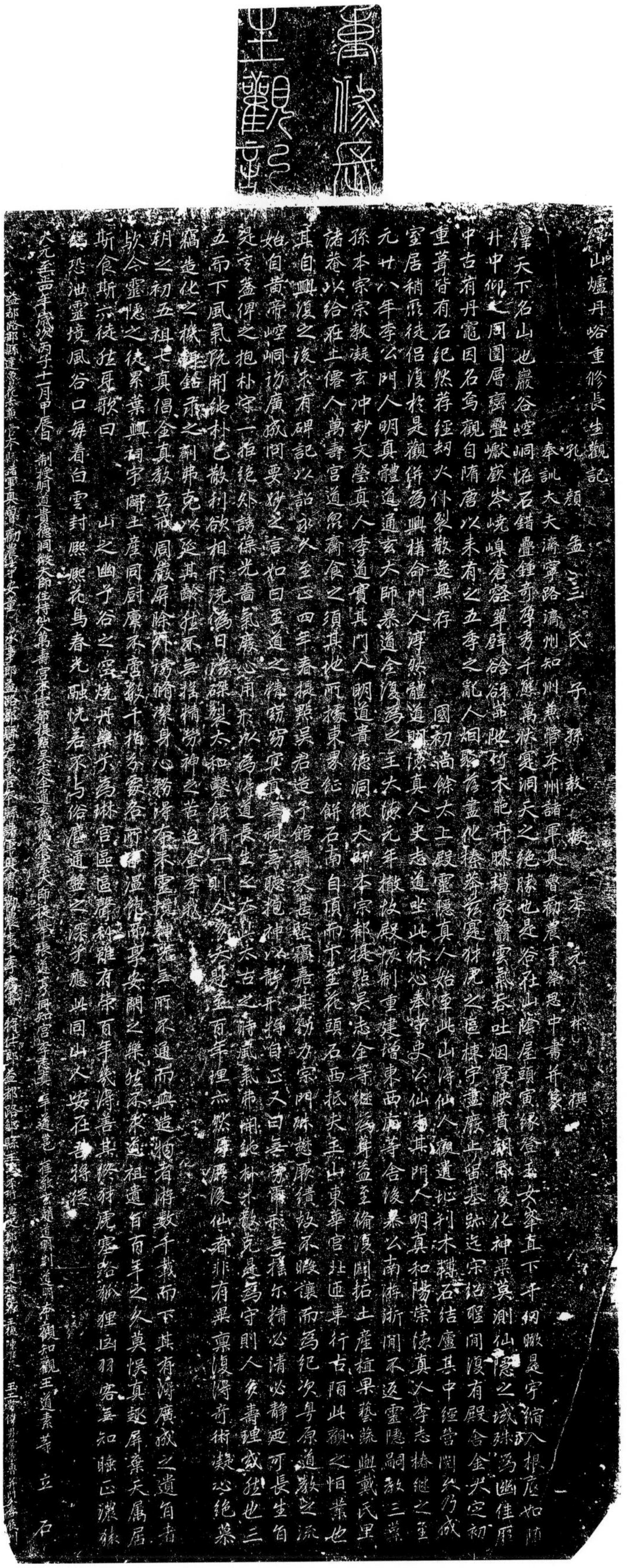

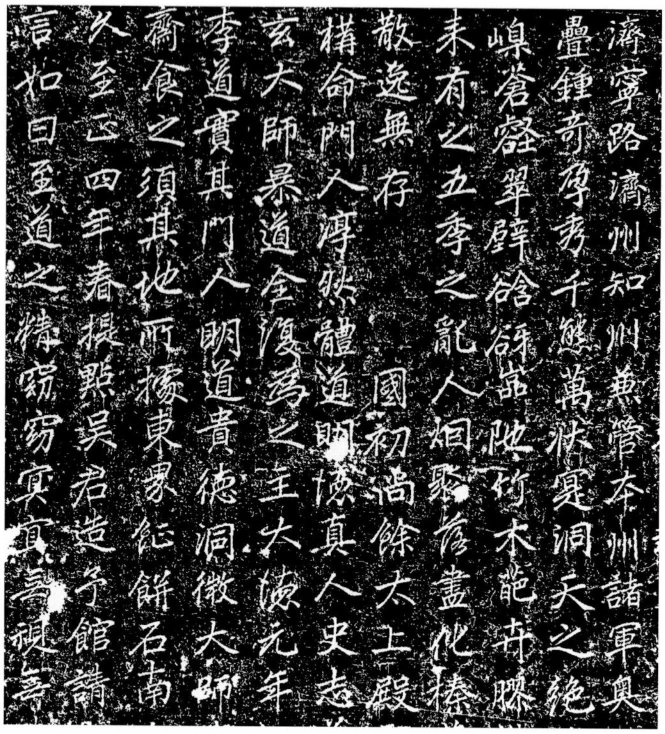

吞吐，烟霞映賁。朝昏變化，神異莫測。仙隱之域，殊爲幽佳。厥」中，古有丹竈，因名焉。觀自隋唐以来有之，五季之亂，人烟聚落，盡化榛莽，兹寔犲虎之區，棟宇盡廢，止留基跡。迄宋紹聖間，復有殿舍。金大定初」重葺，皆有石紀，然荐經劫火，仆裂散逸無存。國初，尚餘太上殿，靈隱真人始至此山，得仙人觀遺址，刊木轉石，結廬其中。經營閱久，乃成」室居，稍聚徒侶。復於是觀併爲興構，命門人淳然體道明德真人史志道坐此，休心奉守。史公仙去，其門人明真和陽崇德真人李志椿継之。至」元廿八年，李公門人明真體道通玄大師暴道全復爲之主。大德元年，撤故殿，恢制重建，增東西廂等舍。後暴公南游浙閒不返，靈隱嗣教。三葉」孫本宗宗教凝玄冲玅文瑩真人李道實，其門人明道貴德洞微大師本宗都提點吴志全等，継爲葺益至備。復闢拓土産，植果藝蔬，與戴氏里」諸菴，以給在上僊人萬壽宫道衆齋食之須。其地所據，東界飪餅石，南自頂而下至花頭石，西抵夫主山東華宫，北匝車行古陌，此觀之恒業也」。其自興復之後，未有碑記以詔永久。

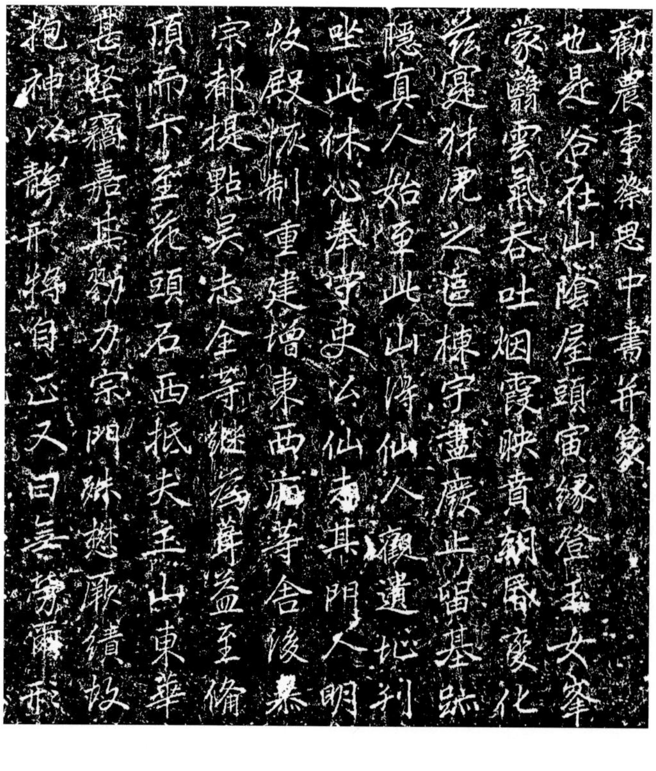

至正四年春，提點吴君造予館，請文甚堅，竊嘉其戮力宗門，殊懋厥績，故不暇讓而爲紀次。粤原道教之流」，始自黄帝崆峒訪廣成問要妙之言。如曰：至道之精，窈窈冥冥，無視無聽，抱神以静，形將自正。又曰：無勞爾形，無摇尔精，必清必静，廼可長生。旨」是言！蓋俾之抱朴守一，拒絶外誘，葆光嗇氣，廢心用形，以爲得道長生之本。此太古之時，風氣弗開，純朴未散，克是爲守，則人多壽，理或然也。三」五而下，風氣既開，純朴已散，利欲相形，澆僞日滋，礫裂太和，鑿蝕精一，則人多夭，匙至百年，理亦然耳。厥後，仙者非有異禀，復得奇術，凝心絶慕」，竊造化之機，餌鉛汞之劑，弗克以延其齡，然不無摇精勞神之苦。迨金季我」朝之初，五祖七真倡全真教，立戒周嚴，屏除外誘，脩潔身心，務得本来靈境。神光無所不通，而與造物者游。數千載而下，其有得廣成之遺旨者」欤？今靈隱之徒，累葉興祠宇，闢土産，同厨廪不啻數千指，分處各所，皆温飽而享安閑之樂。然不求道祖遺旨，百年之久，莫悮真趣，屏棄天属，居」斯食斯，亦徒然耳！歌曰」：

山之幽兮谷之空，燒丹藥兮爲琳宫。區區聲利雖有榮，百年幾得善其終。豺虎塞路狐狸凶，羽客無知睡正濃。猿」鶴恐泄靈境風，谷口每着白雲封。熙熙花鳥春光融，恍若不与俗塵通。盤之深兮應此同，山人安在吾將從」。

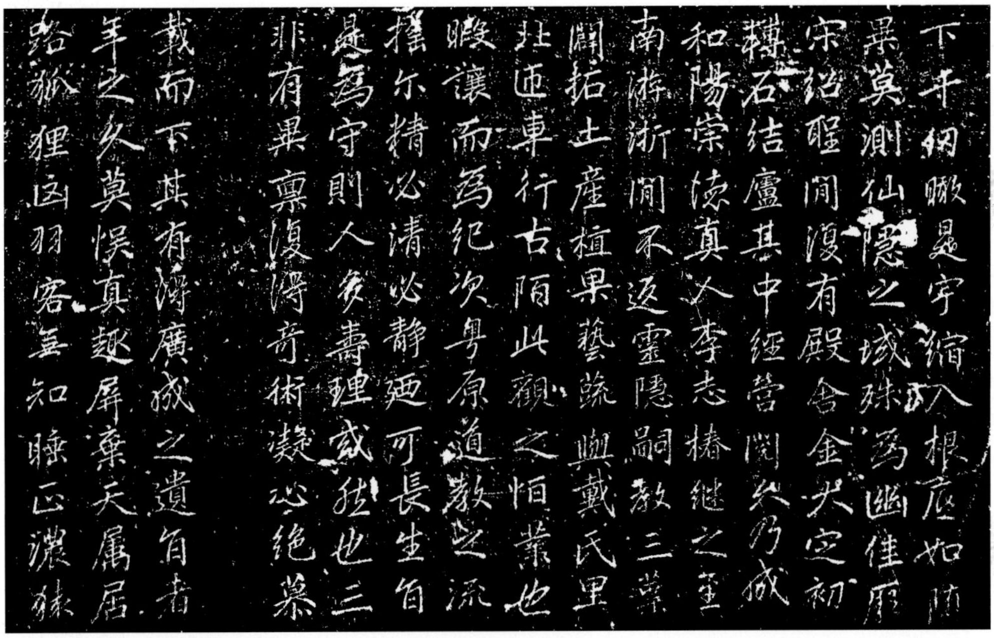

大元至正四年歲次丙子十一月甲辰日，制授明道貴德洞微大師住持仙人萬壽宫本宗都提點吴志全，通玄誠德養素大師提舉張道亨，同知宫李志真、辛道邕、崔敬玄、趙道明、荆道明，本觀知觀王道素等立石」。

益都路鄒縣達魯花赤兼管本縣諸軍奥魯勸農事安童，承事郎益路鄒縣尹兼管本縣諸軍奥魯勸農事李彦審，將仕郎益都路鄒縣主簿李珩，典史鄭弘，司吏徐克恭、王德、陳惟恭。玉工常偉，男常景魯，并門人李展川」。

元至正八年洞陽顯道忠貞真人井公道行碑

碑在陝西省銅川市耀州區藥王山，元至正八年（1348）立。何約撰文，真聖奴書丹，呵剌卜花篆額，焦德潤、楊德榮等建，杜善榮刊。圭首。高190 厘米，寬87 厘米，厚17.5 厘米。正文行楷，字徑2 厘米。額篆“皇元井真人道行碑”，4 行，字徑9 厘米。碑體完整，文字清晰。

皇元制授諸路道教都提點洞陽顯道忠貞真人井公道行之碑

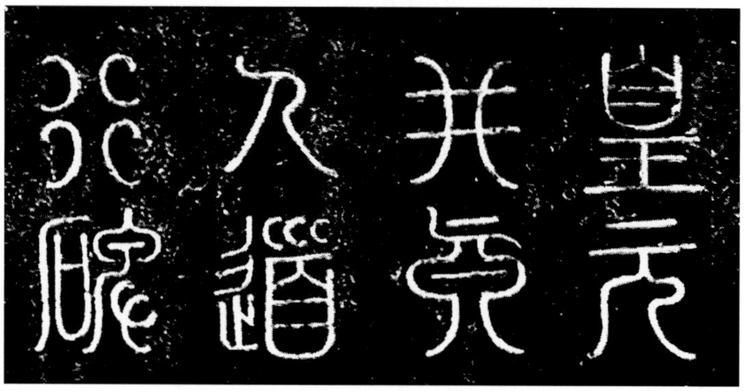

資善大夫前陝西諸道行御史臺御史中丞何約撰，行南臺監察御史真聖奴書丹，大中大夫陝西奉元路達魯花赤呵剌卜花篆額」。

聞夫真人者，官天地，府萬物，誠意心，遺耳目，鮮帝懸而不受塵攖，滌玄覽而弗令慾縮，探混茫於太素之先，窺鴻濛於大樸之隩。叱飛廉而擁六龍之車，呵烈缺而從二馬」之轂。朝濯髦於沃焦，暮晞首於暘谷。高揖閶風，長嘯崑麓。若非誕靈禀乎清和，毓秀鍾乎貞淑，腹全九丹，身輕孤鶩，呼吸沆瀣，咀嚼芝茯，名列上清之玉版，勳昭太玄之金」籙者，烏能與於此？洞陽公其人矣。公井其氏，德用其名，容輔其字，鑑峯其號也。家世雍之右族。母陳氏，翼夕夢仙娃衣青衣，冠玄冠，授桃一枚，食而有娠。辛巳季冬，載弄之」夕，霞彩奪目，清香襲人，智者以爲仙人謫降之異。生而寡語，動静翛然。足蹈龜文，手過於膝，

元至正八年洞陽顯道忠真真人井公道行碑

不好與同稚嬉戲。方七歲，玄逸張真人奉」朝命祀岳瀆，適秦甸，其父携而見之。真人撫其頂曰：此子神韻冲粹，他日當爲仙林之冠冕。遂付《道德經》令讀之，如夙昔所熟。後辭二親，礼耀州之五臺山伏魯子韓真人之」孫冉尊師爲弟子，負几杖，執巾缾，爲童子事。尊師曰：吾焉能爲子師？他日東方半萬翁誠子師矣。初不介意。教以經書，洞曉大義，旁及星緯之學，無不該通。年甫弱冠，賫奉」亦隣真大王令旨護持。再二年，承特進神仙凝和苗真君金章法旨，召詣天京，授諸路道教所幕官，納爲弟子，方省“半萬”乃苗字之讖也。迨立年，除京兆路都道録。厥」後退居五臺，值異人授以三洞秘訣、九清隱文。属曰：子能退藏於密，心誦力行，他日席鮫鯨而游汗漫，騎鳳鶴而登太清，不爲難矣。如謂禱祈暘雨」、福國濟民，亦其餘事矣。勉之勉之！明年，美原民苦旱魃之虐者三月，道士張道清偕里人請脩羅天上章大醮一千二百分以禱甘澍。公曰：民罹其菑，不允所請，吾其虎狼耶」？遂諾之。於上章之際，卿雲繚繞，瑞氣氤氲。醮終，澍天瓢者三晝宵，是歲大登。若斯者衆。繇是道價藹然，聲馳王邸。至治改元，火哥赤荆王贈洞陽真人號」，鎮西武靖王以師事之，上洞陽顯道之稱。天曆始元」，文宗入承大寶，起凝和於覃懷。復掌教之二年，召委重任，

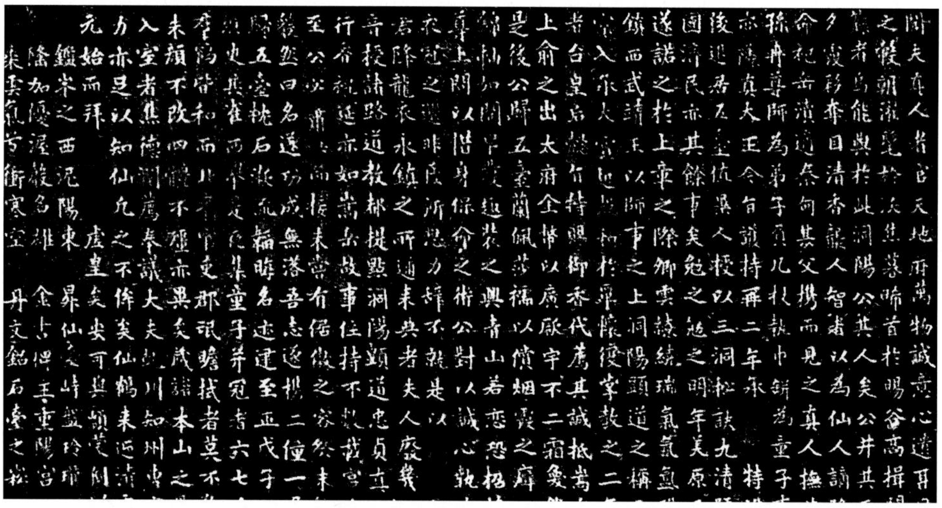

璽書授洞陽顯道忠貞大師，領諸路道教都提點，仍署嵩山中岳廟住持提點，兼奉」完者台皇后懿旨，特賜御香，代薦其誠。抵嵩岳修金籙大醮，以祝天壽。尋視廟宇陵夷，遂建言河南行中書省，咨請聞」上。上俞之，出太府金幣，以廣厥宇，不二霜，奐然一新。右丞相脱脱、左丞相帖木爾卜花言于上，請敕翰林詞臣製文勒石，垂示悠久，翰林歐陽玄拜命潤色之」。是後，公歸五臺，蘭佩莎襦，以償烟霞之癖。己卯，完顔大宗師請輔教者數四，公固泉石之懷，猿鶴之恋，卒不与起。次歲秋，復差官馳疏賫幣，集九路提點，詣山請公。疏略曰」：錦軸如開，早趲趣裝之興；青山若恋，恐招懷宝之譏。辞不已，而起之，抵長春宫。明日朝覲」至尊，上問以惜身保命之術，公對以誠心執中之道。妙沃上心，大加噐愛，遂授公集賢大學士。公奏曰：臣草莽野服，嵓阿槁夫，志在卧白雲，狎麋鹿，逍遥乎不貸之圃」，衣冠之選，非臣所思。力辞不就，是以上愈愛之。明年，旨給駝馬，隨幸上京。值都堂大臣議陝西勅賜大重陽萬壽宫，係重陽輔極帝君脩道之區」，先君降龍衣永鎮之所，邇来典者失人，廢幾不振，選道價清高者命之。奏公係凝和苗真君高弟，披雲宋天師嫡

孫，秉彝高潔，可被登庸。奉」玉音，授諸路道教都提點、洞陽顯道忠貞真人，俾摠宫事。詔赴便殿，錫御香，上奉函默誠良久，以命之。仍勅藎臣，設祖帳，給驛騎而行。抵宫代礼」，行香祝延，亦如嵩岳故事。住持不數載，宫中崇殿丕堂，隳圮者新之；恒産錢粮，昏湮者理之；霞館芝房，未有者刱之；儀矩規繩，紊亂者振之。居常湖海之士，請益者泛泛而」至，公必肅肅而接，未嘗有倨傲之容。癸未秋，公有還山之興，陝西行中書省差官齎茶礼以留鶴馭。越明年，謂衆曰：世事無涯，人生有涯，以有涯隨無涯，可乎？衆未及對，公」毅然曰：名遂功成，無落吾志。遂携二僮，一負老莊義易，一負蓑笠缾盂，拽杖而出，詣磻溪棲遯。聞其風而致詞貽物者，忽忽皆其清望之士，公以尚絅，不固文章人服。遂」歸五臺，枕石漱流，韜晦名迹。逮至正戊子二月初八日，忽有白雀三翼舞於庭下，公擊節而歌曰：白雀白雀世所希，来從何所相糸飛。不須龟筮以見機，吾將與汝偕殂歸」。須臾，其雀西舉。是夜，集童子并冠者六七人，奏清樂，歌步虚詞。更將四鼓，但覺天風灑然，清香靄然，公就榻曲肱而化。遲明，仙鶴百餘，摩雲而至，盤遶移時，一鶴嘎然長鳴」，羣鶴皆和而北翥。官吏郡氓瞻拭者，莫不驚訝。弔誄之士，素車白馬，楮幢裡簋，隱隱然塞乎道途，若有所不勝，亦其景行之所感也。越七日，舉棺就壙，輕若無人，啓函視之」，朱顔不改，四體不殭，亦異矣。葬諸本山之昇仙臺。是時，玄教大宗師閔真人遣官馳疏致幣，請赴京師，嗣以教席，至則終已，二九執事者，但陳錦幣、宣疏軸，奠祭而還。門人」入室者焦德潤，薦奉議大夫乾州知州曹完澤所述行寔，踵門以文見諉。予喟然應之曰：真人仙去，朱顔不改，四體柔和，亦足以知七返九還之功全矣。奉柩飄然，不困人」力，亦足以知仙九之不伴矣。仙鶴来迎，清香浮動，亦足以知朝」元始而拜虚皇矣。安可與顓蒙倒置之徒同日而語哉？惜乎！予無七步之才，焉敢玷萬年之石，辤不獲已，而次第之。系之以詞曰」：

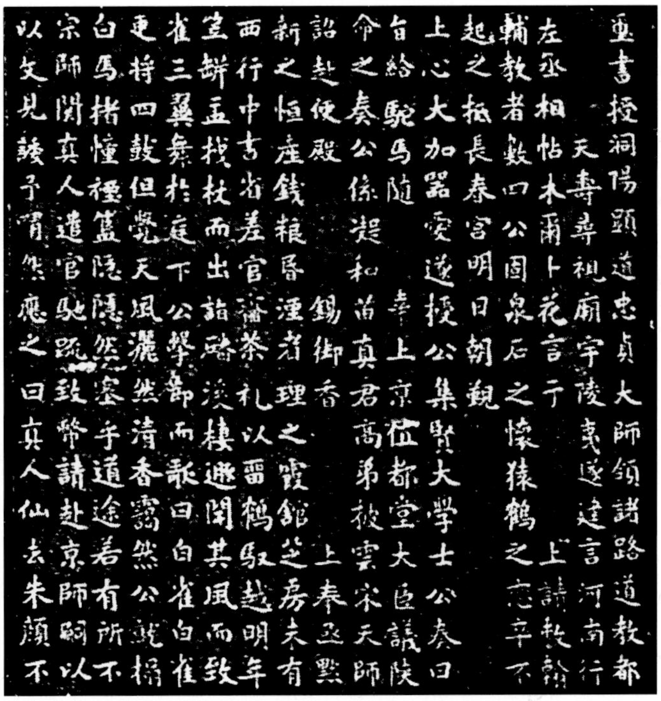

鑑峯之西泥陽東，昇仙臺峙盤玲瓏。雲杉月檜摩蒼穹，真人仙蜕藏其崇。真人爲誰容輔翁，道儒子史羅胷中。丹宸入對沃帝聰」，隆加優渥聲名雄。金書俾主重陽宫，百廢皆舉驚神工。峩冠揮麈析異同，志與後覺開盲聾。其生也善歸全躬，翩翩白鶴翔天風。鞭敦圍兮笞靈霳」，乘雲氣兮衝寒空。丹文銘石臺之崧，名垂萬古聲無窮」。

至正八年歲舍戊子九月九日，門人奉元路大重陽萬壽宫提點明仁弘義洞元大師焦德潤，本宫提點洞和明道崇真大師楊德榮等建。杜善榮刊」。

特進神仙重玄蘊奥弘仁廣義大真人掌管諸路道教所知集賢院道教事完顔德明」。

元至正九年重修東嶽岱山廟碑

碑在山西省運城市芮城縣永樂宫，元至正九年（1349）立。周德洽撰文，張玄德書丹，拜住篆額，李文質、王直刊，張進等立石。螭首龜趺。高185厘米，寬85.5厘米，厚30厘米。正文楷書，字徑3厘米。額篆“重修東嶽岱山廟碑”，2行，字徑7~8厘米。碑體完整，文字清晰。

重修東嶽岱山廟碑

稷山縣石工李文質，芮城縣王直刊」。

大都大長春宫三洞講經師諸路道教詳議提點清遠明逸弘真大師西山老人周德洽撰」。

敦武校尉晋寧路河東縣達魯花赤兼管本縣諸軍奥魯勸農事知渠堰事拜住篆額」。

大純陽萬壽宫提點凝真冲素知常大師兼本宫玄壇提點事張玄德書」。

崗阜雄高，河山壯麗，宜隆神宇，福庇斯民。否則，魅姦鬼物，憑依據有，飜害一方，殊無便益。兹河東縣永樂鎮招贒里北寨」，天齊大生仁聖帝行宫所以立也。廟之剏始，未詳肇於何代，仆断碑字漸剥泐，猶刻曰“舊碑湮没”，末云：宋庚寅歲，時序繆盭，年穀」不登，疾疫荐至，居民致禱，輒蒙惠佑，意者當此際重興，明徵奚惑？其地爽塏高平，有城數雉，下瞰純陽故宅，今已宫庭軒豁。北近」中條，山麓崛起，

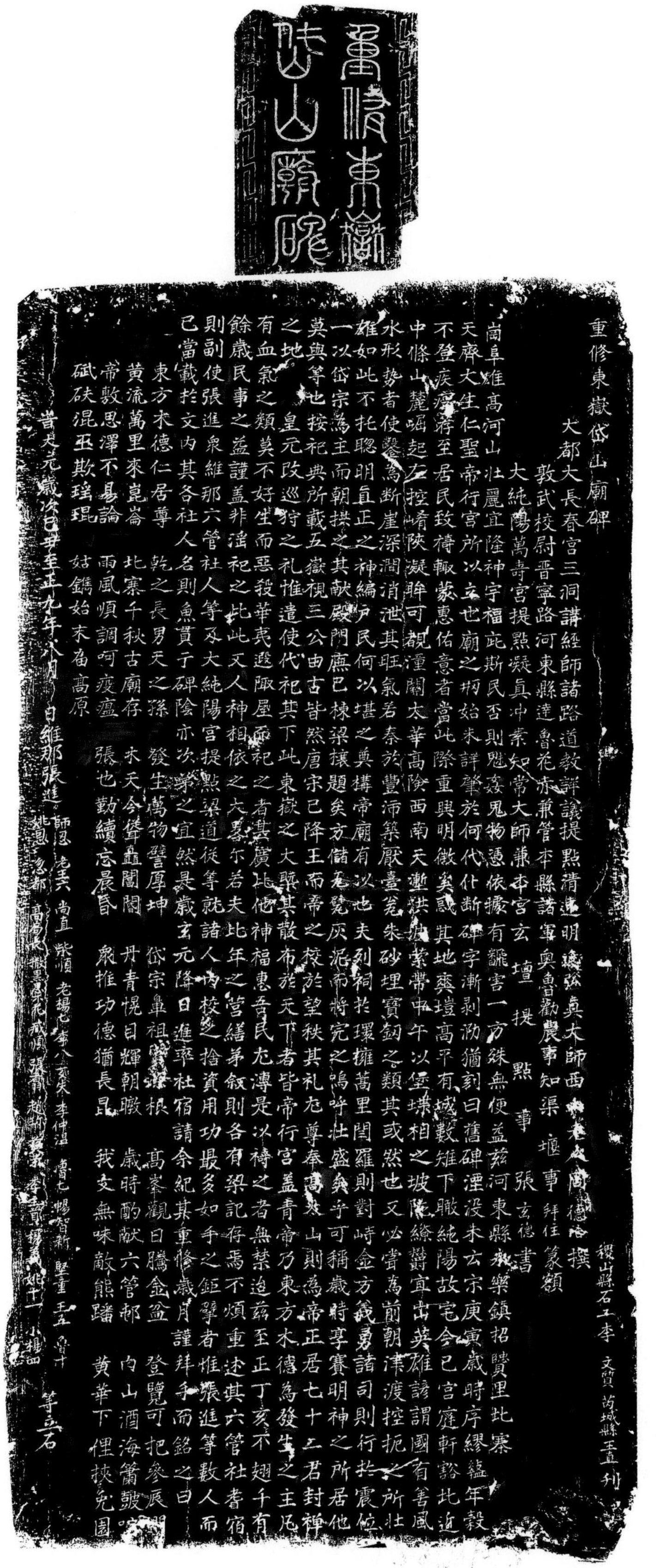

元至正九年重修東嶽岱山廟碑

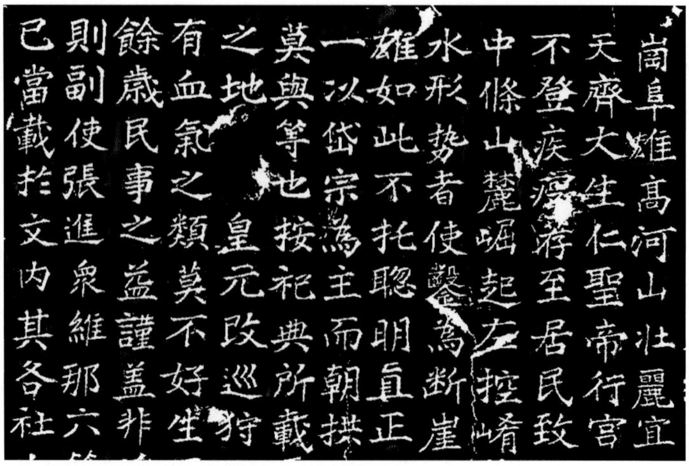

左控崤陜，凝眸可覩，潼關太華，高險西南，天塹洪坡，縈帶中午。以堡堞相之，坡陁繚欝，宜出英雄。諺謂：國有善風」水形势者，使鑿爲断崖深澗，消泄其旺氣，若秦於豐沛築厭臺、瓮朱砂、埋寶釖之類。其或然也。又必嘗爲前朝津渡控扼之所，壯」雄如此，不托聰明直正之神，編户民何以堪之，奠構帝廟有以也。夫列祠於環擁，蒿里閆羅，則對峙金方，義勇諸司，則行於震位」，一以岱宗爲主而朝拱之。其献殿門廡，已棟梁榱題矣，方儲瓦甓灰泥而將完之。嗚呼，壯盛矣乎可稱！歲時享賽，明神之所居，他」莫與等也。按祀典所載，五嶽視三公，由古皆然。唐宋已降，王而帝之，校於望秩，其礼尤尊。奉高太山，則爲帝正居，七十二君封禅」之地，皇元改巡狩之礼，惟遣使代祀其下，此東嶽之大槩。其散布於天下者，皆帝行宮。盖青帝乃東方木德，爲發生之主，凡」有血氣之類，莫不好生而惡殺，華夷遐陬，屋而祀之者甚廣，比他神福惠吾民尤溥，是以禱之者無禁。迨兹至正丁亥，不翅千有」餘歲，民事之益謹，盖非淫祀之比，此又人神相依之大畧尔。若夫比年之营繕弟叙，則各有梁記存焉，不煩重述。其六管社耆宿」，則副使張進、衆維那、六管社人等，及大純陽宫提點梁道從等，就諸人内校之，捨資用功最多。如手之鉅擘者，惟張進等數人而」已，當載於文内，其各社人名，則魚貫于碑陰，亦次第之宜然。是歲玄元降日，進率社宿，請余紀其重修歲月，謹拜手而銘之曰」：

東方木德仁居尊，乾之長男天之孫。發生萬物譬厚坤，岱宗鼻祖□□根。高峯觀日騰金盆，登覽可把參辰門」。黄流萬里來崑崙，北寨千秋古廟存。木天今聳矗闆闠，丹青愰目輝朝暾。歲時酌献六管邨，肉山酒海簫鼓□」。帝敷思澤不易論，雨風順調呵疫瘟。張也勤績忘晨昏，衆推功德猶長昆。我文無味敵熊蹯，黄華下俚揀兔園」。碱砆混玉欺瑶琨，姑鐫始末留高原」。

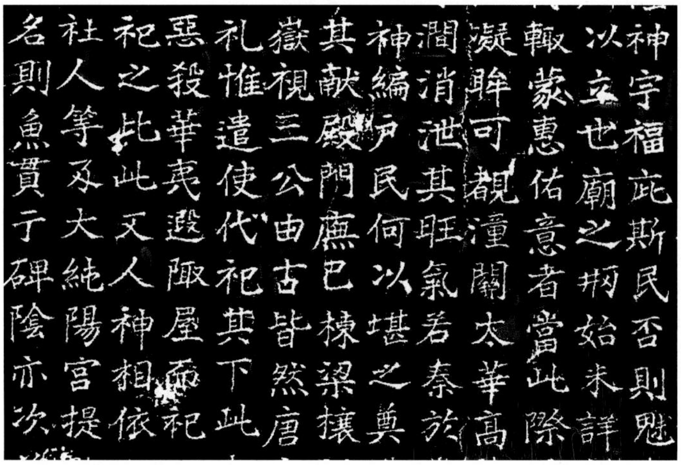

旹大元歲次己丑至正九年八月日，維那張進、師忍、老王六、尚直、柴順、老楊七、李八、歹失、李仲温、魯七、暢智新、堅童、王五、魯十、姚恩、忽都、高局長、撒黑思不花、臧順、張壽、趙珎、蘇荣、李主首、楊義、姚十一、小楊四等立石」。

元至正年間大元宸命碑

碑在陝西省西安市户縣祖庵鎮重陽宫，元至正十八年（1358）或其後立。螭首龜趺。通高405厘米，寬110厘米，厚35厘米。圭額篆“大元宸命”，2行，字徑16厘米。碑以蒙漢兩文刻，漢文楷書，第一層字徑2.5~3厘米，第二層字徑1~1.5厘米，第三層字徑3~4厘米。碑身上部斷裂，文字基本清晰。

長生天氣力裏」，大福廕護助裏」皇帝聖旨。

軍官每根底、軍人每根底、管城子的達魯花赤官人每根」底、往来的使臣每根底」宣諭的」聖旨」。

成吉思皇帝」、月闊台皇帝」、薛禪皇帝」、完澤篤皇帝」、曲律皇帝」、普顔篤皇帝」、潔堅皇帝」、護都篤皇帝」、亦憐真班皇帝聖旨裏：“和尚、也里可温、先生、荅失蠻每，不揀甚麽差」發休着者，告」天祝壽者”説来有。如今依着在先」聖旨體例，不揀甚麽差發休當者，告」天與」咱每根底祝」壽者，麽道。這諸路道教都提點洞陽顯道忠貞真人住持奉元路大」重陽萬壽宫事井德用爲頭先生每根底執把行的」聖旨與了也。這的每宫觀裏他每的房舍裏，使臣休安下者。鋪馬祗」應休拿者，地税、商税休與者。但屬宫觀的莊田、水土、園林、碾磨」、紅隻、竹葦、鮮典庫、店舍、鋪席、浴堂、醋麯等物，但凡甚麽差發休」着者。不揀是誰，休倚氣力奪要者。更每年得来的錢物，不揀甚」麽，交先生每收拾者。損壞了宫觀呵，交用那錢物脩補者。更這」的每其間裏，不揀是誰休入去沮壞者。更這先生每有」聖旨麽道，無體例的勾當做呵，他每不怕那甚麽」。

聖旨。

至正元年蛇兒年六月□十八日，上都有時分寫来」。

長生天氣力裏」，大福廕護助裏」皇帝聖旨。

軍官每根底，軍人每根底，管城子達魯花赤官人每根底，往来的使臣每根底」宣諭的」聖旨」：

成吉思皇帝」、月闊台皇帝」、薛禪皇帝」、完澤篤皇帝」、曲律皇帝」、普顔篤皇帝」、潔堅皇帝」、忽都篤皇帝」、亦憐真班皇帝聖旨裏："和尚、也里可温、先生、荅失蠻每，不揀甚麽差發休着者，告」天祝壽者"説来有。如今依着在先」聖旨體例，不揀甚麽差發休當者，告」天與」咱每根底祝」壽者，麽道。這諸路道教都提點明仁崇義洞元真人住持奉元路大重陽萬壽宫事焦德潤爲頭先生每根底與了執把行的」聖旨也。這的每宫觀裏，他每的房舍裏，使臣休安下者。鋪馬衹應休拿者，地税、商税休與者。但属宫觀的莊田、水土、園林、碾磨、舡隻」、竹葦、解典庫、店舍、鋪席、浴堂、醋麹等物，但凡甚麽差發休着者。不揀是誰，休倚氣力奪要者。更每年得来的錢物，不揀甚麽，交」先生每收拾着。有損壞了宫觀呵，交用那錢物脩補者。更這的每其間裏，不揀是誰，休入去沮壞者，更這先生每有」聖旨麽道，做無體例勾當呵，他每不怕那甚麽」。

聖旨。

至正十一年兔兒年二月二十八日，大都有時分寫来」。

（蒙文略）

上天眷命」，皇帝聖旨。

焦德潤可授明仁」崇義洞元真人，典領奉」元路大重陽萬壽宫事」。宜令焦德潤。

准此」。

至正十八年八月　日」。

（蒙文略）

元重陽祖師之圖碑

碑在陝西省西安市户縣祖庵鎮重陽宫，元代立石。螭首龜趺。螭首高74厘米，寬90厘米；碑身高145厘米，寬87厘米，厚25厘米；趺座高51厘米，寬90厘米。圭額篆“重陽祖師之圖”，2行，字徑7.5厘米。張邦直撰《重陽祖師畫像贊》，隸書，字徑1.5厘米。碑體完整，文圖清晰。

重陽祖師畫像贊

贊曰：道之真以治身，而世之從事」者多得其一，罕有得其全。自」重陽子唱全真之道，馬丹陽輩从」而和之，然後其教大行乎天下，而」習他教者爲衰。嗚呼，其盛矣！故昔」莊子休有云：“後世之學，不幸不見」天地之純、古人之大體，道術將爲」天下裂。”惜不及見此公。

翰林學丞張邦直撰」。

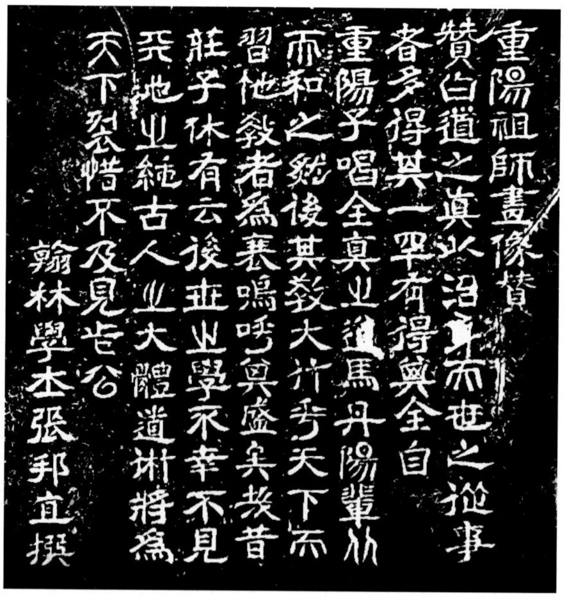

重陽祖師之圖
重陽祖師畫像贊
贊曰道之真以治身而世之從事
者多得其一罕有得與全自
重陽子唱全真之道馬丹陽輩从
而和之然後其教大行于天下而
習他教者為衰嗚呼真盛矣哉昔
莊子休有云後世之學者不幸不見
天地之純古人之大體道術將為
天下裂惜不及見也公
翰林學士張邦直撰

元玄門七真之像碑

碑在陝西省西安市户縣祖庵鎮重陽宫，元代立石。螭首龜座。螭首高 74 厘米，寬 90 厘米；碑身高 145 厘米，寬 87 厘米，厚 25 厘米；趺座高 51 厘米，寬 90 厘米。圭額篆“玄门七真之像”，2 行，字徑 8 厘米。該碑在《元重陽祖師之圖碑》碑陰，右上方刻“七真上仙”。碑體完整，文圖清晰。

元玄門七真之像碑

後　記

本書爲我與陝西户縣重陽宫住持陳法永道長共同承擔的香港青松觀資助項目的最終成果，項目原名“金元全真道碑刻拓片精品集”，正式出版時改名爲“金元全真道碑刻集萃”。全書共收陝西、河南、山西、山東四省金元全真道碑刻70餘通，每一通碑刻包括名稱、簡介、拓片、碑文等内容。除特寫之外，全書共附拓片76幅，其中大部分由我們自己拓印。需要特别説明的是，陝西耀州藥王山8通碑刻拓片引自曹永斌編著《藥王山碑刻》一書，河南16通碑刻拓片照片由《濟源金石録》主編郝清嫩提供，山西8通碑刻拓片購自芮城永樂宫，山東鄒城嶧山4通碑刻拓片由嶧山風景管理委員會提供。同時，我們在編寫過程中還參考了劉兆鶴、王西平編著《重陽宫道教碑石》，蔡美彪著《八思巴字碑刻文物集釋》，陳垣編纂《道家金石略》等書。

在收集碑刻過程中，我們得到了諸多朋友的幫助，如陝西省道教協會副秘書長王理明、寶雞市千陽縣道教協會會長任興昌、隴縣龍門洞住持朱法有，山西省運城市芮城縣吕祖宫道長徐崇易，河南省濟源市原人大黨組書記郝清嫩，山東省濟南市道教協會會長李宗清、副會長兼秘書長蘭元紅等。另外，中國道教協會前會長、中國道教協會諮議委員會主席任法融爲本書題寫書名，陝西省社會科學院宗教研究所研究員樊光春爲本書作序，任勇智、陳旭、胡常春等幫助拍攝拓片照片，許東幫助聯繫出版社，劉嘉欣幫助處理拓片照片。在此對以上給予我們無私幫助的各位朋友表示衷心的感謝！

最後，還要感謝香港青松觀對本項目的資助，感謝山東大學學科高峰計劃——國學（儒學）建設經費對該書出版的支持，感謝山東大學出版社編輯的辛苦付出。

趙衛東

2019年10月28日